概率论与数理统计

主　编　刘国祥　王晓谦　解锋昌
副主编　赵媛媛　姚　奕　冯玉英　杜秀丽

科 学 出 版 社
北　京

内 容 简 介

本书是专为理工经管等非数学与统计学专业编写的. 全书共 9 章，前 5 章属于概率部分，内容包括事件与概率、随机变量及其分布、随机向量及其分布、随机变量的数字特征、大数定律与中心极限定理，后 4 章属于数理统计部分，内容包括数理统计的基本概念、参数估计、假设检验、方差分析与回归分析初步. 另外，书后的附录一对 SPSS 统计软件及其应用作了介绍.

本书适合作为高等院校非数学与统计学专业概率论与数理统计课程的教材，也可供自学者学习参考.

图书在版编目(CIP)数据

概率论与数理统计 / 刘国祥，王晓谦，解锋昌主编. —北京：科学出版社，2013

ISBN 978-7-03-038317-4

I. ①概… II. ①刘… ②王… ③解… III. ①概率论–高等学校–教材 ②数理统计–高等学校–教材 IV. ①O21

中国版本图书馆 CIP 数据核字(2013)第 187181 号

责任编辑：相 凌 李香叶 / 责任校对：邹慧卿
责任印制：赵 博 / 封面设计：华路天然工作室

科学出版社出版
北京东黄城根北街 16 号
邮政编码: 100717
http://www.sciencep.com
三河市骏杰印刷有限公司印刷
科学出版社发行 各地新华书店经销
*
2013 年 8 月第 一 版 开本：787×1092 1/16
2025 年 1 月第十六次印刷 印张：15 3/4
字数：414 000

定价：49.00 元

(如有印装质量问题，我社负责调换)

前　言

概率论与数理统计是研究随机现象规律性的数学学科. 随着现代科学技术，特别是计算机技术的迅速发展，概率论与数理统计的理论与方法在广泛的领域上得到了普遍的应用. 例如，产品质量检验、仪器设备的可靠性分析、药物疗效的评价、金融产品的定价、保险精算、风险度量与管理等，都需要使用概率统计方法. 因此，概率论与数理统计已经成为高等学校理、工、经济、管理、医药等专业的一门重要的基础课. 甚至可以说，概率论与数理统计是继高等数学之后的又一门非数学专业通识类数学课程.

2002年，我们以数学专业、统计学专业本科生为主要对象，并兼顾其它专业学生，编写出版了《概率论与数理统计》教材. 按照党的二十大“加强基础学科、新兴学科、交叉学科建设，加快建设中国特色、世界一流的大学和优势学科”的精神，并汲取了二十多年的教学经验，在原有教材基础上，我们专门针对理、工、经、管等非数学与统计学专业学生，对教材进行了重新编写. 这本新的《概率论与数理统计》教材，主要有以下几个特点：

(1) 概念的引入注重背景知识的介绍，在不失严谨的基础上，力图用浅显易懂的语言加以表述，并通过增加例题帮助理解相应的概念；强化了方法的应用训练，同时弱化了严密的数学推理过程，确保学生在学习高等数学之后便可顺利阅读本书.

(2) 增加了习题量，并进行了分类编排. 第 1~8 章习题均分为 A，B 两组，A 组为基本题，主要作为课后练习，用以加强学生对教材内容的理解和掌握；B 组为提高题，其中包括精选的有代表性的考研真题，供有升学要求者提高训练.

(3) 为了加强应用能力的培养，书后增加了附录一“SPSS 软件简介及其在概率统计中的应用”，介绍了目前比较流行的三大统计软件之一“SPSS”(statistical production and service solutions)，举例说明了 SPSS 在概率统计中的应用. 通过学习，学生可初步具备利用计算机进行简单统计分析的能力.

参加本教材编写的人员均是具有丰富教学经验的概率论与数理统计及统计学专业教师，他们分别是王晓谦(第 1、5、6 章)、姚奕(第 2 章)、杜秀丽(第 3 章)、刘国祥(第 4、9 章)、赵媛媛(第 7 章)、冯玉英(第 8 章)、解锋昌(附录一). 参加编写的还有何志方(第 1 章)、梁志彬(第 4 章). 第 1~5 章由王晓谦进行整理，第 6~9 章及附录一由解锋昌整理，全书由刘国祥负责统稿.

本书在编写和出版的过程中，南京师范大学数学科学学院的领导给予了大力支持，概率统计专业的部分研究生也为此付出了辛勤的劳动，尤其得到了科学出版社的大力支持，谨此一并表示深深的谢意！本书的编写参考了国内外多种教材，为此，我们向这些编著者表示诚挚的感谢！

限于编者水平，存在的不当之处敬请读者和专家批评指正.

刘国祥

2013 年 4 月 15 日于南京

2024 年 8 月修改

目　　录

第1章　事件与概率

概率论与数理统计是研究随机现象统计规律性的一门学科. 那么，什么是随机现象呢?

1. 必然现象与随机现象

在对自然、社会、人类思维等客观现象的长期观察中，我们发现许多结果在一定条件下必然发生. 例如，在标准大气压下，纯水加热到100℃时必然会沸腾；在没有外力作用的条件下，做匀速直线运动的物体必然继续做匀速直线运动；等等. 这些现象的共同特征是，在给定条件下相应的结果是否发生是完全可以预言的，常被称为**必然现象**. 这类现象发生的条件和结果之间具有确定性关系.

但是我们也发现存在着大量与必然现象有着本质区别的另一类现象，例如，掷一枚硬币结果是正面朝上还是反面朝上？一个地区每年会有多少次降雨？再如一个球队在下个赛季会赢多少场比赛？一只股票一天的最高价会是多少？在什么时候达到这个最高价？保险公司一年会收到多少个索赔？总金额有多少？建筑工程中钢筋在受力到一定程度后会在哪里断裂？等等. 这些现象的共同特征是，在给定条件下可能出现的结果不唯一，从而事先不能确定哪个结果会出现. 一般地，在一定条件下可能发生这样的结果，也可能发生那样的结果，预先不能确定到底发生哪种结果的现象称为**随机现象**. 这类现象发生的条件和结果之间不具有确定性关系.

2. 随机试验

为探索随机现象的规律性，常常需要进行一系列试验或观测，并要求试验或观测满足下述条件：

(1) 可以在相同条件下重复进行；

(2) 每次试验或观测的所有可能结果是明确知道的，而且往往不止一个；

(3) 每次试验或观测的结果恰好是这些所有可能结果中的一个，但在试验或观测之前不能确定哪个结果将会出现.

我们称这样的试验或观测为**随机试验**，简称为**试验**. 一种随机现象对应一个随机试验. 随机试验常用 E 或 E_1, E_2，… 表示.

3. 随机现象的统计规律性

通过实践，我们了解到，随机现象虽然在少数几次试验中时而出现这样的结果，时而出现那样的结果，表现出一种不确定性或偶然性，但在大量重复试验中却是有其规律性的. 例如，将一枚均匀的硬币投掷一次，可能出现正面朝上，也可能出现反面朝上，其结果事先无法确定. 但是在多次的投掷中，出现正面朝上的次数与反面朝上的次数几乎总是差不多的，呈现出明显的规律性. 这种规律性在有意无意中还会指导着我们作出各种合理的判断. 例如，如果出现正面朝上的次数与反面朝上的次数相差比较大，我们会怀疑硬币不均匀. 物理学上这样的例子也很多. 例如，玻意耳-马略特定律就是其中的一个. 这个定律告诉我们，虽然构成气体的每个分子的运动是随机的、杂乱无章的，但是大量分子运动总体形成的压强、体积与温度之间却是有确定的关系的.

通常把随机现象在大量重复试验下所呈现出的这种规律性称为随机现象的**统计规律性**. 概率论与数理统计就是研究随机现象统计规律性的学科. 由于随机现象的普遍性，概率论与数理统计具有极其广泛的应用，从而越来越受到各行各业的重视.

1.1 随机事件和样本空间

1.1.1 样本空间

研究某个随机现象，首先要搞清楚其所有可能的基本结果有哪些. 一个随机现象(或者说是一个随机试验)所有可能出现的基本结果所组成的集合，称为该随机现象的一个**样本空间**，记为Ω. Ω中的元素称为**样本点**，记为ω.

由于在给定条件下随机现象所有可能的结果是明确的，因而样本空间也是确定的.

例 1.1.1 掷一枚均匀硬币，可取样本空间为$\Omega=\{\omega_1,\omega_2\}$，其中$\omega_1$表示正面朝上，$\omega_2$表示反面朝上.

例 1.1.2 掷一颗均匀骰子，可取样本空间为$\Omega=\{\omega_1,\omega_2,\omega_3,\omega_4,\omega_5,\omega_6\}$，其中$\omega_i$表示掷出点数为$i$, $i=1,\cdots,6$.

像上面这样只包含有限个样本点的样本空间称为**有限样本空间**.

例 1.1.3 考查某市 110 报警台在单位时间内收到的报警次数，用ω_i表示单位时间内收到i次报警，$i=0,1,2,\cdots$，则样本空间为$\Omega=\{\omega_0,\omega_1,\omega_2,\cdots\}$.

像这样包含无限但可列多个样本点的样本空间称为**可列样本空间**.

有限样本空间和可列样本空间统称为**离散样本空间**.

例 1.1.4 测量某电器元件的寿命T小时，则样本空间可取$\Omega=[0,+\infty)$.

这种包含无限不可列个样本点的样本空间称为**不可列样本空间**.

1.1.2 随机事件

如果一个事件是否发生依赖于对某个随机现象的观测结果，则称其为该随机现象的**随机事件**，简称为**事件**，用A,B,C等大写英文字母表示.

例如，当我们考查掷一颗骰子这个随机现象时，“点数不超过 3”就是一个随机事件，这个事件是否发生，依赖于投掷结果：如果掷出的点数是 2，那么该事件发生了；如果掷出的点数是 5，那么该事件没有发生. 换句话说，如果掷出的点数是 1，2 或者 3，那么该事件就发生了，否则，该事件就没有发生. 我们可以利用例 1.1.2 中的记号来表示这个事件，如用集合$A=\{\omega_1,\omega_2,\omega_3\}$来表示“点数不超过 3”这个随机事件. 掷出的结果如果在该集合中，那么事件A发生；否则，事件A没有发生. 这样，随机事件就可以用样本空间

$$\Omega=\{\omega_1,\omega_2,\omega_3,\omega_4,\omega_5,\omega_6\}$$

的一个子集表示清楚了. 下面我们再举几个例子.

(1) 掷一枚均匀硬币一次，考虑掷出正面和掷出反面这两个随机事件，分别记为A，B. 利用例 1.1.1 提出的样本空间，这两个事件可分别表示成$A=\{\omega_1\}$，$B=\{\omega_2\}$.

(2) 掷一颗骰子一次，用例 1.1.2 中的样本空间，记

$$C=\{\omega_1,\omega_3,\omega_5\},\quad D=\{\omega_2,\omega_3,\omega_4\},$$

那么，C表示“点数为奇数”这一随机事件，D表示“点数大于 1 且小于 5”这一随机事件.

(3) 考虑某个电器元件的寿命，利用例 1.1.4 中的样本空间，“某电器元件的寿命不小于 1000 小时”这个随机事件可表示为 $D=[1000,+\infty)$，也是样本空间 Ω 的一个子集.

综上所述，我们今后将把事件表示为样本空间 Ω 中满足一定条件的子集. 称**事件 A 发生**，当且仅当 A 所包含的样本点之一在随机观测中出现.

只包含一个样本点的事件称为**基本事件**，包含两个或两个以上样本点的事件称为**复合事件.** 如果在每次试验中，某事件一定发生，则称该事件为**必然事件**，它应该包含所有的样本点，所以用全集符号 Ω 表示；相反地，如果在每次试验中某事件都不发生，则称该事件为**不可能事件**，它不可能包含任何样本点，所以用空集符号 $\varnothing$ 表示.

1.1.3　事件之间的关系与运算

如果没有特别声明，以下叙述中所有事件都是某个给定样本空间 Ω 中的事件.

1. 包含与相等

若事件 A 发生必然导致事件 B 发生，则称事件 A 是事件 B 的**子事件**，记为 $A\subset B$ 或 $B\supset A$.

例如，在例 1.1.2 中，令 A 为“掷出 4 点”，B 为“掷出点数为偶数”，则 $A\subset B$.

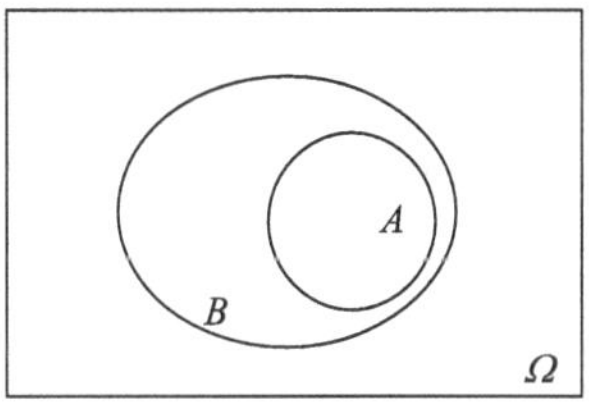

图 1-1

借助于集合的图示方法(称为 Venn 图)，事件之间的包含关系可用图 1-1 表示. “事件 A 发生必然导致事件 B 发生”意味着“属于 A 的样本点 ω 必然属于 B”，即 A 中的样本点全在 B 中. 所示 $A\subset B$ 的含义与集合论中的含义是一致的.

如果 $A\subset B$ 与 $A\supset B$ 同时成立，则称 A 与 B **相等**(或**等价**)，记为 $A=B$. 两个相等的事件含有相同的样本点.

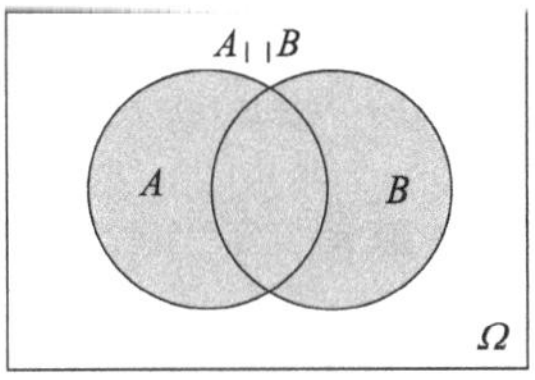

图 1-2

2. 并(或和)

称“事件 A 与事件 B 中至少有一个发生”为事件 A 与事件 B 的**并**(**或和**)**事件**，记作 $A\cup B$，如图 1-2 中的阴影部分所示.

例如，在例 1.1.2 中，令 A=“掷出点数$\leqslant 3$”，B=“掷出点数为偶数”，则 $A\cup B$ 表示事件“掷出点数为 1，2，3，4，6”，即事件“不出现 5 点”.

3. 交(或积)

称“事件 A 和事件 B 同时发生”为事件 A 与事件 B 的**交**(**或积**)**事件**，记作 $A\cap B$ 或 AB，如图 1-3 中的阴影部分所示.

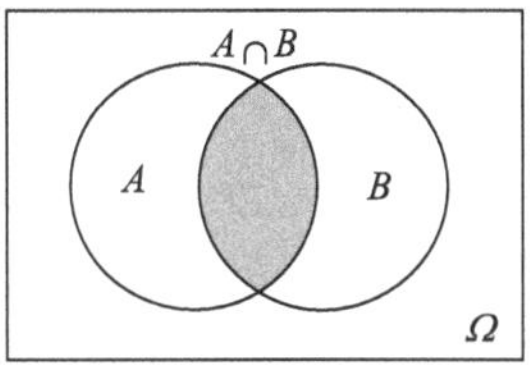

图 1-3

如在例 1.1.2 中，若 A，B 同上，则 $A\cap B$ 表示“掷出点数为 2”.

例 1.1.5　掷两枚均匀的硬币，若 A 表示“恰有一个正面朝上”，B 表示“恰有两个正面朝上”，C 表示“至少有一个正面朝上”，则有

$$A\cup B=C,\quad AC=A,\quad BC=B,\quad AB=\varnothing .$$

对于任意事件 A，B，有

$$\varnothing\subset A\subset\Omega,\quad A\subset A\cup B,\quad B\subset A\cup B,\quad AB\subset A,\ AB\subset B.$$

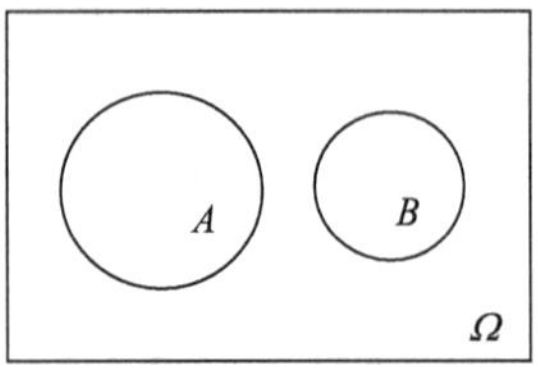

图 1-4

4. 互斥(或互不相容)

如果两事件 A, B 不可能同时发生，即 $AB=\varnothing$，则称 A 和 B 是**互斥**的(或**互不相容**的). 图 1-4 表示了这种情形.

例如，在例 1.1.2 中，A 表示“掷出 3 点”，B 表示“掷出偶数点”，则显然 $AB=\varnothing$，即 A 和 B 是互斥的.

5. 差

称“事件 A 发生而事件 B 不发生”为事件 A 与 B 的**差事件**，记作 $A-B$，如图 1-5 中阴影部分所示.

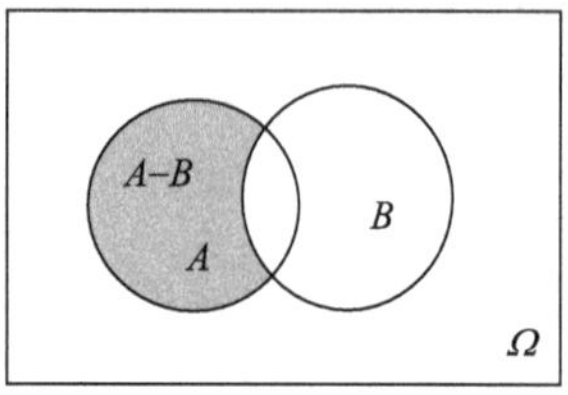

图 1-5

如在例 1.1.2 中，若 A 表示“掷出点数 $\leqslant 3$”，B 表示“掷出点数为偶数”，则 $A-B$ 表示“掷出点数为 1 或 3”这一事件.

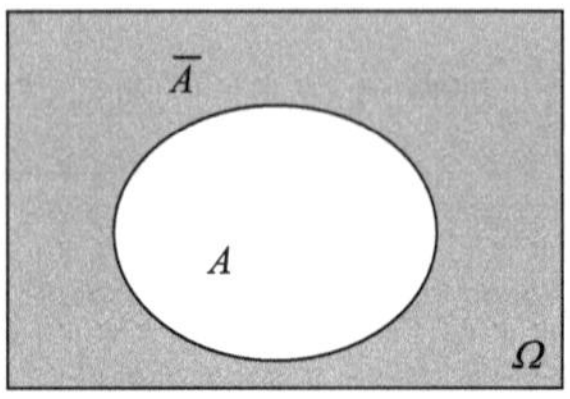

图 1-6

6. 对立事件(或余事件)

设 A 为任一事件，称 $\Omega - A$ 为 A 的**对立事件**(或 A 的**余事件**)，记作 $\overline{A}$，即 $\overline{A}=\Omega - A$，如图 1-6 中阴影部分所示.

在例 1.1.2 中，若 $A=$“掷出点数为偶数”，则 $\overline{A}=$“掷出点数为奇数”.

显然，在一次试验中，A 与 $\overline{A}$ 必然有一个发生且仅有一个发生，即 $A\cup\overline{A}=\Omega, A\cap\overline{A}=\varnothing$. 显然 $\overline{\overline{A}}=A$，即 A 也是 $\overline{A}$ 的对立事件.

利用对立事件的概念，我们可以将差事件表示为

$$A-B=A-AB=A\overline{B}\cdot$$

7. 可列多个事件的关系与运算

设 $A_1, A_2, \cdots, A_n, \cdots$ 是一列随机事件，则

(1)“$A_1, A_2, \cdots, A_n$ 中至少有一个发生”这一事件称为 $A_1, A_2, \cdots, A_n$ 的**并事件**，记作 $\bigcup_{i=1}^{n} A_i$；“$A_1, A_2, \cdots, A_n, \cdots$ 中至少有一个发生”这一事件称为事件列 $A_1, A_2, \cdots, A_n, \cdots$ 的**可列并事件**，记作 $\bigcup_{i=1}^{\infty} A_i$.

(2)“$A_1, A_2, \cdots, A_n$ 同时发生”这一事件称为 $A_1, A_2, \cdots, A_n$ 的**交事件**，记作 $\bigcap_{i=1}^{n} A_i$ 或 $A_1\ A_2 \cdots A_n$；“$A_1, A_2, \cdots, A_n, \cdots$ 同时发生”这一事件称为事件列 $A_1, A_2, \cdots, A_n, \cdots$ 的**可列交事件**，记作 $\bigcap_{i=1}^{\infty} A_i$.

(3) 如果 n 个事件 $A_1, A_2, \cdots, A_n$ 中任意两个事件都不可能同时发生，即

$$A_iA_j=\varnothing, \quad i\neq j, \quad i,j=1,2,\cdots,n,$$

则称这 n 个事件 $A_1, A_2, \cdots, A_n$ 是**互斥**的；

如果可列个事件 $A_1, A_2, \cdots, A_n, \cdots$ 中任意两个事件都不可能同时发生，即

$$A_iA_j=\varnothing,\quad i\neq j,\quad i,j=1,2,\cdots,n,\cdots,$$

则称这可列个事件 $A_1, A_2, \cdots, A_n, \cdots$ 是**互斥**的.

例 1.1.6　若 A，B，C 是三个随机事件，则

(1) A 发生而 B 与 C 都不发生可表示为: $A\overline{B}\overline{C}$ 或 $A-B-C$ 或 $A-(B\cup C)$；

(2) A 与 B 都发生而 C 不发生可表示为: $AB\overline{C}$ 或 $AB-C$ 或 $AB-ABC$；

(3) 这三个事件恰好发生一个可以表示为: $A\overline{B}\overline{C}\cup\overline{A}B\overline{C}\cup\overline{A}\overline{B}C$；

(4) 这三个事件中至少有两个发生可表示为: $AB\cup AC\cup BC$ 或 $A\overline{B}C\cup\overline{A}BC\cup AB\overline{C}\cup ABC$.

由上可知，概率论中事件之间的关系与运算和集合论中集合之间的关系与运算是一致的，从而常常把对事件的分析转化为对集合的分析，利用集合间的运算来分析事件间的运算.

事件的运算满足下述规律，它们的证明留给读者.

(1) 交换律 $A\cup B=B\cup A, AB=BA$.

(2) 结合律 $(A\cup B)\cup C=A\cup(B\cup C)$，$(AB)C=A(BC)$.

(3) 分配律 $(A\cup B)\cap C=(AC)\cup(BC)$，$(AB)\cup C=(A\cup C)(B\cup C)$.

(4) 德摩根 (De Morgen) 法则 $\overline{A\cup B}=\overline{A}\overline{B}, \overline{AB}=\overline{A}\cup\overline{B}$.

对于 n 个事件，甚至对于可列个事件，德摩根法则也成立：

$$\overline{\bigcup_{n=1}^{\infty}A_n}=\bigcap_{n=1}^{\infty}\overline{A}_n,\quad \overline{\bigcap_{n=1}^{\infty}A_n}=\bigcup_{n=1}^{\infty}\overline{A}_n.$$

1.2　概率及其性质

对于随机事件，我们关心的是，它在一次试验或观测中发生的可能性大小是否客观存在而且可以度量？答案是肯定的. 那么，如何来度量一个事件发生的可能性大小呢？概率论中把度量事件 A 发生可能性大小的数，称为事件 A 发生的概率，记作 $P(A)$.

下面，我们从不同的角度出发，来给出概率的若干定义、性质及其计算方法.

1.2.1　概率的统计定义

1. 频率

定义 1.2.1　对于随机事件 A，若在 n 次独立观测或试验中 A 发生了 μ_n 次，则称

$$f_n(A)=\frac{\mu_n}{n}$$

为随机事件 A 在 n 次试验中发生的频率.

一般地，如果 A 发生的可能性较大，那么相应的频率也较大. 反之，则频率就较小.

2. 频率的基本性质

频率具有以下基本性质.

(1) 非负性： $f_n(A)\geqslant 0$；

(2) 正规性： $f_n(\Omega)=1$；

(3) 有限可加性：若两事件 A， B 互斥，即 $AB=\varnothing$，则 $f_n(A\cup B)=f_n(A)+f_n(B)$.

证明 性质(1)，(2)显然，下证(3).

分别以 μ_A， μ_B， $\mu_{A\cup B}$ 来记 n 次试验中 A， B， $A\cup B$ 发生的次数. 因为 $AB=\varnothing$，所以 $\mu_{A\cup B}=\mu_A+\mu_B$，从而由频率的定义可得

$$f_n(A\cup B)=\frac{\mu_{A\cup B}}{n}=\frac{\mu_A+\mu_B}{n}=\frac{\mu_A}{n}+\frac{\mu_B}{n}=f_n(A)+f_n(B).$$ 证毕

性质(3)可推广到任意有限个互斥事件的场合，即如果事件 $A_1, A_2, \cdots, A_m$ 互斥，则

$$f_n(A_1\cup A_2\cup\cdots\cup A_m)=f_n(A_1)+f_n(A_2)+\cdots+f_n(A_m).$$

3. 频率的稳定性

经验表明，当试验重复多次时，随机事件发生的频率通常在一个确定的常数附近摆动，而且随着试验次数的增大，频率越来越稳定于这个确定的常数. 我们把频率的这种数值规律称为**频率的稳定性**. 频率具有稳定性的特征，揭示了随机事件发生的可能性大小是客观存在的，是随机事件本身固有的属性，同时也为我们提供了度量这种可能性大小的一种方法.

例 1.2.1 表 1-1 是历史上有人做过的投掷硬币的试验.

表 1-1

实验者	投掷次数 n	正面朝上的次数 μ_n	频率 $f_n(A)=\frac{\mu_n}{n}$
De Morgen	2048	1061	0.518
Buffon	4040	2048	0.5069
Pearson	12000	6019	0.5016
Pearson	24000	12012	0.5005

随着投掷次数的增加，正面朝上的频率越来接近于一个常数(例如，0.5)，也就是说，频率稳定地在一个常数值(0.5)附近摆动. 据此，我们用这个稳定值来作为事件“正面朝上”发生的概率. 在这里我们取 $P(A)=0.5$. 如果硬币均匀，这与我们的实际经验是相符的.

利用频率的稳定性这个客观特征，我们可以给出概率的统计定义.

4. 概率的统计定义及其基本性质

定义 1.2.2 在大量独立重复试验中，事件 A 发生的频率总是稳定在一个确定的常数附近，我们称这个常数为事件 A 发生的概率，记作 $P(A)$.

定义 1.2.2 称为**概率的统计定义.** 它为我们提供了求某事件发生的概率的一种手段，即当试验次数足够大时，用它发生的频率来作为概率的近似值：

$$P(A) \approx f_n(A) = \frac{\mu_n}{n}.$$

以后我们将会看到，这种做法大有好处.

在统计定义下，概率是频率的稳定值，因而频率所具备的性质，概率也应当具备，即概率应具备以下基本性质.

(1) 非负性：对任意事件 A，有 $P(A) \geqslant 0$；

(2) 正规性：$P(\Omega)=1$；

(3) 有限可加性：若事 $A_1, A_2, \cdots, A_n$ 互斥，则

$$P(A_1 \cup A_2 \cup \cdots \cup A_n) = P(A_1) + P(A_2) + \cdots + P(A_n).$$

1.2.2　概率的古典定义

1. 模型与计算公式

下面我们讨论一类最简单的随机现象，它具有如下两个基本特征：

(1) 试验的所有基本事件只有有限个(即样本空间是有限集)；

(2) 试验中每个基本事件发生的可能性大小是相等的(称为等可能性).

对于此类随机现象，若基本事件总数为 n，事件 A 包括的样本点数为 m，则定义事件 A 发生的概率为

$$P(A) = \frac{\text{事件}A\text{包含的样本点数}}{\text{样本空间中样本点总数}} = \frac{m}{n}.$$

这种计算概率的数学模型称为**古典概率模型**，简称为**古典概型**.

因为每一个样本点对应一个基本事件，所以事件 A 包含的样本点数习惯上称为 A 的有利事件数，上面的定义式也常写成

$$P(A) = \frac{A\text{的有利事件数}}{\text{基本事件总数}}.$$

古典概型在概率论发展初期即被注意到. 法国数学家拉普拉斯(Laplace)早在1812 年就对此作了研究，许多最初的概率论理论结果也是跟它相关的. 古典概型在概率论中占有相当重要的地位. 一方面，由于它简单，对它的讨论有助于直观地理解概率论的许多基本概念；另一方面，古典概型的计算在产品质量抽样检查等实际问题以及理论物理的研究中都有重要作用.

例 1.2.2　掷一颗均匀的骰子，观察朝上的点数. 显然可以用古典概型来进行讨论. 设 $\omega_i =$ “掷出点数为 i”，$i=1,2,\cdots,6$，$B =$ “掷出点数为偶数点”，则 $\Omega = \{\omega_1, \omega_2, \omega_3, \omega_4, \omega_5, \omega_6\}$，$n=6$，$B = \{\omega_2, \omega_4, \omega_6\}$，$m=3$，所以

$$P(B) = \frac{B\text{的有利事件数}}{\text{基本事件总数}} = \frac{m}{n} = \frac{3}{6} = \frac{1}{2}.$$

古典概率的计算经常要用到一些排列组合公式来讨论基本事件数和有利事件数，我们下面简单回顾一下有关知识.

2. 基本组合分析公式

(1) 基本原理.

组合分析公式的推导基于下列两条基本原理.

乘法原理　若一项工作需依次经过 A_1 和 A_2 两个过程，A_1 过程有 n_1 种方法，A_2 过程有 n_2 种方法，则完成该项工作共有 $n_1 \times n_2$ 种方法.

加法原理　若一项工作可以用两种不同的过程 A_1 和 A_2 来完成，A_1 过程有 n_1 种方法，A_2 过程有 n_2 种方法，则完成该项工作共有 n_1+n_2 种方法.

显然这两条基本原理可以拓广到多个过程的场合.

(2) 排列.

从包含有 n 个元素的总体中取出 r 个来进行排列，这时既要考虑到取出的元素也要顾及其排列顺序. 这种排列可分为两类：一种是有放回选取，这时每次选取都在全体元素中进行，同一元素可被重复选中；另一种是无放回选取，这时一个元素一旦被取出，便立刻从总体中除去，因此每个元素至多被选一次，在后一种情况，必有 $r \leqslant n$.

(a) 在有放回选取中，从 n 个元素中取出 r 个来进行排列，这种排列称为**可重复排列**，共有 n^r 种不同排法.

(b) 在无放回选取中，从 n 个元素中取出 r 个来进行排列，不同排列方法总数为

$$\mathrm{A}_n^r = n(n-1)(n-2)\cdots(n-r+1).$$

这种排列称为**选排列**或**不可重复排列**. 特别地，当 $r=n$ 时，称为全排列，此时 $\mathrm{A}_n^n = n!$

(3) 组合.

(a) 从 n 个元素中无放回地取出 r 个组成一组而不考虑其顺序，则取法总数为

$$\mathrm{C}_n^r = \frac{\mathrm{A}_n^r}{r!} = \frac{n(n-1)\cdots(n-r+1)}{r!} = \frac{n!}{r!(n-r)!}.$$

这里 C_n^r 称为组合数或二项系数，它是二项展开式 $(a+b)^n = \sum\limits_{r=0}^{n} \mathrm{C}_n^r a^r b^{n-r}$（规定 $\mathrm{C}_n^0=1$）中 $a^r b^{n-r}$ 的系数.

易证，组合数有以下性质：

$$\mathrm{C}_n^r = \mathrm{C}_n^{n-r}, \quad \mathrm{C}_n^r = \frac{n}{r}\mathrm{C}_{n-1}^{n-r}.$$

(b) 把 n 个不同的元素分成 k 个部分，其中第一个部分有 r_1 个，第二个部分有 r_2 个，…，第 k 个部分有 r_k 个，$r_1+r_2+\cdots+r_k=n$，则不同的分法有

$$\mathrm{C}_n^{r_1}\mathrm{C}_{n-r_1}^{r_2}\cdots\mathrm{C}_{n-r_1-\cdots-r_{k-1}}^{r_k} = \frac{n!}{r_1!r_2!\cdots r_k!}$$

种. 上式称为**多项系数**，它是 $(x_1+x_2+\cdots+x_k)^n$ 展开式中 $x_1^{r_1}x_2^{r_2}\cdots x_k^{r_k}$ 的系数. 当 $k=2$ 时，即为组合数.

(c) n 个元素有 n_1 个带足标“1”，n_2 个带足标“2”，…，n_k 个带足标“k”，且 $n_1+n_2+\cdots+n_k=n$. 从这 n 个元素中无放回取出 r 个，使得带足标“i”的元素有 r_i 个 $(r_i\leqslant n_i, 1\leqslant i\leqslant k)$，而 $r_1+r_2+\cdots+r_k=r$，这时不同取法的总数为

$$\mathrm{C}_{n_1}^{r_1}\mathrm{C}_{n_2}^{r_2}\cdots\mathrm{C}_{n_k}^{r_k}.$$

3. 例子

例 1.2.3　一套五卷的选集，随机地放到书架上，求各册自左至右或自右至左恰成1,2,3,4,5的顺序的概率.

解　以 A, B, C, D, E 表示自左至右排列的书的卷号，这时一个放置的方式与一个向量 (A,B,C,D,E) 相对应，而 A, B, C, D, E 只能在1,2,3,4,5中取值(而且不许重复取某一个值)，故这种向量的个数共有 5!=120 个. 因为书的安放是随机的，从而这120种放法还是等可能的，所以可以用古典概型计算. 其有利事件有2种，即自左至右或自右至左恰成1,2,3,4,5的顺序，因此所求概率为 $\dfrac{2}{120}=\dfrac{1}{60}$.

例 1.2.4　已知一批产品共 N 件，其中有 M 件次品，从中任取 n 件，试求其中恰有 k 件次品的概率.

解　这是一个无顺序的问题，可用组合公式求解. 设 $A=$“n 件中恰有 k 件次品”. 基本事件总数为 C_N^n. 有利于 A 的基本事件数可这样考虑：N 件产品分成两类，“1”类是次品，有 M 件，“2”类是正品，有 $N-M$ 件. 由组合公式(c)，A 的有利事件数为 $\mathrm{C}_M^k\mathrm{C}_{N-M}^{n-k}$. 从而

$$P(A)=\frac{\mathrm{C}_M^k\mathrm{C}_{N-M}^{n-k}}{\mathrm{C}_N^n},$$

其中 $k=0,1,2,\cdots,\min(M,n)$.

这是古典概率计算中的一个典型问题，其概率称为**超几何概率**，它有着多方面的应用，特别是在产品质量检验方面起着很大作用.

例 1.2.5　有10个电阻，其电阻值分别为1Ω，2Ω，…，10Ω(这里Ω表示电阻单位). 从中任取3个，要求取出的3个电阻值，1个小于5Ω，1个等于5Ω，1个大于5Ω. 求取一次就能达到要求的概率.

解　设 $A=$“取到的3个电阻符合要求”，要求 $P(A)$. 这个问题可用排列公式解，也可用组合公式解，但后者方便. 我们可作如下分析：从10个电阻中任取3个有 C_{10}^3 种取法，此即为基本事件总数. 将10个电阻分成3类：“1”类电阻值小于5Ω的有4个，“2”类电阻值等于5Ω的有1个，“3”类电阻值大于5Ω的有5个，由组合公式(c)知 A 的有利事件数为 $\mathrm{C}_4^1\mathrm{C}_1^1\mathrm{C}_5^1$. 因此

$$P(A)=\frac{A\text{的有利事件数}}{\text{基本事件总数}}=\frac{\mathrm{C}_4^1\mathrm{C}_1^1\mathrm{C}_5^1}{\mathrm{C}_{10}^3}=\frac{1}{6}.$$

例 1.2.6　袋中有 a 只黑球、b 只白球，它们除颜色不同外其他方面没有差别. 把球随机地

一只一只摸出来，求第 k 次摸出的一只球是黑球的概率 $p_k\left(1\leqslant k\leqslant a+b\right)$.

解法一 把 a 只黑球和 b 只白球都看成不同的(例如，设想把它们进行编号)，若把摸出的球依次放在排列成一直线的 $a+b$ 个位置上，则可能的排列相当于把 $a+b$ 个元素进行全排列. 所以基本事件数为这个全排列数 $(a+b)!$. 而有利事件数为 $a\times(a+b-1)!$，这是因为第 k 次摸出黑球有 a 种取法，而另外 $a+b-1$ 次摸球相当于将 $a+b-1$ 只球进行全排列，有 $(a+b-1)!$ 种排法. 故所求概率为

$$p_k=\frac{a\times(a+b-1)!}{(a+b)!}=\frac{a}{a+b}.$$

这个结果与 k 无关. 回想一下，就会发觉这与我们平常的生活经验是一致的. 例如，在体育比赛中进行抽签，抽到好签的机会，与抽签的先后次序无关.

解法二 把 a 只黑球看成没有区别的，把 b 只白球也看成没有区别的. 仍把摸出的球依次放在排列成一直线的 $a+b$ 个位置上. 因为若把 a 只黑球的位置固定下来，则其他位置必然是放白球，而黑球可以有 C_{a+b}^{a} 种放法，所以，C_{a+b}^{a} 就是基本事件总数. 这时有利事件数为 C_{a+b-1}^{a-1}，这是由于第 k 次摸出黑球，第 k 个位置必须放黑球，剩下的黑球可以在 $a+b-1$ 个位置上任取 $a-1$ 个位置放置，因此共有 C_{a+b-1}^{a-1} 种放法. 所以，所求概率为

$$p_k=\frac{\mathrm{C}_{a+b-1}^{a-1}}{\mathrm{C}_{a+b}^{a}}=\frac{a}{a+b}.$$

解法三 把 a 只黑球和 b 只白球都看成不同的，但是我们只考虑第 k 次摸出球的所有可能的情况，那么样本空间显然只有 $a+b$ 个样本点，而且各样本点的出现是等可能. “第 k 次取到的是黑球”只有 a 种情况，所以，所求概率为

$$p_k=\frac{a}{a+b}.$$

三种不同的解法，一种顾及各黑球及各白球间的顺序，另一种不考虑顺序，最后一种只注意第 k 个位置上的可能情况，因而采用了不同的样本空间和计算方法. 但其答案是相同的. 这说明对于同一随机现象，可以用不同的模型来描述，只要方法正确，结论总是一致的.

同时，这个例子还告诉我们，在计算基本事件总数及有利事件数时，必须对同一个确定的样本空间来考虑，因此，其中一个考虑顺序，另一个也必须考虑顺序，否则，结果一定不正确.

例 1.2.7 设有 n 个人，每个人都等可能地被分配到 N 个房间中的任意一间去住，求下列事件的概率：

(1) 指定的 n 个房间各有一人住；

(2) 恰好有 n 个房间，其中各住一人.

解 因为每一个人有 N 个房间可供选择，所以 n 个人住的方式共有 N^n 种，即基本事件总数为 N^n.

(1) 若房间已被指定且各住一人，有利事件数为 n 个人的全排列 $n!$，所求概率为

$$P_1=\frac{n!}{N^n}.$$

(2) n 个房间可在 N 个房间中任意选取，有 C_N^n 种选取方式. 对选定的房间，按(1)的讨论可知有 $n!$ 种分配方式. 所以恰好有 n 个房间其中各住一人的概率为

$$P_2=\frac{\mathrm{C}_N^n\cdot n!}{N^n}=\frac{\mathrm{A}_N^n}{N^n}=\frac{N!}{N^n(N-n)!}.$$

这个例子常称为**分房问题**. 许多实际问题可以由这个模型来描述. 下面列举若干实例.

(1) 电话号码由 7 个不同数字组成的概率 $p=\frac{\mathrm{A}_{10}^7}{10^7}=0.06048$，是例 1.2.7 取 N=10,n=7 的情况.

(2) 某机房有 4 位管理人员，若每人需在机器检修的 7 天内值班一天，则 4 人中没有两人会在同一天值班的概率 $p=\frac{\mathrm{A}_7^4}{7^4}=0.3499$，这是取 N=7,n=4 的情况.

(3) 某班级有 50 位学生，他们中任意两人的生日都不在同一天的概率 $P=\frac{\mathrm{A}_{365}^{50}}{365^{50}}=0.0296$，这是取 N=365, n=50 的情况.

例子(3)是个十分有趣的**生日问题**，其结果令人惊讶. 因为一个 50 人的班级，“至少有 2 人生日相同”的概率竟达到 $1-0.0296=0.9704\approx 97\%$（这个概率计算公式后面很快就会学到），并不像人们直觉的那么小.

4. 古典概率的基本性质

古典概率具备以下基本性质.

(1) 非负性：对任意事件 A，有 $P(A)\geqslant 0$；

(2) 正规性：$P(\Omega)=1$；

(3) 有限可加性：若事件 $A_1,\cdots,A_n$ 互斥，则

$$P(A_1\cup A_2\cup\cdots\cup A_n)=P(A_1)+P(A_2)+\cdots+P(A_n).$$

证明　性质(1)，(2)显然. 下面就两个事件的情形证明性质(3). 不妨设

$$\Omega=\{\omega_1,\omega_2,\cdots,\omega_n\},\quad A_1=\left\{\omega_{i_1},\omega_{i_2},\cdots,\omega_{i_{n_1}}\right\},\quad A_2=\left\{\omega_{j_1},\omega_{j_2},\cdots,\omega_{j_{n_2}}\right\}.$$

因为 A_1 和 A_2 互斥，即 $A_1A_2=\varnothing$，所以

$$A_1\cup A_2=\left\{\omega_{i_1},\omega_{i_2},\cdots,\omega_{i_{n_1}},\omega_{j_1},\omega_{j_2},\cdots,\omega_{j_{n_2}}\right\}.$$

从而由概率的古典定义得

$$P(A_1\cup A_2)=\frac{n_1+n_2}{n}=\frac{n_1}{n}+\frac{n_2}{n}=P(A_1)+P(A_2).$$

由此很容易推广到任意 n 个互斥事件的情形.　　证毕

1.2.3 概率的几何定义

1. 模型与计算公式

在古典概型中，利用等可能性成功地计算了一类事件的概率. 但古典概型要求样本空间是有限的，这就限制了它的使用范围. 下面讨论另一类特殊的随机现象，它具有如下两个基本特征：

(1) 样本空间不可列. 样本空间包含无限不可列个样本点，但是可以用一个几何图形(例如，一条线段、一块平面区域、或一个空间区域等)表示这个样本空间，其相应的几何度量(例如，长度、面积、体积等)是一个非零有限实数；

(2) 等可能性. 每个基本事件发生的可能性大小都相同，从而每个事件发生的可能性大小只与表示该事件的几何图形的大小有关，而与其具体位置无关.

对于这样的随机现象，记 S_Ω 为样本空间 Ω 对应的几何图形的度量，S_A 为事件 A 对应的几何图形的度量，则定义事件 A 发生的概率为

$$P(A)=\frac{S_A}{S_\Omega}.$$

这种计算概率的数学模型称为**几何概型**. 需要注意的是，S_Ω 和 S_A 必须单位一致.

2. 例子

例 1.2.8 公共汽车每隔 5 分钟来一辆，假定乘客在接连两辆车之间的任何时刻随机地到达车站，试求乘客候车时间不超过 3 分钟的概率.

解 从前一辆车开出起计算时间，乘客到达车站的时刻 t 可以是 $[0,5]$ 中的任一点，即 $\Omega=[0,5]$，$S_\Omega=5$. 由假定，乘客在 $[0,5]$ 内任一时刻到达车站都是等可能的，所以可以用几何概型. 设 $A=$“乘客候车不超过 3 分钟”，则 $A=[2,5]$，$S_A=3$. 所以

$$P(A)=\frac{S_A}{S_\Omega}=\frac{3}{5}.$$

例 1.2.9 (会面问题) 两人约定 5 点到 6 点在某地会面，先到者等候另一人 20 分钟，过时就离去，试求这两人能会面的概率.

解 以 x，y 分别表示两人到达时刻(单位：分钟)，则样本空间可表示为

$$\Omega=\{(x,y):0\leqslant x,y\leqslant 60\}.$$

两人能够会面的充要条件为 $|x-y|\leqslant 20$，从而事件“两人能会面”可表示为

$$A=\{(x,y):|x-y|\leqslant 20, 0\leqslant x,y\leqslant 60\}.$$

如图 1-7 所示，用几何概型可得所求概率为

$$P(A)=\frac{S_A}{S_\Omega}=\frac{60^2-40^2}{60^2}=\frac{5}{9}.$$

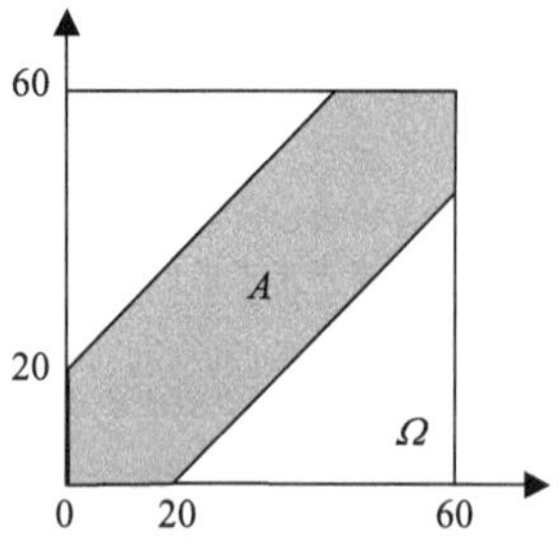

图 1-7

注意，本例的几何度量是面积，而例 1.2.8 中则是长度.

例 1.2.10 (蒲丰(Buffon)投针问题)　平面上画有距离为 $a\left(a>0\right)$ 的平行线，向此平面任投一长度为 $l\left(l<a\right)$ 的针. 试求此针与平行线相交的概率.

解　以 x 表示针的中点到最近的一条平行线的距离，φ 表示针与此线的交角(图 1-8(a))，可以用 $\varphi-x$ 平面上的一个矩形区域

$$\Omega=\left\{(\varphi,x):0\leqslant\varphi<\pi,0\leqslant x\leqslant\frac{a}{2}\right\}$$

作为样本空间. 易知 φ 和 x 分别在区间 $[0,\pi)$ 和区间 $\left[0,\dfrac{a}{2}\right]$ 等可能地取值，从而点 (φ,x) 等可能地在样本空间 Ω 中取值. 为使针与平行线相交，必须有 $x\leqslant\dfrac{l}{2}\sin\varphi$，从而事件“此针与任一平行线相交”可以用 Ω 的子集

$$A=\left\{(\varphi,x):\ x\leqslant\frac{l}{2}\sin\varphi,\ 0\leqslant\varphi<\pi,\ 0\leqslant x\leqslant\frac{a}{2}\right\}$$

表示，即图 1-8(b) 中阴影部分. 易知

$$S_\Omega=\frac{a}{2}\pi,\quad S_A=\int_0^\pi\frac{l}{2}\sin\varphi\mathrm{d}\varphi=l,$$

所以，所求概率为

$$P(A)=\frac{S_A}{S_\Omega}=\frac{l}{\dfrac{a}{2}\pi}=\frac{2l}{a\pi}.$$

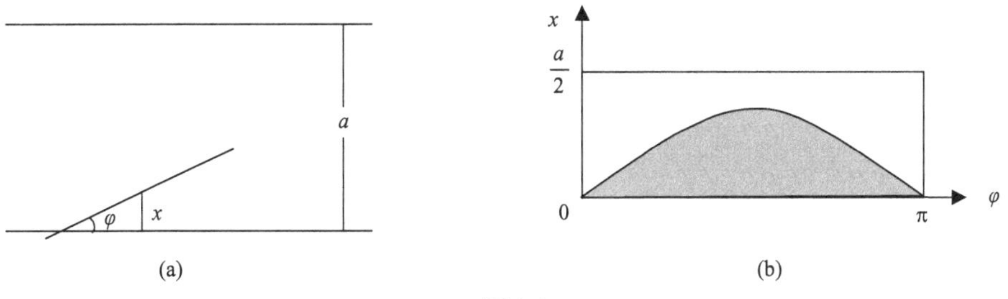

图 1-8

值得注意的是，首先，$P\left(A\right)$ 只依赖于比值 l/a，故当 l 与 a 成比例地变化时，$P\left(A\right)$ 保持不变. 这一点与我们的直觉相符. 其次，如果已知 a 和 l，则可利用上式由 $P\left(A\right)$ 确定 π 的值，从而利用频率估计 π. 具体方法是投针 N 次，统计针与线相交的次数 n，再以频率值 n/N 作为概率 $P\left(A\right)$ 的近似值代入上式，求得 $\pi\approx\dfrac{2lN}{an}$.

历史上有一些学者曾亲自做过这个试验，表 1-2 记录了他们的试验结果(把 a 折算为单位长度).

表 1-2

实验者	年份	针长	投掷次数	相交次数	π 的近似值
Wolf	1850	0.8	5000	2532	3.1596
Smith	1855	0.6	3204	1218.5	3.1554
De Morgan	1860	1.0	600	382.5	3.137
Fox	1884	0.75	1030	489	3.1595
Lazzfrini	1901	0.83	3408	1808	3.1415929
Reina	1925	0.5419	2520	859	3.1795

例 1.2.10 给出了一种求未知数的全新的方法：建立一个概率模型，它与某些我们感兴趣的量(这里是常数 π)有关，然后设计适当的随机试验，通过实验结果计算频率，再利用频率和概率的关系确定这些量. 这种由建立概率模型来作近似计算的方法通常称为**随机模拟法**或**蒙特卡罗(Monte Carlo)方法**. 随着计算机日新月异的发展，这种计算方法得到了迅速的发展和广泛的应用.

3. 几何概率的基本性质

为方便起见，我们就样本空间是一个平面区域的情形来加以讨论.

根据几何概率的定义，显然它仍具有非负性、正规性和有限可加性. 除此以外，我们设在样本空间 Ω 中有一列互不相交的小区域 $A_1, A_2, \cdots$，每个小区域的面积是 $S_{A_1}, S_{A_2}, \cdots$. 这些小区域的并为 $A=\bigcup\limits_{i=1}^{\infty} A_i$，则由面积的性质，总面积 S_A 应该是这些小区域的面积之和，即 $S_A=\sum\limits_{i=1}^{\infty} S_{A_i}$，从而

$$P(A)=\frac{S_A}{S_\Omega}=\frac{1}{S_\Omega}\sum_{i=1}^{\infty} S_{A_i}=\sum_{i=1}^{\infty}\frac{S_{A_i}}{S_\Omega}=\sum_{i=1}^{\infty}P(A_i).$$

这说明，几何概率不仅具有有限可加性，而且具有可列可加性，即若 $A_1, A_2, \cdots$为一列互斥的随机事件，则

$$P\left(\bigcup_{i=1}^{\infty} A_i\right)=\sum_{i=1}^{\infty}P(A_i).$$

1.2.4 概率的性质

我们前面已经分别讨论了概率的统计定义、古典概型和几何概型，以及相应概率所应具备的基本性质. 不难发现，以下几点是它们的共性.

(1) 都有一个样本空间 Ω 需要弄清楚.

(2) 要讨论的所有事件都可以用样本空间 Ω 的子集表示，这些事件之间满足一定的关系.

(3) 每个事件都有一个发生的概率，概率满足如下三条基本性质：

(a) 非负性：对任意事件 A，有 $P(A)\geqslant 0$；

(b) 正规性：$P(\Omega)=1$；

(c) 可列可加性：若 A_1，A_2，…是一列互不相容事件，则

$$P\left(\bigcup_{i=1}^{\infty}A_i\right)=\sum_{i=1}^{\infty}P(A_i).$$

下面我们将从概率的这三条基本性质出发，推出概率的所有其他性质.

性质 1　不可能事件的概率为 0，即 $P(\varnothing)=0$.

证明　因为 $\Omega=\Omega\cup\varnothing\cup\cdots$，所以由可列可加性有 $P(\Omega)=P(\Omega)+P(\varnothing)+\cdots$. 由正规性知 $P(\Omega)=1$，从而必有 $P(\varnothing)=0$.　证毕

性质 2 (有限可加性)　若 $A_1,A_2,\cdots,A_n$ 是有限个互不相容事件，则

$$P\left(\bigcup_{i=1}^{n}A_i\right)=\sum_{i=1}^{n}P(A_i).$$

证明　因为 $\bigcup_{i=1}^{n}A_i=A_1\cup A_2\cup\cdots\cup A_n\cup\varnothing\cup\cdots$，由可列可加性及 $P(\varnothing)=0$ 即知结论成立. 证毕.

推论 1　若 $B\subset A$，则 $P(B)\leqslant P(A)$. 从而对任意事件 A 有 $P(A)\leqslant 1$.

证明　利用有限可加性可得

$$P(A)=P(B\cup(A-B))=P(B)+P(A-B).$$

由非负性知 $P(A-B)\geqslant 0$，从而 $P(B)\leqslant P(A)$. 由任意事件 $A\subset\Omega$ 知 $P(A)\leqslant 1$.　证毕

推论 2　对任一事件 A，有

$$P(\overline{A})=1-P(A).$$

性质 3 (可减性)　若 $A\supset B$，则 $P(A-B)=P(A)-P(B)$.

证明　当 $A\supset B$ 时，有 $A=B\cup(A-B)$ 且 $B(A-B)=\varnothing$，由有限可加性得

$$P(A)=P(B)+P(A-B),$$

由推论 1 知可以移项，所以 $P(A-B)=P(A)-P(B)$.　证毕

性质 4 (加法公式)　对于任意两个事件 A，B，都有

$$P(A\cup B)=P(A)+P(B)-P(AB).$$

证明　$A\cup B=A\cup(B-AB)$ 且 $A(B-AB)=\varnothing$，所以

$$P(A\cup B)=P(A)+P(B-AB).$$

又 $B\supset AB$，利用性质 3 有 $P(B-AB)=P(B)-P(AB)$，所以

$$P(A\cup B)=P(A)+P(B)-P(AB).$$

证毕

推论 3 $P(A\cup B)\leqslant P(A)+P(B)$.

性质 4 可以用归纳法推广到任意有限个事件. 设 A_1，$A_2,\cdots$，A_n 是任意 n 个事件，则有

$$P\left(\bigcup_{i=1}^{n}A_i\right)=\sum_{i=1}^{n}P(A_i)-\sum_{1\leqslant i<j\leqslant n}P(A_iA_j)+\sum_{1\leqslant i<j<k\leqslant n}P(A_iA_jA_k)+\cdots+(-1)^{n-1}P(A_1A_2\cdots A_n).$$

这个公式也称为概率的**一般加法公式**.

设 A_1，$A_2,\cdots$为一事件序列，记为$\{A_n:n=1,2,\cdots\}$，或简记为$\{A_n\}$. 若有

$$A_1\subset A_2\subset\cdots\subset A_n\subset\cdots,$$

则称$\{A_n\}$为**单调不减事件列**，称$\bigcup\limits_{n=1}^{\infty}A_n$为其**极限事件**；若有

$$A_1\supset A_2\supset\cdots\supset A_n\supset\cdots,$$

则称$\{A_n\}$为**单调不增事件列**，称$\bigcap\limits_{n=1}^{\infty}A_n$为其**极限事件**. 单调不减事件列和单调不增事件列统称为**单调事件列**.

性质 5（连续性） 若$\{A_n\}$为单调不减事件列，则

$$P\left(\bigcup_{n=1}^{\infty}A_n\right)=\lim_{n\to\infty}P(A_n)\quad（下连续性）；$$

若$\{A_n\}$为单调不增事件列，则

$$P\left(\bigcap_{n=1}^{\infty}A_n\right)=\lim_{n\to\infty}P(A_n)\quad（上连续性）.$$

对于单调不减事件列，极限事件的概率是递增数列的极限；对于单调不增事件列，极限事件是递减数列的极限. 所以这两条性质分别叫概率的**下连续性**和**上连续性**，统称为概率的**连续性**.

证明 先证下连续. 记 $A_0=\varnothing$，$B_n=A_n-A_{n-1}$，$n=1,2,\cdots$，则$\{B_n:n=1,2,\cdots\}$是一列两两互不相容事件，且$\bigcup\limits_{n=1}^{\infty}A_n=\bigcup\limits_{n=1}^{\infty}B_n$. 由概率的可列可加性有

$$P\left(\bigcup_{n=1}^{\infty} A_n\right)=P\left(\bigcup_{n=1}^{\infty} B_n\right)=\sum_{n=1}^{\infty} P(B_n)$$
$$=\lim_{n\to\infty}\sum_{i=1}^{n} P(B_i)=\lim_{n\to\infty}\sum_{i=1}^{n}[P(A_i)-P(A_{i-1})]$$
$$=\lim_{n\to\infty} P(A_n).$$

下连续性得证. 由事件运算的德摩根法则及下连续性易证上连续性成立.　　证毕

例 1.2.11 (匹配问题)　某人一次写了 n 封信，又写了 n 个信封. 如果她任意将 n 封信装入 n 个信封中，求至少有一封信和信封一致的概率.

解　令 A_i 表示“第 i 封信恰好装入第 i 个信封”, $i=1,2,\cdots,n$;　B 表示“至少有一封信和信封一致”，则

$$B=\bigcup_{i=1}^{n} A_i,\quad 且\ P(A_i)=\frac{1}{n},\ 从而\ \sum_{i=1}^{n} P(A_i)=1;$$

又

$$P(A_iA_j)=\frac{1}{n(n-1)},\quad \forall i\neq j,\quad i,j=1,2,\cdots,n,$$

从而

$$\sum_{1\leqslant i<j\leqslant n} P(A_iA_j)=\mathrm{C}_n^2\frac{1}{n(n-1)}=\frac{1}{2!};$$

类似可得

$$\sum_{1\leqslant i<j<k\leqslant n} P(A_iA_jA_k)=\mathrm{C}_n^3\frac{1}{n(n-1)(n-2)}=\frac{1}{3!};$$

等等，直到

$$P(A_1A_2\cdots A_n)=\mathrm{C}_n^n\frac{1}{n!}=\frac{1}{n!}.$$

由概率的一般加法公式得

$$P\left(\bigcup_{i=1}^{n} A_i\right)=\sum_{i=1}^{n} P(A_i)-\sum_{1\leqslant i<j\leqslant n} P(A_iA_j)+\sum_{1\leqslant i<j<k\leqslant n} P(A_iA_jA_k)+\cdots+(-1)^{n-1}P(A_1A_2\cdots A_n)$$
$$=1-\frac{1}{2!}+\frac{1}{3!}\cdots+(-1)^{n-1}\frac{1}{n!}.$$

显然，当 n 充分大时，它近似于 $1-\mathrm{e}^{-1}$.

1.3　条件概率、全概公式和贝叶斯公式

1.3.1　条件概率和乘法公式

有时我们会遇到这样的情况，已知事件 A 发生了，问事件 B 发生的概率有多大？这就是条件概率的概念，记作 $P(B|A)$.

例 1.3.1　设一个家庭有两个小孩，考虑恰好是一个男孩一个女孩的概率问题. 两个孩子依大小排列，性别可能有四种情况：(男，男)，(男，女)，(女，男)，(女，女)，所以可取样本空间为

$$\Omega=\{(男，男)，(男，女)，(女，男)，(女，女)\}.$$

令 B 表示“两个小孩一男一女”，A 表示“两个小孩中至少有一女孩”，则基本事件总数 $n_{\Omega}=4$，B 的有利事件数 $n_B=2$. 假定男、女出生率一样，那么可以利用古典概型得

$$P(B)=\frac{2}{4}=\frac{1}{2}.$$

但是，若已知这个家庭有女孩，那么恰好是一个男孩一个女孩的概率又是多大呢？这等于说已知事件 A 发生了，求事件 B 发生的条件概率. 这时已知至少有一女孩，考虑 B 发生的概率时，样本空间就缩减为

$$\Omega'=\{(男，女)，(女，男)，(女，女)\},$$

基本事件总数为 $n_{\Omega'}=n_A=3$，而有利事件(即“一男一女”)数为 $n_{AB}=2$，从而

$$P(B\mid A)=\frac{n_{AB}}{n_A}=\frac{2}{3}.$$

这里 $P(B|A)\neq P(B)$，说明“已知事件 A 发生”这个信息对计算事件 B 的概率产生了影响. 值得注意的是，

$$P(B\mid A)=\frac{n_{AB}}{n_A}=\frac{n_{AB}/n}{n_A/n}=\frac{P(AB)}{P(A)}.$$

这表明，我们不需要引进新的样本空间，在原有样本空间基础上即可计算条件概率. 下面我们给出条件概率的严格定义.

定义 1.3.1　设 A 和 B 为同一样本空间中的两个随机事件，$P(A)>0$. 称

$$P(B\mid A)=\frac{P(AB)}{P(A)}$$

为**事件 A 发生的条件下事件 B 发生的概率**，简称为事件 B 的**条件概率**.

计算事件 A 发生的条件下事件 B 发生的概率 $P(B|A)$，本质上是以 A 为新的样本空间计算事件 B 发生的概率，所以条件概率也具有概率的三个基本性质.

(1) 非负性：对任意事件 B，$P(B|A)\geqslant 0$；

(2) 正规性：$P(\Omega|A)=1$；

(3) 可列可加性：若 B_1，B_2，$\cdots$是一列互不相容事件，则其和事件的条件概率为

$$P\left(\bigcup_{i=1}^{\infty}B\middle| A\right)=\sum_{i=1}^{\infty}P(B_i\mid A).$$

利用条件概率的概念我们可以得到许多有用的概率计算公式，用来计算复杂事件的概率. 下面先介绍**乘法公式**.

若 $P(A)>0$，则

$$P(AB)=P(A)P(B\mid A).$$

更一般地，对任意 n 个事件 A_1，A_2，$\cdots$，A_n，若 $P(A_1A_2\cdots A_{n-1})>0$，则

$$P(A_1A_2\cdots A_n)=P(A_1)P(A_2|A_1)P(A_3|A_1A_2)\cdots P(A_n|A_1A_2\cdots A_{n-1}).$$

例 1.3.2　已知一罐子中有 k 个白球，r 个红球. 每次随机地取出一个，记下其颜色后放回，同时加进与被取球同色的同质球 c 个. 试求如此连续取球三次均为红球的概率.

解　记 A=“三次取出的均为红球”，A_i=“第 i 次取出的是红球”，i=1,2,3，则 $A=A_1A_2A_3$，且易求得

$$P(A_1)=\frac{r}{k+r},$$

$$P(A_2\mid A_1)=\frac{r+c}{k+(r+c)},$$

$$P(A_3\mid A_1A_2)=\frac{r+2c}{k+(r+2c)}.$$

从而由乘法公式可得所求概率为

$$\begin{aligned}P(A)&=P(A_1)P(A_2\mid A_1)P(A_3\mid A_1A_2)\\&=\frac{r}{k+r}\cdot\frac{r+c}{k+r+c}\cdot\frac{r+2c}{k+r+2c}.\end{aligned}$$

例 1.3.2 最早由匈牙利数学家波利亚(Polyá)提出，故称为**波利亚罐子模型**. 可以证明：

$$P(A_3\mid A_1A_2)>P(A_2\mid A_1)>P(A_1).$$

这说明当红球越来越多时，红球被抽到的可能性也就越来越大. 这犹如某种传染病在某地区流行时，如不及时制止，波及范围会越来越广. 地震也是如此. 所以波利亚罐子模型常常被用作描述传染病、地震等现象的数学模型.

1.3.2 全概公式和贝叶斯公式

下面我们介绍另外两个与条件概率有关的重要公式. 先介绍互斥完备事件组的概念.

设{ A_1, A_2,⋯}是一组事件，如果满足

(1) 互斥性：其中任意两个事件都互斥，即 $A_iA_j=\varnothing, i\neq j, i,j=1,2,\cdots$；

(2) 完备性：其中必有一个事件会发生，即 $\bigcup\limits_{i=1}^{\infty}A_i=\Omega$，

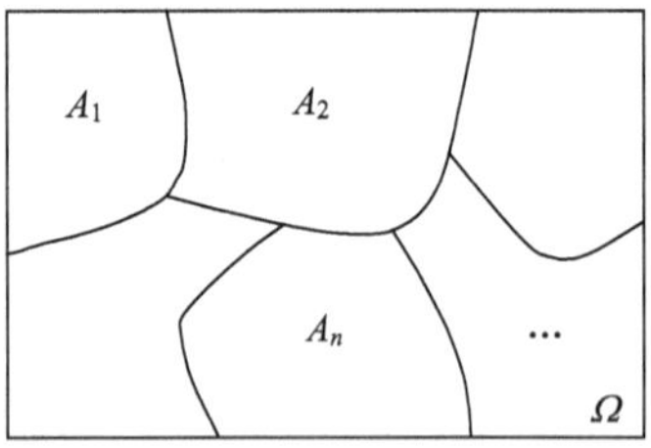

图 1-9

则称{ $A_1, A_2,\cdots$ }为**互斥完备事件组**. 或称{ $A_1, A_2,\cdots$ }构成样本空间 Ω 的一个**划分**. 如图 1-9 所示.

特别地，可列样本空间 Ω 的所有基本事件构成 Ω 的一个划分；显然，对于任何事件 A，A 与 $\overline{A}$ 构成 Ω 的一个划分. 互斥完备性表明，若事件组 $A_1, A_2,\cdots$, 是互斥完备事件组，则任作一次观测，$A_1, A_2,\cdots$ 中必有且仅有一个发生.

定理 1.3.1　若{ A_1, A_2,⋯}构成互斥完备事件组，$P(A_i)>0$，$i=1,2,\cdots$，B 是任一事件，则有下面的公式.

(1) **全概公式**

$$P(B)=\sum_{i=1}^{\infty}P(A_i)P(B\mid A_i)\text{；}$$

(2) **贝叶斯公式** (Bayes formula)　若 $P(B)>0$，则对 $j=1,2,\cdots$，有

$$P(A_j\mid B)=\frac{P(A_j)P(B\mid A_j)}{\sum\limits_{i=1}^{\infty}P(A_i)P(B\mid A_i)}.$$

证明　因为 $A_1, A_2,\cdots$ 互斥，所以 $BA_1, BA_2,\cdots$ 互斥. 由于

$$B=B\Omega=B\left(\bigcup_{i=1}^{\infty}A_i\right)=\bigcup_{i=1}^{\infty}BA_i,$$

由概率的可列可加性及乘法公式即得全概公式

$$P(B)=\sum_{i=1}^{\infty}P(BA_i)=\sum_{i=1}^{\infty}P(A_i)P(B\mid A_i)\text{；}$$

又由条件概率定义及全概公式知

$$P(A_j\mid B)=\frac{P(A_jB)}{P(B)}=\frac{P(A_j)P(B\mid A_j)}{\sum\limits_{i=1}^{\infty}P(A_i)P(B\mid A_i)}.$$

证毕

应用概率的可列可加性、乘法公式和全概公式将较复杂事件概率的计算分解为较简单事件

的概率进行计算.

例 1.3.3　某工厂有四条流水线生产同一种产品，该四条流水线的产量分别占总产量的 15%，20%，30% 和 35%，又已知这四条流水线的不合格品率依次为 0.05，0.04，0.03 和 0.02. 现在从出厂产品中任取一件，问恰好取到不合格品的概率是多少？

解　设 $A_i=$“恰好取到第 i 条流水线的产品”，$i=1,2,3,4$. $B=$“恰好取到不合格品”. 则 A_1,A_2,A_3,A_4 构成互斥完备事件组，由全概公式得

$$
\begin{aligned}
P(B)&=\sum_{i=1}^{4}P(A_i)P(B\mid A_i)\\
&=0.15\times0.05+0.20\times0.04+0.30\times0.03+0.35\times0.02\\
&=0.0315.
\end{aligned}
$$

例 1.3.4（续例 1.3.3）　在例 1.3.3 中，若该厂规定，出了不合格品要追究有关流水线的经济责任. 现在在出厂产品中任取一件，结果为不合格品，但该件产品是哪一条流水线生产的标志已经脱落，问这件产品是第 4 条流水线生产的可能性有多大？

解　利用贝叶斯公式，该产品是第 4 条流水线生产的概率为

$$
P(A_4\mid B)=\frac{P(A_4)P(B\mid A_4)}{\sum_{i=1}^{4}P(A_i)P(B\mid A_i)}=\frac{0.35\times0.02}{0.0315}\approx0.222.
$$

类似地分别可求出该产品是第 1,2,3 条流水线生产的概率.

全概公式、贝叶斯公式在理论上和应用上都很重要. 为了便于理解，我们作如下直观解释.

如果把事件 B 作为结果，那么事件 $A_1,A_2,\cdots$ 便是导致“结果”的“原因”. 从这个意义上讲，全概公式的主导思想是由因导果.“全”字的意义在于计算概率 $P(B)$ 时，对于导致 B 发生的各种原因无一遗漏地加以全面考察.

贝叶斯公式的意义正好相反，其目的在于探索已经发生的“结果” B 由 $A_1,A_2,\cdots$ 各种“原因”引起的可能性大小. 从这个意义上讲，贝叶斯公式要解决的问题正好与全概公式相逆，所以也称为**逆概公式**，其主导思想是执果索因.

例 1.3.5　用血清甲胎蛋白法诊断肝癌，设 C 表示“被检验者患有肝癌”，A 表示“被检验者被判断患有肝癌”. 由临床观测发现，对于肝癌患者，此法准确率高达 95%，即 $P(A\mid C)=0.95$；对于非肝癌患者，此法准确率也高达 90%，即 $P(\overline{A}\mid\overline{C})=0.90$. 已知肝癌患病率为万分之四，即 $P(C)=0.0004$. 现在若有一人被此检验法诊断为患有肝癌，求此人真正患有肝癌的概率 $P(C\mid A)$.

解　由贝叶斯公式

$$
\begin{aligned}
P(C\mid A)&=\frac{P(C)P(A\mid C)}{P(C)P(A\mid C)+P(\overline{C})P(A\mid\overline{C})}\\
&=\frac{0.0004\times0.95}{0.0004\times0.95+0.9996\times0.1}=0.0038.
\end{aligned}
$$

例 1.3.5 表明，虽然检验法相当可靠，但是被“诊断”为肝癌的人确实患有肝癌的可能性并不大，这是一个值得读者进一步思考的结果.

1.4 事件的独立性及伯努利概型

1.4.1 独立性

1. 两事件的独立性

对于 A，B 两个事件，设 $P(A)>0$，若事件 A 是否发生对事件 B 发生的概率没有影响，那么应该有

$$P(B\mid A)=P(B),$$

从而由乘法公式应该有

$$P(AB)=P(A)P(B\mid A)=P(A)P(B).$$

受此启发，引入下述事件之间的独立性概念.

定义 1.4.1 设 A 和 B 是任意两个事件，若

$$P(AB)=P(A)P(B),$$

则称事件 A 和 B **相互独立**.

例 1.4.1 掷甲、乙两枚均匀硬币，$A=$“甲出现正面”，$B=$“乙出现正面”，样本空间为

$$\Omega=\{(正，正)，(正，反)，(反，正)，(反，反)\},$$

这时 $P(A)=P(B)=2/4=1/2$，$P(AB)=1/4$，所以 $P(AB)=P(A)P(B)$，由定义 1.4.1 知事件 A 和 B 相互独立. 这与我们的直觉是完全一致的.

实践中，事件间的独立性常常根据实际意义来判断，而不是根据定义来判断，据此能简化概率的计算.

例 1.4.2 甲、乙两射手向同一目标射击，已知命中率分别为 0.92，0.87，试求目标被击中的概率.

解 设 $C=$“目标被击中”，$A=$“甲击中目标”，$B=$“乙击中目标”，则 $C=A\cup B$，从而

$$P(C)=P(A)+P(B)-P(AB).$$

其中 $P(A)=0.92$，$P(B)=0.87$. 又根据实际意义可知事件 A 和 B 相互独立，所以

$$\begin{aligned}P(C)&=P(A)+P(B)-P(A)P(B)\\&=0.92+0.87-0.92\times0.87=0.9896.\end{aligned}$$

定理 1.4.1 若事件 A，B 相互独立，则 $A,\bar{B}$ 相互独立；$\bar{A},\bar{B}$ 相互独立；$\bar{A},B$ 相互独立.

证明 仅需证 $A,\bar{B}$ 相互独立. 事实上

$$P(A)=P(AB)+P(A\bar{B})=P(A)P(B)+P(A\bar{B}),$$

从而

$$P(A\bar{B}) = P(A) - P(A)P(B) = P(A)(1 - P(B)) = P(A)P(\bar{B}),$$

所以 $A, \bar{B}$ 相互独立.　　　　证毕

利用定理 1.4.1, 例 1.4.2 也可用下式解出:

$$\begin{aligned} P(C) &= 1 - P(\bar{C}) = 1 - P(\bar{A}\bar{B}) \\ &= 1 - P(\bar{A})P(\bar{B}) = 1 - (1 - 0.92)(1 - 0.87) = 0.9896. \end{aligned}$$

2. 多个事件的独立性

定义 1.4.2　若事件 A, B, C 同时满足

$$\begin{cases} P(AB) = P(A)P(B), \\ P(AC) = P(A)P(C), \\ P(BC) = P(B)P(C), \end{cases} \tag{1.4.1}$$

$$P(ABC) = P(A)P(B)P(C), \tag{1.4.2}$$

则称事件 A, B, C **相互独立**.

由定义 1.4.2 可知，若 A, B, C 相互独立，则 A, B, C 两两相互独立，但反之不然.

例 1.4.3　设袋中有 4 个乒乓球，一个涂有白色，一个涂有红色，一个涂有蓝色，一个涂有白、红、蓝三种颜色. 今从袋中随机地取一球，以 A, B, C 分别记事件“出现白色”“出现红色”“出现蓝色”，则样本空间为

$$\Omega = \{白，红，蓝，白且红且蓝\},$$
$$P(A) = P(B) = P(C) = 2/4 = 1/2, \quad P(AB) = P(BC) = P(AC) = 1/4,$$

所以式(1.4.1)成立，从而 A, B, C 两两相互独立. 但

$$P(ABC) = 1/4 \neq 1/8 = P(A)P(B)P(C),$$

式(1.4.2)不成立，所以事件 A, B, C 不相互独立.

也可举出式(1.4.2)成立但式(1.4.1)不成立的例子，这说明式(1.4.2)在定义 1.4.2 中是不可缺少的.

定义 1.4.3　设 $A_1, A_2, \cdots, A_n$ 为 n 个事件. 若对任意 $k = 2,3,\cdots,n$ 及 $1 \leqslant i_1 < i_2 < \cdots < i_k \leqslant n$，都有

$$P(A_{i_1}A_{i_2}\cdots A_{i_k}) = P(A_{i_1})P(A_{i_2})\cdots P(A_{i_k}),$$

则称事件 $A_1, A_2, \cdots, A_n$ **相互独立**.

由定义 1.4.3 可知，n 个事件的相互独立性需要有

$$\sum_{k=2}^{n} \mathrm{C}_n^k = 2^n - n - 1$$

个等式来保证.

n 个事件的独立性也有类似于定理 1.4.1 的结论.

定理 1.4.2　若 $A_1, A_2, \cdots, A_n$ 相互独立，则其中任意 $k\ (2 \leqslant k \leqslant n)$ 个也相互独立，且有

$$P(\hat{A}_{i_1}\hat{A}_{i_2}\cdots\hat{A}_{i_k}) = P(\hat{A}_{i_1})P(\hat{A}_{i_2})\cdots P(\hat{A}_{i_k}).$$

其中每个 $\hat{A}_{i_j}$ 可以是 A_{i_j} 也可以是 $\overline{A}_{i_j}$, $j=1,2,\cdots,k$.

例 1.4.4　一个元件能正常工作的概率称为这个元件的可靠性. 由元件组成的系统能正常工作的概率称为系统的可靠性. 设构成系统的每个元件的可靠性均为 $r(0<r<1)$，且各元件能否正常工作是相互独立的. 今有 $2n(n>1)$ 个元件按图 1-10 所示的两种不同的连接方式构成系统，试求它们的可靠性，并比较两种系统的可靠性大小.

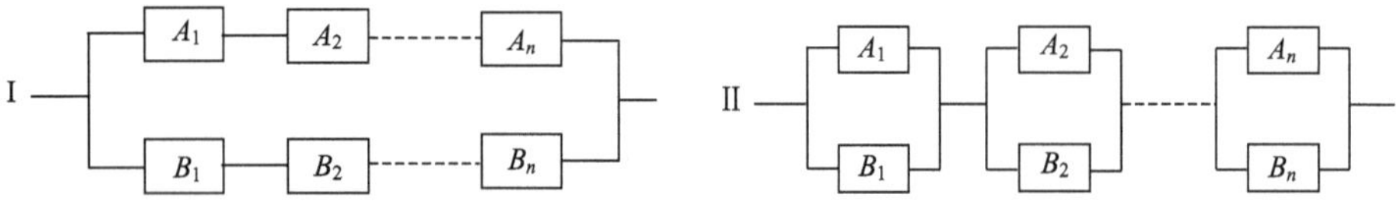

图 1-10

解　分别用 A_i 和 B_i 表示相应的原件能正常工作，$i=1,2,\cdots,n$. 系统 I 有两条通路，它能正常工作当且仅当两条通路至少有一条能正常工作. 而每一条通路能正常工作当且仅当它的每个元件能正常工作. 故系统 I 的可靠性为

$$\begin{aligned}&P\left((A_1A_2\cdots A_n)\cup(B_1B_2\cdots B_n)\right)\\&=P(A_1A_2\cdots A_n)+P(B_1B_2\cdots B_n)-P(A_1A_2\cdots A_nB_1B_2\cdots B_n)\\&=r^n+r^n-r^{2n}=r^n(2-r^n).\end{aligned}$$

系统 II 由 n 对并联元件组成，它能正常工作当且仅当每对并联元件都能正常工作. 故系统 II 的可靠性为

$$\begin{aligned}P\left(\bigcap_{i=1}^{n}(A_i\cup B_i)\right)&=\prod_{i=1}^{n}P(A_i\cup B_i)\\&=(r+r-r^2)^n=r^n(2-r)^n.\end{aligned}$$

注意到 $2-r^n>1$，$(2-r)^n>1$，可见两种系统都比由 n 个元件串联的单条通路(其可靠性为 r^n)更可靠. 此外，用数学归纳法可以证明，当 $n>1$ 时，$(2-r)^n>2-r^n$，因此系统 II 比系统 I 更可靠.

1.4.2　伯努利概型

若随机现象由一系列随机试验或观测构成，其中

(1) 每次试验或观测所有可能的结果都相同；

(2) 只依赖于单次试验或观测结果的事件之间相互独立，

则称为一个**独立试验序列**.

例如，重复投掷一颗骰子，则每次可能的结果都一样，任意两次的结果之间相互独立，从而构成一个独立试验序列.

只有两个可能结果的试验称为**伯努利**(Bernoulli)**试验**；若独立试验序列中每次试验或观测只有两个可能的结果(记为 A 与 $\overline{A}$ ，$P(A)=p(0<p<1)$ ，$P(\overline{A})=1-p$ (记为 q))，则称其为一个**伯努利试验序列**，也称为**伯努利概型**. 特别地，若共有 n 次试验或观测，则称其为一个 **n 重伯努利试验**或 **n 重伯努利概型**. 例如，掷一枚硬币 n 次，就是一个 n 重伯努利试验(注：在概率论与数理统计中，“n 重”一般意味着 n 次独立试验或观测；“伯努利”则意味着只有两个可能的结果).

下面我们计算伯努利概型中所出现的一些事件的概率，这些概率非常重要.

1. 二项概率公式

我们来确定 n 重伯努利试验中事件 A 恰好发生 k 次的概率，记为 $b(k;n,p)$，$k=0,1,2,\cdots,n$.

设 $B_k=$“ n 重伯努利试验中事件 A 恰好发生 k 次”， A_i 表示在第 i 次试验中 A 发生，则 $P(A_i)=p$ ，$i=1,2,\cdots,n$ ，而 B_k 可分解成 C_n^k 个两两互不相容的事件之和：

$$B_k=(A_1\cdots A_k\overline{A}_{k+1}\cdots\overline{A}_n)\cup(\overline{A}_1A_2\cdots A_{k+1}\overline{A}_{k+2}\cdots\overline{A}_r)\cup\cdots$$
$$\cup(\overline{A}_1\cdots\overline{A}_{n-k}A_{n-k+1}\cdots A_n).$$

由试验的独立性可知，上述分解式右端的每个积事件的概率均等于

$$P(A_1\cdots A_k\overline{A}_{k+1}\cdots\overline{A}_n)=p^kq^{n-k},$$

从而由概率的有限可加性可得

$$B(k;n,p)=P(B_k)=\mathrm{C}_n^kp^kq^{n-k},\qquad k=0,1,2,\cdots,n.$$

注意到上式是二项式 $(q+px)^n$ 展开式中 x^k 项的系数，因此称为**二项概率公式**. 显然

$$\sum_{k=0}^{n}B(k;n,p)=\sum_{k=0}^{n}\mathrm{C}_n^kp^kq^{n-k}=(p+q)^n=1.$$

这个结果是自然的，因为必然事件的概率为 1. 另外

$$P\{n\text{重伯努利试验中事件}A\text{至少发生1次}\}=1-b(0;n,p)=1-q^n,$$

由于 $0<q<1$，从而当 $n\to\infty$ 时，上式的极限为 1. 这个结果的概率意义值得我们注意. 它说明，对于随机事件 A，无论其在一次试验中发生的概率多么小，只要不为零，则在大量的重复试验中 A 几乎是肯定会发生的. 这就警示我们对于那些发生的可能性很小、但一旦发生将会造成巨大损失的事件，一定不能掉以轻心，要经常检测，采取措施，尽可能减少其发生时带来的损失.

例 1.4.5 金工车间有 10 台 10 千瓦的机床. 假定机床的使用情况是相互独立的，且每台机床平均每次开动 12 分钟. 现因当地电力紧张，供电部门只提供 50 千瓦的电力，问这 10 台机床能正常工作的概率为多大?

解 10 台机床在同一时刻是否“开动”是 $n=10$ ，$p=12/60=1/5$ 的伯努利试验，用 A_k 表示某一时刻恰好有 k 台机床开动，则

$$P(A_k)=\mathrm{C}_{10}^k\left(\frac{1}{5}\right)^k\left(\frac{4}{5}\right)^{n-k},\quad k=0,1,2,\cdots,10.$$

用 B 表示事件“10 台机床能正常工作”，则事件 B 等同于事件“同一时刻开动的机床数不超过 5 台”，所以 $B=\bigcup_{k=0}^{5}A_k$. 显然 $A_0,A_1,\cdots,A_5$ 互不相容，所以由有限可加性有

$$P(B)=\sum_{k=0}^{5}P(A_k)=\sum_{k=0}^{5}\mathrm{C}_{10}^k\left(\frac{1}{5}\right)^k\left(\frac{4}{5}\right)^{n-k}\approx 0.994.$$

例 1.4.5 说明，这 10 台机床的工作基本上不受电力供应紧张的影响. 因为在电力供应为 50 千瓦的条件下，机床不能正常工作的概率仅为 0.006，相当于在一个工作日的 8 小时内，不能正常工作的时间平均只有 8×60×0.006≈2.88(分钟)，还不到 3 分钟.

例 1.4.6　验证体育比赛中五局三胜制是公平的比赛机制.

证明　假设甲在每一局中获胜的概率是 0.5，且各局比赛是相互独立的. 要验证五局三胜制是公平的比赛机制，我们就要证明甲在五局三胜制比赛中获胜的概率还是 0.5. 显然

甲获胜=“打 3 局甲胜”或“打 4 局甲胜”或“打 5 局甲胜”，

所以

$$\begin{aligned}P(\text{甲获胜})&=\mathrm{C}_3^3\left(\frac{1}{2}\right)^3+\mathrm{C}_3^2\left(\frac{1}{2}\right)^2\left(\frac{1}{2}\right)^{3-2}\left(\frac{1}{2}\right)+\mathrm{C}_4^2\left(\frac{1}{2}\right)^2\left(\frac{1}{2}\right)^{4-2}\left(\frac{1}{2}\right)\\&=\frac{1}{2}.\end{aligned}$$

由此可见，“五局三胜制”是公平的比赛机制.

2. 几何概率公式

下面讨论在伯努利试验序列中，事件 A 直到第 k 次试验才首次发生(也称为首次出现或首次成功)的概率，记为 $g(k;p)$, k=1,2,⋯.

用 C_k 表示“在第 k 次试验中 A 首次发生”，A_i 表示“第 i 次试验中 A 发生”，i=1,2,⋯，k，则 $C_k=\overline{A}_1\overline{A}_2\cdots\overline{A}_{k-1}A_k$，这是一个伯努利试验序列中的问题，所以利用独立性有

$$P(C_k)=P(\overline{A}_1)P(\overline{A}_2)\cdots P(\overline{A}_{k-1})P(A_k)=pq^{k-1},\quad k=1,2,\cdots,$$

即 $g(k;p)=pq^{k-1}$，k=1,2,⋯. 这是几何级数的一般项，因此称为**几何概率**. 显然

$$\sum_{k=1}^{\infty}g(k;p)=\sum_{k=1}^{\infty}pq^{k-1}=p\cdot\frac{1}{1-q}=1.$$

例 1.4.7　某人参加篮球投篮训练，一旦投中即停止. 已知其投篮命中率为 0.7，求训练中他至多投篮 3 次即停止的概率.

解　这是一个几何概率问题，p=0.7，所求概率为

$$\sum_{k=1}^{3} g(k;0.04) = 0.7 \times 0.3^0 + 0.7 \times 0.3 + 0.7 \times 0.3^2 = 0.973.$$

习　题　一

A　组

1. 写出下列随机试验的样本空间及表示下列事件的样本点集合：

(1) A，B，C，D 四位学生中推选代表参加数学竞赛：

(i) 推选三人参加校级竞赛；

(ii) 推选其中两位，一位参加省级竞赛，另一位参加全国竞赛.

(2) 从盛有三个白球、两个红球的袋中任取两球.

(3) 实测某种型号的灯泡的寿命.

2. 在数学系的学生中任选一名. 事件 A 表示被选学生是男生，事件 B 表示该生是三年级学生，事件 C 表示该生是运动员.

(1) 叙述事件 $AB\overline{C}$ 的意义；

(2) 什么情况下 $ABC = C$ 成立？

(3) 什么情况下关系式 $C \subset B$ 成立？

(4) 什么时候 $\overline{A} = B$ 成立？

3. 设 $A_1, A_2, \cdots, A_n$ 为任意 n 个事件，试用它们表示下列事件：

(1) 只有 A_2 发生；　　(2) 只有 A_2 不发生；

(3) 至少有一个发生；　　(4) 恰有一个发生；

(5) 没有一个发生；　　(6) 至少有两个不发生；

(7) 至多有两个发生.

4. 下图两个系统中，A_i 表示第 i 个原件工作正常，$i = 1,2,\cdots,6$. 试用 $A_1, A_4, \cdots, A_6$ 表示事件"系统工作正常".

(1)

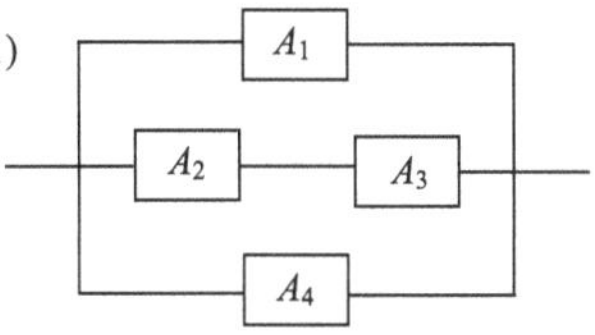

(2)

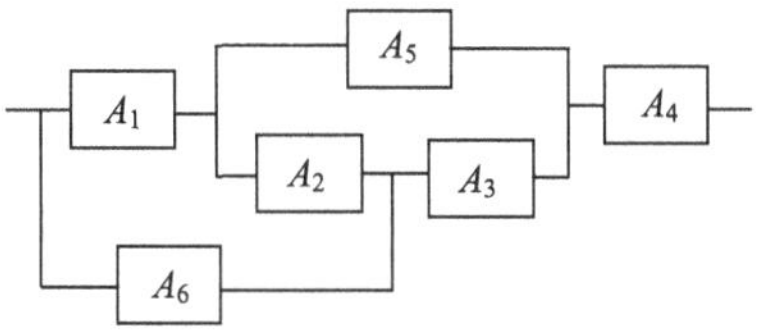

5. 一个小孩用 13 个字母：A，A，A，C，E，H，I，I，M，M，N，T，T 作组字游戏，如果字母的各种排列是随机的(等可能的)，问恰好组成"MATHEMATICIAN"一词的概率为多大？

6. 一幢 10 层楼房中的一部电梯，在底层登上 7 位乘客. 电梯在每一层都停，乘客从第二层起离开电梯. 假设每位乘客在哪一层离开电梯是等可能的，求没有两位乘客在同一层离开的概率.

7. 某地以英文字母和阿拉伯组成自行车的 7 位牌照. 试求下列事件的概率：

(1) 牌照的前两位是英文字母，后 5 位是阿拉伯数字；

(2) 牌照中有两位是英文字母，其余 5 位是阿拉伯数字.

8. 有 20 个人，每个人的生日在一年的 365 天中的任何一天都是等可能的. 试求：

(1) 每个人的生日全不相同的概率；

(2) 没有人的生日在元月份的概率；

(3) 20 人中有 5 人的生日在元月份，5 人的生日在二月份，6 人的生日在十一月份，4 人的生日在十二月份的概率是多少.

9. 两艘轮船都要停靠同一个泊位，它们可能在一昼夜的任意时刻到达. 设两船停靠泊位的时间分别为 1 小时和 2 小时，求有一艘船停靠时必须等待一段时间的概率.

10. 设事件 A，B 及 $A\cup B$ 的概率分别为 p, q 及 r，求 $P(AB)$，$P(A\overline{B})$，$P(\overline{A}B)$，及 $P(\overline{A}\overline{B})$.

11. 在某城市中共发行甲、乙、丙三种报纸，在这个城市的居民中订甲报的有 45%，订乙报的有 35%，订丙报的有 30%，同时订甲乙两报的有 10%，同时订甲丙两报的有 8%，同时订乙丙两报的 5%，同时订三种报纸的有 3%. 求下述百分比：

(1) 只订甲报的；

(2) 只订甲、乙两个报的；

(3) 只订一种报纸的；

(4) 正好订两种报纸的；

(5) 至少订一种报纸的；

(6) 不订任何报纸的.

12. 甲、乙两公司统计本公司员工订阅 A，B，C 三种报纸的数字(%)如下：

	甲公司	乙公司
订 A 报	52.5%	81.1%
订 B 报	31.2%	75.2%
订 C 报	47.0%	41.5%
订 A, B 两种报	4.2%	57.0%
订 A, C 两种报	14.7%	35.6%
订 B, C 两种报	8.6%	34.8%
订三种报	2.6%	21.7%

从这张统计表上就可以查出两厂的统计都是错误的，这是什么道理？

13. 已知一个家庭中有三个小孩，且其中一个是女孩，求至少有一个男孩的概率(假设一个小孩是男孩或女孩是等可能的).

14. 某种集成电路使用到 2000 小时还能正常工作的概率是 0.94，使用到 3000 小时还能正常工作的概率是 0.87. 试问已经工作了 2000 小时的集成电路能继续工作到 3000 小时的概率是多少？

15. 某射击小组共有 20 名射手，其中一级射手 4 人，二级射手 8 人，三级射手 7 人，四级射手 1 人. 一、二、三、四级射手能通过选拔进入决赛的概率分别是 0.9，0.7，0.5，0.2，求在小组内任选一名射手，该射手能通过选拔进入决赛的概率.

16. 某工厂的车床、钻床、磨床、刨床的台数之比为 9 : 3 : 2 : 1. 它们在一定时间内需要修理的概率之比为 1 : 2 : 3 : 1. 当有一台机床需要修理时，问这台机床是车床的概率是多少？

17. 有朋自远方来访，他乘火车、轮船、汽车、飞机来的概率分别是 0.3，0.2，0.1，0.4. 乘火车、轮船、汽车来，迟到的概率分别是 $\dfrac{1}{4}$，$\dfrac{1}{3}$，$\dfrac{1}{12}$，而乘飞机不会迟到. 结果他迟到了，问他乘火车来的概率有多大？

18. 设事件 A，B 相互独立，$P(A)=\dfrac{1}{3}, P(B)=\dfrac{3}{4}$. 试求：$P(A\cup B)$，$P(A\mid A\cup B)$，$P(B\mid A\cup B)$.

19. 一个人的血型为 O，A，B，AB 型的概率分别为 0.46, 0.40, 0.11, 0.03. 现在任意挑选五个人，求下列事件的概率：

(1) 两个人为 O 型，其他三人分别为其他三种血型；

(2) 三个人为 O 型，两个人为 A 型；

(3) 没有一个人为 AB 型.

20. 设有两门高射炮，击中飞机的概率均为 0.6，彼此独立射击. 同时发射一发炮弹，求飞机被击中的概率；

若有一架敌机入侵领空，欲以 99%的概率击中它，问至少需要多少门高射炮？

21. 在上面的习题 4 中，设每个元件正常工作的概率均为 p，求各系统能正常工作的概率.

B　组

1. 在线段 AB 上任取三点 x_1, x_2, x_3, 求：

(1) x_2 位于 x_1 与 x_3 之间的概率；

(2) Ax_1, Ax_2, Ax_3 能构成一个三角形的概率.

2. 在正方形 $\{(p,q):|p|\leqslant 1,|q|\leqslant 1\}$ 中任取一点 (p,q)，求使得方程 $x^2+px+q=0$，则

(1)有两个实根的概率；(2)有两个正根的概率.

3. 甲、乙两人从装有 a 个白球、b 个黑球的袋子中轮流摸球，甲先取，乙后取，每次取出后不再放回，直到有一人取到白球时停止. 写出样本空间，并求甲或乙先取到白球的概率.

4. 设 A_1, A_2 为两个事件，证明：

(1) $P(A_1A_2)=1-P(\bar{A}_1)-P(\bar{A}_2)+P(\bar{A}_1\bar{A}_2)$；

(2) $1-P(\bar{A}_1)-P(\bar{A}_2)\leqslant P(A_1A_2)\leqslant P(A_1\cup A_2)\leqslant P(A_1)+P(A_2)$.

5. 证明对任意三个事件 A, B, C 有

$$P(AB)+P(AC)-P(BC)\leqslant P(A).$$

6. 某班有 n 个同学参加口试，共有 N 张考签，每人抽到考签用后放回. 问考试结束后至少有一张考签没有被抽到的概率有多大？

7. 证明：若三个事件 A, B, C 独立，则 $A\cup B$, $A\ B$ 及 $A-B$ 都与 C 独立.

8. 将一枚硬币独立地掷两次，试研究下列事件的独立性. $A=\{$掷第一次出现正面$\}$, $B=\{$掷第二次出现正面$\}$, $C=\{$正、反面各出现一次$\}$.

9. 设 A_1, A_2, $\cdots$, A_n 为 n 个相互独立的事件，且 $P(A_i)=p_i\ (1<i<n)$，求下列事件的概率：

(1) n 个事件全不发生；

(2) n 个事件中至少发生一件；

(3) n 个事件中恰好发生一个.

10. 做一系列独立试验，每次试验中成功的概率都是 p，求第 n 次试验时得到第 r 次成功的概率.

11. 甲乙两人进行一场比赛，已知甲在一局中获胜的概率为 0.6，比赛有 3 种方案：

(1)3 局 2 胜；

(2)5 局 3 胜.

(3)7 局 4 胜.

试问哪种方案对乙最有利？

第 2 章　随机变量及其分布

本章将讨论随机变量及其分布，这是概率论中极为重要的概念. 随机变量及其分布概念的引入不仅实现了随机试验的数量化描述，而且可以利用微积分这一工具全面地描述随机试验的结果，把随机事件及其概率的讨论引向深入.

2.1　随机变量及其概率分布

2.1.1　随机变量的概念

在随机现象中，很多随机试验的结果与数值直接发生联系. 例如，在产品质量检验问题中，检验员关心的是抽样中出现的次品数；候车问题中乘客关心的是他在车站的候车时间；等等.

有些初看起来与数量无关的随机现象，其随机试验的结果也能人为地与数值联系起来. 例如，在抛硬币问题中，结果为"出现正面"或"出现反面"，并没有表现为数值，但试验结果可以数量化：当硬币出现正面时记为"1"，出现反面时记为"0".

这些例子中，试验的结果能用一个数 X 来表示，这个数 X 随着试验结果的变化而变化，这种随机取值的变量就是随机变量.

定义 2.1.1　设随机现象的样本空间是 Ω，X 把每一个样本点 $\omega\in\Omega$ 对应为一个实数 $X(\omega)$，使得对任意实数 x，$\{\omega: X(\omega)\leqslant x\}$ 都是随机事件，那么称单值实函数 $X=X(\omega)$ 为样本空间 Ω 上的**随机变量**. 在不致产生误会的情况下，常常略去自变量 ω，把 $X(\omega)$ 简记为 X. 随机变量一般用大写英文字母 X,Y,Z（或希腊字母 ξ,η,ς）等表示，小写字母 $x,y,z,\cdots$ 表示它们可能的取值.

随机变量实质上是随机现象基本结果与实数值之间的一种对应法则. 它作为试验结果的函数与微积分中定义的函数是有所区别的，其自变量一般不是实数，而是试验结果即样本点. 所以它的定义域是样本空间 Ω.

随机变量可以用来描述随机现象的各种随机事件. 例如，设 X 为一随机变量，根据定义 2.1.1，对任意实数 x，$\{\omega: X(\omega)\leqslant x\}$ 都是随机事件，今后我们简记为 $\{X\leqslant x\}$. 不难理解，对任给实数 $a\leqslant b$，$\{a\leqslant X<b\}$ 表示"随机变量 X 的值落在区间 $[a,b)$ 中"这一事件. 类似地，$\{a<X<b\}$，$\{X<b\}$，$\{X>a\}$，$\{X=a\}$ 等都是随机事件. 特别地，$\{X<-\infty\}$ 是不可能事件 $\varnothing$，$\{X<\infty\}$ 是必然事件 Ω.

例 2.1.1　从含有 4 件次品的 9 件产品中无放回地任意取 3 件，若以 X 表示取出的 3 件产品中的次品数，则 X 是一个随机变量，事件"取出的 3 件产品中有 2 件次品"就可以简单地表示为 $\{X=2\}$，而 $\{X<2\}$ 表示事件"取出的 3 件产品中的次品数小于 2 件".

例 2.1.2　设 A 是样本空间 Ω 上的一个随机事件，$P(A)=p, 0<p<1$. 定义 X 如下：

$$X(\omega)=\begin{cases}1, & \omega\in A,\\ 0, & \omega\in \overline{A}.\end{cases}$$

或写成

$$X=\begin{cases}1, & 若事件A发生,\\ 0, & 若事件A不发生,\end{cases}$$

则 X 是只取两个值 0 和 1 的随机变量，且 $P(X=1)=p$ ，$P(X=0)=1-p$ ，分别是 A 和 $\overline{A}$ 发生的概率. 实际上，也可把 X 看成是一次试验中事件 A 发生的次数. 有时我们把这样的随机变量记作 I_A.

对随机现象，我们所关心的不仅仅是会出现什么结果，更重要的是要知道这些结果将以怎样的概率出现. 对随机变量也是如此，我们不但要知道它取什么数值，而且要知道它取这些数值的概率. 例如，在例 2.1.1 中，次品数 X 的所有可能取值为 $0,1,2,3$ ，并且可求出事件 $\{X=k\}$ 的概率(简记为 $P(X=k)$)为

$$P(X=k)=\frac{\mathrm{C}_4^k\mathrm{C}_5^{3-k}}{\mathrm{C}_9^3},\quad k=0,1,2,3.$$

上式完整地描述了我们考察的随机变量 X 取各个值的概率.

按取值形式的不同随机变量通常可分为两类. 如果随机变量 X 的所有取值能够逐个列举出来(有限多个或者可列无限多个)，那么称 X 是**离散型随机变量**；如果随机变量 X 的所有取值不能够逐个列举出来，那么称 X 是**非离散型随机变量**. 例如，产品抽样检验中的次品数 X ，在单位时间内到达服务窗口的人数 Y 等都是离散型随机变量；候车问题中乘客的到达时刻和候车时间等都是非离散型随机变量.

本书中，我们仅研究离散型随机变量和非离散型随机变量中最重要的一类——**连续型随机变量**.

随机变量的概率性质由它的分布函数所决定.

2.1.2　随机变量的分布函数

1. 分布函数的定义

定义 2.1.2　设 X 是一随机变量，对任意实数 x ，定义

$$F(x)=P(X\leqslant x), \tag{2.1.1}$$

称函数 $F(x)$ 为随机变量 X 的**分布函数**.

由定义 2.1.2，分布函数 $F(x)$ 是一个定义在 $(-\infty,+\infty)$ 上的普通函数. 因此，确定分布函数时，定义域应该在整个数轴上进行讨论.

分布函数 $F(x)$ 的直观意义是随机变量 X 落在区间 $(-\infty,x]$ 内的概率. 不难看出，对任意给定的实数 a,b $(a<b)$ 有

$$P(a<X\leqslant b)=P(X\leqslant b)-P(X\leqslant a)=F(b)-F(a). \tag{2.1.2}$$

因此，知道随机变量 X 的分布函数，就能知道 X 落在任一区间 $(a,b]$ 上的概率，分布函数在这个意义上能完整地描述随机变量的统计规律. 引入分布函数，就将随机事件的概率与普通函数联系起来，为利用微积分研究随机现象打下了基础.

2. 分布函数的性质

分布函数 $F(x)$ 具有下列性质(证明略).

(1)非负有界性: $0\leqslant F(x)\leqslant 1$；

(2)单调不减性：若 $x_1<x_2$，则 $F(x_1)\leqslant F(x_2)$；

(3) $F(-\infty)=\lim\limits_{x\to-\infty}F(x)=0$， $F(+\infty)=\lim\limits_{x\to+\infty}F(x)=1$；

(4)右连续性： $F(x)=F(x+0)$.

反过来，还可以证明任一满足这四个性质的函数，一定可以作为某个随机变量的分布函数. 因此，满足这四个性质的函数通常都称为分布函数.

分布函数是一种分析性质良好的函数，便于处理. 而给定了分布函数就能计算出各种事件的概率，因此引进分布函数使许多概率问题的计算归结为函数的运算，这样就能利用微积分的许多结果，这也是引进随机变量的好处之一.

例如，已知随机变量 X 的分布函数为 $F(x)$，对于任给实数 $a<b$，则可计算如下概率

$$P(X>a)=1-F(a)\;; \tag{2.1.3}$$

$$P(X<a)=F(a-0)\;; \tag{2.1.4}$$

$$P(X\geqslant a)=1-F(a-0)\;; \tag{2.1.5}$$

$$P(a\leqslant X\leqslant b)=F(b)-F(a-0)\;; \tag{2.1.6}$$

$$P(X=a)=F(a)-F(a-0)\;; \tag{2.1.7}$$

等等.

例 2.1.3 设 A 是一个随机事件， $P(A)=p,0<p<1$. 求例 2.1.2 中定义的随机变量 X 的分布函数.

解 (1)若 $x<0$，则 $\{X\leqslant x\}=\varnothing$， $F(x)=P(X\leqslant x)=P(\varnothing)=0$；

(2)若 $0\leqslant x<1$，则 $\{X\leqslant x\}=\{X<0\}\cup\{X=0\}\cup\{0<X\leqslant x\}$，

$$F(x)=P(X\leqslant x)=P(X=0)=1-p\;;$$

(3)若 $x\geqslant 1$，则

$$\{X\leqslant x\}=\{X<0\}\cup\{X=0\}\cup\{0<X<1\}\cup\{X=1\}\cup\{1<X<x\}，$$

$$F(x)=P(X=0)+P(X=1)=(1-p)+p=1.$$

综上得到 X 的分布函数

$$F(x)=P(X\leqslant x)=\begin{cases}0, & x<0,\\ 1-p, & 0\leqslant x<1,\\ 1, & x\geqslant 1.\end{cases}$$

其图像如图 2-1 所示，是一个非降右连续的阶梯函数，$F(-\infty)=0$，$F(+\infty)=1$，在 X 的可能取值 0 和 1 处分别有两个跳跃，跳跃高度恰好分别为 X 取这两个值的概率.

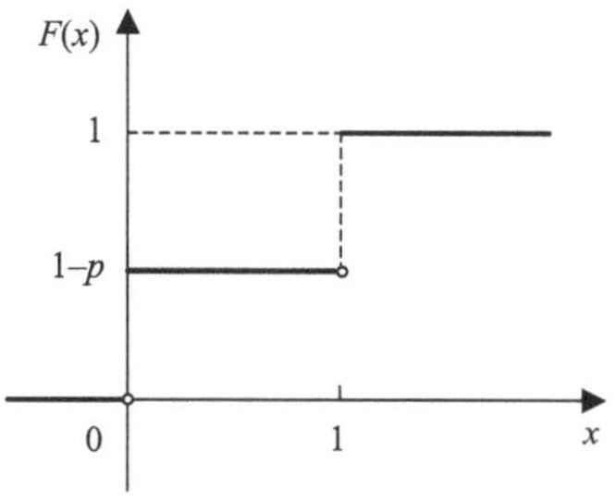

图 2-1

例 2.1.4　随机地在有界区间 $[a,b]$ 上投点，X 为落点的坐标，求随机变量 X 的分布函数.

解　(1) 若 $x<a$，则 $\{X\leqslant x\}=\phi$，此时 $F(x)=P(X\leqslant x)=P(\phi)=0$；

(2) 若 $a\leqslant x<b$，则 $\{X\leqslant x\}=\{a\leqslant X\leqslant x\}$，

$$F(x)=P(X\leqslant x)=P(a\leqslant X\leqslant x)=\frac{x-a}{b-a};$$

(3) 若 $x\geqslant b$，则 $\{X\leqslant x\}=\{a\leqslant X\leqslant b\}$，

$$F(x)=P(X\leqslant x)=P(a\leqslant X\leqslant b)=\frac{b-a}{b-a}=1.$$

综上，得到 X 的分布函数：

$$F(x)=P(X\leqslant x)=\begin{cases}0, & x<a,\\ \dfrac{x-a}{b-a}, & a\leqslant x<b,\\ 1, & x\geqslant b.\end{cases}$$

其图像如图 2-2 所示，是一个 $(-\infty,+\infty)$ 上的连续函数.

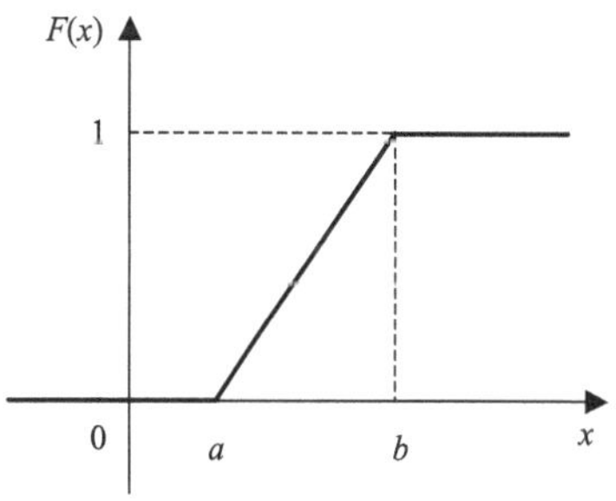

图 2-2

为了区别不同随机变量的分布函数，有时将随机变量 X 的分布函数记为 $F_X(x)$.

2.2　离散型随机变量及其分布列

2.2.1　离散型随机变量的分布列

离散型随机变量的所有可能取值是可以逐一列举的，因而掌握它的统计规律，首先要了解它可能取哪些值，其次要知道它取这些值的概率.

定义 2.2.1　设 $x_1,x_2,\cdots$ 为离散型随机变量 X 的所有可能取值，记

$$p_k=P(X=x_k),\quad k=1,2,3,\cdots, \tag{2.2.1}$$

则称式 (2.2.1) 为随机变量 X 的**概率分布列**(或**概率分布**)，简称为**分布列**.

概率分布列也常常用表格形式给出：

$$X \sim \begin{pmatrix} x_1 & x_2 & x_3 & \cdots \\ p_1 & p_2 & p_3 & \cdots \end{pmatrix}$$

或

X	x_1	x_2	x_3	$\cdots$
P	p_1	p_2	x_3	$\cdots$

由概率的性质可知，离散型随机变量的分布列具有下列性质.

(1) 非负性：$p_k \geqslant 0, k=1,2,\cdots$；　(2.2.2)

(2) 正规性：$\sum_{k=1}^{\infty} p_k = 1$.　(2.2.3)

反过来，任意一具有以上两个性质的数列 $\{p_k : k=1,2,\cdots\}$，都可作为某一个随机变量的分布列.

例 2.2.1　一辆汽车在开往目的地的路上需要经过 4 个十字路口，遇到红灯的概率是 p.

(1) 求汽车一路上遇到的红灯数的概率分布；

(2) 求汽车首次停下来时，已经通过的交通灯数的概率分布(假设通过 4 个交通灯后停下).

解　(1) 设 X 表示"汽车一路上遇到的红灯数"，则随机变量 X 的所有可能取值为 0，1，2，3，4，求事件 $\{X=i\}$ 的概率 $P(X=i), i=0,1,2,3,4$，即得 X 的分布列为

$$X \sim \begin{pmatrix} 0 & 1 & 2 & 3 & 4 \\ (1-p)^4 & 4p(1-p)^3 & 6p^2(1-p)^2 & 4p^3(1-p) & p^4 \end{pmatrix}.$$

(2) 类似地，设 Y 表示"汽车首次停下来时，已经通过的交通灯数"，Y 的分布列为

$$Y \sim \begin{pmatrix} 0 & 1 & 2 & 3 & 4 \\ p & (1-p)p & (1-p)^2 p & (1-p)^3 p & (1-p)^4 \end{pmatrix}.$$

分布列不仅可以给出随机变量取单点值的概率，而且由于

$$\{a \leqslant X \leqslant b\} = \bigcup_{a \leqslant x_k \leqslant b} \{X = x_k\},$$

由概率的可列可加性，有

$$P(a \leqslant X \leqslant b) = \sum_{a \leqslant x_k \leqslant b} P(X = x_k) = \sum_{k: a \leqslant x_k \leqslant b} p_k. \tag{2.2.4}$$

更一般地，对于任给实数集合 I，有

$$P(X \in I) = \sum_{x_k \in I} P(X = x_k) = \sum_{k: x_k \in I} p_k. \tag{2.2.5}$$

特别地，我们可由离散型随机变量的分布列得到其分布函数

$$F(x) = P(X \leqslant x) = \sum_{x_k \leqslant x} P(X = x_k) = \sum_{k: x_k \leqslant x} p_k. \tag{2.2.6}$$

它是一个在 x_k 处有跃度 p_k 的非降右连续的阶梯函数.

可见离散型随机变量的统计规律完全由它的分布列所确定.

2.2.2　常用离散型随机变量及其分布列

常用的离散型分布有 0-1 分布、二项分布、几何分布、超几何分布、泊松分布等. 现在来逐一介绍其背景及分布特征. 在实际应用中,因为概率分布全面地描述实际问题的统计规律性,所以常把一个概率分布看成一个实际问题的数学模型. 掌握常用概率分布对今后的应用与研究都是十分有益的.

1. 0-1 分布

如果随机变量 X 的分布列为

$$X \sim \begin{pmatrix} 0 & 1 \\ q & p \end{pmatrix}, \quad \text{其中}\, q = 1 - p, \quad 0 < p < 1,$$

则称 X 服从参数为 p 的 **0-1 分布**或**两点分布**.

例如，在一项新生婴儿性别的研究中，记 X = “一个新生儿中女婴的个数”，研究者给出了 X 的分布列为 $\begin{pmatrix} 0 & 1 \\ 0.518 & 0.482 \end{pmatrix}$. 又如一个篮球运动员投篮，已知以往他投篮的命中率为 0.7，若用 X 表示他一次投篮命中的次数，则 X 的分布列为 $\begin{pmatrix} 0 & 1 \\ 0.3 & 0.7 \end{pmatrix}$.

一般地，对任一随机事件 A，都可以如例 2.1.2 那样定义一个 0-1 随机变量来刻画这个事件的概率特征：

$$X = \begin{cases} 1, & \text{若事件}A\text{发生}, \\ 0, & \text{若事件}A\text{不发生}, \end{cases}$$

其中 $P(X=1) = P(A)$，$P(X=0) = 1 - P(A)$. 其分布函数如图 2-1 所示.

2. 二项分布

在 n 重伯努利试验中，若设每一次试验事件 A 出现的概率 $P(A) = p, 0 < p < 1$, X 为 n 次试验中事件 A 出现的次数，则 X 是一个离散型随机变量，由二项概率公式，其分布列为

$$P(X = k) = \mathrm{C}_n^k p^k q^{n-k}, \quad k = 0,1,\cdots,n, \tag{2.2.7}$$

其中 $q = 1 - p$. 称 X 服从**参数为 n, p 的二项分布**，记作 $X \sim B(n,p)$.

容易验证：

(1) $p_k = P(X = k) \geqslant 0, k = 0,1,\cdots,n$;

(2) $\sum\limits_{k=0}^{n} p_k = 1$.

特别地，当 $n = 1$ 时的二项分布 $B(1,p)$，即为 0-1 分布.

例 2.2.2　在 N 件产品中有 M 件次品. 现在进行 n 次有放回随机抽样检查，问共抽得 k 件次品的概率是多少？

解 由于抽样是有放回的，因此这是n重伯努利试验，且每次抽得次品的概率为$\frac{M}{N}$. 若记$X=$“n次抽样中的次品数”，则$X\sim B\left(n,\frac{M}{N}\right)$. 因此所求的概率为

$$P\{X=k\}=\mathrm{C}_n^k\left(\frac{M}{N}\right)^k\left(1-\frac{M}{N}\right)^{n-k},\qquad k=0,1,\cdots,n.$$

例 2.2.3 一位射手打靶，命中率为 0.8. 在 5 次打靶中他命中的次数$X\sim B(5,0.8)$，其分布列为

$$P(X=k)=\mathrm{C}_5^k 0.8^k 0.2^{5-k},\quad k=0,1,\cdots,5.$$

由此可以计算有关事件的概率. 例如，该射手 5 次打靶全都命中的概率为

$$P(X=5)=0.8^5=0.3277;$$

至少命中 4 次的概率为

$$P(X\geqslant 4)=P(X=4)+P(X=5)=5\times 0.8^4\times 0.2+0.3277=0.7373;$$

而命中次数不多于 3 次的概率为

$$P(X\leqslant 3)=1-P(X\geqslant 4)=1-0.7373=0.2627.$$

例 2.2.4 设某自动机床在运行过程中需要维修的概率是 0.01，各机床是否维修是相互独立的. 如果

(1) 1 名维修工人负责看管 20 台机床；

(2) 3 名维修工人共同看管 80 台机床，

求机床不能及时维修的概率.

解 (1) 设X表示“需要维修的机床数”，则$X\sim B(20,0.01)$，“不能及时维修”$=\{X>1\}$，

$$\begin{aligned}P(X>1)&=1-P(X=0)-P(X=1)\\&=1-0.99^{20}-20\times 0.01\times 0.99^{19}\\&=0.0169.\end{aligned}$$

(2) 设X表示“需要维修的机床数”，$X\sim B(80,0.01)$，“不能及时维修”$=\{X>3\}$，

$$P(X>3)=1-\sum_{k=0}^{3}\mathrm{C}_{80}^k 0.01^k 0.99^{80-k}=0.0087.$$

比较两个结果，3 名维修工人共同看管 80 台机床比 1 名维修工人负责看管 20 台机床效率高，且不能及时维修的概率下降了近一半. 由此可见，合作可能会给经营管理者带来更多的经济效益. 但是需要注意的是，问题中均没有考虑维修时间这个因素，因此，此结论只适用于服务时间较短的服务系统.

3. 几何分布

在一系列独立的伯努利试验中，若以 X 记事件 A 首次发生所需的试验次数，且在每次试验中 $P(A)=p(0<p<1)$，则

$$P(X=k)=q^{k-1}p, \quad k=1,2,\cdots, \tag{2.2.8}$$

称 X 服从参数为 p 的**几何分布**，记为 $X \sim G(p)$.

例 2.2.5　一个人有 n 把钥匙，其中只有一把能打开门. 一天此人醉酒回家，随机抽取一把开门，如果打不开门，仍将此把钥匙放回，问此人在第 k 次才打开门的概率是多少？

解　每一次抽取钥匙都是一次伯努利试验，$p=\dfrac{1}{n}$，这个问题可以通过几何分布去解决. 记 $X=$ "打开门时开门的次数"，则

$$P(X=k)=\left(1-\frac{1}{n}\right)^{k-1}\frac{1}{n}, \quad k=1,2,\cdots.$$

4. 超几何分布

设有 N 件产品，其中有 M 件次品，现从中随机抽取 n 件，以 X 表示其中的次品数，则 X 的分布列为

$$P(X=k)=\frac{C_M^k C_{N-M}^{n-k}}{C_N^n}, \qquad k=0,1,2,\cdots,\min(n,M), \tag{2.2.9}$$

称 X 服从参数为 n,N,M 的**超几何分布**.

注　X 的最小值可能取不到 0. 事实上，$X \geqslant \max\{0, n-(N-M)\}$.

可见超几何分布产生于无放回抽样问题，若改为有放回抽样，则就对应于二项分布了.

例 2.2.6　20 个产品中有 4 个次品，若从中随机取 6 个，求其中次品数 X 的分布列.

解　按题意，X 服从超几何分布，可计算得

$$P(X=0)=\frac{C_{16}^6}{C_{20}^6}=0.2066, \quad P(X=1)=\frac{C_4^1 C_{16}^5}{C_{20}^6}=0.4508,$$

类似地，可以计算 $X=2$，3，4 的概率，从而 X 的分布列为

$$X \sim \begin{pmatrix} 0 & 1 & 2 & 3 & 4 \\ 0.2066 & 0.4508 & 0.2817 & 0.0578 & 0.0031 \end{pmatrix}.$$

5. 泊松分布

若随机变量 X 的所有可能取值为 0，1，2，…，且

$$P(X=k)=\frac{\lambda^k}{k!}\mathrm{e}^{-\lambda}, \quad k=0,1,\cdots, \tag{2.2.10}$$

其中 $\lambda>0$ 是常数，则称 X 服从参数为 λ 的**泊松**(Poisson)**分布**，记为 $X \sim P(\lambda)$.

容易证明：

(1) $P(X=k)>0, k=0,1,\cdots$；

(2) $\sum_{k=0}^{\infty} P(X=k)=1$.

在历史上，泊松分布是作为二项分布的近似于 1837 年由法国数学家泊松(S.D. Poisson, 1781~1840)首次提出的，后来发现实际应用中许多取非负整数值的离散型随机变量都服从泊松分布. 例如，在一定时间内，电话交换台收到的电话呼叫次数；在一定时间内，在车站等候汽车的人数；在一定时间内某操作系统发生故障的次数；一匹布上疵点的个数；容器内细菌数；热电子的发射数；等等. 从这些例子可以看出，泊松分布总是与在一定时间或一定区域内某种“质点”发生的次数联系在一起，并用来描述有限时间段内或有限区域内的质点个数的统计规律. 因此在运筹学、管理科学、物理学等众多领域中，泊松分布占有重要的地位.

例 2.2.7 某城市每天发生火灾的次数服从参数为 0.8 的泊松分布，求该城市一天内发生 3 次或者 3 次以上火灾的概率.

解 设该城市每天发生火灾的次数是 X , $X \sim P(0.8)$.

由概率的性质以及书后附表 1 可得

$$
\begin{aligned}
P(X \geqslant 3) &= 1-P(X<3)=1-\sum_{i=0}^{2} P(X=i) \\
&= 1-0.9526=0.0474,
\end{aligned}
$$

该城市一天内发生 3 次或者 3 次以上火灾的概率是 0.0474.

泊松分布可以作为二项分布的近似，先来看这样的例子.

例 2.2.8 假如生三胞胎的概率为10^{-4}，求在 100000 次生育中，有 0，1，2 次生三胞胎的概率.

解 设 X 表示在这 100000 次生育中三胞胎出现的次数，则 $X \sim B(100000,10^{-4})$，所求概率为

$$
\begin{aligned}
&P(X=0)=(1-10^{-4})^{100000}=0.000045378, \\
&P(X=1)=\mathrm{C}_{100000}^{1} 10^{-4}(1-10^{-4})^{99999}=0.00045382, \\
&P(X=2)=\mathrm{C}_{100000}^{2}(10^{-4})^{2}(1-10^{-4})^{99998}=0.0022693.
\end{aligned}
$$

直接计算这些数值相当困难，需要寻求更好的计算方法. 在许多实际问题中，人们常常遇到这样的伯努利试验，相对来说，n很大，p 很小，乘积 $\lambda=np$ 大小适中. 此时有一个便于使用的近似公式，它是以下述定理为理论依据的.

定理 2.2.1 (泊松定理) 在 n 重伯努利试验中，X 为 n 次试验中事件 A 出现的次数，p_n 表示事件 A 在每次试验中出现的概率，它与试验总数 n 有关. 如果当 $n \to \infty$ 时，$np_n \to \lambda>0$，则有 $n \to \infty$ 时，

$$
P(X=k)=\mathrm{C}_{n}^{k} p_{n}{}^{k}(1-p_{n})^{n-k} \to \frac{\lambda^{k}}{k!} \mathrm{e}^{-\lambda}.
$$

我们略去定理 2.2.1 的证明. 但是由此定理可知，对于 $X \sim B(n,p)$，若 n 很大，p 很小，记 $\lambda = np$，则

$$P(X=k) \approx \frac{\lambda^k}{k!}\mathrm{e}^{-\lambda}, \qquad k=0,1,\cdots,n. \tag{2.2.11}$$

在每次试验中出现概率很小的事件称为稀有事件或者小概率事件. 例如，彩票中大奖、地震、火山爆发、特大洪水、意外事故等都是稀有事件. 由泊松定理可知，当试验或观测次数较大时，n 重伯努利试验中稀有事件出现的次数近似地服从泊松分布.

对于例 2.2.8，若用(2.2.11)就比较方便了. 此时，$\lambda = np = 10$，

$$P(X=0) \approx \mathrm{e}^{-10} = 0.00004540,$$
$$P(X=1) \approx \frac{10}{1!}\mathrm{e}^{-10} = 0.0004540,$$
$$P(X=2) \approx \frac{10^2}{2!}\mathrm{e}^{-10} = 0.002270.$$

图 2-3 给出了直到 $P(X=22)$ 的两个计算结果的比较，几乎没有差别，可见近似程度相当好.

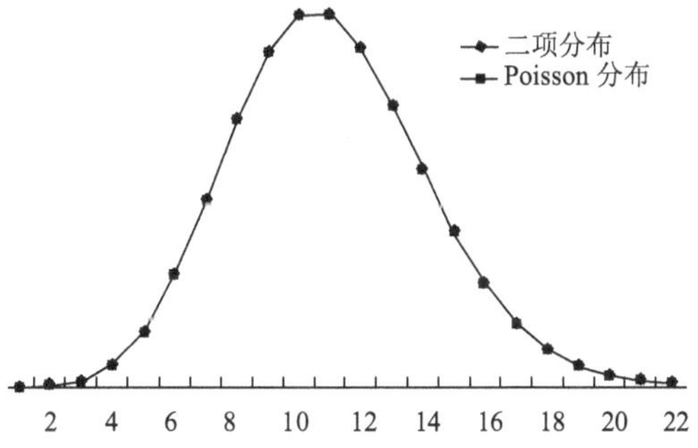

图 2-3

2.3　连续型随机变量及其概率密度函数

2.3.1　连续型随机变量的密度函数

2.2 节中我们研究了离散型随机变量，知道了离散型随机变量可取有限个值或无限可列个值. 但在许多随机试验中会出现另外一类随机变量，如“学生的身高、体重”“仪器的寿命”等，它们的所有可能取值充满某个区间或某个区域. 下面我们就研究其中最为重要而又常用的一类——连续型随机变量.

定义 2.3.1　设随机变量 X 的分布函数为 $F(x)$，如果存在非负可积函数 $p(x)$，使得对于任意的 $x \in \mathbf{R}$ 有

$$F(x) = \int_{-\infty}^{x} p(t)\mathrm{d}t, \tag{2.3.1}$$

则称 X 是**连续型随机变量**，称 $p(x)$ 为 X 的**概率密度函数**(简称**密度函数**或**概率密度**).

概率密度函数有以下重要性质.

(1) 非负性： $p(x) \geqslant 0$ ；　(2.3.2)

(2) 正规性： $\int_{-\infty}^{+\infty} p(x)\mathrm{d}x = 1$ ；　(2.3.3)

(3) 对于任意实数 x_1 和 x_2 $(x_1 \leqslant x_2)$ 有

$$P(x_1 < X \leqslant x_2) = F(x_2) - F(x_1) = \int_{x_1}^{x_2} p(x)\mathrm{d}x \tag{2.3.4}$$

性质(2)表明，曲线 $y = p(x)$ 与 x 轴围成的面积是 1. 性质(3)表明，X 落在区间 $(x_1, x_2]$ 中的概率，恰好等于在区间 $(x_1, x_2]$ 上由曲线 $y = p(x)$ 形成的曲边梯形的面积(图 2-4 中的阴影部分).

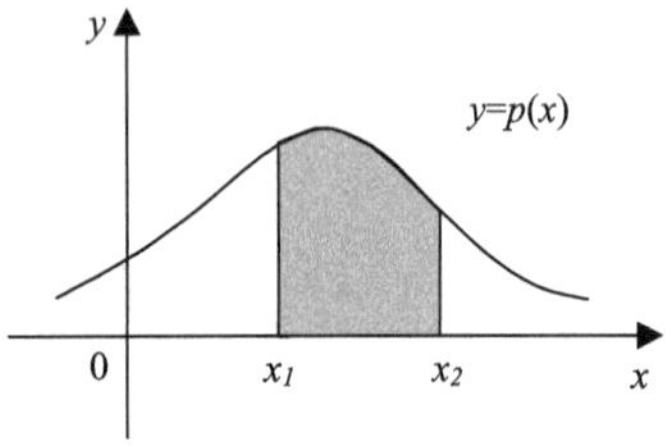

图 2-4

(4) 由式(2.3.1)可以看出，$F(x)$ 在 $-\infty < x < \infty$ 上连续，且若 $p(x)$ 在点 x 连续，则

$$F'(x) = p(x) ; \tag{2.3.5}$$

(5) 对于任意实数 x ，有 $P(X = x) = 0$ ；

事实上，分布函数 $F(x)$ 连续，因此 $P(X = x) = F(x) - F(x - 0) = 0$. 这说明：

(a) 像离散型随机变量那样用列举法来描述连续型随机变量的概率特征不但做不到，而且也毫无意义.

(b) 由 $P(A) = 0$ 不能推出 $A = \varnothing$ ；由 $P(B) = 1$ 不能推出 $B = \Omega$. 即概率为 0 的随机事件不一定是不可能事件，概率为 1 的随机事件不一定是必然事件.

(c) 对连续型随机变量 X ，有

$$\begin{aligned} P(x_1 < X < x_2) &= P(x_1 < X \leqslant x_2) = P(x_1 \leqslant X \leqslant x_2) \\ &= P(x_1 \leqslant X < x_2) = \int_{x_1}^{x_2} p(t)\mathrm{d}t. \end{aligned} \tag{2.3.6}$$

(6) 密度函数 $p(x)$ 的数值反映了随机变量 X 取 x 的临近值的概率的大小，因为

$$p(x)\Delta x \approx \int_{x}^{x+\Delta x} p(t)\mathrm{d}t = F(x + \Delta x) - F(x) = P(x \leqslant X < x + \Delta x) .$$

由于分布函数完整地描述了随机变量的统计规律，因此密度函数也完整地描述了连续型随机变量的统计规律.

例 2.3.1　设随机变量 X 的密度函数为

$$p(x) = \begin{cases} A\cos x, & |x| \leqslant \dfrac{\pi}{2}, \\ 0, & |x| > \dfrac{\pi}{2}. \end{cases}$$

求：(1) 常数 A；(2) X 的分布函数 $F(x)$；(3) X 落在区间 $\left(0,\dfrac{\pi}{4}\right)$ 中的概率.

解　(1) 由密度函数的性质 (2) 正规性,

$$1=\int_{-\infty}^{+\infty}p(x)\mathrm{d}x=\int_{-\frac{\pi}{2}}^{\frac{\pi}{2}}A\cos x\mathrm{d}x=2A,$$

得 $A=\dfrac{1}{2}$.

(2) 由 $F(x)=\int_{-\infty}^{x}p(t)\mathrm{d}t$，当 $x<-\dfrac{\pi}{2}$ 时，

$$F(x)=\int_{-\infty}^{x}0\mathrm{d}t=0;$$

当 $-\dfrac{\pi}{2}\leqslant x<\dfrac{\pi}{2}$ 时，

$$F(x)=\int_{-\infty}^{-\frac{\pi}{2}}0\mathrm{d}t+\int_{-\frac{\pi}{2}}^{x}\frac{1}{2}\cos t\mathrm{d}t=\frac{1}{2}\sin x+\frac{1}{2};$$

当 $x\geqslant\dfrac{\pi}{2}$ 时，

$$F(x)=1.$$

综上

$$F(x)=\begin{cases}0, & x<-\dfrac{\pi}{2},\\ \dfrac{1}{2}+\dfrac{1}{2}\sin x, & -\dfrac{\pi}{2}\leqslant x<\dfrac{\pi}{2},\\ 1, & x\geqslant\dfrac{\pi}{2}.\end{cases}$$

(3) $P\left(0<X<\dfrac{\pi}{4}\right)=\int_{0}^{\frac{\pi}{4}}\dfrac{1}{2}\cos x\mathrm{d}x=\dfrac{1}{2}\sin x\Big|_{0}^{\frac{\pi}{4}}=\dfrac{\sqrt{2}}{4}$.

例 2.3.2　设随机变量 X 的密度函数为 $p(x)=A\mathrm{e}^{-|x|}, -\infty<x<+\infty$ (拉普拉斯分布). 求：(1) 常数 A；(2) X 的分布函数；(3) X 落在区间 (0,1) 内的概率.

解　(1) 由正规性

$$1=\int_{-\infty}^{+\infty}p(x)\mathrm{d}x=\int_{-\infty}^{0}A\mathrm{e}^{x}\mathrm{d}x+\int_{0}^{+\infty}A\mathrm{e}^{-x}\mathrm{d}x=2A,$$

得 $A=\frac{1}{2}$.

(2) 由 $F(x)=\int_{-\infty}^{x}p(t)\mathrm{d}t$，当 $x<0$ 时，

$$F(x)=\int_{-\infty}^{x}\frac{1}{2}\mathrm{e}^{t}\mathrm{d}t=\frac{1}{2}\mathrm{e}^{x};$$

当 $x\geqslant 0$ 时，

$$F(x)=\int_{-\infty}^{0}\frac{1}{2}\mathrm{e}^{t}\mathrm{d}t+\int_{0}^{x}\frac{1}{2}\mathrm{e}^{-t}\mathrm{d}t=1-\frac{1}{2}\mathrm{e}^{-x}.$$

综上所述

$$F(x)=\begin{cases}\frac{1}{2}\mathrm{e}^{x}, & x<0,\\ 1-\frac{1}{2}\mathrm{e}^{-x}, & x\geqslant 0.\end{cases}$$

(3) $P(0<X<1)=\int_{0}^{1}\frac{1}{2}\mathrm{e}^{-x}\mathrm{d}x=\frac{1}{2}\left(1-\frac{1}{\mathrm{e}}\right)$.

例 2.3.3 设随机变量 X 的密度函数为

$$p(x)=\begin{cases}\frac{1}{9}x^{2}, & 0<x<3,\\ 0, & \text{其他}.\end{cases}$$

令随机变量

$$Y=\begin{cases}2, & X\leqslant 1,\\ X, & 1<X<2,\\ 1, & X\geqslant 2.\end{cases}$$

(1) 求 Y 的分布函数；(2) 求 $P(X\leqslant Y)$.

解 (1) 当 $y<1$ 时，$F_Y(y)=P(Y\leqslant y)=0$;

当 $1\leqslant y<2$ 时，

$$\begin{aligned}F_Y(y)&=P(Y\leqslant y)=P(Y=1)+P(1<Y\leqslant y)\\&=P(X\geqslant 2)+P(1<X\leqslant y)\\&=\int_{2}^{3}\frac{1}{9}x^{2}\mathrm{d}x+\int_{1}^{y}\frac{1}{9}x^{2}\mathrm{d}x=\frac{y^{3}+18}{27};\end{aligned}$$

当 $y\geqslant 2$ 时，$F_Y(y)=1$. 所以，Y 的分布函数为

$$F_Y(y)=\begin{cases}0, & y<1,\\ \dfrac{y^3+18}{27}, & 1\leqslant y<2,\\ 1, & y\geqslant 2.\end{cases}$$

(2) $P(X\leqslant Y)=P(X<2)=\int_0^2\frac{1}{9}x^2\mathrm{d}x=\frac{8}{27}$.

例 2.3.3 中随机变量 Y 既不是离散型，也不是连续型.

2.3.2　常用连续型随机变量及其密度函数

1. 均匀分布

若随机变量的密度函数为

$$p(x)=\begin{cases}\dfrac{1}{b-a}, & a\leqslant x\leqslant b,\\ 0, & \text{其他},\end{cases} \tag{2.3.7}$$

则称 X 服从区间 $[a,b]$ 上的**均匀分布**，记为 $X\sim U[a,b]$.

由式(2.3.7)容易验证 $p(x)$ 确是密度函数，X 的分布函数为

$$F(x)=\begin{cases}0, & x<a,\\ \dfrac{x-a}{b-a}, & a\leqslant x<b,\\ 1, & x\geqslant b.\end{cases} \tag{2.3.8}$$

若随机变量 X 服从区间 $[a,b]$ 上的均匀分布，则 X 落在区间 $[a,b]$ 中某了区间的概率仅与子区间的长度成正比，而与其位置无关. 均匀分布正是把这种说法严格化了. X 的密度函数和分布函数的图像分别如图 2-5 中的(a)和(b)所示.

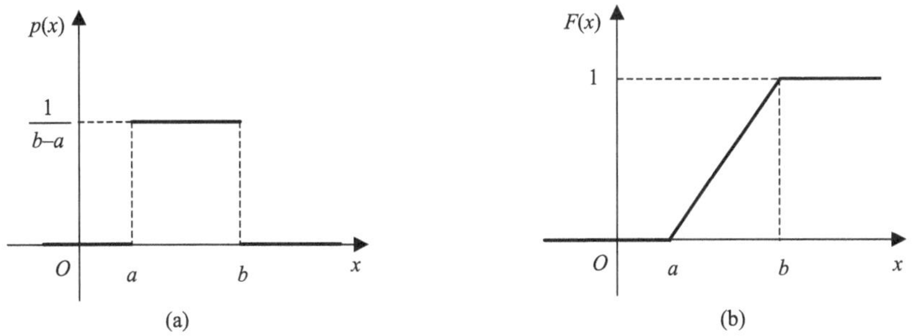

图 2-5

2. 指数分布

若随机变量 X 的密度函数为

$$p(x)=\begin{cases}\lambda\mathrm{e}^{-\lambda x}, & x\geqslant 0,\\ 0, & x<0,\end{cases} \tag{2.3.9}$$

其中 $\lambda>0$ 是常数，则称随机变量 X 服从参数为 λ 的**指数分布**，记为 $X\sim e(\lambda)$.

容易验证，由式(2.3.9)给出的 $p(x)$ 确是密度函数， X 的分布函数为

$$F(x)=\begin{cases}0, & x<0,\\ 1-\mathrm{e}^{-\lambda x}, & x\geqslant 0.\end{cases}\tag{2.3.10}$$

指数分布常用来作为各种“寿命”分布的近似，例如，电子元件的使用寿命，电话的通话时间，排队等候服务的时间等常常都假定服从指数分布.

例 2.3.4 某种晶体管寿命服从参数为 $\dfrac{1}{1000}$ 的指数分布(单位：小时). 某电子仪器装配此种晶体管 5 个，并且每个晶体管损坏与否相互独立. 求此电子仪器在 1000 小时内恰好有两个晶体管损坏的概率.

解 设 X_i 为“第 i 只晶体管的寿命” $(i=1,2,3,4,5)$ ，由题意知 X_i 的密度函数为

$$p_i(x)=\begin{cases}\dfrac{1}{1000}\mathrm{e}^{-\frac{x}{1000}}, & x\geqslant 0,\\ 0, & x<0.\end{cases}\quad i=1,2,3,4,5.$$

于是

$$P(X_i\geqslant 1000)=\int_{1000}^{\infty}\frac{1}{1000}\mathrm{e}^{-\frac{x}{1000}}\mathrm{d}x=\mathrm{e}^{-1},\quad i=1,2,3,4,5.$$

以 Y 记 5 只晶体管中寿命不小于 1000 小时的只数，则 $Y\sim B(5,\mathrm{e}^{-1})$ ，因此，所求概率为

$$P(Y=3)=\mathrm{C}_5^3(\mathrm{e}^{-1})^3(1-\mathrm{e}^{-1})^2=10\mathrm{e}^{-3}(1-\mathrm{e}^{-1})^2.$$

3. 正态分布

若随机变量 X 的密度函数为

$$p(x)=\frac{1}{\sqrt{2\pi}\sigma}\mathrm{e}^{-\frac{(x-\mu)^2}{2\sigma^2}},\quad -\infty<x<\infty,\tag{2.3.11}$$

其中 μ ， σ 是常数， $\sigma>0$ ，则称 X 服从参数为 (μ,σ^2) 的**正态分布**，记为 $X\sim N(\mu,\sigma^2)$.

下面验证 $p(x)$ 确实是一个密度函数. 显然 $p(x)>0$. 只需验证正规性，即

$$\int_{-\infty}^{+\infty}p(x)\mathrm{d}x=\frac{1}{\sqrt{2\pi}\sigma}\int_{-\infty}^{+\infty}\mathrm{e}^{-\frac{(x-\mu)^2}{2\sigma^2}}\mathrm{d}x=1.$$

为此，对积分做变量替换，令 $\dfrac{x-\mu}{\sigma}=y$ ，则

$$\frac{1}{\sqrt{2\pi}\sigma}\int_{-\infty}^{+\infty}\mathrm{e}^{-\frac{(x-\mu)^2}{2\sigma^2}}\mathrm{d}x=\frac{1}{\sqrt{2\pi}}\int_{-\infty}^{+\infty}\mathrm{e}^{-\frac{y^2}{2}}\mathrm{d}y,$$

这时有

$$\left(\frac{1}{\sqrt{2\pi}}\int_{-\infty}^{+\infty}\mathrm{e}^{-\frac{y^2}{2}}\mathrm{d}y\right)^2=\frac{1}{2\pi}\int_{-\infty}^{+\infty}\mathrm{e}^{-\frac{x^2}{2}}\mathrm{d}x\int_{-\infty}^{+\infty}\mathrm{e}^{-\frac{y^2}{2}}\mathrm{d}y=\frac{1}{2\pi}\int_{-\infty}^{+\infty}\int_{-\infty}^{+\infty}\mathrm{e}^{-\frac{x^2+y^2}{2}}\mathrm{d}x\mathrm{d}y.$$

作极坐标变换，令

$$\begin{cases}x=r\cos\theta,\\ y=r\sin\theta,\end{cases}$$

变换的雅可比行列式 $|J|=r$，而

$$\int_0^{+\infty}\mathrm{e}^{-\frac{r^2}{2}}r\mathrm{d}r=-\mathrm{e}^{-\frac{r^2}{2}}\Big|_0^{+\infty}=1,$$

所以

$$\left(\frac{1}{\sqrt{2\pi}}\int_{-\infty}^{+\infty}\mathrm{e}^{-\frac{y^2}{2}}\mathrm{d}y\right)^2=\frac{1}{2\pi}\int_0^{2\pi}\left(\int_0^{+\infty}\mathrm{e}^{-\frac{r^2}{2}}r\mathrm{d}r\right)\mathrm{d}\theta=1.$$

于是 $\int_{-\infty}^{+\infty}p(x)\mathrm{d}x=1$.

X 的分布函数为

$$F(x)=\frac{1}{\sqrt{2\pi}\sigma}\int_{-\infty}^{x}\mathrm{e}^{-\frac{(y-\mu)^2}{2\sigma^2}}\mathrm{d}y\quad(-\infty<x<\infty).\tag{2.3.12}$$

正态分布密度函数 $p(x)$ 是一条钟形曲线：中间高，两边低(图 2-6).

图 2-6 中给出了 $\mu=0,\sigma^2=0.5$ 以及 $\mu=2$，σ^2 分别为 0.2，1.0 和 5.0 的四种情况的正态密度函数图像. 从中可以看出 $p(x)$ 的图像关于直线 $x=\mu$ 对称，$p(x)$ 在 $x=\mu$ 处取得极大值；μ 的值增大，$p(x)$ 的图形就向右移动；μ 的值减小，$p(x)$ 的图形就向左移动；σ 的值越大，$p(x)$ 的图形就越平坦；σ 的值越小，$p(x)$ 的图形就越陡峭. 可见 μ 决定图形的位置，而 σ 决定图形的形状.

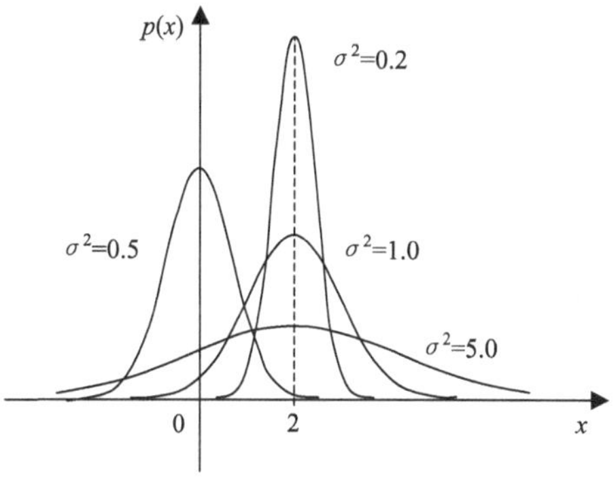

图 2-6

正态分布是概率论中最重要的一种分布，高斯(Gauss)曾用它来刻画误差，因此许多文献中也称它为**高斯分布**. 一方面，许多随机现象的概率特征可以用正态分布来描述或近似描述，如人的身高、体重等；测量误差；一般人的收入；大批量生产的产品的尺寸；某地区一年的降水量；等等. 另一方面，正态分布具有许多良好的性质，很多分布可以用正态分布作近似计算. 在第 5 章的中心极限定理中会指出，在一定条件下，大量随机变量的叠加呈现出正态分布的统计规律. 此外，许多重要的分布，如数理统计中用得非常多的 χ^2 分布、t 分布、F 分布都是由正态分布导出的. 由此可见，概率论与数理统计的基础部分正是以正态分布为中心建立起来的.

特别地，$\mu=0$，$\sigma=1$ 的正态分布称为**标准正态分布**，记为 $N(0,1)$，相应的密度函数和分布函数分别记为 $\varphi(x)$ 和 $\Phi(x)$. 由式(2.3.11)和式(2.3.12)即有

$$\varphi(x)=\frac{1}{\sqrt{2\pi}}e^{-\frac{x^2}{2}},\qquad -\infty<x<\infty; \tag{2.3.13}$$

$$\Phi(x)=\frac{1}{\sqrt{2\pi}}\int_{-\infty}^{x}e^{-\frac{y^2}{2}}dy,\qquad -\infty<x<\infty. \tag{2.3.14}$$

对于标准正态分布 $N(0,1)$，人们已经编制了 $\Phi(x)$ 的函数值表. 并且由密度函数 $\varphi(x)$ 关于 y 轴对称，可以推出 $\Phi(-x)=1-\Phi(x)$，故一般只对 $x>0$ 时列出 $\Phi(x)$ 的值. 事实上，现在许多统计软件都具有分布函数值的计算功能. 本书在附录一中介绍了 SPSS 统计软件，其中的例 1 就是求正态分布函数值的例子.

一般正态分布函数值可以利用标准正态分布函数值得到. 事实上，若 $X\sim N(\mu,\sigma^2)$，则

$$F(x)=\int_{-\infty}^{x}\frac{1}{\sqrt{2\pi}\sigma}e^{-\frac{(y-\mu)^2}{2\sigma^2}}dy=\int_{-\infty}^{\frac{x-\mu}{\sigma}}\frac{1}{\sqrt{2\pi}}e^{-\frac{u^2}{2}}du.$$

所以 $F(x)=\Phi\left(\dfrac{x-\mu}{\sigma}\right)$.

例 2.3.5　设 $X\sim N(\mu,\sigma^2)$，则

$$P(a<X<b)=\Phi\left(\frac{b-\mu}{\sigma}\right)-\Phi\left(\frac{a-\mu}{\sigma}\right),$$

由此，当 $a=-\infty$ 或 $b=+\infty$ 时，有

$$P(X<b)=\Phi\left(\frac{b-\mu}{\sigma}\right),\quad P(X>a)=1-\Phi\left(\frac{a-\mu}{\sigma}\right).$$

例 2.3.6　设 $X\sim N(\mu,\sigma^2)$，若已知 $P(X<a)=p$，求 a.

解　由例 2.3.5 可知，$P(X<a)=\Phi\left(\dfrac{a-\mu}{\sigma}\right)=p$，所以

$$\frac{a-\mu}{\sigma}=\Phi^{-1}(p),\qquad a=\mu+\sigma\Phi^{-1}(p),$$

其中 $\Phi^{-1}(x)$ 是 $\Phi(x)$ 的反函数，由于 $\Phi(x)$ 是严格增函数，其反函数存在，可以从附表 2 中查得，如 $\Phi^{-1}(0.975)=1.96$.

例 2.3.7　设随机变量 $X\sim N(108,9)$.

(1) 求 $P(101.1 < X < 117.6)$；

(2) 求常数 a，使 $P(X < a) = 0.9$；

(3) 求常数 a，使 $P(|X - a| > a) = 0.01$.

解　(1)

$$P(101.1 < X < 117.6) = \Phi\left(\frac{117.6-108}{3}\right) - \Phi\left(\frac{101.1-108}{3}\right)$$
$$= \Phi(3.2) - \Phi(-2.3) = \Phi(3.2) - 1 + \Phi(2.3)$$
$$= 0.9993 - 1 + 0.9893 = 0.9886.$$

(2) $P(X < a) = \Phi\left(\dfrac{a-108}{3}\right) = 0.9$，查表得

$$\frac{a-108}{3} = 1.282,$$

于是 $a = 111.85$.

(3) $P(|X-a| > a) = 1 - P(0 < X < 2a) = 0.01$，即 $P(0 < X < 2a) = 0.99$，

$$P(0 < X < 2a) = \Phi\left(\frac{2a-108}{3}\right) - \Phi\left(\frac{0-108}{3}\right) = 0.99,$$

查表得

$$\frac{2a-108}{3} = 2.326.$$

于是 $a = 57.49$.

例 2.3.8　设成年男子身高 $X \sim N(170, 36)$ (单位: cm). 某公共汽车的高度是按成年男子碰头的概率在 1%以下来设计的，问车门的高度应如何设计？

解　设车门高度为 a(cm)，由题意 $P(X \geqslant a) \leqslant 1\%$，即 $P(X < a) \geqslant 99\%$，即

$$\Phi\left(\frac{a-170}{6}\right) \geqslant 0.99.$$

查表得 $\dfrac{a-170}{6} \geqslant 2.33$，从而 $a \geqslant 183.98$. 因此，车门的高度至少为 184cm.

例 2.3.9　设 $X \sim N(\mu, \sigma^2)$，则 $P(|X-\mu| < k\sigma) = \Phi(k) - \Phi(-k) = 2\Phi(k) - 1$. 特别地，当 $k = 1, 2, 3$ 时，有

$$P(|X-\mu| < \sigma) = 2\Phi(1) - 1 = 2 \times 0.8413 - 1 = 0.6826;$$
$$P(|X-\mu| < 2\sigma) = 2\Phi(2) - 1 = 0.9545;$$
$$P(|X-\mu| < 3\sigma) = 2\Phi(3) - 1 = 0.9973.$$

这表明试验中位于 $\mu \pm 3\sigma$ 以内的数据占 99.73%，因此可以说，在一次试验中，随机变量 X

几乎总是落在$(a-3\sigma,a+3\sigma)$之中，此即“**3σ 原则**”. 在生产实践中人们常用**3σ**原则来进行质量控制.

4. Γ分布

若随机变量的密度函数为

$$p(x)=\begin{cases}\dfrac{\lambda^{\alpha}}{\Gamma(\alpha)}x^{\alpha-1}\mathrm{e}^{-\lambda x}, & x>0,\\ 0, & x\leqslant 0,\end{cases}\tag{2.3.15}$$

其中$\alpha>0$，$\lambda>0$为两个常数，则称随机变量X服从参数为(α,λ)的**Γ分布**，记为$X\sim\Gamma(\alpha,\lambda)$. 其中$\Gamma(\alpha)$是Γ函数:

$$\Gamma(\alpha)=\int_0^{\infty}x^{\alpha-1}\mathrm{e}^{-x}\mathrm{d}x,\quad \alpha>0.$$

Γ函数具有以下性质:

(1) $\Gamma(\alpha+1)=\alpha\Gamma(\alpha)$;

(2) $\Gamma(n+1)=n!$;

(3) $\Gamma\left(\dfrac{1}{2}\right)=\sqrt{\pi}$.

由Γ函数的定义不难验证式(2.3.15)中$p(x)$是密度函数. 事实上，$p(x)\geqslant 0$且

$$\int_0^{+\infty}\frac{\lambda^{\alpha}}{\Gamma(\alpha)}x^{\alpha-1}\mathrm{e}^{-\lambda x}\mathrm{d}x=\frac{1}{\Gamma(\alpha)}\int_0^{+\infty}y^{\alpha-1}\mathrm{e}^{-y}\mathrm{d}y=\frac{1}{\Gamma(\alpha)}\Gamma(\alpha)=1.$$

顺便指出，利用Γ函数的性质(3)，也可证明式(2.3.11)中的$p(x)$是密度函数(请读者自证).

显然，当$\alpha=1$时，$\Gamma(1,\lambda)$分布即为指数分布$e(\lambda)$.

从某种程度讲，Γ分布是指数分布的推广，比指数分布多了一个参数，从而可以更好地用来刻画寿命的分布. 所以在可靠性统计等理论中有着广泛的应用，在水文统计、最大风速、最大风压等计算中也经常用到. 它包含指数分布、χ^2分布等重要分布作为特例，是一种很重要的非正态分布.

2.4 随机变量函数的分布

在许多实际问题中，常要研究随机变量函数的分布问题. 例如，X是物体的速率，而Y是物体的动能，则$Y=\dfrac{1}{2}mX^2$(其中m是物体的质量)是X的函数. 在已知X的分布时，要求我们求Y的分布. 一般地，设X为一随机变量，$g(x)$为一已知的函数，其定义域包含了X的一切取值，则$Y=g(X)$一般情况下也是一个随机变量. 我们的问题是在已知X的分布时如何求出Y的分布.

2.4.1 离散型随机变量函数的分布

若X为离散型随机变量，则$Y=g(X)$也是离散型随机变量. 由X的分布列不难求出Y的

分布列. 设 X 的分布列为

$$X \sim \begin{pmatrix} x_1 & x_2 & \cdots & x_n & \cdots \\ p_1 & p_2 & \cdots & p_n & \cdots \end{pmatrix},$$

则随机变量 $Y = g(X)$ 的分布列为

$$g(X) \sim \begin{pmatrix} g(x_1) & g(x_2) & \cdots & g(x_n) & \cdots \\ p_1 & p_2 & \cdots & p_n & \cdots \end{pmatrix}.$$

当然这里可能有一些 $g(x_i)$ 的值是相等的,这时只要把它们作适当的合并就可以了. 用公式来表示，若 Y 的可能取值为 $y_j\ (j=1,2,\cdots)$，则

$$P(Y=y_j) = \sum_{i:g(x_i)=y_j} P(X=x_i), \quad j=1,2,\cdots. \tag{2.4.1}$$

例 2.4.1　已知 X 的分布列为 $X \sim \begin{pmatrix} -2 & -1 & 0 & 1 & 2 \\ 0.5 & 0.1 & 0.2 & 0.1 & 0.1 \end{pmatrix}$，求 $Y=(X-1)^2$ 的分布列.

解　当 X 分别取–2，–1，0，1，2 时，Y 取 9，4，1，0，1. 而且

$$\begin{aligned} &P(Y=0)=P(X=1)=0.1,\\ &P(Y=1)=P(X=0)+P(X=2)=0.2+0.1=0.3,\\ &P(Y=4)=P(X=-1)=0.1,\\ &P(Y=9)=P(X=-2)=0.5, \end{aligned}$$

故 Y 的分布列为

$$Y \sim \begin{pmatrix} 9 & 4 & 1 & 0 \\ 0.5 & 0.1 & 0.3 & 0.1 \end{pmatrix}.$$

2.4.2　连续型随机变量函数的分布

若 X 为连续型随机变量，$Y=g(X)$ 有意义，如何由 X 的密度函数求 Y 的分布函数或密度函数呢？其一般方法是：先求 Y 的分布函数 $F_Y(y)$，然后再通过求导(若可导)得出 Y 的密度函数 $p_Y(y)$.

例 2.4.2　已知随机变量 $X \sim N(0,1)$，求 $Y=X^2$ 的密度函数.

解　当 $y<0$ 时，$F(y)=P(X^2 \leqslant y)=P(\varnothing)=0$，所以 $p_Y(y)=0$;

当 $y \geqslant 0$ 时，

$$F(y)=P(X^2 \leqslant y)=P\left(-\sqrt{y} \leqslant X \leqslant \sqrt{y}\right)=\Phi\left(\sqrt{y}\right)-\Phi\left(-\sqrt{y}\right).$$

所以

$$p_Y(y)=\Phi'\left(\sqrt{y}\right)\cdot\frac{1}{2\sqrt{y}}+\Phi'\left(-\sqrt{y}\right)\cdot\frac{1}{2\sqrt{y}}=\frac{1}{\sqrt{2\pi y}}\mathrm{e}^{-\frac{y}{2}}.$$

因此，Y 的密度函数为

$$p_Y(y)=\begin{cases}\dfrac{1}{\sqrt{2\pi y}}\mathrm{e}^{-\frac{y}{2}}, & y\geqslant 0,\\ 0, & y<0.\end{cases} \tag{2.4.2}$$

第 6 章我们将知道具有密度函数式(2.4.2)的分布称为**自由度为 1 的 χ^2 分布**.

当 $y=g(x)$ 为满足一定条件的单调函数时，$Y=g(X)$ 的密度函数可以直接由下列定理给出.

定理 2.4.1 设 X 是一个连续型随机变量，取值于 (a,b)，其密度函数为 $p(x)$，又函数 $y=g(x)$ 在 (a,b) 上严格单调，且其反函数 $h(y)$ 具有连续导数，则 $Y=g(X)$ 也是一个连续型随机变量，且其密度函数为

$$p_Y(y)=\begin{cases}p[h(y)]\cdot|h'(y)|, & \alpha<y<\beta,\\ 0, & \text{其他},\end{cases} \tag{2.4.3}$$

其中 (α,β) 是 $Y=g(X)$ 的取值范围(证明略).

例 2.4.3 已知随机变量 $X\sim N(\mu,\sigma^2)$，$Y=a+bX$ (a,b 是常数，$b\neq 0$). 求 Y 的密度函数.

解 显然函数 $y=a+bx(b\neq 0)$ 满足定理 2.4.1 中条件. $y=a+bx$ 的反函数为 $x=h(y)=\dfrac{y-a}{b}$，$h'(y)=\dfrac{1}{b}$，得 Y 的密度函数为

$$p(y)=p[h(y)]\cdot|h'(y)|=\frac{1}{\sqrt{2\pi}\sigma|b|}\mathrm{e}^{-\frac{(y-a-bu)^2}{2b^2\sigma^2}}.$$

由此可知 $Y\sim N(a+b\mu,b^2\sigma^2)$，

例 2.4.3 说明，服从正态分布的随机变量经线性变换后仍然服从正态分布. 特别地，取 $a=-\dfrac{\mu}{\sigma}$，$b=\dfrac{1}{\sigma}$，则有

$$Y=\frac{X-\mu}{\sigma}\sim N(0,1),$$

即任一正态分布随机变量，通过上述线性变换，都可化成标准正态分布随机变量.

例 2.4.4 随机变量 X 称为服从参数为 μ,σ^2 的对数正态分布，如果 $Y=\ln X$ 服从正态分布 $N(\mu,\sigma^2)$. 求对数正态分布的密度函数.

解 显然 $X=\mathrm{e}^Y$. 其中 $Y=\ln X\sim N(\mu,\sigma^2)$，由于 $x=\mathrm{e}^y$ 是严格单调函数，反函数为 $y=\ln x,\ y'=\dfrac{1}{x}$，因此，$X$ 的密度函数为

$$p_X(x)=\begin{cases}\dfrac{1}{\sqrt{2\pi}\sigma x}\mathrm{e}^{-\frac{(\ln x-\mu)^2}{2\sigma^2}}, & x>0,\\ 0, & x\leqslant 0.\end{cases}$$

在实际应用中，对数正态分布通常用来描述价格的分布，特别是在金融市场的理论研究中，著名的 Black-Scholes 期权定价公式等均采用对数正态分布来描述金融资产的价格. 设某种资产当前价格为 P_0，考虑单期投资问题，到期时该资产的价格 P_1 为一个随机变量，若投资于该资产的连续复合收益率为 r，则

$$P_1=P_0\mathrm{e}^r,$$
$$r=\ln\frac{P_1}{P_0}=\ln P_1-\ln P_0.$$

由于当前价格 P_0 是已知常数，因此，假设 P_1 服从对数正态分布等价于假设连续复合收益率 r 服从正态分布.

习　题　二

A　组

1. 设随机变量 X 的分布列为 $P(X=k)=\dfrac{k}{15},k=1,2,3,4,5$，求：

(1) $P(X=1或X=2)$；(2) $P\left(\dfrac{1}{2}<X<\dfrac{5}{2}\right)$；(3) $P(1\leqslant X\leqslant 2)$；(4) 分布函数 $F(x)$.

2. 设随机变量 X 的分布列为 $P(X=i)=c\cdot\left(\dfrac{2}{3}\right)^i,i=1,2,3$，求：(1) 常数 c；(2) 分布函数 $F(x)$.

3. 某批晶体管的合格率为 $\dfrac{4}{5}$，不合格率为 $\dfrac{1}{5}$. 现对该批晶体管进行检测. 设第 X 次首次测到合格品，求 X 的分布列.

4. 有 5 个同样大小的球，编号分别为 1，2，3，4，5，从中一次取出 3 个球，以 Y 表示取出球的最大号码，求 Y 的分布列.

5. 随机变量 $X\sim B(n,p)$，当 k 为何值时使得 $P(X=k)$ 最大？

6. 纺织女工照顾 800 个纺锭，每个纺锭在单位时间内断头的概率是 0.005. 求在单位时间内断头次数不多于 2 的概率.

7. 设连续型随机变量 X 的分布函数为 $F(x)=\begin{cases}a+b\mathrm{e}^{-2x}, & x>0,\\ 0, & x\leqslant 0.\end{cases}$ 求：

(1) a,b 的值；(2) $P(-1<X<1)$；(3) 密度函数 $p(x)$.

8. 设随机变量 X 的密度函数为　$p(x)=\begin{cases}\dfrac{A}{\sqrt{1-x^2}}, & |x|<1,\\ 0, & |x|\geqslant 1,\end{cases}$ 求：

(1) 常数 A；(2) X 的分布函数；(3) $P\left(-\dfrac{1}{2}<X<\dfrac{1}{2}\right)$.

9. 随机变量 X 服从 $(0,5)$ 上的均匀分布，求方程 $4x^2+4Xx+X+2=0$ 有实根的概率.

10. 设 $X\sim N(5,9)$，求 (1) $P(X\leqslant 10)$; (2) $P(2<X<11)$.

11. 若 $X \sim N(5,4)$，求 a，使(1) $P(X < a) = 0.99$；(2) $P(|X-5| > a) = 0.05$.

12. 某学校的外语考试成绩近似服从正态分布，平均分是 72 分，96 分以上的学生占总人数的 2.3%，求外语成绩在 60 分到 84 分之间的概率.

13. 已知离散型随机变量 X 的分布列为

$$\begin{pmatrix} -2 & -1 & 0 & 1 & 3 \\ \dfrac{1}{5} & \dfrac{1}{6} & \dfrac{1}{5} & \dfrac{1}{15} & \dfrac{11}{30} \end{pmatrix}.$$

求 $Y = X^2$ 的分布列.

14. 已知离散型随机变量 X 的分布列为

$$\begin{pmatrix} 0 & \dfrac{\pi}{2} & \pi \\ \dfrac{1}{4} & \dfrac{1}{2} & \dfrac{1}{4} \end{pmatrix}.$$

求：$Y = \dfrac{2}{3}X + 2$与$Z = \cos X$ 的分布列.

15. 对圆的直径作近似度量，设其值均匀分布于 (a,b) 内，求圆面积的分布密度.

16. 随机变量 X 的密度函数为 $p(x) = \begin{cases} 1, & 0 \leqslant x \leqslant 1, \\ 0, & \text{其他}. \end{cases}$ 求 $Y = 3X+1$ 的密度.

17. 随机变量 X 的密度函数为 $p(x) = \begin{cases} \dfrac{2}{\pi(x^2+1)}, & x > 0, \\ 0, & x \leqslant 0, \end{cases}$ 求 $Y = \ln X$ 的密度.

18. 设随机变量 X 的密度函数为

$$p(x) = \begin{cases} \dfrac{1}{3}, & -2 < x < 0, \\ \dfrac{1}{6}, & 0 \leqslant x < 2, \\ 0, & \text{其他}. \end{cases}$$

求 $Y = X^2$ 的密度函数.

19. 随机变量 X 的密度函数为 $p(x) = \dfrac{2}{\pi(1+x^2)}, 0 < x < \infty$，证明：$Y = \dfrac{1}{X}$与$X$ 同分布.

B　组

1. 离散型随机变量 X 的分布函数为 $F(x) = \begin{cases} 0, & x < -1, \\ 0.4, & -1 \leqslant x < 1, \\ 0.8, & 1 \leqslant x < 3, \\ 1, & x \geqslant 3, \end{cases}$ 求：

(1) X 的分布列；(2) $P(X < 2 \mid X \neq 1)$.

2. 一个口袋中有 m 个红球，$n-m$ 个白球，无放回地从口袋中取球，直到取出白球为止. 设 X 表示取球停止时已取出红球的个数，求 X 的分布列.

3. 甲、乙两个运动员轮流投篮，甲先投，直到一人投中为止. 若甲投中的概率为 0.6，乙投中的概率为 0.7，求每个运动员投篮次数的分布列.

4. 抛掷一枚不均匀的硬币，出现正面的概率为 $p(0<p<1)$，设 ξ 为一直投掷到正、反两面都出现时所需要的投掷次数，求 ξ 的分布列.

5. 某加油站替出租汽车公司代营出租汽车业务，每出租一辆汽车，可从出租汽车公司得到 3 元. 因代营业务，每天加油站要多付给职工 60 元. 设每天出租汽车数 X 的概率分布为：

$$X \sim \begin{pmatrix} 10 & 20 & 30 & 40 \\ 0.15 & 0.25 & 0.45 & 0.15 \end{pmatrix},$$

求因代营业务得到的收入大于当天的额外支出费用的概率.

6. 一只昆虫所产虫卵个数 $X \sim P(\lambda)$，而每个虫卵发育为幼虫的概率为 p，且各个虫卵是否发育成幼虫是相互独立的. 证明：一只昆虫的下一代幼虫个数 $Y \sim P(\lambda p)$.

7. 有甲、乙两种味道和颜色都极为相似的酒各 4 杯，如果能将甲全部挑出，算是成功一次.

(1) 某人随机地去猜，他成功一次的概率是多少？

(2) 某人声称他有鉴别能力，他连续试验 10 次，成功了 3 次，他是猜的呢，还是有鉴别能力呢？

8. 某单位招聘 155 人，按照考试成绩录用，共有 526 人报名. 假设报名者考试成绩 $X \sim N(\mu,\sigma^2)$，已知 90 分以上 12 人，60 分以下 83 人，若从高分到低分依次录取，某人考了 78 分，他能被录取吗？

9. 设顾客排队等待服务的时间 X(分钟)服从参数为 0.2 的指数分布. 某顾客等待服务，超过 10 分钟，他就离开. 若他一个月要等待服务 5 次，Y 表示一个月内他未等到服务而离开的次数，求 Y 的概率分布和 $P(Y \geqslant 1)$.

10. 设某种晶体管的使用寿命 X 的概率密度函数是 $p(x)=\begin{cases} \dfrac{100}{x^2}, & x>100, \\ 0, & x \leqslant 100, \end{cases}$

(1) 若一个晶体管在使用 150 小时后完好，那么该晶体管使用时间小于 200 小时的概率是多少？

(2) 若一个电子仪器装有 3 个独立工作的该种晶体管，在使用 150 小时之后恰好有一个损坏的概率是多少？

11. 随机变量 X 的密度函数为 $p(x)=c \cdot \mathrm{e}^{-\frac{|x|}{a}}, a>0$，求：

(1) 常数 c；(2) X 的分布函数；(3) $P(|X|<2)$；(4) $Y=\dfrac{1}{4}X^2$ 的密度函数.

12. 设 $X \sim N(0,1)$，求：

(1) $Y=2X^2+1$ 的密度函数；(2) $Z=|X|$ 的密度函数.

13. 设随机变量 X 的密度函数为 $p(x)=\begin{cases} \dfrac{1}{4\sqrt{x}}, & 0<x<4, \\ 0, & \text{其他}. \end{cases}$ 分布函数为 $F(x)$，求随机变量 $Y=F(X)$ 的分布函数.

14. 某商店安装有夜视监控装置，该装置启动后正常工作时间 X（小时）服从参数为 $\dfrac{1}{1000}$ 的指数分布. 商店每晚 9 点打烊时即启动该装置，若遇故障装置会自动关闭；若无故障，早上 9 点上班时也会自动关闭. 求该装置每晚正常监控时间 Y 的分布函数.

第 3 章　随机向量及其分布

在许多实际问题中，我们往往需要同时用到两个或两个以上的随机变量. 例如，打靶时弹着点就由两个随机变量——弹着点的横坐标 X 和纵坐标 Y ——来描述. 又如，考察某地区学龄前儿童的发育情况，需同时观察他们的身高和体重，这样，儿童的发育情况就至少要用两个随机变量来加以描述. 这类例子很多，值得指出的是，这些随机变量之间一般地又有某种联系，因而需要把它们看成一个整体来加以研究.

设 $X_1,X_2,\cdots,X_n$ 是定义在同一个样本空间上的 n 个随机变量，由它们构成的 n 元组 $(X_1,X_2,\cdots,X_n)$ 称为 n **维随机向量**，也称为 n **维随机变量**. $X_1,X_2,\cdots,X_n$ 称为该随机向量的 n 个**一维分量**.

例如，打靶时弹着点的位置 (X,Y) 就是一个二维随机向量. 本章主要讨论二维随机向量及其概率分布，并把它们推广到 n 维随机向量.

3.1　二维随机向量的联合分布

3.1.1　联合分布函数

类似于一维随机变量的情形，我们也可以用分布函数来研究二维随机向量取值的统计规律性.

定义 3.1.1　设 (X,Y) 是二维随机向量，对于任意的实数 x,y，定义

$$F(x,y)=P((X\leqslant x)\bigcap(Y\leqslant y))=P(X\leqslant x,Y\leqslant y)\,, \tag{3.1.1}$$

称二元函数 $F(x,y)$ 为二维随机向量 (X,Y) 的**分布函数**，或随机变量 X 和 Y 的**联合分布函数**.

如果把二维随机向量 (X,Y) 看成平面上具有随机坐标 (X,Y) 的点，那么，分布函数 $F(x,y)$ 在 (x,y) 处的函数值就是随机点 (X,Y) 落在以点 (x,y) 为顶点的左下方区域内的概率(图 3-1). 由图 3-2 可知，随机点 (X,Y) 落在矩形区域

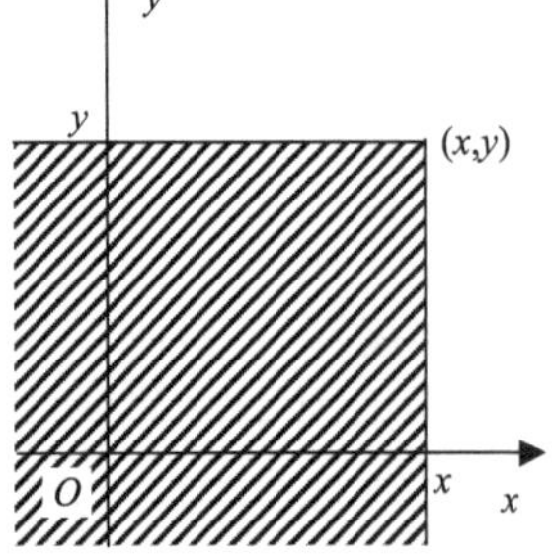

图 3-1

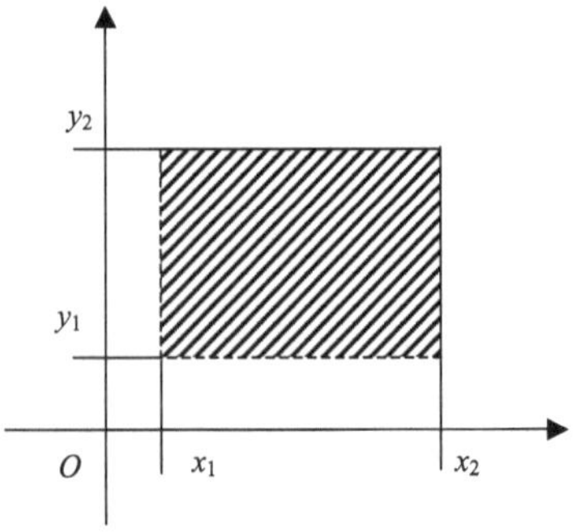

图 3-2

$$\{(x,y): x_1 < x \leqslant x_2, y_1 < y \leqslant y_2\}$$

内的概率可用分布函数表示为

$$P(x_1 < X \leqslant x_2, y_1 < Y \leqslant y_2) = F(x_2,y_2) - F(x_1,y_2) - F(x_2,y_1) + F(x_1,y_1). \tag{3.1.2}$$

二维随机向量 (X,Y) 的分布函数 $F(x,y)$ 具有以下性质：

(1) $F(x,y)$ 对 x 或 y 都是单调不减的，即对任意固定的 y，当 $x_2 > x_1$ 时，

$$F(x_2,y) \geqslant F(x_1,y);$$

对任意固定的 x，当 $y_2 > y_1$ 时，

$$F(x,y_2) \geqslant F(x,y_1).$$

(2) $F(x,y)$ 对 x 或 y 都是右连续的，即对任意固定的 y，

$$F(x_0+0,\ y) = \lim_{x \to x_0+} F(x,\ y) = F(x_0,\ y);$$

对任意固定的 x，

$$F(x,\ y_0+0) = \lim_{y \to y_0+} F(x,\ y) = F(x,\ y_0).$$

(3) 对任意固定的 y，

$$F(-\infty,\ y) = \lim_{x \to -\infty} F(x,\ y) = 0;$$

对任意固定的 x，

$$F(x,-\infty) = \lim_{y \to -\infty} F(x,\ y) = 0;$$

且

$$F(-\infty,-\infty) = \lim_{\substack{x \to -\infty \\ y \to -\infty}} F(x,\ y) = 0;\ F(+\infty,+\infty) = \lim_{\substack{x \to +\infty \\ y \to +\infty}} F(x,\ y) = 1.$$

(4) 对任意 (x_1,y_1) 和 (x_2,y_2)，只要 $x_1 \leqslant x_2$，$y_1 \leqslant y_2$，则有

$$F(x_2,y_2) - F(x_1,y_2) - F(x_2,y_1) + F(x_1,y_1) \geqslant 0.$$

反之，任一满足上述四条性质的二元函数 $F(x,y)$ 都可看成某二维随机向量的分布函数.

其中性质(1)，(2)，(3)的证明可直接结合一维随机变量分布函数的性质导出，性质(4)由分布函数的定义及它的概率意义得到. 性质(4)作为多维随机向量的分布函数的必要特征不能由性质(1)~(3)推出，从而不能缺少.

3.1.2　联合分布列

定义 3.1.2　如果二维随机向量 (X,Y) 的所有可能取值是至多可列的，则称 (X,Y) 为**二维离散型随机向量**.

显然，若 (X,Y) 为二维离散型随机向量，则随机变量 X,Y 均为一维离散型随机变量；反之也成立.

定义 3.1.3　设二维离散型随机向量 (X,Y) 的所有可能取值的集合为 $\{(x_i,y_j):i,j=1,2,\cdots\}$，则称

$$p_{ij}=P(X=x_i,Y=y_j),\quad i,j=1,2,\cdots \tag{3.1.3}$$

为 (X,Y) 的**分布列**，或称为随机变量 X 和 Y 的**联合分布列**.

二维离散型随机向量 (X,Y) 的联合分布列有时也用如下表格来表示.

$X \backslash Y$	y_1	y_2	$\cdots$	y_n	$\cdots$
x_1	p_{11}	p_{12}	$\cdots$	p_{1n}	$\cdots$
x_2	p_{21}	p_{22}	$\cdots$	p_{2n}	$\cdots$
$\vdots$	$\vdots$	$\vdots$	$\vdots$	$\vdots$	$\vdots$
x_m	p_{m1}	p_{m2}	$\cdots$	p_{mn}	$\cdots$
$\vdots$	$\vdots$	$\vdots$	$\vdots$	$\vdots$	$\vdots$

显然，联合分布列具有以下的性质.

(1) 非负性：$p_{ij}\geqslant 0$，$i,j=1,2,\cdots$；

(2) 正规性：$\sum\limits_i\sum\limits_j p_{ij}=1$.

例 3.1.1　甲乙两盒分别存放形状相同的十个球，其中甲盒中有 4 个红球、3 个白球和 3 个黑球，乙盒中有 5 个红球、2 个白球和 3 个黑球. 现从甲盒中任取一球放入乙盒，充分混合后再从乙盒中取出一球放回甲盒，设 X，Y 分别表示经如此交换后，甲盒中的红球数与白球数，试求 (X,Y) 的联合分布列.

解　由题意知，X 的所有取值为 $3,4,5$，Y 的所有取值为 $2,3,4$，由此可知 (X,Y) 为二维离散型随机向量，下面我们仅讨论事件 $\{X=3,Y=3\}$ 的概率计算，其余的情况类似可求出.

设 $A=\{$第一次从甲盒中取一个红球放入乙盒$\}$，$B=\{$第二次从乙盒中取一个黑球放入甲盒$\}$. 很显然，$\{X=3,Y=3\}$ 等价于事件 AB，根据乘法公式

$$P(X=3,Y=3)=P(AB)=P(A)P(B\mid A)=\frac{4\times 3}{10\times 11}=\frac{12}{110}.$$

因此，(X,Y) 的联合分布列可由下表给出.

$X \backslash Y$	2	3	4
3	0	$\frac{12}{110}$	$\frac{8}{110}$
4	$\frac{9}{110}$	$\frac{45}{110}$	$\frac{6}{110}$
5	$\frac{15}{110}$	$\frac{15}{110}$	0

3.1.3 联合密度函数

定义 3.1.4 设 (X,Y) 是二维随机向量，$F(x,y)$ 是它的分布函数. 如果存在二元非负可积函数 $p(x,y)$，使得对任意的实数 x,y 都有

$$F(x,\ y)=\int_{-\infty}^{x}\int_{-\infty}^{y}p(u,v)\mathrm{d}u\mathrm{d}v, \tag{3.1.4}$$

则称 (X,Y) 是**二维连续型随机向量**，$p(x,y)$ 称为 (X,Y) 的**密度函数**(或 X 和 Y 的**联合密度函数**).

与一维类似，二维连续型随机向量有以下一些重要结论.

1. 联合密度函数具有如下性质.

(1) 非负性：对任意的实数 x,y, $p(x,y)\geqslant 0$；

(2) 正规性：$\int_{-\infty}^{+\infty}\int_{-\infty}^{+\infty}p(x,y)\mathrm{d}x\mathrm{d}y=1$.

二元函数 $p(x,y)$ 在几何上表示一个曲面，通常称这个曲面为二维随机向量 (X,Y) 的分布曲面. 由性质(2)知，介于分布曲面和 xOy 平面之间的空间区域的全部体积等于1.

2. 设 D 是 xOy 平面上的一个区域，则随机向量 (X,Y) 落在 D 内的概率为

$$P((X,Y)\in D)=\iint\limits_{D}p(x,y)\mathrm{d}x\mathrm{d}y, \tag{3.1.5}$$

即 (X,Y) 落在区域 D 内的概率等于以 D 为底、曲面 $p(x,y)$ 为顶的曲顶柱体的体积.

事实上，关于二元随机变量 (X,Y) 的事件，一般总可以描述为“二元随机变量 (X,Y) 落在集合 D 中”，记为 $\{(X,Y)\in D\}$，其中 D 为二维平面的某个子集. 于是所求事件的概率为

$$P\big((X,Y)\in D\big)=\iint\limits_{D}p(x,y)\mathrm{d}x\mathrm{d}y.$$

例如，事件 $\{X^2\leqslant Y\}$ 可以表示为 $\{(X,Y)\in D\}$，其中 D 表示平面点集 $\{(x,y):x^2\leqslant y\}$，从而

$$P(X^2\leqslant Y)=\iint\limits_{\{(x,y):x^2\leqslant y\}}p(x,y)\mathrm{d}x\mathrm{d}y.$$

特别地，当区域 D 的面积为0时，如 D 为单点集或曲线上点集时有 $P((X,Y)\in D)=0$. 例如，

$$P(X=a,Y=b)=0,\quad P(X=a)=0,\quad P(Y=aX+b)=0,$$

其中 a,b 是常数.

定理 3.1.1 若 $p(x,y)$ 在点 (x,y) 处连续，则有

$$p(x,y)=\frac{\partial^2F(x,y)}{\partial x\partial y}. \tag{3.1.6}$$

例 3.1.2（二维均匀分布） 设 G 为平面上的区域，面积为 $S(0<S<\infty)$．若 X,Y 的联合密度函数为

$$p(x,y)=\begin{cases}\dfrac{1}{S}, & (x,y)\in G,\\ 0, & 其他,\end{cases} \tag{3.1.7}$$

则称 (X,Y) 服从**区域 G 上的均匀分布**.

若二维随机向量 (X,Y) 服从区域 G 上的均匀分布，密度函数如式(3.1.7)，则对 G 中的任一面积为 a 的子区域 D，(X,Y) 落在 D 内的概率为

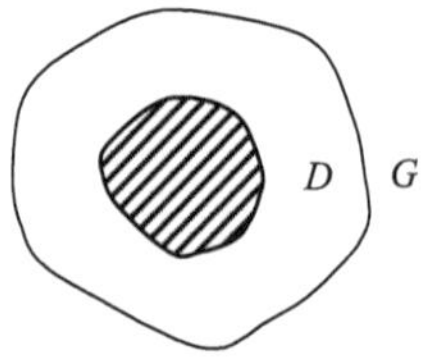

图 3-3

$$\begin{aligned}P((X,Y)\in D)&=\iint\limits_D p(x,y)\mathrm{d}x\mathrm{d}y\\&=\iint\limits_D \frac{1}{S}\mathrm{d}x\mathrm{d}y=\frac{a}{S}.\end{aligned}$$

上式表明，二维随机向量落入区域 D（图 3-3）的概率与 D 的面积成正比，而与 D 在 G 中的位置与形状无关，这正是均匀分布的含义所在.

例 3.1.3（二元正态分布） 若二维随机向量 (X,Y) 的密度函数为

$$p(x,y)=\frac{1}{2\pi\sigma_1\sigma_2\sqrt{1-\rho^2}}\exp\left\{-\frac{1}{2(1-\rho^2)}\left[\frac{(x-\mu_1)^2}{\sigma_1^2}-2\rho\frac{(x-\mu_1)(y-\mu_2)}{\sigma_1\sigma_2}+\frac{(y-\mu_2)^2}{\sigma_2^2}\right]\right\}, \tag{3.1.8}$$

其中 $\mu_1,\mu_2,\sigma_1,\sigma_2,\rho$ 为常数，$\sigma_1>0,\sigma_2>0,|\rho|<1$，则称 (X,Y) 服从参数为 $(\mu_1,\mu_2,\sigma_1^2,\sigma_2^2,\rho)$ 的**二元正态分布**，记为 $(X,Y)\sim N(\mu_1,\mu_2,\sigma_1^2,\sigma_2^2,\rho)$．$p(x,y)$ 的图像如图 3-4 所示.

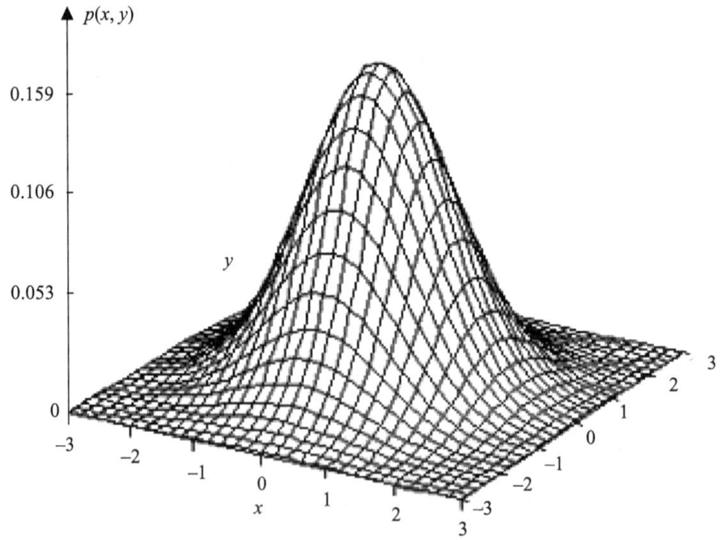

图 3-4

二维均匀分布和二元正态分布是比较常见的两种二维连续型分布. 二元正态分布的进一步推广是n元正态分布，它是最重要的一种多维分布，在概率论、数理统计、随机过程中都占有重要地位.

例 3.1.4　设二维随机向量(X,Y)的密度函数为

$$p(x,y)=\begin{cases}ax^2+2xy^2, & 0\leqslant x\leqslant 1, 0\leqslant y\leqslant 1,\\ 0, & \text{其他}.\end{cases}$$

求：(1) 常数a；(2) (X,Y)的分布函数$F(x,y)$；(3) 概率$P(X+Y\leqslant 1)$.

解　(1) 利用联合密度函数的正规性有

$$1=\int_{-\infty}^{+\infty}\int_{-\infty}^{+\infty}p(x,y)\mathrm{d}x\mathrm{d}y=\int_0^1\int_0^1(ax^2+2xy^2)\mathrm{d}x\mathrm{d}y=\frac{1}{3}a+\frac{1}{3},$$

由此得$a=2$.

(2) 由分布函数的定义，并注意到$p(x,y)$在不同的区域上具有不同的表达式.

当$x<0$或$y<0$时

$$F(x,y)=\int_{-\infty}^{x}\int_{-\infty}^{y}p(u,v)\mathrm{d}u\mathrm{d}v=\int_{-\infty}^{x}\int_{-\infty}^{y}0\mathrm{d}u\mathrm{d}v=0;$$

当$0\leqslant x<1, 0\leqslant y<1$时

$$F(x,y)=\int_{-\infty}^{x}\int_{-\infty}^{y}p(u,v)\mathrm{d}u\mathrm{d}v=\int_0^x\int_0^y(2u^2+2uv^2)\mathrm{d}u\mathrm{d}v=\frac{2x^3+x^2y^3}{3};$$

当$0\leqslant x<1, y\geqslant 1$时

$$F(x,y)=\int_{-\infty}^{x}\int_{-\infty}^{y}p(u,v)\mathrm{d}u\mathrm{d}v=\int_0^x\int_0^1(2u^2+2uv^2)\mathrm{d}u\mathrm{d}v=\frac{2x^3+x^2}{3};$$

当$x\geqslant 1, 0\leqslant y<1$时

$$F(x,y)=\int_{-\infty}^{x}\int_{-\infty}^{y}p(u,v)\mathrm{d}u\mathrm{d}v=\int_0^1\int_0^y(2u^2+2uv^2)\mathrm{d}u\mathrm{d}v=\frac{2y+y^3}{3};$$

当$x\geqslant 1, y\geqslant 1$时

$$F(x,y)=\int_{-\infty}^{x}\int_{-\infty}^{y}p(u,v)\mathrm{d}u\mathrm{d}v=\int_0^1\int_0^1(2u^2+2uv^2)\mathrm{d}u\mathrm{d}v=1.$$

因此(X, Y)的分布函数为

$$F(x,y)=\begin{cases}0, & x<0\text{或}y<0,\\ \dfrac{2x^3+x^2y^3}{3}, & 0\leqslant x<1,0\leqslant y<1,\\ \dfrac{2x^3+x^2}{3}, & 0\leqslant x<1,y\geqslant 1,\\ \dfrac{2y+y^3}{3}, & x\geqslant 1,0\leqslant y<1,\\ 1, & x\geqslant 1,y\geqslant 1.\end{cases}$$

(3) 注意到 $p(x,y)$ 在 $D=\{(x,y):x+y\leqslant 1\}$ 上不为零的区域(图 3-5 中阴影部分)是

$$D_1=\{(x,y):x+y\leqslant 1,x\geqslant 0,y\geqslant 0\},$$

于是由式(3.1.5)有

$$P(X+Y\leqslant 1)=\iint\limits_{D}p(x,y)\mathrm{d}x\mathrm{d}y=\iint\limits_{D_1}p(x,y)\mathrm{d}x\mathrm{d}y$$
$$=\int_0^1\left(\int_0^{1-y}2(x^2+xy^2)\mathrm{d}x\right)\mathrm{d}y=\frac{1}{5}.$$

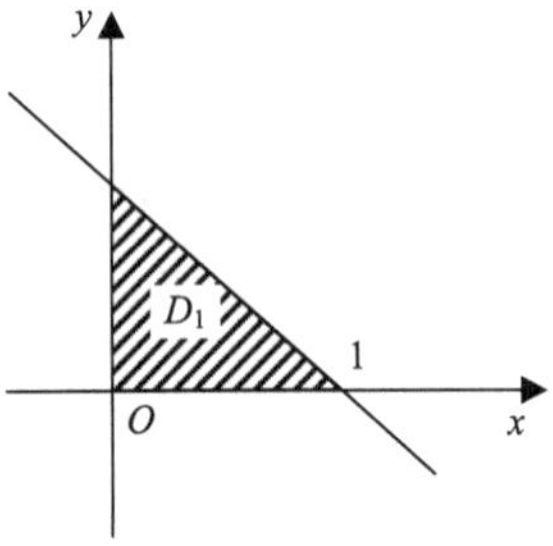

图 3-5

3.2 二维随机向量的边缘分布

3.2.1 边缘分布函数

对于二维随机向量 (X,Y)，我们也可以对其中的任何一个随机变量(分量) X 或 Y 进行研究，而不管另一个随机变量取什么值. 由于随机向量的分布函数完全决定了它的概率特征，因而也完全决定了它的各个分量的概率特征. 这说明我们能通过联合分布函数得到各个分量的分布函数，这样得到的分布函数称为**边缘分布函数**.

设 (X,Y) 是二维随机变量，$F(x,y)$ 是它的联合分布函数，记 X,Y 的分布函数分别为 $F_X(x),F_Y(y)$，则

$$F_X(x)=P(X\leqslant x)=P(X\leqslant x,Y<\infty)=\lim_{y\to\infty}F(x,y)=F(x,+\infty); \tag{3.2.1}$$

$$F_Y(y)=P(Y\leqslant y)=P(X<\infty,Y\leqslant y)=\lim_{x\to\infty}F(x,y)=F(+\infty,y). \tag{3.2.2}$$

我们称 $F_X(x)$ 为 (X,Y) **关于 X 的边缘分布函数**；称 $F_Y(y)$ 为 (X,Y) **关于 Y 的边缘分布函数**. 都简称为**边缘分布函数.** 由联合分布函数可求出两个边缘分布函数，但反之不成立.

3.2.2 边缘分布列

设二维离散型随机向量 (X,Y) 的联合分布列为

$$p_{ij}=P(X=x_i,Y=y_j),\quad i,j=1,2,\cdots,$$

则

$$\begin{aligned}P(X=x_i)&=P(X=x_i,Y<+\infty)\\&=\sum_{j=1}^{+\infty}P(X=x_i,Y=y_j)=\sum_{j=1}^{+\infty}p_{ij}\quad i=1,2,\cdots;\end{aligned}$$

类似地,

$$\begin{aligned}P(Y=y_j)&=P(X<+\infty,Y=y_j)\\&=\sum_{i=1}^{+\infty}P(X=x_i,Y=y_j)=\sum_{i=1}^{+\infty}p_{ij},\quad j=1,2,\cdots.\end{aligned}$$

记

$$p_{i\cdot}=\sum_{j=1}^{+\infty}p_{ij},\quad p_{\cdot j}=\sum_{i=1}^{+\infty}p_{ij},$$

则

$$P(X=x_i)=p_{i\cdot},\quad i=1,2,\cdots;\tag{3.2.3}$$

$$P(Y=y_j)=p_{\cdot j},\quad j=1,2,\cdots.\tag{3.2.4}$$

容易验证式(3.2.3)和式(3.2.4)均满足分布列的两个条件，因此均为分布列. 它们分别为 X 和 Y 的分布列.

我们称式(3.2.3)为 (X,Y) **关于 X 的边缘分布列**；式(3.2.4)为 (X,Y) **关于 Y 的边缘分布列**，都简称为**边缘分布列**.

例 3.2.1　计算例 3.1.1 中 (X,Y) 关于 X 和 Y 的边缘分布列.

解　X,Y 的联合分布列及边缘分布列为

X \ Y	2	3	4	$p_{i\cdot}$
3	0	$\frac{12}{110}$	$\frac{8}{110}$	$\frac{2}{11}$
4	$\frac{9}{110}$	$\frac{45}{110}$	$\frac{6}{110}$	$\frac{6}{11}$
5	$\frac{15}{110}$	$\frac{15}{110}$	0	$\frac{3}{11}$
$p_{\cdot j}$	$\frac{24}{110}$	$\frac{72}{110}$	$\frac{14}{110}$	1

3.2.3　边缘密度函数

设二维连续型随机向量 (X, Y) 的分布函数和密度函数分别为 $F(x,y)$ 和 $p(x,y)$. (X,Y) 的分量 X,Y 都是随机变量，记它们的分布函数分别为 $F_X(x)$ 和 $F_Y(y)$. 由式(3.2.1)知

$$F_X(x)=F(x,+\infty)=\int_{-\infty}^{x}\int_{-\infty}^{+\infty}p(u,v)\mathrm{d}u\mathrm{d}v=\int_{-\infty}^{x}\left[\int_{-\infty}^{+\infty}p(u,v)\mathrm{d}y\right]\mathrm{d}v,$$

由于函数

$$p_X(x)=\int_{-\infty}^{+\infty}p(x,y)\mathrm{d}y \tag{3.2.5}$$

非负，根据连续型随机变量的密度函数的定义知，X 为连续型随机变量，且 $p_X(x)$ 恰好为 X 的密度函数. 我们称式(3.2.5)定义的 $p_X(x)$ 为 (X,Y) **关于 X 的边缘密度函数**.

类似地，由式(3.2.2)知

$$F_Y(y)=F(+\infty,y)=\int_{-\infty}^{y}\left[\int_{-\infty}^{+\infty}p(x,y)\mathrm{d}x\right]\mathrm{d}y,$$

故 Y 也是连续型随机变量，且其密度函数为

$$p_Y(y)=\int_{-\infty}^{+\infty}p(x,y)\mathrm{d}x. \tag{3.2.6}$$

我们称式(3.2.6)定义的 $p_Y(y)$ 为 (X,Y) **关于 Y 的边缘密度函数.**

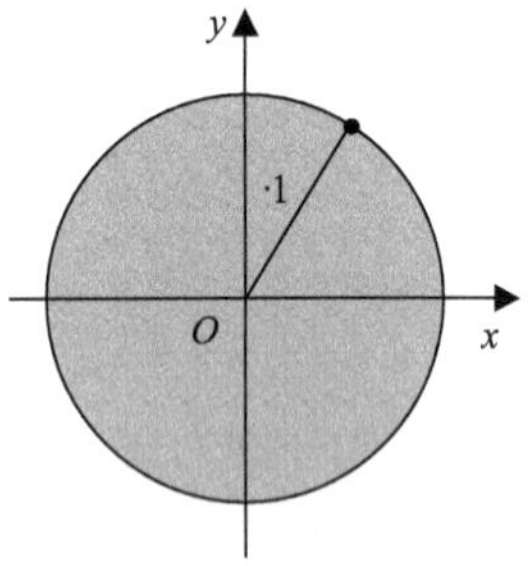

图 3-6

例 3.2.2　如图 3-6 所示，二元随机向量 (X,Y) 在单位圆 $G=\{(x,y)\mid x^2+y^2\leqslant 1\}$ 内服从均匀分布，试求 X 和 Y 的边缘密度函数.

解　由于单位圆的面积为 π，所以 (X,Y) 的联合密度函数为

$$p(x,y)=\begin{cases}\dfrac{1}{\pi}, & x^2+y^2\leqslant 1,\\ 0, & 其他.\end{cases}$$

当 $|x|>1$ 时，$p(x,y)=0$，由式(3.2.5)知 $p_X(x)=0$；当 $|x|\leqslant 1$ 时，

$$\begin{aligned}p_X(x)&=\int_{-\infty}^{+\infty}p(x,y)\mathrm{d}y=\int_{-\infty}^{-\sqrt{1-x^2}}p(x,y)\mathrm{d}y+\int_{-\sqrt{1-x^2}}^{\sqrt{1-x^2}}p(x,y)\mathrm{d}y+\int_{\sqrt{1-x^2}}^{+\infty}p(x,y)\mathrm{d}y\\&=\int_{-\sqrt{1-x^2}}^{\sqrt{1-x^2}}\frac{1}{\pi}\mathrm{d}y=\frac{2}{\pi}\sqrt{1-x^2}.\end{aligned}$$

故 X 的边缘密度函数为

$$p_X(x)=\int_{-\infty}^{+\infty}p(x,y)\mathrm{d}y=\begin{cases}0, & |x|>1,\\ \dfrac{2}{\pi}\sqrt{1-x^2}, & |x|\leqslant 1.\end{cases}$$

同理由式(3.2.6)得 Y 的边缘密度函数

$$p_Y(y)=\int_{-\infty}^{+\infty}p(x,y)\mathrm{d}x=\begin{cases}0, & |y|>1,\\ \dfrac{2}{\pi}\sqrt{1-y^2}, & |y|\leqslant 1.\end{cases}$$

注意，X 和 Y 都不再是均匀分布随机变量.

例 3.2.3　若二维随机向量 (X,Y) 服从二元正态分布 $N(\mu_1,\mu_2,\sigma_1^2,\sigma_2^2,\rho)$，试求 X 和 Y 的边缘密度函数.

解　由例 3.1.3 知 (X,Y) 的联合密度函数为式(3.1.8)，利用式(3.2.5)，并令 $u=\dfrac{x-\mu_1}{\sigma_1}$，$v=\dfrac{y-\mu_2}{\sigma_2}$，作变量替换，有

$$\begin{aligned}
p_X(x) &= \int_{-\infty}^{+\infty} p(x,y)\mathrm{d}y \\
&= \frac{1}{2\pi\,\sigma_1\sigma_2\sqrt{1-\rho^2}} \times \int_{-\infty}^{+\infty} \exp\left\{-\frac{1}{2(1-\rho^2)}\left[\frac{(x-\mu_1)^2}{\sigma_1^2} - 2\rho\frac{(x-\mu_1)(y-\mu_2)}{\sigma_1\sigma_2} + \frac{(y-\mu_2)^2}{\sigma_2^2}\right]\right\}\mathrm{d}y \\
&= \int_{-\infty}^{+\infty} \frac{1}{2\pi\sigma_1\sqrt{1-\rho^2}} \times \exp\left\{-\frac{u^2-2\rho uv+v^2}{2(1-\rho^2)}\right\}\mathrm{d}v \\
&= \frac{1}{\sqrt{2\pi}\sigma_1}\mathrm{e}^{-\frac{u^2}{2}} \cdot \frac{1}{\sqrt{2\pi(1-\rho^2)}}\int_{-\infty}^{+\infty} \exp\left\{-\frac{\rho^2u^2-2\rho uv+v^2}{2(1-\rho^2)}\right\}\mathrm{d}v \\
&= \frac{1}{\sqrt{2\pi}\sigma_1}\mathrm{e}^{-\frac{u^2}{2}} \cdot \frac{1}{\sqrt{2\pi(1-\rho^2)}}\int_{-\infty}^{+\infty} \exp\left\{-\frac{(v-\rho u)^2}{2(1-\rho^2)}\right\}\mathrm{d}v \\
&= \frac{1}{\sqrt{2\pi}\sigma_1}\mathrm{e}^{-\frac{u^2}{2}} = \frac{1}{\sqrt{2\pi}\sigma_1}\mathrm{e}^{-\frac{(x-\mu_1)^2}{2\sigma_1^2}}.
\end{aligned}$$

由此知 X 服从正态分布 $X \sim N(\mu_1,\sigma_1^2)$，由对称性还可得

$$p_Y(y) = \int_{-\infty}^{+\infty} p(x,y)\mathrm{d}x = \frac{1}{\sqrt{2\pi}\sigma_2}\mathrm{e}^{-\frac{(y-\mu_2)^2}{2\sigma_2^2}}.$$

因而二元正态分布 $N(\mu_1,\mu_2,\sigma_1^2,\sigma_2^2,\rho)$ 的两个边缘分布都是一维正态分布，即分别有 $X \sim N(\mu_1,\sigma_1^2)$，$Y \sim N(\mu_2,\sigma_2^2)$.

例 3.2.4　试求例 3.1.4 中 X 和 Y 的边缘密度函数.

解　当 $0 \leqslant x \leqslant 1$ 时

$$p_X(x) = \int_{-\infty}^{+\infty} p(x,y)\mathrm{d}y = \int_0^1 (2x^2+2xy^2)\mathrm{d}y = 2x^2 + \frac{2}{3}x.$$

当 x 取其他值时，因为 $p(x,y)=0$，所以 $p_X(x) = \int_{-\infty}^{+\infty} p(x,y)\mathrm{d}y = 0$. 因此

$$p_X(x) = \begin{cases} 2x^2 + \dfrac{2}{3}x, & 0 \leqslant x \leqslant 1, \\ 0, & \text{其他}. \end{cases}$$

类似可得

$$p_Y(y)=\int_{-\infty}^{+\infty}p(x,y)=\begin{cases}\dfrac{2}{3}+y^2, & 0\leqslant y\leqslant 1,\\ 0, & \text{其他}.\end{cases}$$

3.3　随机向量的条件分布

对于多个事件我们曾讨论了它们的条件概率，对于多个随机变量也可以讨论它们的条件分布.

3.3.1　离散型随机向量的条件分布列和条件分布函数

设二维离散型随机向量 (X,Y) 的联合分布列为

$$P(X=x_i,Y=y_j)=p_{ij},\quad i,j=1,2,\cdots. \tag{3.3.1}$$

由事件的条件概率的定义，对固定的 y_j，当 $P(Y=y_j)>0$ 时，在事件 $\{Y=y_j\}$ 发生的条件下，事件 $\{X=x_i\}$ 发生的条件概率为

$$P(X=x_i\mid Y=y_j)=\frac{P(X=x_i,Y=y_j)}{P(Y=y_j)}=\frac{p_{ij}}{p_{\cdot j}},\quad i=1,2,\cdots.$$

易验证上式满足分布列的两个条件. 由此我们引进条件分布列的概念.

定义 3.3.1　设二维离散型随机向量 (X,Y) 的联合分布列由式(3.3.1)给出，对固定的 y_j，如果 $P(Y=y_j)=p_{\cdot j}>0$，则称分布列

$$\frac{p_{ij}}{p_{\cdot j}},\quad i=1,2,\cdots$$

为**在给定 $\boldsymbol{Y=y_j}$ 的条件下 $\boldsymbol{X}$ 的条件分布列**，记为 $P(X=x_i\mid Y=y_j)$，简记为 $p_{i|j}$，即

$$p_{i|j}=P(X=x_i\mid Y=y_j)=\frac{p_{ij}}{p_{\cdot j}},\quad i=1,2,\cdots. \tag{3.3.2}$$

对固定的 x_i，如果 $P(X=X_i)=p_{i\cdot}>0$，则称

$$\frac{p_{ij}}{p_{i\cdot}},\quad j=1,2,\cdots$$

为**在给定 $\boldsymbol{X=x_i}$ 的条件下 $\boldsymbol{Y}$ 的条件分布列**，记为 $P(Y=y_j\mid X=x_i)$，简记为 $p_{j|i}$，即

$$p_{j|i}=P(Y=y_j\mid X=x_i)=\frac{p_{ij}}{p_{i\cdot}},\quad j=1,2,\cdots. \tag{3.3.3}$$

称

$$P(X \leqslant x \mid Y = y_j) = \sum_{x_i \leqslant x} \frac{p_{ij}}{p_{\cdot j}}$$

为在给定 **$Y = y_j$ 的条件下 X 的条件分布函数**，记为 $F(x \mid y_j)$，即

$$F(x \mid y_j) = P(X \leqslant x \mid Y = y_j) = \sum_{x_i \leqslant x} \frac{p_{ij}}{p_{\cdot j}}. \tag{3.3.4}$$

称

$$P(Y \leqslant y \mid X = x_i) = \sum_{y_j \leqslant y} \frac{p_{ij}}{p_{i\cdot}}$$

为在给定 **$X = x_i$ 的条件下 Y 的条件分布函数**，记为 $F(y \mid x_i)$，即

$$F(y \mid x_i) = P(Y \leqslant y \mid X = x_i) = \sum_{y_j \leqslant y} \frac{p_{ij}}{p_{i\cdot}}. \tag{3.3.5}$$

例如，例 3.2.1 中，在 $X = 3$ 的条件下 Y 的条件分布列为

Y	2	3	4
$p_{j\|i}$	0	$\frac{3}{5}$	$\frac{2}{5}$

在 $Y = 3$ 的条件下 X 的条件分布列为

X	3	4	5
$p_{i\|j}$	$\frac{1}{6}$	$\frac{5}{8}$	$\frac{5}{24}$

从而得到在 $Y = 3$ 的条件下 X 的条件分布函数为

$$F(x \mid 3) = P(X \leqslant x \mid Y = 3) = \sum_{x_i \leqslant x} \frac{p_{ij}}{p_{\cdot j}} = \begin{cases} 0, & x < 3, \\ \dfrac{1}{6}, & 3 \leqslant x < 4, \\ \dfrac{19}{24}, & 4 \leqslant x < 5, \\ 1, & x \geqslant 5. \end{cases}$$

其他条件下的条件分布和条件分布函数类似计算.

3.3.2　连续型随机向量的条件分布函数和条件密度函数

用 (X,Y) 表示人的身高和体重组成的二元随机变量，它是连续型的. 我们有时会考虑这样的问题：体重是 80 千克的人，身高服从什么分布？显然这是很有意义的.

定义 3.3.2　设 (X, Y) 为二维连续型随机向量，$p(x,y)$，$p_X(x)$，$p_Y(y)$ 分别为 (X,Y)，X

和 Y 的密度函数，对固定的使得 $p_Y(y)>0$ 的 y，称变量 x 的函数 $\int_{-\infty}^{x}\frac{p(u,y)}{p_Y(y)}\mathrm{d}u$ 为**在给定 $Y=y$ 的条件下 X 的条件分布函数**，记为 $P(X\leqslant x\mid Y=y)$ 或 $F(x\mid y)$，即

$$F(x\mid y)=P(X\leqslant x\mid Y=y)=\int_{-\infty}^{x}\frac{p(u,y)}{p_Y(y)}\mathrm{d}u,\quad -\infty<x<+\infty. \tag{3.3.6}$$

称 $\frac{p(x,y)}{p_Y(y)}$ 为**在给定 $Y=y$ 的条件下 X 的条件密度函数**，简记为 $p(x\mid y)$，即

$$p(x\mid y)=\frac{p(x,y)}{p_Y(y)},\quad -\infty<x<+\infty. \tag{3.3.7}$$

类似地，对固定的使得 $p_X(x)>0$ 的 x，称变量 y 的函数

$$F(y\mid x)=\int_{-\infty}^{y}\frac{p(x,v)}{p_X(x)}\mathrm{d}v,\quad -\infty<y<+\infty \tag{3.3.8}$$

为**在给定 $X=x$ 的条件下 Y 的条件分布函数**. 并称函数

$$p(y\mid x)=\frac{p(x,y)}{p_X(x)},\quad -\infty<y<+\infty \tag{3.3.9}$$

为**在给定 $X=x$ 的条件下 Y 的条件密度函数**.

例 3.3.1　设二维随机向量 (X,Y) 具有密度函数

$$p(x,y)=\begin{cases}8xy, & 0\leqslant x\leqslant y\leqslant 1,\\ 0, & \text{其他}.\end{cases}$$

求 $p(x\mid y)$ 和 $p(y\mid x)$.

解　如图 3-7 所示，X 的边缘密度函数为

$$p_X(x)=\int_{-\infty}^{+\infty}p(x,y)\mathrm{d}y=\begin{cases}\int_x^1 8xy\mathrm{d}y=4x-4x^3, & 0\leqslant x\leqslant 1,\\ 0, & \text{其他}.\end{cases}$$

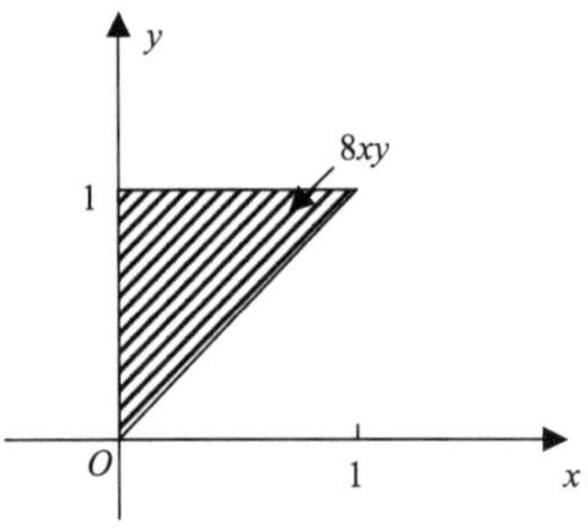

图 3-7

以及 Y 的边缘密度函数

$$p_Y(y)=\int_{-\infty}^{+\infty}p(x,y)\mathrm{d}x=\begin{cases}\int_0^y 8xy\mathrm{d}x=4y^3, & 0\leqslant y\leqslant 1,\\ 0, & \text{其他}.\end{cases}$$

由式(3.3.7)，对固定的 $y\in(0,1)$，

$$p(x\mid y)=\frac{p(x,y)}{p_Y(y)}=\begin{cases}\dfrac{2x}{y^2}, & 0\leqslant x\leqslant y,\\ 0, & \text{其他}.\end{cases}$$

由式(3.3.9)，对固定的 $x\in(0,1)$，

$$p(y\mid x)=\frac{p(x,y)}{p_X(x)}=\begin{cases}\dfrac{2y}{1-x^2}, & x\leqslant y\leqslant 1,\\ 0, & \text{其他}.\end{cases}$$

例 3.3.2 若二维随机向量 (X,Y) 服从二元正态分布 $N(\mu_1,\mu_2,\sigma_1^2,\sigma_2^2,\rho)$，试求 X 和 Y 的条件密度函数 $p(x\mid y)$ 和 $p(y\mid x)$.

解 X, Y 的联合密度函数如例 3.1.3 所示，由例 3.2.3 知，$X\sim N(\mu_1,{\sigma_1}^2)$，$Y\sim N(\mu_2,{\sigma_2}^2)$，

$$p_X(x)=\frac{1}{\sqrt{2\pi}\sigma_1}\mathrm{e}^{-\frac{(x-\mu_1)^2}{2\sigma_1^2}},\quad p_Y(y)=\frac{1}{\sqrt{2\pi}\sigma_2}\mathrm{e}^{-\frac{(y-\mu_2)^2}{2\sigma_2^2}}.$$

由式(3.3.7)，对固定的 $y\in(-\infty,+\infty)$，

$$\begin{aligned}p(x\mid y)&=\frac{p(x,y)}{p_Y(y)}\\&=\frac{1}{\sqrt{2\pi}\sigma_1\sqrt{1-\rho^2}}\times\exp\left\{-\frac{1}{2\sigma_1^2(1-\rho^2)}\left[x-\left(\mu_1+\frac{\sigma_1\rho y-\sigma_1\rho\,\mu_2}{\sigma_2}\right)\right]^2\right\}.\end{aligned}$$

对固定的 $x\in(-\infty,+\infty)$，

$$\begin{aligned}p(y\mid x)&=\frac{p(x,y)}{p_X(x)}\\&=\frac{1}{\sqrt{2\pi}\sigma_2\sqrt{1-\rho^2}}\times\exp\left\{-\frac{1}{2\sigma_2^2(1-\rho^2)}\left[y-\left(\mu_2+\frac{\sigma_2\rho x-\sigma_2\rho\mu_1}{\sigma_1}\right)\right]^2\right\};\end{aligned}$$

即在 $Y=y$ 的条件下 X 的条件分布是正态分布

$$N\left(\mu_1+\rho\frac{\sigma_1}{\sigma_2}(y-\mu_2),\quad \sigma_1^2(1-\rho^2)\right);$$

在 $X=x$ 条件下 Y 的条件分布是正态分布

$$N\left(\mu_2+\rho\frac{\sigma_2}{\sigma_1}(x-\mu_1),\quad \sigma_2^2\left(1-\rho^2\right)\right).$$

3.4　随机变量的独立性

随机变量的独立性和随机事件的独立性一样也是概率论与数理统计中的一个重要概念. 对于两个随机变量 X 和 Y，常出现这种情况：其中一个随机变量的取值对另一个随机变量没有什么影响，这时就说这两个随机变量相互独立. 当然，这只是对随机变量独立性的一种直观描述. 然而严格地讲，这种直观描述在数学上可以等价地表述为：对任意实数 x, y，事件 $\{X \leqslant x\}$ 与事件 $\{Y \leqslant y\}$ 相互独立. 于是有如下定义.

定义 3.4.1　设二维随机向量 (X,Y) 的联合分布函数为 $F(x,y)$，X 和 Y 的边缘分布函数分别为 $F_X(x)$ 和 $F_Y(y)$，如果对任意实数 x,y，有

$$F(x,y) = F_X(x)F_Y(y), \tag{3.4.1}$$

则称 X 与 Y **相互独立**，简称 X **与** Y **独立**.

由分布函数定义，式(3.4.1)即

$$P(X \leqslant x, Y \leqslant y) = P(X \leqslant x)P(Y \leqslant y).$$

所以 X 与 Y 相互独立等价于对任意实数 x,y，事件 $\{X \leqslant x\}$ 与事件 $\{Y \leqslant y\}$ 相互独立.

特别地，对于离散型和连续型随机向量分别有下面的结论.

(1) 如果 (X,Y) 是二维离散型随机向量，其联合分布列为 $\{p_{ij} : i, j = 1,2,\cdots\}$，那么 X 与 Y 独立的充要条件是

$$P(X = x_i, Y = y_j) = P(X = x_i)P(Y = y_j), \quad i, j = 1,2,\cdots,$$

即

$$p_{ij} = p_{i\cdot} p_{\cdot j}, \quad i, j = 1,2,\cdots. \tag{3.4.2}$$

(2) 如果 (X,Y) 是二维连续型随机向量，$p(x,y)$ 为它的密度函数，$p_X(x)$ 和 $p_Y(y)$ 分别为 X 和 Y 的密度函数，那么 X 与 Y 独立的充要条件是

$$p(x,y) = p_X(x)p_Y(y) \tag{3.4.3}$$

下面来证明(2)，(1)的证明留给读者去完成.

证明　充分性. 因为 $p(x,y) = p_X(x)p_Y(y)$，所以 $p_X(x)p_Y(y)$ 为 (X,Y) 的联合密度函数，由分布函数的定义有

$$\begin{aligned} F(x,\ y) &= \int_{-\infty}^{x}\int_{-\infty}^{y} p(u,v)\mathrm{d}u\mathrm{d}v \\ &= \int_{-\infty}^{x} p_X(u)\mathrm{d}u \int_{-\infty}^{y} p_Y(v)\mathrm{d}v = F_X(x)F_Y(y), \end{aligned}$$

其中 $F_X(x)$ 和 $F_Y(y)$ 分别表示 X 和 Y 的分布函数，由定义 3.4.1 知，X 与 Y 相互独立.

必要性. 由 X 与 Y 独立的定义和分布函数的定义得

$$\begin{aligned}F(x, y) &= F_X(x)F_Y(y)\\ &= \int_{-\infty}^{x} P_X(u)\mathrm{d}u\int_{-\infty}^{y} P_Y(v)\mathrm{d}v = \int_{-\infty}^{x}\int_{-\infty}^{y} P_X(u)P_Y(v)\mathrm{d}u\mathrm{d}v,\end{aligned}$$

由密度函数的定义便得 $p_X(x)p_Y(y)$ 为 (X,Y) 的联合密度函数.　　证毕

例 3.4.1　设 (X,Y) 在单位圆上服从均匀分布，问 X 与 Y 是否相互独立?

解　(X,Y) 的联合密度为

$$p(x,y)=\begin{cases}\dfrac{1}{\pi}, & x^2+y^2\leqslant 1,\\ 0, & \text{其他}.\end{cases}$$

由例 3.2.2 知，X 与 Y 的密度函数分别为

$$p_X(x)=\begin{cases}0, & |x|\geqslant 1,\\ \dfrac{2}{\pi}\sqrt{1-x^2}, & |x|<1,\end{cases}\qquad p_Y(y)=\begin{cases}0, & |y|\geqslant 1,\\ \dfrac{2}{\pi}\sqrt{1-y^2}, & |y|<1.\end{cases}$$

显然，$p(x,y)\neq p_X(x)p_Y(y)$，故由式(3.4.3)知 X 与 Y 不独立.

例 3.4.2　设 $(X,Y)\sim N(\mu_1,\mu_2,\sigma_1^2,\sigma_2^2,\rho)$，则 X 与 Y 独立的充要条件是 $\rho=0$.

证明　(X,Y) 的联合密度函数 $p(x,y)$ 由式(3.1.8)给出. 由例 3.2.3 知，X，Y 的边缘密度函数分别为

$$p_X(x)=\frac{1}{\sqrt{2\pi}\sigma_1}\mathrm{e}^{-\frac{(x-\mu_1)^2}{2\sigma_1^2}},\quad -\infty<x<+\infty,$$

$$p_Y(y)=\frac{1}{\sqrt{2\pi}\sigma_2}\mathrm{e}^{-\frac{(y-\mu_2)^2}{2\sigma_2^2}},\quad -\infty<y<+\infty.$$

充分性. 若 $\rho=0$，则

$$\begin{aligned}p(x,y)&=\frac{1}{2\pi\sigma_1\sigma_2}\mathrm{e}^{-\frac{1}{2}\left[\frac{(x-\mu_1)^2}{\sigma_1^2}+\frac{(y-\mu_2)^2}{\sigma_2^2}\right]}\\ &=\frac{1}{\sqrt{2\pi}\sigma_1}\mathrm{e}^{-\frac{(x-\mu_1)^2}{2\sigma_1^2}}\ \frac{1}{\sqrt{2\pi}\sigma_2}\mathrm{e}^{-\frac{(y-\mu_2)^2}{2\sigma_2^2}}=p_X(x)p_Y(y),\end{aligned}$$

故 X 与 Y 独立.

必要性. 由例 3.3.2，给定 $Y=y$ 的条件下 X 服从正态分布 $N\left(\mu_1+\rho\dfrac{\sigma_1}{\sigma_2}(y-\mu_2),\sigma_1^2(1-p^2)\right)$. 若 X 与 Y 独立，则给定 $Y=y$ 的条件下 X 的分布是 $N(\mu_1,\sigma_1^2)$，所以 $\sigma_1^2(1-p^2)=\sigma_1^2$，从而必有 $\rho=0$．　证毕

定理 3.4.1　设随机变量 X，Y 相互独立，$g(x)$，$h(y)$ 为两个连续实函数，则 $g(X)$ 和 $h(Y)$ 也相互独立，只要 $g(X)$ 和 $h(Y)$ 有意义.

定理 3.4.1 的证明超出了本书所学范围，有兴趣的读者可以参阅盛骤等(2008).

例如，若随机变量 X，Y 相互独立，则 $2X+1$ 与 e^{Y^2-5} 独立，$\sin X+3$ 与 $2\ln Y+Y^3$ 独立.

上面几节的讨论都是针对二维随机向量，不过我们也可以把它们推广到任意 n 维随机向量. 下面给出 n 维随机向量的相关结论.

设 $(X_1,X_2,\cdots,X_n)$ 为 n 维随机向量，对任意 n 个实数 $x_1,x_2,\cdots,x_n$，定义

$$F(x_1,x_2,\cdots,x_n)=P(X_1\leqslant x_1,X_2\leqslant x_2,\cdots,X_n\leqslant x_n),\tag{3.4.4}$$

称 n 元函数 $F(x_1,x_2,\cdots,x_n)$ 为 n 维随机向量 $(X_1,X_2,\cdots,X_n)$ 的**分布函数**，也称为随机变量 $X_1,X_2,\cdots,X_n$ 的**联合分布函数.** 对任意的 $1\leqslant r\leqslant n$ 和 $1\leqslant i_1<i_2<\cdots<i_r\leqslant n$，称 r 维子随机向量 $(X_{i_1},X_{i_2},\cdots,X_{i_r})$ 的分布函数 $F_{X_{i_1},X_{i_2},\cdots,X_{i_r}}(x_{i_1},x_{i_2},\cdots,x_{i_r})$ 为 $(X_1,X_2,\cdots,X_n)$ 关于 $(X_{i_1},X_{i_2},\cdots,X_{i_r})$ 的**边缘分布函数**. 特别地，$F_{X_1}(x_1),F_{X_2}(x_2),\cdots,F_{X_n}(x_n)$ 是它的 n 个一元边缘分布函数.

显然，

$$F_{X_{i_1},X_{i_2},\cdots,X_{i_r}}(x_{i_1},x_{i_2},\cdots,x_{i_r})=\lim_{\substack{x_j\to+\infty\\ j\neq i_1,\cdots,i_r}}F(x_1,x_2,\cdots,x_n).\tag{3.4.5}$$

若对任意的 n 个实数 $(x_1,x_2,\cdots,x_n)$，都有

$$P(X_1\leqslant x_1,X_2\leqslant x_2,\cdots,X_n\leqslant x_n)=P(X_1\leqslant x_1)P(X_2\leqslant x_2)\cdots P(X_n\leqslant x_n),\tag{3.4.6}$$

则称随机变量 $X_1,X_2,\cdots,X_n$ 是**相互独立**的. 式(3.4.6)等价于

$$F(x_1,x_2,\cdots,x_n)=F_{X_1}(x_1)F_{X_2}(x_2)\cdots F_{X_n}(x_n).\tag{3.4.7}$$

设 $(X_1,X_2,\cdots,X_n)$ 是 n 维随机向量，$F(x_1,x_2,\cdots,x_n)$ 是它的分布函数. 如果存在 n 元非负可积函数 $p(x_1,x_2,\cdots,x_n)$，使得对任意的实数 $(x_1,x_2,\cdots,x_n)$，都有

$$F(x_1,x_2,\cdots,x_n)=\int_{-\infty}^{x_1}\cdots\int_{-\infty}^{x_n}p(u_1,\cdots,u_n)\mathrm{d}u_1\cdots\mathrm{d}u_n,$$

则称 $(X_1,X_2,\cdots,X_n)$ 是 n **维连续型随机向量**，$p(x_1,x_2,\cdots,x_n)$ 称为 $(X_1,X_2,\cdots,X_n)$ 的**密度函数**(或 $X_1,X_2,\cdots,X_n$ 的**联合密度函数**).

若 $(X_1,X_2,\cdots,X_n)$ 是 n 维连续型随机向量，$p(x_1,x_2,\cdots,x_n)$ 为它的密度函数，$p_{X_i}(x_i)$ 为 X_i 的密度函数 $(i=1,2,\cdots,n)$，那么 $X_1,X_2,\cdots,X_n$ 相互独立的充要条件是

$$p_{X_1,X_2,\cdots,X_n}(x_1,x_2,\cdots,x_n)=p_{X_1}(x_1)p_{X_2}(x_2)\cdots p_{X_n}(x_n). \tag{3.4.8}$$

定理 3.4.1 也可推广到多个相互独立的随机变量的情形，甚至随机向量的情形.

3.5　随机向量函数的分布

在第 2 章中，我们讨论了单个随机变量函数的分布问题. 本节讨论多个随机变量的函数的分布问题，主要讨论二维随机向量函数的分布. 具体讲，已知二维随机向量 (X,Y) 的分布，如何求 (X,Y) 的函数 $g(X,Y)$ 的分布？

3.5.1　离散型随机向量函数的分布

我们举例说明二维离散型随机变量的函数的分布列的计算方法.

例 3.5.1　已知随机向量 (X,Y) 的联合分布列为

X \ Y	1	2
1	$\frac{1}{5}$	$\frac{1}{5}$
2	0	$\frac{1}{5}$
3	$\frac{1}{5}$	$\frac{1}{5}$

试求：

(1) $Z_1=X+Y$， $Z_2=\max\{X,Y\}$ 的分布列；

(2) 在 $Z_2>1$ 的条件下 Z_1 的分布列.

解　(1) Z_1 的所有可能取值为 $2,3,4,5$，而

$$P(Z_1=2)=P(X+Y=2)=P(X=1,Y=1)=\frac{1}{5},$$

$$P(Z_1=3)=P(X=1,Y=2)+P(X=2,Y=1)=\frac{1}{5},$$

$$P(Z_1=4)=P(X=2,Y=2)+P(X=3,Y=1)=\frac{2}{5},$$

$$P(Z_1=5)=P(X=3,Y=2)=\frac{1}{5}.$$

因此 Z_1 的分布列为

Z_1	2	3	4	5
p	$\frac{1}{5}$	$\frac{1}{5}$	$\frac{2}{5}$	$\frac{1}{5}$

Z_2 的所有可能取值为 $1,2,3$，而

$$P(Z_2=1)=P(X=1,Y=1)=\frac{1}{5},$$

$$P(Z_2=2)=P(X=2,Y=1)+P(X=2,Y=2)+P(X=1,Y=2)=\frac{2}{5},$$

$$P(Z_2=3)=P(X=3,Y=1)+P(X=3,Y=2)=\frac{2}{5}.$$

因此 Z_2 的分布列为

Z_2	1	2	3
p	$\frac{1}{5}$	$\frac{2}{5}$	$\frac{2}{5}$

(2) Z_1 的所有可能取值为 $2,3,4,5$ ，而

$$P(Z_1=2|Z_2>1)=\frac{P(Z_1=2,Z_2>1)}{P(Z_2>1)}=\frac{P(X+Y=2,\max(X,Y)>1)}{4/5}=0,$$

$$\begin{aligned}P(Z_1=3|Z_2>1)&=\frac{P(Z_1=3,Z_2>1)}{P(Z_2>1)}=\frac{P(X+Y=3,\max(X,Y)>1)}{4/5}\\&=\frac{P(X=2,Y=1)+P(X=1,Y=2)}{4/5}=\frac{1}{4}.\end{aligned}$$

$Z_1=4$ 和 $Z_1=5$ 的情况同理可求. 因此可得在 $Z_2>1$ 的条件下 Z_1 的分布列为

Z_1	3	4	5
$P(Z_1\|Z_2>1)$	$\frac{1}{4}$	$\frac{1}{2}$	$\frac{1}{4}$

例 3.5.2　设 X ，Y 是相互独立的随机变量，$X\sim B(n_1,p)$ ，$Y\sim B(n_2,p)$ ，证明 $Z=X+Y\sim B(n_1+n_2,p)$.

证明　对任意 $k=0,1,2,\cdots,n_1+n_2$ ，利用全概率公式有

$$\begin{aligned}P(Z=k)&=P(X+Y=k)\\&=\sum_{i=0}^{k}P(X=i)P(Y=k-i\mid X=i)\\&=\sum_{i=0}^{k}P(X=i)P(Y=k-i)\quad(\text{因为}X,Y\text{相互独立})\\&=\sum_{i=0}^{k}\mathrm{C}_{n_1}^{i}p^{i}q^{n_1-i}\mathrm{C}_{n_2}^{k-i}p^{k-i}q^{n_2-(k-i)}\quad\left(\text{因为}\sum_{i=0}^{k}\mathrm{C}_{n_1}^{i}\mathrm{C}_{n_2}^{k-i}=\mathrm{C}_{n_1+n_2}^{k}\right)\\&=\mathrm{C}_{n_1+n_2}^{k}p^{k}q^{n_1+n_2-k},\end{aligned}$$

所以 $Z=X+Y\sim B(n_1+n_2,p)$.　　证毕

此结论可以推广到 n 个相互独立的二项分布随机变量的情形.

3.5.2　连续型随机向量函数的分布

设二维连续型随机向量 (X,Y) 的密度函数为 $p(x,y)$，$g(x,y)$ 为一给定的二元连续实函数，

$Z=g(X,Y)$ 有意义. 可以证明，在一定条件下，$Z=g(X,Y)$ 也是一个连续型随机变量. 我们的问题是要求 Z 的密度函数. 解这类问题的基本方法是先求 Z 的分布函数，然后再通过求导得到相应的密度函数.

根据定义，$Z=g(X,Y)$ 的分布函数为

$$F(z)=P(g(X,Y)\leqslant z)=\iint\limits_{g(x,y)\leqslant z} p(x,y)\mathrm{d}x\mathrm{d}y.$$

再通过对 z 求导即可得 $Z=g(X,Y)$ 的密度函数.

下面介绍几种常见随机向量函数的分布.

1. *和的分布*

设 (X,Y) 的密度函数为 $p(x,y)$，则 $Z=X+Y$ 的密度函数为

$$p_Z(z)=\int_{-\infty}^{+\infty} p(x,z-x)\mathrm{d}x=\int_{-\infty}^{+\infty} p(z-y,y)\mathrm{d}y . \tag{3.5.1}$$

证明　如图 3-8 所示，$Z=X+Y$ 的分布函数为

$$\begin{aligned}F_Z(z)&=P(X+Y\leqslant z)=\iint\limits_{x+y\leqslant z} p(x,y)\mathrm{d}x\mathrm{d}y\\&=\int_{-\infty}^{+\infty}\left[\int_{-\infty}^{z-x} p(x,y)\mathrm{d}y\right]\mathrm{d}x \quad (\text{令} x+y=t)\\&=\int_{-\infty}^{+\infty}\left[\int_{-\infty}^{z} p(x,t-x)\mathrm{d}t\right]\mathrm{d}x\\&=\int_{-\infty}^{z}\left[\int_{-\infty}^{+\infty} p(x,t-x)\mathrm{d}x\right]\mathrm{d}t ,\end{aligned}$$

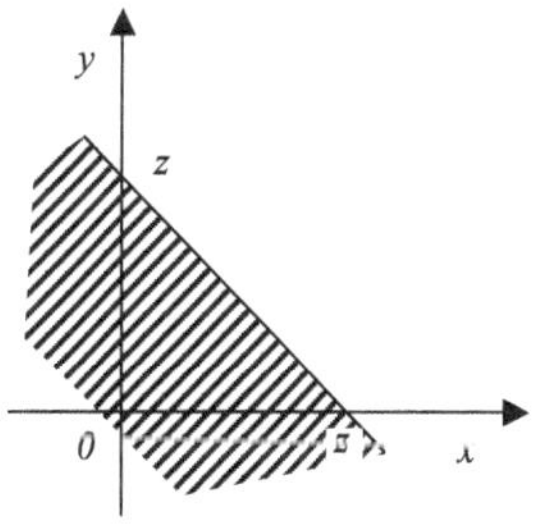

图 3-8

再由密度函数的定义得

$$p_Z(z)=\int_{-\infty}^{+\infty} p(x,z-x)\mathrm{d}x .$$

同理可得到

$$p_Z(z)=\int_{-\infty}^{+\infty} p(z-y,y)\mathrm{d}y .$$

证毕

若 X 和 Y 相互独立，$p_X(x)$ 和 $p_Y(y)$ 分别为它们的密度函数，则式(3.5.1)可表示为

$$p_Z(z)=\int_{-\infty}^{+\infty} p_X(x)p_Y(z-x)\mathrm{d}x=\int_{-\infty}^{+\infty} p_X(z-y)p_Y(y)\mathrm{d}y . \tag{3.5.2}$$

式(3.5.2)称为 $p_X(x)$ 和 $p_Y(y)$ 的**卷积公式**.

例 3.5.3　若 X 和 Y 相互独立，都服从[0,1]上的均匀分布，求 $Z=X+Y$ 的密度函数.

解　由式(3.5.2)得

$$p_Z(z)=\int_{-\infty}^{+\infty}p_X(x)p_Y(z-x)\mathrm{d}x,$$

其中

$$p_X(x)=\begin{cases}1, & x\in[0,1],\\ 0, & 其他.\end{cases}$$

$$p_Y(y)=\begin{cases}1, & y\in[0,1],\\ 0, & 其他.\end{cases}$$

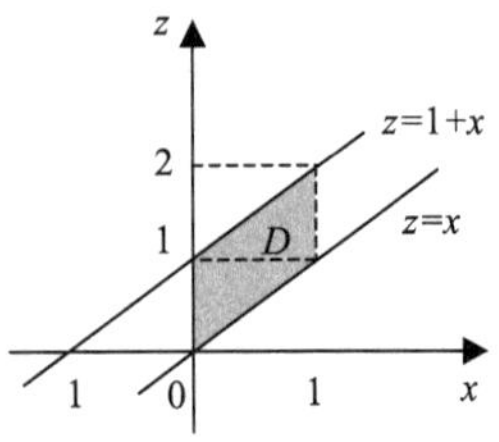

图 3-9

所以当$0\leqslant x\leqslant 1$且$0\leqslant z-x\leqslant 1$时，被积函数为1，否则被积函数为0．满足这两个不等式的区域如图 3-9 的阴影部分D，即当$(x,z)\in D$时，被积函数为1，否则为0．故

$$p_Z(z)=\int_{-\infty}^{+\infty}p_X(x)p_Y(z-x)\mathrm{d}x=\begin{cases}\int_0^z 1\mathrm{d}x=z, & 0<z\leqslant 1,\\ \int_{z-1}^1 1\mathrm{d}x=2-z, & 1<z\leqslant 2,\\ 0, & 其他,\end{cases}$$

即

$$p_{X+Y}(z)=\begin{cases}z, & 0<z\leqslant 1,\\ 2-z, & 1<z\leqslant 2,\\ 0, & 其他.\end{cases}$$

例 3.5.4 设X与Y相互独立且均服从标准正态分布，求$Z=X+Y$的密度函数.

解 X与Y的密度均为

$$p(x)=\frac{1}{\sqrt{2\pi}}\mathrm{e}^{-\frac{x^2}{2}},\quad -\infty<x<+\infty.$$

由式(3.5.2)，Z的密度函数为

$$\begin{aligned}p_Z(z)&=\int_{-\infty}^{+\infty}p_X(x)p_Y(z-x)\mathrm{d}x=\int_{-\infty}^{+\infty}\frac{1}{\sqrt{2\pi}}\mathrm{e}^{-\frac{x^2}{2}}\frac{1}{\sqrt{2\pi}}\mathrm{e}^{-\frac{(z-x)^2}{2}}\mathrm{d}x\\ &=\frac{1}{2\pi}\mathrm{e}^{-\frac{z^2}{4}}\int_{-\infty}^{+\infty}\mathrm{e}^{-\left(x-\frac{z}{2}\right)^2}\mathrm{d}x=\frac{1}{2\sqrt{\pi}}\mathrm{e}^{-\frac{z^2}{4}}\int_{-\infty}^{+\infty}\frac{1}{\sqrt{\pi}}\mathrm{e}^{-\left(x-\frac{z}{2}\right)^2}\mathrm{d}x\\ &=\frac{1}{2\sqrt{\pi}}\mathrm{e}^{-\frac{z^2}{4}},\quad -\infty<z<+\infty.\end{aligned}$$

最后一个等式是由于 $\frac{1}{\sqrt{\pi}}e^{-\left(x-\frac{z}{2}\right)^2}$ 是正态分布 $N\left(\frac{z}{2},\frac{1}{2}\right)$ 的密度函数，故在 **R** 上积分等于1. 因此，$Z \sim N(0,2)$.

一般地，设 $X \sim N(\mu_1,\sigma_1^2), Y \sim N(\mu_2,\sigma_2^2)$，且 X 与 Y 独立，则它们的和 $Z = X+Y \sim N(\mu_1+\mu_2,\sigma_1^2+\sigma_2^2)$. 这一性质称为正态分布 $N(\mu,\sigma^2)$ 关于两个参数 μ,σ^2 均具有**可加性**. 而例 3.5.2 表明，参数 p 相同的二项分布 $B(n,p)$ 关于第一个参数 n 具有可加性. 另外，泊松分布 $P(\lambda)$ 关于参数 λ 具有可加性；参数 λ 相同的 Γ 分布 $\Gamma(\alpha,\lambda)$ 关于第一个参数 α 具有可加性. 证明留给读者.

2. 商的分布

设 (X,Y) 的密度函数为 $p(x,y)$，则 $Z=\frac{X}{Y}$ 的密度函数为

$$p_Z(z)=\int_{-\infty}^{+\infty} p(zy,y)|y|\mathrm{d}y. \tag{3.5.3}$$

证明　如图 3-10 所示，$Z=\frac{X}{Y}$ 的分布函数为

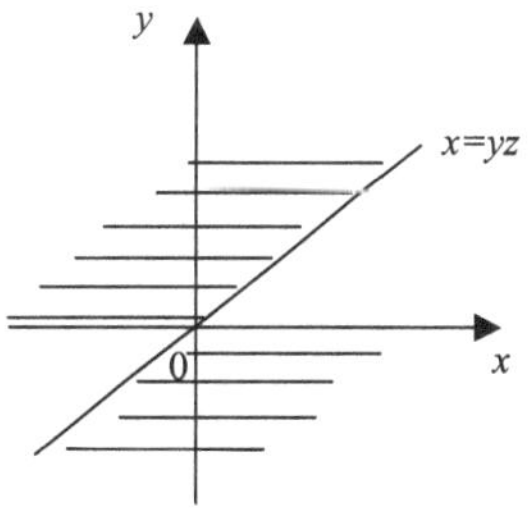

图 3-10

$$\begin{aligned}
F_Z(z) &= P\left(\frac{X}{Y}\leqslant z\right)=\iint_{\frac{x}{y}\leqslant z} p(x,y)\mathrm{d}x\mathrm{d}y \\
&= \iint_{y>0,x\leqslant yz} p(x,y)\mathrm{d}x\mathrm{d}y+\iint_{y<0,x\geqslant yz} p(x,y)\mathrm{d}x\mathrm{d}y \\
&= \int_0^{+\infty}\left[\int_{-\infty}^{yz} p(x,y)\mathrm{d}x\right]\mathrm{d}y+\int_{-\infty}^{0}\left[\int_{yz}^{+\infty} p(x,y)\mathrm{d}x\right]\mathrm{d}y \quad \left(\text{令} t=\frac{x}{y}\right) \\
&= \int_0^{+\infty}\left[\int_{-\infty}^{z} p(ty,y)y\mathrm{d}t\right]\mathrm{d}y+\int_{-\infty}^{0}\left[\int_{z}^{-\infty} p(ty,y)y\mathrm{d}t\right]\mathrm{d}y \\
&= \int_{-\infty}^{z}\left[\int_0^{+\infty} p(ty,y)|y|\mathrm{d}y\right]\mathrm{d}t+\int_{-\infty}^{z}\left[\int_{-\infty}^{0} p(ty,y)|y|\mathrm{d}y\right]\mathrm{d}t \\
&= \int_{-\infty}^{z}\left[\int_{-\infty}^{+\infty} p(ty,y)|y|\mathrm{d}y\right]\mathrm{d}t.
\end{aligned}$$

再由密度函数的定义得

$$p_Z(z)=\int_{-\infty}^{+\infty} p(zy,y)|y|\mathrm{d}y.$$

证毕

特别地，若 X, Y 相互独立，$p_X(x)$，$p_Y(y)$ 分别为它们的密度函数，则式(3.5.3)可表示为

$$p_Z(z)=\int_{-\infty}^{+\infty} p_X(zy)p_Y(y)|y|\mathrm{d}y. \tag{3.5.4}$$

例 3.5.5　设 X 与 Y 相互独立，且均服从参数为1的指数分布，求 $Z=\dfrac{X}{Y}$ 的密度函数.

解　X 与 Y 的密度函数均为

$$p(x)=\begin{cases}\mathrm{e}^{-x}, & x>0,\\ 0, & x\leqslant 0.\end{cases}$$

由式(3.5.4)，Z 的密度函数为

$$p_Z(z)=\int_{-\infty}^{+\infty}p(zy)p(y)|y|\,\mathrm{d}y.$$

要使上述积分的被积函数不为零，必须 $zy>0$ 且 $y>0$，因此，当 $z\leqslant 0$ 时，$p_Z(z)=0$；当 $z>0$ 时，

$$\begin{aligned}p_Z(z)&=\int_0^{+\infty}\mathrm{e}^{-zy}\mathrm{e}^{-y}y\mathrm{d}y=\int_0^{+\infty}\mathrm{e}^{-(z+1)y}y\mathrm{d}y\\&=\frac{1}{(z+1)^2}\int_0^{+\infty}(z+1)y\mathrm{e}^{-(z+1)y}\mathrm{d}(z+1)y=\frac{1}{(z+1)^2},\end{aligned}$$

其中最后一个等号用到 Γ 函数或通过分部积分法计算. 因此 Z 的密度函数为

$$p_z(z)=\begin{cases}\dfrac{1}{(z+1)^2}, & z>0,\\ 0, & z\leqslant 0.\end{cases}$$

完全类似的方法可导出如下差和积的分布.

3. 差的分布

设 (X,Y) 的密度函数为 $p(x,y)$，则 $Z=X-Y$ 的密度函数为

$$p_{X-Y}(z)=\int_{-\infty}^{+\infty}p\ (x,x-z)\mathrm{d}x=\int_{-\infty}^{+\infty}p\ (y+z,y)\mathrm{d}y. \tag{3.5.5}$$

若 X，Y 相互独立，式(3.5.5)可表示为

$$p_{X-Y}(z)=\int_{-\infty}^{+\infty}p_X(x)p_Y(x-z)\mathrm{d}x=\int_{-\infty}^{+\infty}p_X(y+z)p_Y(y)\mathrm{d}y. \tag{3.5.6}$$

4. 积的分布

设 (X,Y) 的密度函数为 $p(x,y)$，则 $Z=XY$ 的密度函数为

$$p_{XY}(z)=\int_{-\infty}^{+\infty}p\left(\frac{z}{y},y\right)\left|\frac{1}{y}\right|\mathrm{d}y=\int_{-\infty}^{+\infty}p\left(x,\frac{z}{x}\right)\left|\frac{1}{x}\right|\mathrm{d}x. \tag{3.5.7}$$

若 X，Y 相互独立，式(3.5.7)可表示为

$$p_{X\cdot Y}(z)=\int_{-\infty}^{+\infty}p_X\left(\frac{z}{y}\right)p_Y(y)\left|\frac{1}{y}\right|\mathrm{d}y=\int_{-\infty}^{+\infty}p_X(x)p_Y\left(\frac{z}{x}\right)\left|\frac{1}{x}\right|\mathrm{d}x. \tag{3.5.8}$$

5. $M=\max(X,Y)$，$N=\min(X,Y)$ 的分布

设 X 与 Y 是两个相互独立的随机变量，它们的分布函数分别为 $F_X(x)$ 和 $F_Y(y)$，密度函数分别为 $p_X(x)$ 和 $p_Y(y)$. 求 $M=\max(X,Y)$ 和 $N=\min(X,Y)$ 的分布.

由于 M 不大于某个实数 z 等价于 X 与 Y 都不大于 z，故对任意实数 z，有

$$F_M(z)=P(M\leqslant z)=P(X\leqslant z,Y\leqslant z)=P(X\leqslant z)P(Y\leqslant z),$$

即 M 的分布函数为

$$F_M(z)=F_X(z)F_Y(z). \tag{3.5.9}$$

类似地有

$$\begin{aligned}F_N(z)&=P(N\leqslant z)=1-P(N>z)=1-P(X>z,Y>z)\\&=1-P(X>z)P(Y>z)=1-(1-P(X\leqslant z))(1-P(Y\leqslant z)).\end{aligned}$$

故 N 的分布函数为

$$F_N(z)=1-(1-F_X(z))(1-F_Y(z)). \tag{3.5.10}$$

M 和 N 的密度函数可通过对分布函数求导得到.

上述结论可推广到任意 n 个相互独立的随机变量的场合. 特别地，设 $X_1,X_2,\cdots,X_n$ 独立同分布，其共同的分布函数和密度函数分别为 $F(x)$ 和 $p(x)$. 记 $M=\max\{X_1,X_2,\cdots,X_n\}$，$N=\min\{X_1,X_2,\cdots,X_n\}$，则 M 的分布函数和密度函数分别为

$$F_M(x)=[F(x)]^n, \tag{3.5.11}$$

$$p_M(x)=np(x)[F(x)]^{n-1}. \tag{3.5.12}$$

N 的分布函数和密度函数分别为

$$F_N(x)=1-[1-F(x)]^n, \tag{3.5.13}$$

$$p_N(x)=np(x)[1-F(x)]^{n-1}. \tag{3.5.14}$$

例 3.5.6　设系统 L 由两个相互独立的子系统 L_1 和 L_2 联结而成，联结的方式分别为 (a) 串联；(b) 并联；(c) 备用（当系统 L_1 损坏时，系统 L_2 开始工作），如图 3-11 所示. 设 L_1，L_2 的寿命分别为 X，Y，它们均服从参数为 λ 的指数分布，试分别就以上三种联结方式写出系统 L 的寿命 Z 的密度函数.

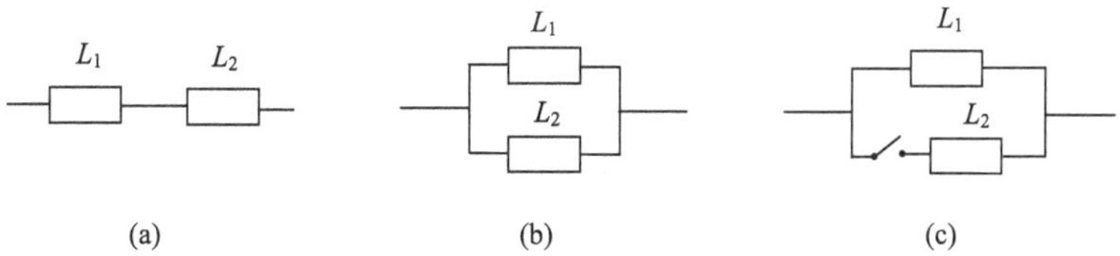

图 3-11

解 由题意知 X 及 Y 的分布函数和密度函数分别为

$$F(x)=\begin{cases}1-\mathrm{e}^{-\lambda x}, & x>0,\\ 0, & x\leqslant 0.\end{cases}\qquad p(x)=\begin{cases}\lambda\mathrm{e}^{-\lambda x}, & x>0,\\ 0, & x\leqslant 0.\end{cases}$$

(1) 串联的情况. 由于当 L_1，L_2 中有一个损坏时，系统 L 就停止工作，所以这时 L 的寿命为 $Z=\min\{X,Y\}$. 由式(3.5.14)得 $Z=\min\{X,Y\}$ 的密度函数为

$$p_{\min\{X,Y\}}(z)=2p(z)[1-F(z)]=\begin{cases}2\lambda\mathrm{e}^{-2\lambda z}, & z>0,\\ 0, & z\leqslant 0.\end{cases}$$

(2) 并联的情况. 由于当且仅当 L_1，L_2 都损坏时，系统 L 就停止工作，所以这时 L 的寿命为 $Z=\max\{X,Y\}$. 由式(3.5.12)得 $Z=\max\{X,Y\}$ 的密度函数为

$$p_{\max\{X,Y\}}(z)=2p(z)F(z)=\begin{cases}2\lambda\mathrm{e}^{-\lambda z}(1-\mathrm{e}^{-\lambda z}), & z>0,\\ 0, & z\leqslant 0.\end{cases}$$

(3) 备用的情况. 由于这时当系统 L_1 损坏时系统 L_2 才开始工作，因此整个系统 L 的寿命 Z 是 L_1 和 L_2 寿命之和，即 $Z=X+Y$. 由式(3.5.2)，当 $z>0$ 时 $Z=X+Y$ 的密度函数为

$$p_Z(z)=\int_{-\infty}^{+\infty}p(z-y)p(y)\mathrm{d}y=\int_0^z\lambda^2\mathrm{e}^{-\lambda(z-y)}\mathrm{e}^{-\lambda y}\mathrm{d}y=\lambda^2z\mathrm{e}^{-\lambda z}.$$

当 $z\leqslant 0$ 时，$p(z)=0$，于是 $Z=X+Y$ 的密度函数为

$$p(z)=\begin{cases}\lambda^2z\mathrm{e}^{-\lambda z}, & z>0,\\ 0, & z\leqslant 0.\end{cases}$$

习 题 三

A 组

1. 袋中装有 2 只白球，3 只红球，在其中随机地取两次球，每次取一只. 考虑两种试验：(1) 有放回地抽取；(2) 无放回地抽取. 我们定义随机变量 X,Y 如下：

$$X=\begin{cases}0, & \text{若第一次取出的是红球},\\ 1, & \text{若第一次取出的是白球};\end{cases}$$

$$Y=\begin{cases}0, & \text{若第二次取出的是红球},\\ 1, & \text{若第二次取出的是白球}.\end{cases}$$

试分别就(1),(2)两种情况，写出 (X,Y) 的联合分布列.

2. 假设电子显示牌上有 3 个灯泡在第一排，5 个灯泡在第二排. 令 X，Y 分别表示在某一规定时间内第一排和第二排烧坏的灯泡数. 若 (X,Y) 的联合分布列如下表所示，试计算在规定时间内下列事件的概率：

(1) 第一排烧坏的灯泡数不超过一个；

(2) 第一排与第二排烧坏的灯泡数相等；

(3) 第一排烧坏的灯泡数不超过第二排烧坏的灯泡数.

X \ Y	0	1	2	3	4	5
0	0.01	0.01	0.03	0.05	0.07	0.09
1	0.01	0.02	0.04	0.05	0.06	0.08
2	0.01	0.03	0.05	0.05	0.05	0.06
3	0.01	0.01	0.04	0.06	0.06	0.05

3. 二维随机变量 (X,Y) 的密度函数为

$$p(x,y)=\begin{cases}C\left(R-\sqrt{x^2+y^2}\right), & x^2+y^2\leqslant R^2,\\ 0, & x^2+y^2>R^2.\end{cases}$$

求：(1) 常数 C；(2) (X,Y) 落在圆 $x^2+y^2\leqslant a^2(0<a<R)$ 内的概率.

4. 设二维随机向量 (X,Y) 的联合密度函数为

$$p(x,y)=\begin{cases}\dfrac{1}{2}, & 0\leqslant x\leqslant 1, 0\leqslant y\leqslant 2,\\ 0, & 其他.\end{cases}$$

求 X 与 Y 中至少有一个小于 $\dfrac{1}{2}$ 的概率.

5. 设二维随机变量 (X,Y) 的密度函数为

$$p(x,y)=\begin{cases}k\mathrm{e}^{-(3x+4y)}, & x>0, y>0,\\ 0, & 其他.\end{cases}$$

求：(1) 常数 k；(2) $P(0<X\leqslant 1, 0<Y\leqslant 2)$；(3) (X,Y) 的分布函数.

6. 抛掷三次均匀的硬币，以 X 表示正面出现的次数，以 Y 表示正面出现的次数与反面出现的次数之差的绝对值，求 (X,Y) 的联合分布列及边缘分布列.

7. 设二维随机变量 (X,Y) 具有密度函数

$$p(x,y)=\begin{cases}c\sin(x+y), & 0\leqslant x,y\leqslant \dfrac{\pi}{4},\\ 0, & 其他.\end{cases}$$

求：(1) 常数 c；(2) (X,Y) 关于 Y 的边缘密度函数.

8. 设二维随机变量 (X,Y) 在由曲线 $y=x^2$ 与 $y=x$ 所围成的区域 D 上服从均匀分布，试写出 (1) (X,Y) 的联合密度函数；(2) (X,Y) 关于 X 和 Y 的边缘密度函数.

9. 设二维随机变量 (X,Y) 具有密度函数

(1) $p(x,y)=\begin{cases}\dfrac{2\mathrm{e}^{-y+1}}{x^3}, & x>1, y>1,\\ 0, & 其他;\end{cases}$

(2) $p(x,y)=\begin{cases}1, & 0<x<1, 0<y<2x,\\ 0, & 其他.\end{cases}$

求 X 和 Y 的边缘密度函数.

10. 将某一医药公司 9 月份和 8 月份收到的青霉素针剂的订货单数分别记为 X 和 Y. 据以往积累的资料知

X 和 Y 的联合分布列为

X \ Y	51	52	53	54	55
51	0.06	0.05	0.05	0.01	0.01
52	0.07	0.05	0.01	0.01	0.01
53	0.05	0.10	0.10	0.05	0.05
54	0.05	0.02	0.01	0.01	0.03
55	0.05	0.06	0.05	0.01	0.03

求 8 月份的订单数为 51 时，9 月份的订单数的条件分布列.

11. 已知 X 服从参数 $p=0.6$ 的 0-1 分布. 在 $X=0$ 和 $X=1$ 的条件下，Y 的条件分布列分别如下表所示:

Y	1	2	3
$P(Y\|X=0)$	1/4	1/2	1/4

Y	1	2	3
$P(Y\|X=1)$	1/2	1/6	1/3

求随机向量 (X,Y) 的联合分布列，以及在 $Y\neq1$ 的条件下 X 的分布列.

12. 设二维随机变量 (X,Y) 的密度函数为

$$p(x,y)=A\mathrm{e}^{-2x^2+2xy-y^2},\quad -\infty<x<\infty,-\infty<y<\infty.$$

求常数 A 及条件密度 $p(y\,|\,x)$.

13. 设二维随机变量 (X,Y) 具有密度函数

$$p(x,y)=\begin{cases}x^2+\dfrac{xy}{3}, & 0\leqslant x\leqslant 1,0\leqslant y\leqslant 2,\\ 0, & \text{其他}.\end{cases}$$

求：(1) 在 $Y=y$ 的条件下 X 的条件密度函数；(2) $P(X+Y>1)$ 与 $P(Y<X)$；

(3) $P\left(Y<\dfrac{1}{2}\middle|X<\dfrac{1}{2}\right)$.

14. 设 (X,Y) 在 G 上服从均匀分布，G 由 $x-y=0,x+y=2$ 与 $y=0$ 围成.

求：(1) 边缘密度 $p_X(x)$；(2) 条件密度函数 $p_{Y|X}(y\,|\,x)$.

15. 设二维离散型随机向量 (X,Y) 的联合分布列如下表所示，问其中的 a 和 b 取何值时 X 和 Y 相互独立？

Y \ X	1	2	3
1	$\frac{1}{6}$	$\frac{1}{9}$	$\frac{1}{18}$
2	$\frac{1}{3}$	a	b

16. 设二维随机向量 (X,Y) 具有下述密度函数，问 X 与 Y 是否相互独立？

(1) $p(x,y)=\begin{cases}x\mathrm{e}^{-x}\dfrac{1}{(1+y)^2}, & x>0,y>0,\\ 0, & \text{其他}.\end{cases}$

(2) $p(x,y)=\begin{cases}1, & 0<x<1,0<y<1,\\ 0, & 其他.\end{cases}$

(3) $p(x,y)=\begin{cases}4xy, & 0<x<1,0<y<1,\\ 0, & 其他.\end{cases}$

(4) $p(x,y)=8xy, 0\leqslant x\leqslant y\leqslant 1.$

(5) $p(x,y)=\begin{cases}6x, & 0<x<y<1,\\ 0, & 其他.\end{cases}$

17. 已知随机变量 X 和 Y 相互独立，其分布列分别如下表所示：

X	-2	-1	0	$1/2$
P	$1/4$	$1/3$	$1/12$	$1/3$

Y	$-1/2$	1	3
P	$1/2$	$1/4$	$1/4$

求随机向量 (X,Y) 的联合分布列，以及 $P(X+Y=1), P(X+Y\neq 0)$.

18. 已知二维随机向量 (X,Y) 的联合分布列如下所示：

X \ Y	-1	0	1
-1	$\frac{1}{8}$	$\frac{1}{12}$	$\frac{7}{24}$
1	$\frac{5}{24}$	$\frac{1}{6}$	$\frac{1}{8}$

试求 $Z_1=X+Y$,　$Z_2=\min(X,Y)$,　$Z_3=X\cdot Y$ 的分布列.

19. 测量一矩形土地的长与宽，结果如下表(假设长与宽相互独立)：

X	29	30	31
P	0.3	0.5	0.2

Y	19	20	21
P	0.3	0.4	0.3

求周长的分布列.

20. 设 A,B 为两个随机事件，且 $P(A)=\frac{1}{4}$，$P(B\mid A)=\frac{1}{3}$，$P(A\mid B)=\frac{1}{2}$，令

$$X=\begin{cases}1, & A发生,\\ 0, & A不发生,\end{cases}\qquad Y=\begin{cases}1, & B发生,\\ 0, & B不发生.\end{cases}$$

求：(1) 二维随机变量 (X,Y) 的联合分布列；

(2) $Z=X^2+Y^2$ 的分布列.

21. 设 X，Y 是相互独立的随机变量，$X\sim P(\lambda_1)$，$Y\sim P(\lambda_2)$，证明

$$Z=X+Y\sim P(\lambda_1+\lambda_2).$$

22. 求下列二维随机变量 X 和 Y 的和的密度函数.

(1) $p(x,y)=\begin{cases}x+y, & 0<x<1,0<y<1,\\ 0, & 其他.\end{cases}$

(2) $p(x,y)=\begin{cases}\lambda^2 e^{-\lambda x}, & 0<y<x,\\ 0, & 其他.\end{cases}$

(3) X，Y 相互独立同分布，均服从 $p(x)=\begin{cases}2x, & 0<x<1,\\ 0, & 其他.\end{cases}$

(4) X，Y 相互独立，且

$p_X(x)=\begin{cases}1-|x|, & |x|<1,\\ 0, & 其他;\end{cases}$，$p_Y(y)=\begin{cases}1, & 0<y<1,\\ 0, & 其他.\end{cases}$

(5) X，Y 相互独立，且分别服从 $[-a,0]$ 及 $[0,a]$ 上的均匀分布 $(a>0)$.

23. 设二维随机向量 (X,Y) 的联合密度函数为

$$p(x,y)=\begin{cases}3x, & 0<y<x,0<x<1,\\ 0, & \text{其他}.\end{cases}$$

求 $X-Y$ 的密度函数.

24. 设二维随机向量 (X,Y) 的联合密度函数为

$$p(x,y)=\begin{cases}1, & 0<x<1,0<y<2x,\\ 0, & \text{其他}.\end{cases}$$

求 $Z=2X-Y$ 的密度函数.

25. 设随机变量 X 与 Y 相互独立，都服从 $[0,1]$ 上的均匀分布，求 $X-Y$ 的密度函数.设随机变量 X 与 Y 独立，且 $X\sim N(1,2)$，而 Y 服从标准正态分布.试求随机变量 $Z=2X-Y+3$ 的密度函数.

26. 设随机变量 X，Y 相互独立，其密度函数分别为

$$p_X(x)=\begin{cases}1, & 0\leqslant x\leqslant 1,\\ 0, & \text{其他};\end{cases}\qquad p_Y(y)=\begin{cases}\mathrm{e}^{-y}, & y>0,\\ 0, & \text{其他}.\end{cases}$$

求 $Z=2X+Y$ 的密度函数.

27. 设二维随机向量 (X,Y) 的联合密度函数为

$$p(x,y)=\begin{cases}x\mathrm{e}^{-x(1+y)}, & x>0,y>0,\\ 0, & \text{其他}.\end{cases}$$

求 $X\cdot Y$ 的密度函数.

28. 设二维随机向量 (X,Y) 的密度函数为

$$p(x,y)=\begin{cases}b\mathrm{e}^{-(x+y)}, & 0<x<1,0<y<\infty,\\ 0, & \text{其他}.\end{cases}$$

(1) 试确定常数 b；

(2) 求 X 和 Y 的边缘密度函数；

(3) 求 $\dfrac{X}{Y}$ 的密度函数；

(4) 求 $M=\max(X,Y)$ 的分布函数.

29. 设某种商品一周的需求量是一个随机变量，其密度函数为

$$p(t)=\begin{cases}t\mathrm{e}^{-t}, & t>0,\\ 0, & \text{其他}.\end{cases}$$

并设各周的需求量是相互独立的. 试求:

(1) 两周需求量的密度函数；

(2) 三周需求量的密度函数.

B 组

1. 设二维随机变量 (X,Y) 的密度函数为 $p(x,y)=\dfrac{1}{2\pi ab}\cdot\mathrm{e}^{-\frac{1}{2}\left(\frac{x^2}{a^2}+\frac{y^2}{b^2}\right)}$（$a>0,b>0$）.求 (X,Y) 落在椭圆 $\dfrac{x^2}{a^2}+\dfrac{y^2}{b^2}\leqslant R^2$ 内的概率.

2. 以 X 表示随机地在 1~4 的 4 个整数中取出的一个整数，Y 表示在 $1\sim X$ 中随机地取出的一个整数值，求 (X,Y) 的联合分布列以及 X,Y 的边缘分布列.

3. 在一袋中装有 n 个球，其中有 n_1 个红球，n_2 个白球，且 $n_1+n_2\leqslant n$. 现从中任取 r 个球（$r\leqslant \min(n_1,n_2)$），设取出的红球数为 X ，取出的白球数为 Y . 求 (X,Y) 的联合分布列以及它们各自的边缘分布列.

4. 设平面区域 D 由曲线 $y=\dfrac{1}{x}$ 及直线 $y=0,x=1,x=\mathrm{e}^2$ 所围成，二维随机向量 (X,Y) 在区域 D 上服从均匀分布. 求 (X,Y) 关于 X 的边缘密度函数.

5. 袋中有一个红球，两个黑球，三个白球，现在放回的从袋中取两次，每次取一个，求以 X ， Y ， Z 分别表示两次取球所取得的红、黑与白球的个数.

(1) 求 $P(X=1|Z=0)$ ；

(2) 求二维随机向量 (X,Y) 的联合分布列.

6. 以 X 记某医院一天出生的婴儿的个数，Y 记其中男婴的个数，设 X 和 Y 的联合分布列为

$$P(X=n,Y=m)=\frac{\mathrm{e}^{-14}\cdot 7.14^m\cdot 6.86^{n-m}}{m!(n-m)!},\quad m=0,1,2,\cdots,n,\ \ n=0,1,2,\cdots.$$

(1) 求 X 和 Y 的边缘分布列；

(2) 写出当 $X=20$ 时，Y 的条件分布列.

7. 设某班车起点站上客人数 X 服从参数为 $\lambda(\lambda>0)$ 的泊松分布，每位乘客在中途下车的概率为 $p(0<p<1)$ 且中途下车与否相互独立，Y 为中途下车的人数. 求:

(1) 在发车时有 n 个乘客的条件下，中途有 m 人下车的概率；

(2) 二维随机向量 (X,Y) 的联合分布列.

8. 设 (X,Y) 是从 $S=\left\{(x,y):(x-1)^2+(y+2)^2\leqslant 9\right\}$ 中随机取出的一点坐标. 试求

(1) (X,Y) 的联合密度函数；

(2) $p(y|x)$ ；

(3) $P(Y>0|X=2)$.

9. 设二维随机向量 (X,Y) 的联合密度函数为

$$p(x,y)=\begin{cases}\mathrm{e}^{-x}, & 0<y<x<\infty,\\ 0, & \text{其他}.\end{cases}$$

(1) 求条件密度函数 $p(y|x)$ ；

(2) 求条件概率 $P(X\leqslant 1|Y\leqslant 1)$.

10. 设 X 和 Y 是相互独立的连续型随机变量，它们的密度函数分别为 $p_X(x)$ 和 $p_Y(y)$ ，分布函数分别为 $F_X(x)$ 和 $F_Y(y)$ ，则下面哪个判断正确？

(A) $p_X(x)+p_Y(y)$ 必为密度函数；

(B) $p_X(x)p_Y(y)$ 必为密度函数；

(C) $F_X(x)+F_Y(y)$ 必为分布函数；

(D) $F_X(x)F_Y(y)$ 必为分布函数.

11. 设二维随机向量 (X,Y) 的联合分布列为

X \ Y	0	1
0	0.4	a
1	b	0.1

若随机事件 $\{X=0\}$ 与 $\{X+Y=1\}$ 相互独立，则 a,b 分别取何值？

12. 设随机变量 X 与 Y 相互独立，且 $P(X=1)=P(Y=1)=p$ ， $P(X=0)=P(Y=0)=1-p$ ， $p>0$. 定义

$$Z=\begin{cases}1, & X+Y\text{为偶数},\\0, & X+Y\text{为奇数}.\end{cases}$$

问 p 取何值时，Z 与 Y 相互独立？

13. 设 X,Y 是两个相互独立且服从同一分布的两个随机变量，已知 X 的分布列为 $P(X=k)=\dfrac{1}{3}(k=1,2,3)$. 又设 $Z_1=\max\{X,Y\}$，$Z_2=\min\{X,Y\}$. 试写出二维随机变量 (Z_1,Z_2) 的联合分布列.

14. 一个商店每星期四进货，以备星期五、六、日 3 天销售，根据多周统计，这 3 天销售件数 X_1,X_2,X_3 相互独立，且有如下分布:

X_1	10	11	12
P	0.2	0.7	0.1

X_2	13	14	15
P	0.3	0.6	0.1

X_3	17	18	19
P	0.1	0.8	0.1

求 3 天的销售总量 $Y=\sum\limits_{i=1}^{3}X_i$ 这个随机变量的概率分布. 并计算，如果进货 45 件，不够卖的概率是多少？如果进货 40 件够卖的概率是多少？

15. 已知 X，Y 的分布列如下：

X	0	1
P	1/3	2/3

Y	-1	0	1
P	1/3	1/3	1/3

且 $P(X^2=Y^2)=1$. 求：(1) (X,Y) 的联合分布列；(2) $Z=XY$ 的分布列.

16. 已知随机变量 X,Y 以及 XY 的分布列如下表所示：

X	0	1	2
P	$\frac{1}{2}$	$\frac{1}{3}$	$\frac{1}{6}$

Y	0	1	2
P	$\frac{1}{3}$	$\frac{1}{3}$	$\frac{1}{3}$

XY	0	1	2	4
P	$\frac{7}{12}$	$\frac{1}{3}$	0	$\frac{1}{12}$

求：(1) (X,Y) 的联合分布列；(2) $P(X=2Y)$.

17. 设二维随机向量 (X,Y) 的联合密度函数为

$$p(x,y)=\begin{cases}2-x-y, & 0<x<1,0<y<1,\\0, & \text{其他}.\end{cases}$$

求：(1) $P(X>2Y)$；(2) $Z=X+Y$ 的密度函数.

18. 设随机变量 X 与 Y 相互独立，X 服从正态分布 $N(\mu,\sigma^2)$，Y 服从 $[-\pi,\pi]$ 上的均匀分布. 试求 $Z=X+Y$ 的密度函数.

19. 设 X,Y 相互独立同分布，其密度函数为 $p(x)=\dfrac{1}{2a}\mathrm{e}^{-\frac{|x|}{a}}\ (a>0,x\in\mathbf{R})$. 求 $X-Y$ 的密度函数.

20. 设随机变量 X 与 Y 相互独立，都服从 $[0,1]$ 上的均匀分布. 求 $X\cdot Y$ 的密度函数.

21. 设随机变量 X 与 Y 相互独立，都服从 $[0,2]$ 上的均匀分布. 求 $\max(X,Y)$ 的密度函数.

22. 一信息同时通过三条信道独立地自 A 传到 B. 假定这三条信道传输时间的密度函数分别是 $p_1(t), p_2(t), p_3(t)\ (0 \leqslant t < \infty)$. 求信息最先到达 B 的传输时间的概率密度函数.

23. 设二维随机向量 (X,Y) 的联合密度函数

$$p(x,y)=\begin{cases}1, & 0<x<1, 0<y<2x,\\ 0, & \text{其他}.\end{cases}$$

求：(1) (X,Y) 的边缘概率密度 $p_X(x), p_Y(y)$；

(2) $Z=2X-Y$ 的密度函数 $p_Z(z)$；

(3) $P\left(Y \leqslant \frac{1}{2} \middle| X \leqslant \frac{1}{2}\right)$.

24. 设二维随机向量 (X,Y) 的联合密度函数为

$$p(x,y)=\begin{cases}2\mathrm{e}^{-(x+2y)}, & x>0, y>0,\\ 0, & \text{其他}.\end{cases}$$

求随机变量 $Z=X+2Y$ 的分布函数.

25. 设二维随机向量 (X,Y) 的联合密度函数为

$$p(x,y)=\begin{cases}\frac{4}{7}(1+y+xy), & 0<x<1, 0<y<1,\\ 0, & \text{其他}.\end{cases}$$

求 $(1+X)\cdot Y$ 的密度函数.

26. 设二维随机向量 (X,Y) 的联合密度函数为

$$p(x,y)=\begin{cases}120y(x-y)(1-x), & 0 \leqslant y \leqslant x, 0 \leqslant x \leqslant 1,\\ 0, & \text{其他}.\end{cases}$$

求 $Y/\sqrt{X}$ 的密度函数.

27. 设随机变量 X 与 Y 相互独立，X 的分布列为 $P(X=k)=\frac{1}{3}(k=-1,0,1)$，$Y$ 的密度函数为 $p_Y(y)=\begin{cases}1 & 0 \leqslant y \leqslant 1,\\ 0 & \text{其他},\end{cases}$ 记 $Z=X+Y$. 求：

(1) $P\left(Z \leqslant \frac{1}{2} \middle| X=0\right)$；(2) Z 的概率密度 $p_Z(z)$.

28. 设随机变量 X 与 Y 独立，其中 $X \sim \begin{pmatrix}1 & 3\\ 0.4 & 0.6\end{pmatrix}$，$Y$ 具有密度函数 $f(y)$. 求随机变量 $Z=X+Y$ 的概率密度函数.

29. 设随机变量 X 与 Y 相互独立，且 X 服从标准正态分布 $N(0,1)$，Y 的分布列为 $P(Y=0)=P(Y=1)=\frac{1}{2}$，求随机变量 $Z=XY$ 的分布函数 $F_Z(z)$.

第 4 章　随机变量的数字特征

在第 2 章和第 3 章中我们已经知道，明确了随机变量的概率分布也就意味着掌握了它的全部统计特性. 但是在实际问题中，一方面由于求出概率分布并不是一件容易做到的事；另一方面，有时往往并不需要知道随机变量的概率分布，而只要知道它的某些特征就够了. 例如，在比较两地区职工工资收入时，主要看两地的平均工资；又例如，检查一批棉花的质量时，我们关心棉花纤维的平均长度，以及纤维长度与平均长度之间偏差程度. 在概率论与数理统计中把描述随机变量某种特征的量称为随机变量的**数字特征**. 另外，在前面章节中我们已看到，有一些随机变量的分布(如正态分布、泊松分布等)只依赖于某些参数，在本章中我们将看到这些参数不是别的，而恰是这些随机变量的某个数字特征. 因此，如果已经知道了这些随机变量的概率分布的类型，则由数字特征就可以决定它们的概率分布. 所以，数字特征在概率论与数理统计中起着重要的作用. 在本章中，我们主要讨论随机变量的数字特征——数学期望、方差、协方差与相关系数等.

4.1　数 学 期 望

在人们的日常生活和工作中，常涉及“平均”的概念. 例如，某人参加抽奖，如果他中大奖10000元的概率为0.01，中小奖100元的概率为0.5，无其他奖项且大小奖不能兼得，则他中奖金额的平均值为$10000\times 0.01+100\times 0.5=150$ (元). 再如设随机变量 X 的分布列为

$$X\sim\begin{pmatrix} 8 & 9 & 10 \\ 0.7 & 0.2 & 0.1 \end{pmatrix},$$

则认为 X 的取值平均为$8\times 0.7+9\times 0.2+10\times 0.1=8.4$. 随机变量的数学期望就是这种加权平均概念的严格数学定义.

4.1.1　随机变量的数学期望

定义 4.1.1　设 X 为离散型随机变量，若其分布列

$$P(X=x_i)=p_i,\quad i=1,2,\cdots, \tag{4.1.1}$$

满足

$$\sum_{i=1}^{\infty}|x_i|\,p_i<\infty,$$

则称 X 的数学期望存在，并称$\sum\limits_{i=1}^{\infty}x_i p_i$ 为随机变量 X 的**数学期望**，记为EX，即

$$EX = \sum_{i=1}^{\infty} x_i p_i . \tag{4.1.2}$$

也称为相应分布的**数学期望**，简称为**期望**或**均值**.

例 4.1.1　设随机变量 X 服从 0-1 分布，求 X 的数学期望.

解　因为

$$X \sim \begin{pmatrix} 0 & 1 \\ q & p \end{pmatrix}, \quad p+q=1, \quad 0<p<1 .$$

所以 $EX = 1 \times p + 0 \times q = p$.

例 4.1.1 表明，服从 0-1 分布的随机变量 X，其数学期望等于其参数 p，也就是事件 $\{X-1\}$ 的概率. 即 $EX = P(X=1) = p$. 从而对任意随机事件 A，我们有 $E(I_A) = P(A)$.

例 4.1.2　设随机变量 X 服从泊松分布 $P(\lambda)$，求 X 的数学期望.

解　X 的分布列为

$$p_k = P(X=k) = \frac{\lambda^k}{k!} \mathrm{e}^{-\lambda}, \quad k = 0,1,2,\cdots ,$$

其中 $\lambda > 0$. 所以 X 的数学期望为

$$\begin{aligned} EX &= \sum_{k-0}^{\infty} k p_k = \sum_{k=0}^{\infty} k \cdot \frac{\lambda^k}{k!} \mathrm{e}^{-\lambda} \\ &= \lambda \mathrm{e}^{-\lambda} \sum_{k=1}^{\infty} \frac{\lambda^{k-1}}{(k-1)!} = \lambda \mathrm{e}^{-\lambda} \cdot \mathrm{e}^{\lambda} = \lambda. \end{aligned}$$

可见泊松分布的数学期望等于其参数 λ . 而泊松分布被参数 λ 所决定(即 λ 给定后，泊松分布唯一确定)，所以泊松分布由它的数学期望唯一确定.

对于连续型随机变量，在定义 4.1.1 中将分布列改为密度函数，将求和改为积分，可定义数学期望如下.

定义 4.1.2　设 X 为具有密度函数 $p(x)$ 的随机变量，若

$$\int_{-\infty}^{+\infty} |x| p(x) \mathrm{d}x < \infty ,$$

则称 X 的数学期望存在，并称 $\int_{-\infty}^{+\infty} x p(x) \mathrm{d}x$ 为随机变量 X 的**数学期望**，记为 EX ，即

$$EX = \int_{-\infty}^{+\infty} x p(x) \mathrm{d}x. \tag{4.1.3}$$

例 4.1.3　设随机变量 X 服从 $[a,b]$ 上的均匀分布，求 X 的数学期望.

解　X 的密度函数为

$$p(x)=\begin{cases}\dfrac{1}{b-a}, & a\leqslant x\leqslant b,\\ 0, & \text{其他}.\end{cases}$$

所以

$$EX=\int_{-\infty}^{+\infty}xp(x)\mathrm{d}x=\int_a^b\frac{x}{b-a}\mathrm{d}x=\frac{a+b}{2}.$$

例 4.1.4 设随机变量 X 的密度函数为

$$p(x)=\begin{cases}\dfrac{4}{9}\left(1-\dfrac{x^2}{12}\right), & 0\leqslant x\leqslant 3,\\ 0, & \text{其他}.\end{cases}$$

求 X 的数学期望.

解

$$\begin{aligned}EX&=\int_{-\infty}^{+\infty}xp(x)\mathrm{d}x=\int_0^3 x\frac{4}{9}\left(1-\frac{x^2}{12}\right)\mathrm{d}x\\&=\frac{4}{9}\left(\frac{x^2}{2}-\frac{x^4}{48}\right)\bigg|_0^3=\frac{5}{4}.\end{aligned}$$

例 4.1.5 设随机变量 $X\sim N(\mu,\sigma^2)$，求 X 的数学期望.

解 随机变量 X 的密度函数为

$$p(x)=\frac{1}{\sqrt{2\pi}\sigma}\mathrm{e}^{-\frac{(x-\mu)^2}{2\sigma^2}},\quad x\in(-\infty,\infty),$$

所以

$$\begin{aligned}EX&=\int_{-\infty}^{+\infty}xp(x)\mathrm{d}x=\int_{-\infty}^{\infty}x\frac{1}{\sqrt{2\pi}\sigma}\mathrm{e}^{-\frac{(x-\mu)^2}{2\sigma^2}}\mathrm{d}x\\&=\int_{-\infty}^{+\infty}\frac{1}{\sqrt{2\pi}}(\sigma z+\mu)\mathrm{e}^{-\frac{z^2}{2}}\mathrm{d}z\quad\left(\text{令}z=\frac{x-\mu}{\sigma}\right)\\&=\int_{-\infty}^{+\infty}\frac{\mu}{\sqrt{2\pi}}\mathrm{e}^{-\frac{z^2}{2}}\mathrm{d}z=\mu.\end{aligned}$$

例 4.1.5 表明正态分布的数学期望等于其第一个参数 μ.

4.1.2 随机变量函数的数学期望

在理论研究和实际应用中，我们常常需要讨论随机变量的函数 $Y=g(X)$ 的数学期望，此

时一般都不知道 Y 的分布，而只知道 X 的分布. 在这种情况下，当然可以利用第 2 章或第 3 章中的方法先求出 Y 的分布，再用数学期望的定义去讨论 Y 的数学期望. 这种用定义的方法需要经过一个先求分布的中间过程，而有时要完成这个过程并不是很容易的事. 自然，我们希望能直接用 X 的分布来计算 Y 的数学期望. 事实上，我们有如下结论(随机变量函数的期望公式).

1. $g(x)$ 是一元连续实函数

(1) 若 X 为离散型随机变量，分布列为 $p_i = P(X = x_i), i = 1,2,\cdots$, 且

$$\sum_{i=1}^{\infty} |g(x_i)| p_i < \infty,$$

则 $g(X)$ 的数学期望存在，且

$$Eg(X) = \sum_{i=1}^{\infty} g(x_i) p_i . \tag{4.1.4}$$

(2) 若 X 是连续型随机变量，密度函数为 $p(x)$，且

$$\int_{-\infty}^{\infty} |g(x)| p(x) \mathrm{d}x < \infty,$$

则 $g(X)$ 的数学期望存在，且

$$Eg(X) = \int_{-\infty}^{\infty} g(x) p(x) \mathrm{d}x . \tag{4.1.5}$$

例 4.1.6　设随机变量 $X \sim \begin{pmatrix} 8 & 9 & 10 \\ 0.7 & 0.2 & 0.1 \end{pmatrix}$，求 $E(2X)$ 和 EX^2.

解　由公式(4.1.4)，

$$E(2X) = (2\times 8)\times 0.7 + (2\times 9)\times 0.2 + (2\times 10)\times 0.1 = 16.8,$$
$$EX^2 = 8^2 \times 0.7 + 9^2 \times 0.2 + 10^2 \times 0.1 = 71.$$

例 4.1.7　续例 4.1.4，求 $E(CX), EX^2$，其中 C 为常数.

解　由公式(4.1.5)，

$$E(CX) = \int_{-\infty}^{+\infty} (Cx) p(x) \mathrm{d}x = \int_0^3 Cx \frac{4}{9}\left(1 - \frac{x^2}{12}\right) \mathrm{d}x$$
$$= C\frac{4}{9}\left(\frac{x^2}{2} - \frac{x^4}{48}\right)\bigg|_0^3 = \frac{5}{4}C.$$

$$EX^2 = \int_{-\infty}^{+\infty} x^2 p(x)\mathrm{d}x = \int_0^3 x^2 \frac{4}{9}\left(1-\frac{x^2}{12}\right)\mathrm{d}x$$

$$= \frac{4}{9}\left(\frac{x^3}{3}-\frac{x^5}{60}\right)\bigg|_0^3 = \frac{153}{15}.$$

2. $g(x,y)$ 是二元连续实函数

若 (X,Y) 为二维离散型随机向量，联合分布列为

$$P(X=x_i, Y=y_j)=p_{ij}, \quad i,j=1,2,\cdots,$$

且

$$\sum_{i=1}^{\infty}\sum_{j=1}^{\infty}\left|g(x_i,y_j)\right|p_{ij}<\infty,$$

则 $g(X,Y)$ 的数学期望存在，且

$$Eg(X,Y)=\sum_{i=1}^{\infty}\sum_{j=1}^{\infty}g(x_i,y_j)p_{ij}. \tag{4.1.6}$$

特别地，若 $g(X,Y)=X$ 或 $g(X,Y)=Y$，有

$$EX=\sum_{i=1}^{\infty}\sum_{j=1}^{\infty}x_i p_{ij} \text{ 或 } EY=\sum_{i=1}^{\infty}\sum_{j=1}^{\infty}y_j p_{ij}. \tag{4.1.7}$$

3. 若 (X,Y) 为二维连续型随机向量，分布密度为 $p(x,y)$，且

$$\int_{-\infty}^{\infty}\int_{-\infty}^{\infty}\left|g(x,y)\right|p(x,y)\mathrm{d}x\mathrm{d}y<\infty,$$

则 $g(X,Y)$ 的数学期望存在且

$$Eg(X,Y)=\int_{-\infty}^{\infty}\int_{-\infty}^{\infty}g(x,y)p(x,y)\mathrm{d}x\mathrm{d}y. \tag{4.1.8}$$

特别地，若 $g(X,Y)=X$，或 $g(X,Y)=Y$，有

$$EX=\int_{-\infty}^{\infty}\int_{-\infty}^{\infty}xp(x,y)\mathrm{d}x\mathrm{d}y, \quad \text{或} EY=\int_{-\infty}^{\infty}\int_{-\infty}^{\infty}yp(x,y)\mathrm{d}x\mathrm{d}y. \tag{4.1.9}$$

以上计算公式可推广到 $n(\geqslant 3)$ 维随机向量的情形. 式(4.1.7)、式(4.1.9)表明，当已知 (X,Y) 的联合分布列或联合密度函数而求 EX 时，可以不必先求出 X 的边缘分布列或边缘密度函数. 求 EY 的情况类似.

例 4.1.8　(X,Y) 的分布列如表 4-1 所示，求 $E(XY)$ 和 EX.

表 4-1

Y / X	2	3	4	$p_{i\cdot}$
3	0	$\frac{12}{110}$	$\frac{8}{110}$	$\frac{2}{11}$
4	$\frac{9}{110}$	$\frac{45}{110}$	$\frac{6}{110}$	$\frac{6}{11}$
5	$\frac{15}{110}$	$\frac{15}{110}$	0	$\frac{3}{11}$
$p_{\cdot j}$	$\frac{24}{110}$	$\frac{72}{110}$	$\frac{14}{110}$	1

解　记 $x_i = i, y_j = j,\ \ i = 3,4,5,\ j = 2,3,4$，由公式(4.1.6)有

$$
\begin{aligned}
E(XY) &= \sum_{i=3}^{5}\sum_{j=2}^{4}(x_i y_j)p_{ij} \\
&= 3\times 3\times\frac{12}{110} + 3\times 4\times\frac{8}{110} \\
&\quad + 4\times 2\times\frac{9}{110} + 4\times 3\times\frac{45}{110} + 4\times 4\times\frac{6}{110} \\
&\quad + 5\times 2\times\frac{15}{110} + 5\times 3\times\frac{15}{110} \\
&= \frac{1287}{110}.
\end{aligned}
$$

下面求 EX．我们有两种解法，一种解法是直接利用公式(4.1.7)，另一种解法则是先求出 X 的边缘分布列，再利用一维随机变量期望的求法.

解法一　直接利用公式(4.1.7)，则

$$
\begin{aligned}
EX &= \sum_{i=3}^{5}\sum_{j=2}^{4}x_i p_{ij} \\
&= 3\times\frac{12}{110} + 3\times\frac{8}{110} \\
&\quad + 4\times\frac{9}{110} + 4\times\frac{45}{110} + 4\times\frac{6}{110} \\
&\quad + 5\times\frac{15}{110} + 5\times\frac{15}{110} \\
&= \frac{45}{11}.
\end{aligned}
$$

解法二　先求出 X 的边缘分布列，如表 4-1 所示，再由公式(4.1.4)有

$$
\begin{aligned}
EX &= \sum_{i=3}^{5} x_i p_{i\cdot} \\
&= 3\times\frac{2}{11}+4\times\frac{6}{11}+5\times\frac{3}{11} \\
&= \frac{45}{11}.
\end{aligned}
$$

例 4.1.9 设随机向量 (X,Y) 的密度函数为

$$
p(x,y)=\begin{cases} x+y, & 0<x<1, 0<y<1, \\ 0, & \text{其他}. \end{cases}
$$

求 EX ， EX^2 及 $E(XY)$.

解 由公式(4.1.9)，

$$
\begin{aligned}
EX &= \int_{-\infty}^{\infty}\int_{-\infty}^{\infty} xp(x,y)\mathrm{d}x\mathrm{d}y = \int_0^1\int_0^1 x(x+y)\mathrm{d}x\mathrm{d}y \\
&= \int_0^1\left(\frac{x^3}{3}+\frac{x^2}{2}y\right)\Bigg|_0^1 \mathrm{d}y = \left(\frac{y}{3}+\frac{1}{2}\frac{y^2}{2}\right)\Bigg|_0^1 = \frac{7}{12}.
\end{aligned}
$$

由公式(4.1.8)

$$
\begin{aligned}
EX^2 &= \int_{-\infty}^{\infty}\int_{-\infty}^{\infty} x^2 p(x,y)\mathrm{d}x\mathrm{d}y = \int_0^1\int_0^1 x^2(x+y)\mathrm{d}x\mathrm{d}y \\
&= \int_0^1\left(\frac{x^4}{4}+\frac{x^3}{3}y\right)\Bigg|_0^1 \mathrm{d}y = \left(\frac{y}{4}+\frac{1}{3}\frac{y^2}{2}\right)\Bigg|_0^1 = \frac{5}{12}.
\end{aligned}
$$

$$
\begin{aligned}
E(XY) &= \int_{-\infty}^{\infty}\int_{-\infty}^{\infty} xyp(x,y)\mathrm{d}x\mathrm{d}y = \int_0^1\int_0^1 xy(x+y)\mathrm{d}x\mathrm{d}y \\
&= \int_0^1\left(\frac{x^3}{3}y+\frac{x^2}{2}y^2\right)\Bigg|_0^1 \mathrm{d}y = \left(\frac{1}{3}\frac{y}{2}+\frac{1}{2}\frac{y^3}{3}\right)\Bigg|_0^1 = \frac{1}{3}.
\end{aligned}
$$

例 4.1.10 设 X,Y 相互独立，且都服从 $N(0,1)$ 分布，试求 $E\left(\sqrt{X^2+Y^2}\right)$.

解 因为 X,Y 独立，所以 X,Y 的联合密度函数为

$$
p(x,y)=\frac{1}{2\pi}\mathrm{e}^{-\frac{x^2+y^2}{2}}, \quad -\infty<x<\infty, -\infty<y<\infty.
$$

利用公式(4.1.8)可得

$$
E\left(\sqrt{X^2+Y^2}\right)=\int_{-\infty}^{+\infty}\int_{-\infty}^{+\infty}\sqrt{x^2+y^2}\,\frac{1}{2\pi}\mathrm{e}^{-\frac{x^2+y^2}{2}}\mathrm{d}x\mathrm{d}y,
$$

取极坐标变换，上式等于

$$\frac{1}{2\pi}\int_0^{2\pi}\mathrm{d}\theta\int_0^{+\infty}r^2\mathrm{e}^{-\frac{1}{2}r^2}\mathrm{d}r=\int_0^{+\infty}r^2\mathrm{e}^{-\frac{1}{2}r^2}\mathrm{d}r=\frac{\sqrt{2\pi}}{2}.$$

下面是一个应用的例子，它说明了可以利用随机变量的期望值来作出某种最优决策.

例 4.1.11(决策问题)　假设某商店每星期开始时进一定数量的某种商品. 在一周内这种商品售出件数 X 的分布列为 $P\{X=k\}=\frac{1}{10},k=1,2,\cdots,10$. 若售出一件则获得利润6元，若不能售出则每件亏损2元. 从获得最大平均利润的角度出发，商店每周进货多少件为最好？

解　假设商店每周进货 $n(\leqslant 10)$ 件，用 Y 表示利润，则

$$Y=\begin{cases}6n, & X\geqslant n,\\ 6X-2(n-X), & X<n,\end{cases}$$

即 Y 是 X 的函数，利用式(4.1.4)可得

$$\begin{aligned}EY&=\sum_{k=1}^{n-1}\left[6k-2(n-k)\right]\cdot\frac{1}{10}+\left[10-(n-1)\right]\cdot 6n\cdot\frac{1}{10}\\&=\frac{1}{10}(64n-4n^2).\end{aligned}$$

易知在 $n=8$ 时，EY 达到最大值，因此从获得最大平均利润的角度出发，商店以每周进货8件为最好.

4.1.3　数学期望的性质

数学期望具有如下性质(其中 C 为任意常数)：

(1) $EC=C$；

(2) $E(CX)=CEX$；

(3)若 EX，EY 存在，则 $E(X+Y)=EX+EY$；

(4)若 X 与 Y 独立，且 EX、EY 存在，则 $E(XY)=EXEY$；

(5)若 $X\leqslant Y$，EX，EY 存在，则 $EX\leqslant EY$.

证明　(1)显然. 下面仅对连续型情形证明其他性质. 离散型情形类似可证. 记 X，Y 和 (X,Y) 的密度函数分别为 $p_X(x)$，$p_Y(y)$ 和 $p(x,y)$.

(2)由式(4.1.5)有

$$\begin{aligned}E(CX)&=\int_{-\infty}^{+\infty}Cxp(x)\mathrm{d}x=C\int_{-\infty}^{+\infty}xp(x)\mathrm{d}x\\&=CEX.\end{aligned}$$

(3)由式(4.1.8)及式(4.1.9)有

$$\begin{aligned}E(X+Y)&=\int_{-\infty}^{+\infty}\int_{-\infty}^{+\infty}(x+y)p(x,y)\mathrm{d}x\mathrm{d}y\\&=\int_{-\infty}^{+\infty}\int_{-\infty}^{+\infty}xp(x,y)\mathrm{d}x\mathrm{d}y+\int_{-\infty}^{+\infty}\int_{-\infty}^{+\infty}yp(x,y)\mathrm{d}x\mathrm{d}y\\&=EX+EY.\end{aligned}$$

(4) 因为 X 与 Y 独立，故 $p(x,y)=p_X(x)\ p_Y(y)$．由式(4.1.8)有

$$\begin{aligned}E(XY)&=\int_{-\infty}^{+\infty}\int_{-\infty}^{+\infty}xyp(x,y)\mathrm{d}x\mathrm{d}y=\int_{-\infty}^{+\infty}\int_{-\infty}^{+\infty}xyp_X(x)p_Y(y)\mathrm{d}x\mathrm{d}y\\&=\int_{-\infty}^{+\infty}xp_X(x)\mathrm{d}x\int_{-\infty}^{+\infty}yp_Y(y)\mathrm{d}y\\&=EXEY.\end{aligned}$$

(5) 若 $X\geqslant 0$，则显然有 $EX\geqslant 0$；当 $X\leqslant Y$ 时有 $Y-X\geqslant 0$，所以 $E(Y-X)\geqslant 0$．由已证性质(2)和(3)知 $EX\leqslant EY$． 证毕

性质(3)和(4)可推广到 n 个随机变量的情形. 其中性质(3)对计算期望很有用处，基本思想是：当直接计算 X 的数学期望有困难时，可考虑将 X 分解成若干个随机变量的和：$X=X_1+X_2+\cdots+X_n$，其中每个 X_i 的期望 EX_i 要容易求出. 然后利用性质(3)即可得

$$EX=EX_1+EX_2+\cdots+EX_n. \tag{4.1.10}$$

例 4.1.12　设 N 件产品中含有 M 件次品，依次从中无放回抽取 n 件产品，试求抽出的 n 件产品中所含次品数 X 的数学期望.

解　设 X_i 表示第 i 次抽取产品取到的次品数，则抽出的 n 件产品中所含次品数为

$$X=X_1+X_2+\cdots+X_n.$$

由于对所有 i，X_i 都服从 0-1 分布，所以由例 4.1.1，$EX_i=P\{X_i=1\}$．于是，我们应先求出第 i 次抽到次品的概率. 由于不放回，所以抽产品的方式等价于将 N 件产品排成一列，取其排在前面的 n 件产品. 所求概率等于“指定的第 i 个位置恰好是次品”的概率，所以

$$EX_i=P(X_i=1)=\frac{M(N-1)!}{N!}=\frac{M}{N},\quad 1\leqslant i\leqslant n.$$

于是由公式(4.1.10)得

$$EX=EX_1+EX_2+\cdots+EX_n=\frac{nM}{N}=n\cdot\frac{M}{N}.$$

注意，这里 X 服从超几何分布，

$$P\{X=k\}=\frac{\mathrm{C}_M^k\mathrm{C}_{N-M}^{n-k}}{\mathrm{C}_M^n},\quad k=0,1,\cdots,\min\{M,n\}.$$

若直接用定义计算 X 的期望则显然要麻烦得多.

注 4.1.1　由于伯努利试验中成功的次数对应服从 0-1 分布的随机变量，n 重伯努利试验中成功的次数对应服从二项分布的随机变量，所以服从二项分布的随机变量 $X\sim B(n,p)$，可以看成 n 个相互独立的服从 0-1 分布的随机变量之和. 于是，由例 4.1.1 及公式(4.1.10)可以求得 $EX=np$（具体留给读者作为练习）.

例 4.1.13　设 $X\sim U[0,4]$，$Y\sim N(-1,3^2)$，求 $E(2X-3Y+4)$．

解　由例 4.1.3 及例 4.1.5，

$$EX = \frac{0+4}{2} = 2, \quad EY = \mu = -1.$$

所以

$$\begin{aligned} E(2X - 3Y + 4) &= E(2X) + E(-3Y) + E(4) \\ &= 2EX - 3EY + 4 \\ &= 2 \times 2 - 3 \times (-1) + 4 \\ &= 11. \end{aligned}$$

4.2 方　差

4.2.1 方差的定义和性质

一个随机变量的数学期望刻画了它取值的平均大小. 但是在实际应用中，只知道一个随机变量的数学期望往往是不够的，还需要知道随机变量取值与均值之间所谓的离散程度. 我们首先看下面的例子.

例 4.2.1 假设某商店销售甲、乙两款高档手机，它们每天的销售量 X , Y 分别服从下列分布列

$$X \sim \begin{pmatrix} 5 & 6 & 7 & 8 & 9 & 10 & 11 & 12 \\ 0.1 & 0.1 & 0.15 & 0.15 & 0.15 & 0.15 & 0.1 & 0.1 \end{pmatrix},$$

$$Y \sim \begin{pmatrix} 5 & 6 & 7 & 8 & 9 & 10 & 11 & 12 \\ 0.01 & 0.02 & 0.02 & 0.45 & 0.45 & 0.02 & 0.02 & 0.01 \end{pmatrix}.$$

易算得甲、乙两款手机的平均销售量是相等的：

$$EX = EY = 8.5.$$

但是直观上看两种手机每天的销售情况有明显的差异：甲款手机每天销售 5～12 部，每种情况差异不大；而乙款手机虽然每天也销售 5～12 部，但是各种情况的差异较大，其每天的销售量主要集中在 8 部或 9 部. 也就是说，甲款手机每天的销售量比较分散，即所谓的离散程度较大，而乙款手机每天的销售量相对较集中，即所谓的离散程度较小. 所以只看数学期望，即平均销售量，不能反映出甲、乙两款手机销售量在这方面的差异.

为了定量地表示这种离散程度，可考虑随机变量的取值与其数学期望之间的偏差 $X–EX$ 的数学期望. 但是如果简单地考虑偏差，其数学期望为 0！所以考虑用 $(X-EX)^2$ 的数学期望 $E(X-EX)^2$ 来反映 X 取值的离散程度.

定义 4.2.1 设 X 是随机变量，若 $E(X-EX)^2$ 存在，则称它为随机变量 X 的**方差**，记为 DX . 方差的算术根 $\sqrt{DX}$ 称为 X 的**标准差**(或**均方差**，**根方差**).

若随机变量 X 是离散型的，其分布列为 $P(X=x_i)=p_i, i=1,2,\cdots$，则由式(4.1.4)知

$$DX = E(X - EX)^2 = \sum_{i=1}^{\infty}(x_i - EX)^2 p_i\ ; \tag{4.2.1}$$

若随机变量 X 是连续型的，其分布密度为 $p(x)$，则由(4.1.5)式知

$$DX = E(X - EX)^2 = \int_{-\infty}^{+\infty}(x - EX)^2 p(x)\mathrm{d}x\ . \tag{4.2.2}$$

在计算 DX 时，有时用下面的公式比较方便：

$$DX = EX^2 - (EX)^2. \tag{4.2.3}$$

事实上，由数学期望的性质有

$$\begin{aligned}DX = E(X - EX)^2 &= E\left[X^2 - 2XEX + (EX)^2\right]\\ &= EX^2 - 2EXEX + (EX)^2 = EX^2 - (EX)^2.\end{aligned}$$

例 4.2.2　分别求例 4.2.1 中随机变量 X,Y 的方差 DX,DY .

解　由于已得 $EX = 8.5$，又由公式(4.1.4)，

$$\begin{aligned}EX^2 &= 5^2\times 0.1 + 6^2\times 0.1 + 7^2\times 0.15 + 8^2\times 0.15\\ &\quad + 9^2\times 0.15 + 10^2\times 0.15 + 11^2\times 0.1 + 12^2\times 0.1\\ &= 76.7,\end{aligned}$$

再利用式(4.2.3)，得 X 的方差

$$DX = EX^2 - (EX)^2 = 76.7 - 8.5^2 = 4.5\ .$$

同理可得 Y 的方差 $DY = 0.81$.

例 4.2.2 中，$DX > DY$，结合例 4.2.1，表明方差的大小确实反映了随机变量取值的离散程度.

例 4.2.3　设随机变量 X 服从 0-1 分布，试求 DX .

解　X 的分布列为$\begin{pmatrix}1 & 0\\ p & q\end{pmatrix}$，$p + q = 1, 0 < p < 1$. 利用公式(4.1.6)有

$$EX^2 = 1^2\bullet p + 0^2\bullet q = p\ .$$

又知 $EX = p$，因此由式(4.2.3)得

$$DX = EX^2 - (EX)^2 = p - p^2 = p(1 - p) = pq\ .$$

例 4.2.4　设随机变量 X 服从参数为 λ 的泊松分布，试求 DX .

解　由 4.1 节知 $EX = \lambda$，又由公式(4.1.6)，

$$EX^2=\sum_{k=0}^{\infty}k^2\mathrm{e}^{-\lambda}\left(\frac{\lambda^k}{k!}\right)=\lambda\sum_{k=1}^{\infty}k\cdot\mathrm{e}^{-\lambda}\left(\frac{\lambda^{k-1}}{(k-1)!}\right)$$
$$=\lambda\sum_{k=0}^{\infty}(k+1)\mathrm{e}^{-\lambda}\left(\frac{\lambda^k}{k!}\right)=\lambda(\lambda+1).$$

故

$$DX=\lambda(\lambda+1)-\lambda^2=\lambda.$$

由此可见，泊松分布中的参数 λ 既是数学期望又是方差.

例 4.2.5　设随机变量 X 服从 $[a,b]$ 上的均匀分布，求 DX .

解　由 4.1 节知 $EX=\dfrac{a+b}{2}$. 又由公式 (4.1.8)，

$$EX^2=\int_{-\infty}^{+\infty}x^2f(x)\mathrm{d}x=\int_a^b\frac{x^2}{b-a}\mathrm{d}x=\frac{1}{b-a}\cdot\frac{b^3-a^3}{3}=\frac{a^2+ab+b^2}{3}.$$

故

$$DX=\frac{a^2+ab+b^2}{3}-\left(\frac{a+b}{2}\right)^2=\frac{(b-a)^2}{12}.$$

例 4.2.6　设 $X\sim N(\mu,\sigma^2)$，求 DX .

解　由前面知 $EX=\mu$，再由方差定义得

$$DX=E(X-EX)^2$$
$$=\int_{-\infty}^{+\infty}(x-EX)^2\frac{1}{\sqrt{2\pi}\sigma}\mathrm{e}^{-\frac{(x-\mu)^2}{2\sigma^2}}\mathrm{d}x$$
$$=\int_{-\infty}^{+\infty}(x-\mu)^2\frac{1}{\sqrt{2\pi}\sigma}\mathrm{e}^{-\frac{(x-\mu)^2}{2\sigma^2}}\mathrm{d}x.$$

令 $t=\dfrac{x-\mu}{\sigma}$，并用分部积分法得

$$DX=\sigma^2\int_{-\infty}^{+\infty}t^2\frac{1}{\sqrt{2\pi}}\mathrm{e}^{-\frac{t^2}{2}}\mathrm{d}t=\sigma^2.$$

由此可知，正态分布中的第二个参数 σ^2 就是其方差. 这说明参数 σ^2 反映了正态随机变量取值与均值之间的离散程度. 由于正态分布的第一个参数 μ 是其数学期望，可见，正态分布由其两个数字特征：数学期望和方差所唯一确定.

下面讨论随机变量方差的性质，为简单起见，我们假设所涉及的随机变量的方差都存在.

4.2.2　方差的性质

方差具有如下重要性质(其中 C 为任意常数)：

(1) $DC=0$；

(2) $D(CX)=C^2DX$；

(3) $D(X+C)=DX$；

(4) 若 X,Y 相互独立，则 $D(X+Y)=DX+DY$；

(5) $E(X-EX)^2\leqslant E(X-C)^2$；

(6) (切比雪夫不等式) 对任意 $\varepsilon>0$，有

$$P\left(|X-EX|\geqslant\varepsilon\right)\leqslant\frac{DX}{\varepsilon^2}, \tag{4.2.4}$$

或等价地

$$P\left(|X-EX|<\varepsilon\right)\geqslant 1-\frac{DX}{\varepsilon^2}.$$

证明　(1) 显然成立.

(2) 由方差定义及数学期望的性质，

$$\begin{aligned}D(CX)&=E(CX)^2-[E(CX)]^2\\&=C^2EX^2-C^2(EX)^2\\&=C^2DX.\end{aligned}$$

(3) 由方差的定义，

$$\begin{aligned}D(X+C)&=E[(X+C)-E(X+C)]^2\\&=E[X-EX]^2\\&=DX.\end{aligned}$$

(4) 由方差的定义及期望的性质(3)，

$$\begin{aligned}D(X+Y)&=E[(X+Y)-E(X+Y)]^2\\&=E[(X-EX)+(Y-EY)]^2\\&=E(X-EX)^2+2E[(X-EX)(Y-EY)]+E(Y-EY)^2\\&=DX+DY.\end{aligned}$$

其中最后一个等号是由于 X 和 Y 独立，故 $(X-EX)$ 与 $(Y-EY)$ 也独立. 因此由期望的性质(4)知

$$E[(X-EX)(Y-EY)]=E(X-EX)E(Y-EY)=0.$$

(5) 类似于(4)的证明过程我们有

$$\begin{aligned}E(X-C)^2&=E\left[(X-EX)+(EX-C)\right]^2\\&=E\left[(X-EX)^2+2(X-EX)(EX-C)+(EX-C)^2\right]\\&=E(X-EX)^2+(EX-C)^2\geqslant E(X-EX)^2.\end{aligned}$$

(6) 记

$$Y=\begin{cases}1, & |X-EX|\geqslant \varepsilon,\\ 0, & |X-EX|<\varepsilon,\end{cases}$$

则 Y 是 0-1 随机变量，且

$$Y\leqslant\left(\frac{|X-EX|}{\varepsilon}\right)^2=\frac{(X-EX)^2}{\varepsilon^2},$$

两边求数学期望，则由数学期望的性质(5)有

$$EY\leqslant\frac{E(X-EX)^2}{\varepsilon^2}=\frac{DX}{\varepsilon^2}.$$

而由例 4.1.1 知

$$EY=P(Y=1)=P(|X-EX|\geqslant\varepsilon),$$

所以

$$P\left(|X-EX|\geqslant\varepsilon\right)\leqslant\frac{DX}{\varepsilon^2}.$$

证毕

性质(4)可推广到 n 个相互独立的随机变量的情形. 性质(5)说明随机变量 X 偏离其数学期望的程度比它偏离其他任何实数的程度都小. 性质(6)给出了关于随机变量的常见不等式之一，在理论和应用上都具有重要意义.

推论 4.2.1　设 X,Y 相互独立，a,b 是常数，则

$$D(aX\pm bY)=a^2DX+b^2DY. \tag{4.2.5}$$

证明　由性质(2)、性质(4)即可得证. 证毕

推论 4.2.2　设 $X_1,X_2,\cdots,X_n$ 相互独立，则

$$D(X_1+X_2+\cdots+X_n)=DX_1+DX_2+\cdots+DX_n. \tag{4.2.6}$$

例 4.2.7　设 $X\sim P(8)$，$Y\sim U[1,7]$，且相互独立. 求 $D(2X-3Y)$.

解　因为 $X\sim P(8)$，由例 4.2.4，$DX=8$. 因为 $Y\sim U[1,7]$，由例 4.2.5，则

$$DY=\frac{(7-1)^2}{12}=3.$$

又 X,Y 相互独立，所以由推论 4.2.1，

$$\begin{aligned}D(2X-3Y)&=2^2DX+(-3)^2DY\\&=4\times8+9\times3=59.\end{aligned}$$

例 4.2.8 设随机变量 X 服从二项分布，即 $X \sim B(n,p)$. 求 DX .

解 设伯努利试验中事件 A 出现的概率为 p ，则随机变量 X 可以看成 n 重伯努利试验中事件 A 出现的次数. 记 X_i= “ n 重伯努力试验中第 i 次试验事件 A 出现的次数”，则 $X_i \sim B(1,p)$ ，是 0-1 随机变量，$1 \leqslant i \leqslant n$ ，且相互独立. 于是，$DX_i = pq$ ，$q = 1-p$ ，$1 \leqslant i \leqslant n$.

而随机变量 X 可表示为

$$X = X_1 + X_2 + \cdots + X_n ,$$

由推论 4.2.2，

$$DX = DX_1 + DX_2 + \cdots + DX_n = npq .$$

由于二项分布由两参数 n 和 p 所决定(亦即 n, p 给定后，二项分布唯一地确定)，而由上面结论可知，当 EX 和 DX 的值给定后，n, p 便唯一地确定. 所以二项分布由它的两个数字特征：数学期望和方差所唯一确定.

注 我们将常用随机变量的数学期望、方差一起列成表 4-2. 从表 4-2 中我们看到，这些随机变量的分布规律完全由它们的参数唯一确定，而数学期望或方差又完全反映了这些参数，从而反映了随机变量分布规律的特征. 所以说，数学期望和方差是概率论中最重要的数字特征. 而更一般的数字特征概念是矩，其中最常用的是原点矩和中心矩，数学期望和方差是特殊的矩. 矩在概率论与数理统计中有着重要的地位.

表 4-2

分布	数学期望	方差
0-1 分布 $X \sim \begin{pmatrix} 0 & 1 \\ 1-p & p \end{pmatrix}$	p	pq
二项分布 $X \sim B(n,p)$	np	npq
几何分布 $X \sim G(p)$	$\frac{1}{p}$	$\frac{1}{p^2}$
泊松分布 $X \sim P(\lambda)$	λ	λ
均匀分布 $X \sim U[a,b]$	$\frac{a+b}{2}$	$\frac{(b-a)^2}{12}$
正态分布 $X \sim N(\mu,\sigma^2)$	μ	σ^2
指数分布 $X \sim e(\lambda)$	$\frac{1}{\lambda}$	$\frac{1}{\lambda^2}$
Γ 分布 $X \sim \Gamma(\alpha,\lambda)$	$\frac{\alpha}{\lambda}$	$\frac{\alpha}{\lambda^2}$

4.2.3 矩

一般地，设 X 是随机变量，k 是一正整数，若 $E|X|^k$ 存在，则称 EX^k 为 X 的 k **阶原点矩**；

$E|X|^k$ 为 X 的 k **阶绝对原点矩**；若 $E\left|X-EX\right|^k$ 存在，则称 $E\left(X-EX\right)^k$ 为 X 的 k **阶中心矩**；$E\left|X-EX\right|^k$ 为 X 的 k **阶绝对中心矩**.

数学期望 EX 是随机变量 X 的1阶原点矩，方差 DX 是随机变量 X 的2阶中心矩，也是2阶绝对中心矩. 例如，服从正态分布的随机变量 $X\sim N(\mu,\sigma^2)$，其中心位置 μ 就是数学期望 EX，即 X 的1阶原点矩，而反映 X 的离散程度的参数 σ^2，就是方差，即 X 的2阶中心矩.

注　对任意随机变量 X，若 EX，DX 存在，且 $DX>0$，则称

$$X^*=\frac{X-EX}{\sqrt{DX}}$$

为 X 的标准化随机变量. 显然，$EX^*=0,\ DX^*=1$. 例如，若 $X\sim N(\mu,\sigma^2)$，则 X 的标准化随机变量服从标准正态分布 $N(0,1)$.

4.3　协方差与相关系数

对于随机向量，除讨论各分量的数学期望和方差外，还需要讨论表征分量之间关系的数字特征，主要有协方差和相关系数.

4.3.1　协方差

定义 4.3.1　设 X 和 Y 为两个随机变量，EX,EY 存在. 如果 $E[(X-EX)(Y-EY)]$ 存在，则称它为 **X 与 Y 的协方差**，记为 $\mathrm{Cov}(X,Y)$. 即

$$\mathrm{Cov}(X,Y)=E[(X-EX)(Y-EY)].\tag{4.3.1}$$

特别地，$DX=\mathrm{Cov}(X,X)$，即方差是一个特殊的协方差.

在计算协方差时，通常利用以下公式：

$$\mathrm{Cov}(X,Y)=E(XY)-EXEY.\tag{4.3.2}$$

例 4.3.1　在例 4.1.8 中，我们已求得了 $EX=\dfrac{45}{11}$，$E(XY)=\dfrac{1287}{110}$，又

$$EY=\sum_{j=2}^{4}y_jp_{\cdot j}=2\times\frac{24}{110}+3\times\frac{72}{110}+4\times\frac{14}{110}=\frac{32}{11},$$

所以，由公式(4.3.2)得

$$\mathrm{Cov}(X,Y)=E(XY)-EXEY=\frac{1287}{110}-\frac{45}{11}\times\frac{32}{11}=-\frac{243}{1210}.$$

例 4.3.2　设 $(X,Y)\sim N(\mu_1,\mu_2,\sigma_1^2,\sigma_2^2,\rho)$，试求 $\mathrm{Cov}(X,Y)$.

解　由式(4.3.1)，并对指数上的变量 y 配方，有

$$\begin{aligned}\mathrm{Cov}(X,Y)&=E[(X-EX)(Y-EY)]\\&=\int_{-\infty}^{+\infty}\int_{-\infty}^{+\infty}(x-\mu_1)(y-\mu_2)p(x,y)\mathrm{d}x\mathrm{d}y\\&=\frac{1}{2\pi\sigma_1\sigma_2\sqrt{1-\rho^2}}\int_{-\infty}^{+\infty}\int_{-\infty}^{+\infty}(x-\mu_1)(y-\mu_2)\cdot\exp\left\{-\frac{1}{2(1-\rho^2)}\right.\\&\quad\left.\cdot\left(\frac{x-\mu_1}{\sigma_1}-\rho\frac{y-\mu_2}{\sigma_2}\right)^2-\frac{(y-\mu_2)^2}{2\sigma_2^2}\right\}\mathrm{d}x\mathrm{d}y.\end{aligned}$$

再对 x,y 作变量替换，

$$\begin{cases}u=\dfrac{1}{\sqrt{1-\rho^2}}\left(\dfrac{y-\mu_2}{\sigma_2}-\rho\dfrac{x-\mu_1}{\sigma_1}\right),\\v=\dfrac{x-\mu_1}{\sigma_1},\end{cases}$$

则有

$$\begin{aligned}\mathrm{Cov}(X,Y)&=\frac{1}{2\pi}\int_{-\infty}^{+\infty}\int_{-\infty}^{+\infty}\left(\sigma_1\sigma_2\sqrt{1-\rho^2}uv+\rho\sigma_1\sigma_2v^2\right)\cdot\exp\left(-\frac{u^2+v^2}{2}\right)\mathrm{d}u\mathrm{d}v\\&=\frac{\sigma_1\sigma_2\sqrt{1-\rho^2}}{2\pi}\left(\int_{-\infty}^{+\infty}u\mathrm{e}^{-\frac{u^2}{2}}\mathrm{d}u\right)\left(\int_{-\infty}^{+\infty}v\mathrm{e}^{-\frac{v^2}{2}}\mathrm{d}v\right)\\&\quad+\frac{\rho\sigma_1\sigma_2}{\sqrt{2\pi}}\left(\int_{-\infty}^{+\infty}\mathrm{e}^{-\frac{u^2}{2}}\mathrm{d}u\right)\left(\int_{-\infty}^{+\infty}v^2\mathrm{e}^{-\frac{v^2}{2}}\mathrm{d}v\right)\\&=\frac{\rho\sigma_1\sigma_2}{\sqrt{2\pi}}\left(\int_{-\infty}^{+\infty}v^2\mathrm{e}^{-\frac{v^2}{2}}\mathrm{d}v\right)=\rho\sigma_1\sigma_2.\end{aligned}$$

协方差具有下列性质：

(1) $\mathrm{Cov}(X,Y)=\mathrm{Cov}(Y,X)$；

(2) 若 a,b 为任意两个实常数，则

$$\mathrm{Cov}(aX,bY)=ab\mathrm{Cov}(X,Y)；\quad \mathrm{Cov}(X+a,Y+b)=\mathrm{Cov}(X,Y)；$$

(3) $\mathrm{Cov}(X_1+X_2,Y)=\mathrm{Cov}(X_1,Y)+\mathrm{Cov}(X_2,Y)$；

(4) 若 X,Y 相互独立，则 $\mathrm{Cov}(X,Y)=0$；反之，则不一定成立；

(5) $[\mathrm{Cov}(X,Y)]^2\leqslant DX\cdot DY$.

证明　性质(1)～(4)可由协方差定义及期望的运算性质直接得到，请读者自己证明. 下面仅证性质(5). 我们首先证明，若 EX^2,EY^2 存在，则

$$[E(XY)]^2\leqslant EX^2EY^2.$$

为此，定义一实变量 t 的二次函数

$$u(t)=E(tX-Y)^2=EX^2t^2-2E(XY)t+EY^2.$$

对一切实数 t，因为 $(tX-Y)^2\geqslant 0$，所以 $u(t)=E(tX-Y)^2\geqslant 0$. 因此关于 t 的二次方程

$$EX^2t^2-2E(XY)t+EY^2=0$$

没有实根或者只有一个重根，于是它的判别式 $\leqslant 0$，即

$$\left[E(XY)\right]^2-EX^2\cdot EY^2\leqslant 0,$$

所以

$$[E(XY)]^2\leqslant EX^2EY^2.$$

在上式中，用 $X-EX$ 替换 X，$Y-EY$ 替换 Y，则有

$$\{E[(X-EX)(Y-EY)]\}^2\leqslant E(X-EX)^2E(Y-EY)^2,$$

即

$$\left[\mathrm{Cov}(X,Y)\right]^2\leqslant DX\cdot DY.$$

证毕

例 4.3.3　设 X,Y 是样本空间 $\Omega=\{(-2,4),(-1,1),(0,0),(1,1),(2,4)\}$ 上的随机变量，X 取样本点的第一个分量，Y 取样本点的第二个分量. 已知 (X,Y) 取各样本点的概率均为 1/5，求 X,Y 的协方差，并讨论 X,Y 是否独立.

解　$EX=\left[(-2)+(-1)+0+1+2\right]\cdot\dfrac{1}{5}=0,$

$EY=(4+1+0+1+4)\cdot\dfrac{1}{5}=2,$

$E(XY)=\left[(-8)+(-1)+0+1+8\right]\cdot\dfrac{1}{5}=0,$

从而

$$\mathrm{Cov}(X,Y)=0-0\times 2=0.$$

但

$$\frac{1}{5}=P\{X=1,Y=1\}\neq P\{X=1\}P\{Y=1\}=\frac{1}{5}\cdot\frac{2}{5}=\frac{2}{25},$$

因而 X 与 Y 不独立.

4.3.2　相关系数

定义 4.3.2　设 X,Y 为任意两个随机变量，如果 DX,DY 存在且均不为零，则称

$$\rho_{X,Y}=\frac{\mathrm{Cov}(X,Y)}{\sqrt{DX}\sqrt{DY}} \tag{4.3.3}$$

为随机变量 X 与 Y **的相关系数**，简记为 ρ. 若相关系数 $\rho=0$，则称 X 与 Y **不相关**.

例 4.3.4 续例 4.3.3，求 X,Y 的相关系数.

解 在例 4.3.3 中，我们已求得 $EX=0$，$EY=2$ 及 $\mathrm{Cov}(X,Y)=0$. 又

$$EX^2=\left[(-2)^2+(-1)^2+0^2+1^2+2^2\right]\cdot\frac{1}{5}=2,$$
$$EY^2=\left(4^2+1^2+0^2+1^2+4^2\right)\cdot\frac{1}{5}=\frac{34}{5}.$$

所以

$$DX=EX^2-(EX)^2=2\neq 0,$$
$$DY=EY^2-(EY)^2=\frac{34}{5}-2^2=\frac{14}{5}\neq 0.$$

从而

$$\rho_{X,Y}=\frac{\mathrm{Cov}(X,Y)}{\sqrt{DX}\sqrt{DY}}=0\,.$$

例 4.3.5 续例 4.1.9，求 X,Y 的相关系数.

解 因为随机向量 (X,Y) 的联合密度函数为

$$p(x,y)=\begin{cases}x+y, & 0<x<1, 0<y<1,\\ 0, & \text{其他}.\end{cases}$$

由例 4.1.9，$EX=\dfrac{7}{12}$，$EX^2=\dfrac{5}{12}$，$E(XY)=\dfrac{1}{3}$.

$$EY=\int_{-\infty}^{\infty}\int_{-\infty}^{\infty}yp(x,y)\mathrm{d}x\mathrm{d}y=\int_0^1\int_0^1 y(x+y)\mathrm{d}y\mathrm{d}x$$
$$=\int_0^1\left(\frac{y^2}{2}x+\frac{y^3}{3}\right)\Bigg|_0^1\mathrm{d}x=\left(\frac{1}{2}\frac{x^2}{2}+\frac{x}{3}\right)\Bigg|_0^1=\frac{7}{12},$$

$$EY^2=\int_{-\infty}^{\infty}\int_{-\infty}^{\infty}y^2p(x,y)\mathrm{d}x\mathrm{d}y=\int_0^1\int_0^1 y^2(x+y)\mathrm{d}y\mathrm{d}x$$
$$=\int_0^1\left(\frac{y^3}{3}x+\frac{y^4}{4}\right)\Bigg|_0^1\mathrm{d}y=\left(\frac{1}{3}\frac{x^2}{2}+\frac{x}{4}\right)\Bigg|_0^1=\frac{5}{12}.$$

所以

$$\mathrm{Cov}(X,Y)=E(XY)-EXEY=\frac{1}{3}-\frac{7}{12}\frac{7}{12}=-\frac{1}{144},$$

$$DX=EX^2-(EX)^2=\frac{5}{12}-\left(\frac{7}{12}\right)^2=\frac{11}{144},$$

$$DY=EY^2-(EY)^2=\frac{5}{12}-\left(\frac{7}{12}\right)^2=\frac{11}{144}.$$

从而

$$\rho_{X,Y}=\frac{\mathrm{Cov}(X,Y)}{\sqrt{DX}\sqrt{DY}}=\frac{-1/144}{\sqrt{11/144}\sqrt{11/144}}=-\frac{1}{11}.$$

在例 4.3.2 中我们已求得二维正态分布的协方差为 $\rho\sigma_1\sigma_2$，而其边缘分布都是一元正态分布，即 $X\sim N(\mu_1,\sigma_1^2)$，$Y\sim N(\mu_2,\sigma_2^2)$. 所以，$DX=\sigma_1^2>0$，$DY=\sigma_2^2>0$，从而可得 X 与 Y 的相关系数为 ρ. 所以二维正态分布中的参数 ρ 就是两个分量 X,Y 之间的相关系数.

相关系数 ρ 是刻画随机变量 X 与 Y 之间线性相关关系强弱的一个数字特征，$|\rho|$ 越大，说明 X 与 Y 之间线性关系越强；$|\rho|$ 越小，X 与 Y 之间线性关系越弱.

相关系数具有下列性质：

(1) $|\rho|\leqslant 1$;

(2) $|\rho|=1$ 的充分必要条件是：存在常数 $a(a\neq 0),b$，使

$$P(Y=aX+b)=1;$$

(3) 若 X,Y 相互独立，则 $\rho=0$；反之，则不一定成立.

性质 (1) 和性质 (3) 可直接由协方差的性质 (5) 和性质 (4) 得到. 性质 (2) 在此不予证明.

由性质 (3)，若 X,Y 独立，则 X,Y 不相关，但逆不成立. 如在例 4.3.3 中，$\rho=0$，但并非 X,Y 之间不存在任何关系，事实上，$Y=X^2$. 这说明，所谓 X,Y 不相关，是说 X,Y 之间几乎不存在线性关系，但它们之间可能有其他的某种关系，而未必是独立的，甚至可能有确定的函数关系. 然而对于二维正态随机变量 (X,Y) 而言，X,Y 独立的充要条件是它们不相关.

相关系数 ρ 的几何意义 (图 4-1)：如果我们把随机向量 (X,Y) 每次试验的结果作为一个点画在 xOy 平面上，当 $|\rho|=1$ 时，这些点几乎在同一条直线上，X 与 Y 之间具有最强的线性相关关系；当 $0<|\rho|<1$ 时，$|\rho|$ 越大，这些点越接近于同一条直线，X 与 Y 之间的线性相关关系越强；反之则相反. $0<\rho<1$ 时称 X 与 Y **正相关**，$-1<\rho<0$ 时称 X 与 Y **负相关**.

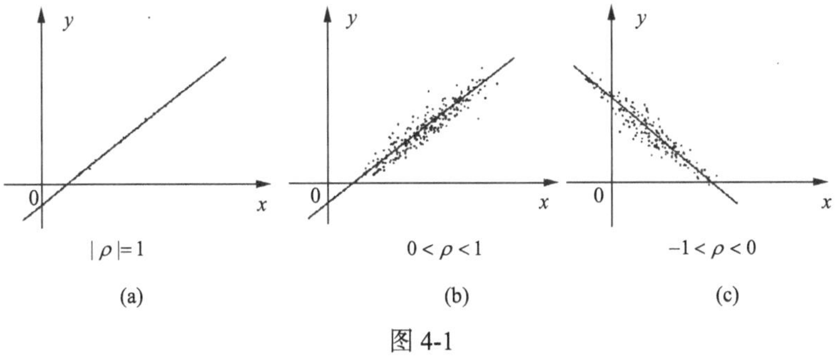

图 4-1

注 4.3.1　利用协方差和相关系数的概念，方差的性质中的推论 4.2.2 可以作如下推广：若随机变量 $X_1, X_2, \cdots, X_n$ 两两协方差为0，特别地，两两不相关，则

$$D(X_1 + X_2 + \cdots + X_n) = DX_1 + DX_2 + \cdots + DX_n .$$

习 题 四

A 组

1. 设随机变量 X 的分布列如下表，求 $EX, E(-2X), EX^2$.

$$\begin{pmatrix} -3 & -1 & 0 & 3 & 4 \\ \frac{1}{3} & \frac{1}{6} & \frac{1}{6} & \frac{1}{12} & \frac{1}{4} \end{pmatrix}.$$

2. 设随机变量 X 的密度函数为 $p(x) = \begin{cases} \frac{3}{5}(2-x^2), & 0 < x < 1, \\ 0, & \text{其他}. \end{cases}$ 求 $EX, E(3X-2), EX^3$.

3. 某射手每次击中目标的概率为 p. 他手中有 10 发子弹准备对一目标进行连续射击(每次打一发)，一旦击中目标或子弹打完了就立刻转移到别的地方去，问它在转移前平均射击几次？

4. 一批零件中有 9 个合格品与 3 个废品，安装机器时，从这批零件中任取一个，如果取出的是废品就不再放回去，求在取出合格品前，已经取出的废品数的平均数、方差、均方差.

5. 已知随机变量可能的取值为 $-1,0,1$ 且 $EX = 0.1$， $EX^2 = 0.9$. 问事件 $\{X = -1\}$， $\{X = 0\}$， $\{X = 1\}$ 的概率各为多少？

6. 假设公共汽车起点站与每小时的 10 分，30 分，50 分发车，某乘客在每小时内到达该车站的时刻是随机的，求乘客在车站等车时间的数学期望.

7. 设随机变量 X 的密度函数为 $p(x) = \begin{cases} ax, & 0 < x < 2, \\ cx + b, & 2 \leqslant x < 4, \\ 0, & \text{其他}. \end{cases}$ 已知 $EX = 2$， $P(1 < X < 3) = \frac{3}{4}$. 求 a,b,c 的值.

8. 设随机变量 $X \sim N(\mu, \sigma^2)$，求 $E|X - \mu|$.

9. 设随机变量 X 具有密度函数 $p(x) = \begin{cases} x, & 0 < x \leqslant 1, \\ 2 - x, & 1 < x \leqslant 2, \\ 0, & \text{其他}. \end{cases}$ 求 EX，DX 及 $E(2X + X^2)$.

10. 设随机变量 X 具有密度函数 $p(x,y) = 8xy, 0 \leqslant x \leqslant y \leqslant 1$. 求 EX，DX 及 $E(XY)$.

11. 设一只昆虫所生的虫卵数 X 服从参数为 λ 的泊松分布，而每个虫卵发育为幼虫的概率等于 p，且各个虫卵是否发育为幼虫相互独立，试求一只昆虫所生的幼虫数 Y 的期望与方差.

12. 设随机变量 X 的数学期望为 EX，方差为 $DX>0$，令 $Y = \frac{X - EX}{\sqrt{DX}}$，证明：$EY=0$，$DY=1$.

13. 设 $X \sim N(0,4)$， Y 服从 $(0,4)$ 上的均匀分布，并且 X 和 Y 相互独立，求 $E(X-Y)$， $D(X-Y)$， $D(2X+3Y)$， $D(2X-3Y)$.

14. 设随机变量 X 与 Y 相互独立同服从正态分布 $N(\mu, \sigma^2)$，求：(1) $\max\{X,Y\}$的期望；(2) $\min\{X,Y\}$的期望.

15. 设 (X,Y) 服从区域 $D = \{(x,y): 0 < x < 1, 0 < y < 1\}$ 上的均匀分布，求相关系数 ρ_{XY}.

16. 设 (X,Y) 的联合密度函数为：

$$p(x,y) = \begin{cases} 2 - x - y, & 0 < x < 1, 0 < y < 1, \\ 0 & \text{其他}. \end{cases}$$

求 X,Y 的协方差及相关系数.

17. 已知随机变量 X 与 Y 的相关系数为 ρ，求 $X_1=aX+b$ 与 $Y_1=cY+d$ 的相关系数，其中 a,b,c,d 均为常数，且 $ac\neq 0$.

18. 设随机变量 X 与 Y 的联合分布率如下表所示，计算 X 与 Y 的相关系数，并判别 X 与 Y 是否独立？

X \ Y	-1	0	1
-1	1/8	1/8	1/8
0	1/8	0	1/8
1	1/8	1/8	1/8

B　组

1. 已知整值随机变量 X 的分布列为：$P(X=k)=\dfrac{1}{2^k},k=1,2,\cdots$. 求 EX.

2. 从数字 $0,1,\cdots,n$ 中任取两个不同的数字，求这两个数字之差的绝对值的数学期望.

3. 设对某目标连续射击，直到击中 n 次为止，各次射击独立，且每次击中目标的概率为 p，试求子弹的平均消耗量.

4. 设 $X\sim B(n,p)$，试求 EX，DX.

5. 在灯谜晚会上，一猜谜者需猜两道谜语，猜谜者对这两道谜语可以按自己选择的先后顺序去猜测，如果他决定先猜测 $i(i=1,2)$，则只有当他猜对了谜 i 时，可让他继续再猜 $j(j\neq i)$，若他一开始就猜错了，那么就不让他再猜另一个谜语了. 如果猜谜者猜对了谜 $i(i=1,2)$，就得奖 V_i 元. 因此，如果谜语他都猜对了，就得 (V_1+V_2) 元，现假定他能猜对谜 i 的概率为 $p_i,i=1,2$，并设他猜对谜 $i(i=1,2)$ 的这两个事件是相互独立的. 试问，它应当先猜哪道谜语，才能使他的期望奖金最多？

6. 设 X 服从正态分布 $N(\mu,\sigma^2)$，试求 $E|X-\mu|^n$.

7. 据统计，一位 40 岁的健康者(体检未发现病症者)，在五年之内仍然活着或自杀的概率为 $p(0<p<1)$，p 为已知，在五年内死亡(非自杀)的概率为 $1-p$. 保险公司开办五年人寿保险，条件是参加者需交保险费 a 元(a 已知). 若五年之内死亡，公司赔偿 $b(b>a)$ 元，问 b 的取值定在什么范围内公司才能可望获益？

8. 设随机变量 X 的密度函数为

$$p(x)=\begin{cases}\dfrac{1}{3}, & -1<x<0,\\[2ex] \dfrac{1}{6}, & 0\leqslant x<4,\\[2ex] 0, & \text{其他}.\end{cases}$$

$Y=X^2$. 求 $\mathrm{Cov}(X,Y)$.

9. 设 A,B 为两个随机事件，且 $P(B)=\dfrac{1}{6},P(B|A)=\dfrac{1}{3},P(A|B)=\dfrac{1}{2}$，记

$$X=\begin{cases}1, & A\text{发生},\\ 0, & A\text{不发生},\end{cases}\quad Y=\begin{cases}1, & B\text{发生},\\ 0, & B\text{不发生}.\end{cases}$$

求 X,Y 的相关系数 $\rho_{X,Y}$.

10. 设 $X_1,X_2,\cdots,X_n\ (n>2)$ 独立同分布于 $N(0,\sigma^2)$，记 $\bar{X}=\dfrac{1}{n}\sum\limits_{i=1}^{n}X_i$，$Y_i=X_i-\bar{X},i=1,2,\cdots,n$.

(1) 求 Y_i 的方差 $D(Y_i),i=1,2,\cdots,n$；

(2) 求 Y_1,Y_n 的相关系数 $\rho(Y_1,Y_n)$.

第 5 章　大数定律与中心极限定理

大数定律和中心极限定理在概率论与数理统计的理论与应用中占有极其重要的地位. 伯努利大数定律和棣莫弗(De Moivre)-拉普拉斯(Laplace)中心极限定理的发现，不仅开创了概率极限理论这一重要研究方向，有力地推动了概率论的发展，也为概率论的应用和数理统计的发展奠定了理论基础. 两个多世纪以来，概率极限理论及其应用的研究经久不衰，即使在今天它仍是概率论的重要研究方向之一，而其应用范围也不断扩大.

5.1　伯努利大数定律

在第 1 章中，我们曾提到事件的频率具有稳定性，即随着试验次数的增加，事件发生的频率逐渐稳定于该事件发生的概率；在实践中人们逐渐认识到，对一些指标的测量值，虽然单个测量值与其真值之间有一定的偏差，但随着测量次数的增加，这些偏差往往会相互抵消，它们的平均值会越来越接近于真值，也就是说大量测量值的平均值具有稳定性. 这些现象正是本节所要介绍的大数定律的客观背景.

概率论中，关于大量随机现象之平均结果稳定性的定理一般称为**大数定律**. 我们先介绍历史上第一个大数定律——伯努利大数定理，由伯努利于 1713 年提出. 这个定理以比较严格的数学方法从理论上说明了频率的稳定性概念，它正是第 1 章概率的统计定义的理论依据.

定理 5.1.1(伯努利大数定律)　设 S_n 为 n 重伯努利试验中事件 A 发生的次数，p 为在每次试验中事件 A 发生的概率，则对任给 $\varepsilon > 0$，有

$$\lim_{n\to\infty} P\left(\left|\frac{S_n}{n} - p\right| < \varepsilon\right) = 1. \tag{5.1.1}$$

在证明定理 5.1.1 之前我们先分析一下式(5.1.1)的意义. 给定自然数 n，$\dfrac{S_n}{n}$ 就是 n 次独立观测中事件 A 发生的频率. 对任给 $\varepsilon > 0$，

$$\left\{\left|\frac{S_n}{n} - p\right| < \varepsilon\right\} = \left\{\frac{S_n}{n} \in \left(p - \varepsilon, p + \varepsilon\right)\right\}$$

表示“频率落在以 p 为中心、ε 为半径的小区间中”这样的事件. 式(5.1.1)告诉我们，随着观测次数的不断增加，这样的事件发生的可能性越来越接近于 1. 可见伯努利大数定律给了频率的稳定性一个严格的数学表述.

证明　显然，$S_n \sim B(n, p)$，所以

$$E\left(\frac{S_n}{n}\right) = \frac{E(S_n)}{n} = \frac{np}{n} = p,$$

$$D\left(\frac{S_n}{n}\right)=\frac{D(S_n)}{n^2}=\frac{np(1-p)}{n^2}=\frac{p(1-p)}{n},$$

由切比雪夫不等式有

$$P\left(\left|\frac{S_n}{n}-p\right|\geqslant\varepsilon\right)\leqslant\frac{D\left(\frac{S_n}{n}\right)}{\varepsilon^2}=\frac{p(1-p)}{n\varepsilon^2},$$

从而

$$1\geqslant\lim_{n\to\infty}P\left(\left|\frac{S_n}{n}-p\right|<\varepsilon\right)\geqslant\lim_{n\to\infty}\left(1-\frac{p(1-p)}{n\varepsilon^2}\right)=1,$$

因此式(5.1.1)成立.　　证毕

在这个大数定律的表述中我们用到了概率论中的一个重要概念——随机变量序列的依概率收敛，其定义如下.

定义 5.1.1　设 $\{X_n: n=1,2,\cdots\}$ 是一随机变量序列，简记为 $\{X_n\}$，X 是一个随机变量，若对任给 $\varepsilon>0$ 都有

$$\lim_{n\to\infty}P(|X_n-X|<\varepsilon)=1,$$

或等价地

$$\lim_{n\to\infty}P(|X_n\quad X|\geqslant\varepsilon)=0,$$

则称随机变量序列 $\{X_n\}$ **依概率收敛**于 X，简记为 $X_n\xrightarrow{p}X$.

利用这个定义，伯努利大数定律可以表述为：随着观测次数的增加，随机事件 A 发生的频率序列 $\left\{\frac{S_n}{n}: n=1,2,\cdots\right\}$ 依概率收敛于该事件发生的概率 $P(A)$，即当 $n\to\infty$ 时，

$$\frac{S_n}{n}\xrightarrow{p}P(A).$$

进一步考察伯努利大数定律，令 X_i 为在第 i 次试验中事件 A 发生的次数，$i=1,2,\cdots$. 则

$$S_n=X_1+X_2+\cdots+X_n,\quad n=1,2,\cdots.$$

$\{S_n: n=1,2,\cdots\}$ 称为 $\{X_n\}$ 的部分和序列. 虽然伯努利大数定律描述的是频率序列 $\left\{\frac{S_n}{n}\right\}$ 的性质，但是本质上讲，它刻画了随机变量序列 $\{X_n\}$ 的部分和序列 $\{S_n\}$ 的性质，其中 $\{X_n\}$ 满足如下两个条件：

(1) $X_1,X_2,\cdots$ 相互独立；

(2) $X_1,X_2,\cdots$ 有相同的分布，且都是 0-1 分布 $B(1,p)$.

所以我们有如下一般的大数定律的概念.

定义 5.1.2 设 $\{X_n : n=1,2,\cdots\}$ 为一列随机变量，记

$$S_n = X_1 + X_2 + \cdots + X_n, \quad n=1,2,\cdots.$$

如果存在常数列 $\{a_n : n=1,2,\cdots\}$ 和正数列 $\{b_n : n=1,2,\cdots\}$，使得当 $n\to\infty$ 时

$$\frac{S_n - a_n}{b_n} \xrightarrow{p} 0, \tag{5.1.2}$$

则称 $\{X_n\}$ 服从(弱)**大数定律**.

在什么条件下随机变量序列 $\{X_n\}$ 服从大数定律？服从大数定律的情况下怎样选取常数列 $\{a_n : n=1,2,\cdots\}$ 和正数列 $\{b_n : n=1,2,\cdots\}$？这正是大数定律研究的重要内容. 伯努利大数定律表明，在条件(1)和(2)之下 $\{X_n\}$ 服从大数定律，其中取

$$a_n = E\left(\sum_{i=1}^{n} X_i\right) = np, \quad b_n = n, \quad n=1,2,\cdots.$$

下面我们推广伯努利大数定律，看条件(1)和条件(2)是否可以不那么苛刻.

5.2 马尔可夫大数定律

定理 5.2.1(马尔可夫大数定律) 设 $\{X_n : n=1,2,\cdots\}$ 为一随机变量序列. 若

$$\lim_{n\to\infty} \frac{D(S_n)}{n^2} = 0, \tag{5.2.1}$$

则当 $n\to\infty$ 时

$$\frac{S_n}{n} - \frac{E(S_n)}{n} \xrightarrow{p} 0, \tag{5.2.2}$$

从而 $\{X_n\}$ 服从弱大数定律.

显然式(5.2.2)也等价于

$$\frac{1}{n}\sum_{i=1}^{n}(X_i - EX_i) \xrightarrow{p} 0.$$

证明 对任给 $\varepsilon>0$，由切比雪夫不等式有

$$P\left(\left|\frac{S_n}{n} - \frac{E(S_n)}{n}\right| \geqslant \varepsilon\right) = P\left(\left|S_n - E(S_n)\right| \geqslant n\varepsilon\right) \leqslant \frac{D(S_n)}{n^2\varepsilon^2}.$$

由条件(5.2.1)及概率的非负性即得式(5.2.2). 证毕

马尔可夫大数定律把伯努利大数定理推广到了更一般的形式，既没有对 $\{X_n : n=1,2,\cdots\}$ 中随机变量之间的的关系提出任何要求，对它们的分布也只是要求满足条件(5.2.1). 条件(5.2.1)

称为**马尔可夫条件**. 虽然该定理具有较广的普适性，但是马尔可夫条件(5.2.1)的验证往往比较困难. 事实上，在该一般定理出现之前，还有许多条件更加具体明确的大数定律，其中比较重要的是切比雪夫大数定律，在此我们作为马尔可夫大数定律的推论介绍如下.

推论 5.2.1(切比雪夫大数定律)　若随机变量序列 $\{X_n: n=1,2,\cdots\}$ 满足如下两个条件：

(1) $X_1,X_2,\cdots$ 两两不相关；

(2) $X_1,X_2,\cdots$ 的方差有统一的有限上界，即存在常数 $c>0$，使得

$$DX_n \leqslant c,\ \ n=1,\ 2,\ \cdots,$$

则 $\{X_n\}$ 服从弱大数定律，即当 $n\to\infty$ 时

$$\frac{1}{n}\sum_{i=1}^{n}(X_i - EX_i)\xrightarrow{p}0.$$

证明　由条件(1)和条件(2)易证马尔可夫条件(5.2.1)成立. 事实上，$n\to\infty$ 时，

$$0<\frac{D(S_n)}{n^2}=\frac{1}{n^2}\sum_{i=1}^{n}D\left(X_i\right)\leqslant\frac{1}{n^2}\sum_{i=1}^{n}c=\frac{c}{n}\to 0.$$

因此条件(5.2.1)成立.　证毕

切比雪夫大数定律的条件比较容易验证，因此应用较广泛. 特别地，5.1 节介绍的伯努利大数定律显然可以看成切比雪夫大数定律的特例.

在上述几个大数定律的条件中，都要求方差 $D(X_n)$ 存在，这一条件能否放宽？下面的定理回答了这个问题.

定理 5.2.2(辛钦大数定律)　设 $\{X_n: n=1,2,\cdots\}$ 为独立同分布随机变量序列，若 $EX_1=\mu$ 存在，则当 $n\to\infty$ 时

$$\frac{1}{n}\sum_{i=1}^{n}X_i\xrightarrow{p}\mu. \tag{5.2.3}$$

伯努利大数定律是辛钦大数定律的特例，辛钦大数定律具有广泛的应用. 数理统计学中参数点估计的矩估计法，数值计算方法之一的蒙特卡罗方法，都以它为理论依据. 这个定理的证明比较复杂，在此略去.

上面介绍的弱大数定律研究了随机变量序列的依概率收敛性，那么当 $n\to\infty$ 时，在辛钦大数定律中差

$$\frac{1}{n}\sum_{i=1}^{n}X_i-\mu$$

几乎一定会趋于零吗？即能否有

$$P\left(\lim_{n\to\infty}\left(\frac{1}{n}\sum_{i=1}^{n}X_i\right)=\mu\right)=1? \tag{5.2.4}$$

上式也记作

$$\frac{1}{n}\sum_{i=1}^{n}X_i \xrightarrow{\text{a.s.}} \mu\ (n\to\infty),$$

如果式(5.2.4)成立，则称随机变量序列$\left\{\frac{1}{n}\sum_{i=1}^{n}X_i : n=1,2,\cdots\right\}$几乎必然收敛于$\mu$. 这是强大数定律研究的内容，下面我们不加证明地列出几个重要的强大数定律.

定理 5.2.3(柯尔莫哥洛夫强大数定律之独立同分布情形)　设$\{X_n : n=1,2,\cdots\}$为一独立同分布随机变量序列，则$n\to\infty$时，

$$\frac{1}{n}\sum_{i=1}^{n}X_i \xrightarrow{\text{a. s.}} \mu$$

的充分必要条件是EX_1存在且$EX_1=\mu$.

注意“EX_1存在”在本定理中是充要条件，而在辛钦大数定律中只是充分条件.

推论 5.2.2(波雷尔强大数定律)　设S_n为n重伯努利试验中事件A发生的次数，p为A在每次试验中出现的概率，则$n\to\infty$时

$$\frac{S_n}{n} \xrightarrow{\text{a. s.}} p.$$

推论 5.2.2 加强了伯努利大数定律的结论，切比雪夫大数定律也有类似的加强. 但是其中随机变量之间不相关的条件要改为相互独立.

5.3　中心极限定理

自从高斯指出测量误差服从正态分布之后，人们渐渐发现正态分布在自然界中极为常见. 例如，炮弹弹着点的坐标，身高和体重等人的基本生理特征，电信号中的噪声电压等都服从或近似服从正态分布. 究其原因，是因为它们有一个共同的特点：都是许多相互独立的随机因素综合作用的结果，而且其中的每一个因素的单个作用又都“均匀地小”，即没有哪个在总和中起主导作用. 例如，射击的误差就受着诸如风速、气压、空气的温湿度、射击仪器的振动、射击者情绪的波动等许多独立微小的随机因素的综合影响. 所谓中心极限定理，就是关于大量微小的随机变量之和的极限分布的定理. 对它们的研究始于 18 世纪，在长达两个世纪的时期内它成了概率论研究的中心课题. 基于这个原因，1920 年卜里耶建议将这类定理统称为**中心极限定理**.

对中心极限定理的研究始于法国数学家棣莫弗，他研究了二项分布随机变量标准化后的极限分布，于 1730 年证明了当$p=\frac{1}{2}$时，二项分布随机变量标准化后的极限分布是标准正态分布. 后来拉普拉斯将棣莫弗的结果推广到$0<p<1$的情形，得到历史上第一个中心极限定理——棣莫弗-拉普拉斯积分极限定理. 此后，李雅普诺夫(A. M. Lyapunov)、林德贝格(Lindeberg)、列维(Lévy)、费勒(W.Feller)、许宝騄等研究了一般的随机变量序列的中心极限问题，获得了许

多重要结果. 下面我们介绍几个重要的中心极限定理，首先介绍关于二项分布的棣莫弗-拉普拉斯积分极限定理.

定理 5.3.1（**棣莫弗-拉普拉斯积分极限定理**）　若 $S_n \sim B(n,p)$，$n=1,2,\cdots$，其中参数 $0<p<1$ 给定，则对任意给定的实数 $a,b(a<b)$，有

$$\lim_{n\to\infty} P\left(a<\frac{S_n-np}{\sqrt{np(1-p)}}\leqslant b\right)=\int_a^b \frac{1}{\sqrt{2\pi}}\mathrm{e}^{-\frac{x^2}{2}}\mathrm{d}x. \tag{5.3.1}$$

我们知道，$\dfrac{S_n-np}{\sqrt{np(1-p)}}$ 是 S_n 的标准化随机变量，它的数学期望为 0，方差为 1，但是它的分布函数相当复杂：对任给实数 x，

$$\begin{aligned}P\left(\frac{S_n-np}{\sqrt{np(1-p)}}\leqslant x\right)&=P\left(S_n\leqslant np+\sqrt{np(1-p)}x\right)\\&=\sum_{k\leqslant\left\lfloor np+\sqrt{np(1-p)}x\right\rfloor}\mathrm{C}_n^k p^k(1-p)^{n-k},\end{aligned} \tag{5.3.2}$$

其中 $\left\lfloor np+\sqrt{np(1-p)}x\right\rfloor$ 表示不超过 $np+\sqrt{np(1-p)x}$ 的最大整数. 在这种情况下我们就会考虑当 $n\to\infty$ 时它的极限是否存在、如果存在会是什么的问题. 当年棣莫弗和拉普拉斯正是克服了这其中的计算困难而发现式(5.3.1)中的积分形式的极限的，这也是此定理的早期证明方法. 如果同学们对这个问题感兴趣，不妨利用微积分知识亲自计算一下这个极限，在此我们略去这个计算过程.

设随机变量 $X\sim B(n,p)$，如果其中的 n 比较大，那么对任给实数 a，$b(a<b)$，利用式(5.3.1)，我们有如下近似计算公式：

$$\begin{aligned}P(a<X\leqslant b)&=P\left(\frac{a-np}{\sqrt{np(1-p)}}<\frac{X-np}{\sqrt{np(1-p)}}\leqslant\frac{b-np}{\sqrt{np(1-p)}}\right)\\&\approx\varPhi\left(\frac{b-np}{\sqrt{np(1-p)}}\right)-\varPhi\left(\frac{a-np}{\sqrt{np(1-p)}}\right).\end{aligned} \tag{5.3.3}$$

这给二项分布的概率计算带来了极大的方便.

例 5.3.1　某项保险业务共有 10000 人投保，每人交保险费 200 元. 若某投保者在保险期内发生事故，保险公司赔付 10000 元. 已知投保者保险期发生事故的概率为 0.017，计算保险公司在该业务上赔本的概率.

解　用 X 表示投保期内发生事故的人数，则 $X\sim B(n,p)=B(10000,0.017)$. 保险公司总赔付为 $10000X$，而保费收入为 10000×200=2,000,000 元(即两百万元)，所以公司亏本的概率可表示为

$$P(10000X>2000000)=P(X>200).$$

利用式(5.3.3)可得

$$P(\text{公司亏本})=P(X>200)=P\left(\frac{X-np}{\sqrt{np(1-p)}}>\frac{200-np}{\sqrt{np(1-p)}}\right)$$
$$\approx 1-\Phi\left(\frac{200-np}{\sqrt{np(1-p)}}\right)$$
$$=1-\Phi\left(\frac{200-170}{\sqrt{10000\times 0.017\times 0.983}}\right)$$
$$\approx 1-\Phi(2.323)\approx 1-0.99=0.01.$$

棣莫弗-拉普拉斯积分极限定理可以换一种表述方式：设 $X_1, X_2, \cdots$ 是一列独立同分布随机变量，X_1 服从 0-1 分布，即 $X_1\sim\begin{pmatrix}0 & 1\\ 1-p & p\end{pmatrix}$，$0<p<1$，则对任意给定的实数 a，$b(a<b)$，有

$$\lim_{n\to\infty}P\left(a<\frac{\sum_{i=1}^{n}X_i-np}{\sqrt{np(1-p)}}\leqslant b\right)=\int_a^b\frac{1}{\sqrt{2\pi}}\mathrm{e}^{-\frac{x^2}{2}}\mathrm{d}x. \tag{5.3.4}$$

与式(5.3.3)类似，对任意实数 a，$b(a<b)$，当 n 比较大时我们有

$$P\left(a<\sum_{i=1}^{n}X_i\leqslant b\right)=P\left(\frac{a-np}{\sqrt{np(1-p)}}<\frac{\sum_{i=1}^{n}X_i-np}{\sqrt{np(1-p)}}\leqslant\frac{b-np}{\sqrt{np(1-p)}}\right) \tag{5.3.5}$$
$$\approx\Phi\left(\frac{b-np}{\sqrt{np(1-p)}}\right)-\Phi\left(\frac{a-np}{\sqrt{np(1-p)}}\right).$$

事实上，只要记 $S_n=\sum_{i=1}^{n}X_i$，则 $S_n\sim B(n,p)$，分别由式(5.3.1)和式(5.3.3)便可得以上两式.

例 5.3.2 某工厂有 100 台同类机器，各台机器发生故障的概率均为 0.2，假设各台机器工作是相互独立的，一台机器发生故障时需一人维修. 为使机器发生故障时能及时维修的概率不低于 90%，问至少应配备多少名维修工人？

解 设应配备 N 名维修工人，又记 X_i= "在同一时刻第 i 台机器的故障数"，则

$$X_i\sim\begin{pmatrix}0 & 1\\ 1-p & p\end{pmatrix},\quad p=0.2,\quad i=1,2,\cdots,100.$$

且相互独立. 由题意，P (机器发生故障时能及时维修) $\geqslant 0.9$，即

$$P\left(\sum_{i=1}^{n}X_i\leqslant N\right)\geqslant 0.9,$$

从而

$$P\left(\frac{\sum_{i=1}^{n}X_i-np}{\sqrt{np(1-p)}}\leqslant\frac{N-np}{\sqrt{np(1-p)}}\right)\geqslant 0.9 .$$

于是，由式(5.3.5)有

$$\Phi\left(\frac{N-100\times 0.2}{\sqrt{100\times 0.2\times 0.8}}\right)=\Phi\left(\frac{N-20}{4}\right)\geqslant 0.9 .$$

查表得 $\frac{N-20}{4}\geqslant 1.28$，所以 $N\geqslant 25.12$，即至少应配备 26 名维修工人.

在定理 5.3.1 中我们提到，$n\to\infty$ 时 $\frac{S_n-np}{\sqrt{np(1-p)}}$ 的分布函数收敛到正态分布函数，这涉及一个重要概念——随机变量序列的依分布收敛性. 下面给出严格的数学定义.

定义 5.3.1　设 $\{X_n:n=1,2,\cdots\}$ 为一随机变量序列，X 为一个随机变量，X_n 的分布函数为 $F_n(x)$，$n=1,2,\cdots$，X 的分布函数为 $F(x)$. 若对 $F(x)$ 的一切连续点 x 都有

$$\lim_{n\to\infty}F_n(x)=F(x), \tag{5.3.6}$$

则称随机变量序列 $\{X_n:n=1,2,\cdots\}$ **依分布收敛**于随机变量 X，简记为 $X_n\xrightarrow{d}X$. 有时也简记为 $X_n\xrightarrow{d}F$. 也称 $\{X_n:n=1,2,\cdots\}$ 的分布函数列 $\{F_n:n=1,2,\cdots\}$ 弱收敛于 X 的分布函数 $F(x)$，简记为 $F_n\xrightarrow{w}F$.

定理 5.3.2　(1) 若 $X_n\xrightarrow{p}X$，则 $X_n\xrightarrow{d}X$；

(2) 若 c 为常数，则 $X_n\xrightarrow{p}c$ 等价于 $X_n\xrightarrow{d}c$.

证明　(1) 设 $F_n(x)$ 和 $F(x)$ 分别为 X_n 和 X 的分布函数，对任意实数 x 和 $\varepsilon>0$，

$$\begin{aligned}F(x-\varepsilon)&=P(X\leqslant x-\varepsilon)\\&=P(X\leqslant x-\varepsilon,\ |X_n-X|<\varepsilon)+P(X\leqslant x-\varepsilon,|X_n-X|\geqslant\varepsilon)\\&\leqslant P(X_n\leqslant x)+P(|X_n-X|\geqslant\varepsilon)\\&=F_n(x)+P(|X_n-X|\geqslant\varepsilon).\end{aligned}$$

$$\begin{aligned}F_n(x)&=P(X_n\leqslant x)\\&=P(X_n\leqslant x,\ |X_n-X|<\varepsilon)+P(X_n\leqslant x,|X_n-X|\geqslant\varepsilon)\\&\leqslant P(X\leqslant x+\varepsilon)+P(|X_n-X|\geqslant\varepsilon)\\&=F(x+\varepsilon)+P(|X_n-X|\geqslant\varepsilon).\end{aligned}$$

所以

$$F(x-\varepsilon)\leqslant F_n(x)+P(|X_n-X|\geqslant\varepsilon)\leqslant F(x+\varepsilon)+2P(|X_n-X|\geqslant\varepsilon) . \tag{5.3.7}$$

由 $X_n\xrightarrow{p}X$ 知 $n\to\infty$ 时 $P(|X_n-X|\geqslant\varepsilon)\to 0$，所以由式(5.3.7)有

$$F(x-\varepsilon) \leqslant \varliminf_{n\to\infty} F_n(x) \leqslant \varlimsup_{n\to\infty} F_n(x) \leqslant F(x+\varepsilon). \tag{5.3.8}$$

若 x 是 $F(x)$ 的连续点，在式(5.3.8)中令 $\varepsilon\to 0$ 有 $\lim\limits_{n\to\infty} F_n(x)=F(x)$. 所以 $X_n \xrightarrow{d} X$.

(2) 只需证明，若 $X_n \xrightarrow{d} c$，则有 $X_n \xrightarrow{p} c$. 事实上，若 $X_n \xrightarrow{d} c$，则对任给 $\varepsilon>0$，当 $n\to\infty$ 有

$$\begin{aligned}0 \leqslant P(|X_n-c| \geqslant \varepsilon) &= P(X_n \leqslant c-\varepsilon)+P(X_n \geqslant c+\varepsilon)\\ &\leqslant P(X_n \leqslant c-\varepsilon)+P(X_n > c+\varepsilon/2)\\ &= F_n(c-\varepsilon)+1-F_n(c+\varepsilon/2) \to 0+1-1=0.\end{aligned}$$

其中用到 $c-\varepsilon$ 和 $c+\varepsilon/2$ 都是常数 c 的分布函数的连续点. 所以 $X_n \xrightarrow{p} c$. 证毕

定义 5.3.2 设 $\{X_n: n=1,2,\cdots\}$ 为一随机变量序列，若存在常数列 $\{a_n: n=1,2,\cdots\}$ 和正数列 $\{b_n: n=1,2,\cdots\}$，使得 $n\to\infty$ 时

$$Y_n=\frac{\sum\limits_{i=1}^{n} X_i-a_n}{b_n} \xrightarrow{d} N(0,1),$$

即

$$\lim_{n\to\infty} F_{Y_n}(x)=\lim_{n\to\infty} P(Y_n \leqslant x)=\int_{-\infty}^{x} \frac{1}{\sqrt{2\pi}} \mathrm{e}^{-\frac{t^2}{2}} \mathrm{d}t, \quad \forall x \in \mathbf{R},$$

则称 $\{X_n: n=1,2,\cdots\}$ 服从**中心极限定理**.

定理 5.3.1 表明，若 $\{X_n: n=1,2,\cdots\}$ 满足

(1) $X_1, X_2, \cdots$ 相互独立；

(2) $X_1, X_2, \cdots$ 有相同的分布，且都是 0-1 分布 $B(1, p)$，

则它服从中心极限定理，而且可取

$$a_n=E\left(\sum_{i=1}^{n} X_i\right)=\sum_{i=1}^{n} E(X_i)=np,$$

$$b_n=\sqrt{D\left(\sum_{i=1}^{n} X_i\right)}=\sqrt{\sum_{i=1}^{n} D(X_i)}=\sqrt{np(1-p)}.$$

定理 5.3.2 的条件可以放宽吗？特别是条件(2)，它使得定理的适用范围很小.

定理 5.3.3(**林德贝格-列维定理或独立同分布中心极限定理**) 若 $\{X_n: n=1,2,\cdots\}$ 是一列具有有限、非零方差的独立同分布随机变量，则 $n\to\infty$ 时有

$$Y_n=:\frac{\sum\limits_{i=1}^{n} X_i-n\mu}{\sqrt{n}\sigma} \xrightarrow{d} N(0,1), \tag{5.3.9}$$

其中 $\mu = EX_1, \sigma^2 = DX_1$.

这个定理极大地推广了定理 5.3.1，其证明一般要用到所谓特征函数的概念，故略去.

记 $\bar{X} = \frac{1}{n}\sum_{i=1}^{n} X_i$，则式(5.3.9)可改写为

$$\frac{\sqrt{n}(\bar{X} - \mu)}{\sigma} \xrightarrow{d} N(0,1). \tag{5.3.10}$$

这一结论对于数理统计有重要意义.

类似于式(5.3.3)，我们可以利用定理 5.3.2 得到如下近似计算公式：

若 $X_1, X_2, \cdots, X_n$ 独立同分布，$EX_1 = \mu, DX_1 = \sigma^2$，则对任意给定的实数 $a < b$，当 n 较大时由式(5.3.9)有

$$\begin{aligned} P\left(a < \sum_{i=1}^{n} X_i \leqslant b\right) &= P\left(\frac{a - n\mu}{\sqrt{n}\sigma} < \frac{\sum_{i=1}^{n} X_i - n\mu}{\sqrt{n}\sigma} \leqslant \frac{b - n\mu}{\sqrt{n}\sigma}\right) \\ &\approx \varPhi\left(\frac{b - n\mu}{\sqrt{n}\sigma}\right) - \varPhi\left(\frac{a - n\mu}{\sqrt{n}\sigma}\right). \end{aligned} \tag{5.3.11}$$

显然，例 5.3.2 也可利用定理 5.3.2 及式(5.3.11)求解，该例中 $X_1, X_2, \cdots, X_n$ 是独立同分布的 0-1 分布随机变量，$n = 100$, $\mu = p = 0.2$，$\sigma^2 = p(1-p) = 0.2 \times 0.8 = 0.16$. 但定理 5.3.2 适用的范围更为广泛，不必要求 $X_1, X_2, \cdots, X_n$ 同分布于 0-1 分布.

例 5.3.3　一加法器同时收到 50 个彼此独立的噪声电压 $V_1, V_2, \cdots, V_{50}$ (单位：μV)，且均服从[0, 10]上的均匀分布. 求该加法器上总电压 $V = \sum_{i=1}^{50} V_i$ 不低于 300μV 的概率的近似值.

解　易知 $\mu = EV_1 = 5$，$\sigma^2 = DV_1 = \frac{100}{12}$. 由式(5.3.11)有

$$\begin{aligned} P(V \geqslant 300) &= P\left(\sum_{i=1}^{50} V_i \geqslant 300\right) \approx 1 - \varPhi\left(\frac{300 - 50 \times 5}{\sqrt{50}\sqrt{100/12}}\right) \\ &= 1 - \varPhi\left(\sqrt{6}\right) \approx 1 - \varPhi(2.45) \approx 1 - 0.9929 = 0.0071. \end{aligned}$$

在定理 5.3.3 中，对于满足定理条件的随机变量 $X_1, X_2, \cdots, X_n$，当 n 充分大时，随机变量

$$Y_n = \frac{\sum_{i=1}^{n} X_i - n\mu}{\sqrt{n}\sigma} \overset{\text{近似}}{\sim} N(0,1),$$

而 $\sum_{i=1}^{n} X_i = \sqrt{n}\sigma Y_n + n\mu$，于是

$$\sum_{i=1}^{n} X_i \overset{\text{近似}}{\sim} N(n\mu, n\sigma^2),$$

其中正态分布的数学期望 $n\mu = E\left(\sum_{i=1}^{n} X_i\right)$，方差 $n\sigma^2 = D\left(\sum_{i=1}^{n} X_i\right)$，而上面的 Y_n 恰好是 $\sum_{i=1}^{n} X_i$ 的标准化随机变量. 这就是说，对于独立同分布随机变量 $X_1, X_2, \cdots, X_n$，无论服从什么分布，只要方差有限且非零，当 n 充分大时，它们的和 $Y_n = \sum_{i=1}^{n} X_i$ 就近似服从正态分布

$$N\left(E\left(\sum_{i=1}^{n} X_i\right), D\left(\sum_{i=1}^{n} X_i\right)\right).$$

在很多实际问题中，所考虑的随机变量往往可以表示成很多独立随机变量的和. 例如，某网站在某一时刻的网络流量是大量用户的流量之和；对一加工零件的测量误差是由大量观察不到的、微小可加误差叠加而成的；等等. 根据上面的分析，这些随机变量往往近似服从正态分布.

例 5.3.4　股票价格的变化过程在通常情况下是连续的，但当遇到突发情况时价格会发生跳跃. 显然，在单位时间内发生跳跃的次数是一随机变量. 研究表明，股票在无重叠的单位时间里发生跳跃的次数可以认为是独立同分布的. 设某股票每个月发生跳跃次数的平均值为 2，方差为 1.69. 求 100 个月里发生跳跃的次数在 180 到 220 之间的概率.

解　记 $X_i =$ "第 i 个月发生跳跃的次数"，100 个月里跳跃的次数为 $X = \sum_{i=1}^{100} X_i$，由中心极限定理，近似地，$X = \sum_{i=1}^{100} X_i \sim N(n\mu, n\sigma^2)$，其中 $\mu = EX_1 = 2$，$\sigma^2 = DX_i = 1.69$. 于是，

$$\begin{aligned} P(180 < X < 220) &\approx \Phi\left(\frac{220 - n\mu}{\sqrt{n}\sigma}\right) - \Phi\left(\frac{180 - n\mu}{\sqrt{n}\sigma}\right) \\ &= \Phi\left(\frac{20}{13}\right) - \Phi\left(\frac{-20}{13}\right) \\ &\approx 2\Phi(1.54) - 1 = 0.876. \end{aligned}$$

习　题　五

A　组

1. 设 $\{X_n : n = 1, 2, \cdots\}$ 为独立随机变量序列，X_n 的分布列为

$$P\left(X_n = -\sqrt{\ln n}\right) = P\left(X_n = \sqrt{\ln n}\right) = \frac{1}{2},$$

试证 $\{X_n\}$ 服从大数定律.

2. 验证分布列如下给定的独立随机变量序列是否满足马尔可夫条件：

(1) $P(X_n = \pm 2^n) = \dfrac{1}{2}$；

(2) $P(X_n=\pm 2^n)=2^{-(2n+1)}, P(X_n=0)=1-2^{-2n}$；

(3) $P(X_n=\pm n)=\dfrac{1}{2}n^{-1}, P(X_n=0)=1-n^{-1}$.

3. 在某个博弈游戏中，参加人每一局都独立地以 0.5 的概率输，0.5 的概率赢. 开始投资 1 美元作为资金，赢一局资金加倍；输一局资金减半. 用 M_n 表示经过 n 局后的资金总额. 规定第 n 局时博弈结束，参加人可以赢得的财富为 $(M_n)^{\frac{1}{n}}$.

(1) 证明当 n 比较小时，赌局对参加人有利，即 $E(M_n)^{\frac{1}{n}}>1$；

(2) 证明当 $n\to\infty$ 时，赌局是公平的，即参加人赢得的财富依概率收敛于其开始的投资 1 美元.

4. 设 $\{X_n:n=1,2,\cdots\}$ 为独立随机变量序列， X_n 的分布列为 $P(X_n=\pm n^{\lambda})=\dfrac{1}{2}$, 其中 $\lambda>0$. 试证：

(1) 当 $\lambda<\dfrac{1}{2}$ 时， $\{X_n\}$ 服从大数定律；

(2) 当 $\lambda\geqslant 1$ 时， $\{X_n\}$ 不服从大数定律.

5. 设 $\{X_n:n=1,2,\cdots\}$ 为独立同分布随机变量序列， X_1 的分布列为

$$P(X_1=2^{k-2\ln k})=2^{-k},\quad k=1,2,\cdots,$$

试证 $\{X_n\}$ 服从大数定律.

6. 在进行加法运算时，将每个加数舍入至最靠近它的整数. 设所有舍入误差相互独立且均在 [−0.5，0.5] 上服从均匀分布.

(1) 若 1500 个数相加，求误差总和的绝对值超过 15 的概率；

(2) 问最多可有几个数相加使得误差总和的绝对值小于 10 的概率不少于 0.9?

7. 某单位设置一电话总机，共有 200 架电话分机. 设每个分机有 5%的时间要使用外线通话，且是否使用外线通话各分机相互独立，问总机至少需要多少条外线才能以不低于 0.9 的概率保证各分机要使用外线时能立刻接上外线?

8. 一个复杂系统由 100 个相互独立起作用的部件所组成，在整个运行期间，每个部件损坏的概率均为 0.1，为使该系统起作用，至少必须有 85 个部件正常工作. 求该系统起作用的概率.

9. 某种电器元件的寿命服从均值为 10 小时的指数分布. 某单位备有 25 个该种型号的电器元件，使用时一个损坏立即换上另一个，求 25 个电器元件的总寿命超过 300 小时的概率.

10. 在某远程轰炸实弹训练中，每次命中靶场目标的数量是随机变量，其期望为 5，方差为 3.12. 现要求以不低于 95%的把握轰炸 500 个目标，问至少要进行多少次远程轰炸?

B 组

1. 设 $X_n\xrightarrow{d}X, Y_n\xrightarrow{d}a$, 证明 $X_n+Y_n\xrightarrow{d}X+a$, 其中 a 为常数.

2. 设 $X_n\xrightarrow{P}X, X_n\xrightarrow{P}Y$, 证明 $P(X=Y)=1$.

3. (伯恩斯坦定理) 已知随机变量序列 $\{X_n:n=1,2,\cdots\}$ 方差有界，即存在常数 $c>0$，使得 $DX_n\leqslant c, n=1,2,\cdots$, 且当 $|i-j|\to\infty$ 时， X_i 与 X_j 的相关系数 $\rho_{ij}\to 0$. 证明 $\{X_n:n=1,2,\cdots\}$ 服从大数定律.

4. 若 X_n 具有有限方差且服从同一分布，但对一切 k， X_k 与 X_{k+1} 相关，而 $X_k, X_l(|k-l|\geqslant 2)$ 不相关，试证 $\{X_n:n=1,2,\cdots\}$ 服从大数定律.

5. 利用中心极限定理证明 $n\to\infty$ 时

$$a_n=\sum_{k=0}^{n}\frac{n^k}{k!}e^{-n}\to\frac{1}{2}.$$

第 6 章　数理统计的基本概念

6.1　总体与样本

6.1.1　什么是数理统计

在正确的前提下，我们可以利用由一般到特殊的演绎推理严格证明一个结论的正确性. 但是在许多情况下，我们并不知道正确的前提是什么，仅知道若干并不全面的有关事实. 在这种情况下，会有许多可能的答案可供选择. 这时我们往往会作多次观察、研究，用归纳法作出结论. 归纳法是从若干事实概括出它们的共性的一种思想方法，其本质特征是：虽然考察的只是若干个别现象，但所得的结论却能超出考察的范围. 归纳法不仅是一种逻辑推理方法，也是一种科学研究方法，更是一种科学发现的方法. 归纳推理，就是要从所有可能的结论中挑选出一个自认为是最有可能正确的结论. 但是，用归纳法得出的结论并非总是正确的(中学阶段学习过的数学归纳法，实质上是严格的演绎推理方法，不是我们这里所说的归纳法). 认真思考归纳推理，我们要解决以下问题：

(1) 针对一个问题，怎样合理有效地观测记录有关事实？

(2) 基于已经观测到的事实，有哪些结论可供选择？

(3) 能否给出一个严格的数学方法，指导我们作出合理的结论？

(4) 作出结论的同时，我们必须同时承担多大出错的风险？

虽然归纳推理的历史和人类发展史一样长，但是直到 20 世纪，才出现了处理这种问题的突破口. 问题的难点在于，由特殊到一般的归纳推理建立起来的知识是不确定的，只有解决了度量不确定性的问题，才能利用归纳法得到真正有用的知识：

$$不确定的知识+不确定性的度量=有用的知识.$$

数理统计正是研究这样一种逻辑思维方法的科学. 也就是说，数理统计不仅给出结论，还给出结论的不确定性的准确度量.

今后，我们把观测到的有关事实称为数据，**数理统计学**就是关于数据信息的收集、整理和分析的学科.

在当今高度复杂的世界里，即使作为一个普通公民，从自身的经济状况的判断到确定一种商品的好坏，在很多方面都会受到大量数据的困扰，如果不具有一定的统计学知识，很难作出明智的决定. 在现代社会中，物理、化学、医学、卫生、政治、经济、商业、保险、金融、广告等，各行各业都在大量使用各种各样的统计方法，统计学变得越来越重要.

6.1.2　总体和样本

1. 总体

数理统计研究的对象往往是由许多基本成员组成的. 例如下面这些问题中的研究对象：

(1) 某地区高中学生的身高发育情况；

(2) 袁隆平新水稻品种的亩产量；

(3) 某班或某个学生的学习成绩；

(4) 学习成绩与性别的关系；

(5) 每个交易日上证指数的收盘点数；

(6) 姚明的技术水平(投篮、三分球、命中率、篮板等)；

(7) 红楼梦前 80 回与后 40 回的用字、用词、用句差异；

……

我们把研究对象全体称为**总体**，其中的基本成员称为**个体**. 总体中所包含的个体的数目称为**总体容量**. 总体可能包括有限个个体，称为**具体总体**，也可能包括无限个个体，称为**抽象总体**. 总体可以是动物、植物、岩石、股票、商品、试验数据、书本、人口等. 研究一个总体，我们感兴趣的往往是组成总体的各个个体的某个数量指标的取值情况，例如，袁隆平新水稻品种的亩产量，它的取值可以是在相同条件下的任何一次种植结果. 一般情况下总体不只有一个个体，所以数量指标的取值不止一个. 任意作一次实验、观测或测量，可以看到该指标可能的一个具体取值. 我们期望能够搞清楚该数量指标取值的概率特征.

所以，在数理统计中，我们抽象地将总体看成一个随机变量或随机向量，用大写英文字母 X,Y,Z 等表示. 一般地，总体的分布是未知的，数理统计的基本任务就是要搞清楚总体的概率分布. 但是，利用有限的信息得出结论时往往会出现错误，所以我们实际上是要搞清楚它的各种可能的分布，及其相应的可能性大小.

2. 样本

要想搞清楚总体的分布，我们会遇到种种困难，例如，

(1) 不可能把每个个体的特征都记录下来；

(2) 不可能收集到所有数据；

(3) 即使可能收集到所有数据，但是要花费大量的财力物力；

(4) 即使收集到了所有的数据资料，面对大量的杂乱无章的资料，没有科学的方法处理，我们也无法得到想要的信息；

……

数理统计是处理以上这些问题的科学手段和方法. 为了搞清楚总体的分布，我们要研究：

(1) 怎样合理收集数据资料；

(2) 怎样对收集到的数据资料进行科学的分析处理；

(3) 合理解释分析处理的结果.

所以，数理统计的第一步，就是收集数据.

从总体中抽取一部分个体出来，称为一个**样本**，样本中所含个体的数目称为**样本容量**.

一般情况下我们总是测量每个个体相应的数量指标或特征并将其记录下来，所以今后把测得的数据全体也称为样本. 用 X_i 表示样本中第 i 个个体的值，$i=1,2,\cdots,n$，用 $(X_1,X_2,\cdots,X_n)$ 表示容量为 n 的一个样本.

样本要有代表性，它应该是总体的一个“雏形”，而不能用特定的部分个体做样本. 所以，容量为 n 的样本 $(X_1,X_2,\cdots,X_n)$ 中，X_i 会取到总体中的哪个值应该是随机的，即 X_i 应该是一个与总体 X 同分布的随机变量，$i=1,2,\cdots,n$. 当一次抽样结束后，我们就得到了 n 个具体观测

值，相应地记为 $(x_1,x_2,\cdots,x_n)$，称为**样本观测值**. 所有样本观测值全体构成的集合称为**样本空间**，记作 $\mathcal{X}$. $(X_1,X_2,\cdots,X_n)$ 可以看成在样本空间 $\mathcal{X}$ 上取值的随机向量. 今后提到样本 $(X_1,X_2,\cdots,X_n)$，有时指随机向量，有时指样本观测值 $(x_1,x_2,\cdots,x_n)$，依上下文而定.

3. 简单随机样本

满足下面条件的样本 $(X_1,X_2,\cdots,X_n)$ 称为**简单随机样本**：

(1) $X_1,X_2,\cdots,X_n$ 是相互独立的随机变量；

(2) $X_1,X_2,\cdots,X_n$ 都与总体 X 有相同的分布.

一般用两种方法得到简单随机样本：

(1) 有放回随机抽样法. 例如，从 N 件产品中有放回地随机抽取 n 件测量其指标.

(2) 对总体 X 进行 n 次独立重复试验. 例如，水稻亩产量问题中，在相同条件下分别种植 n 块试验田，记录种植结果.

今后我们用到的样本如无特别说明，都指简单随机样本. 设总体 X 的分布函数为 $F(x)$，则样本 $(X_1,X_2,\cdots,X_n)$ 的分布函数为

$$F(x_1,x_2,\cdots,x_n)=\prod_{i=1}^{n}F(x_i). \tag{6.1.1}$$

如果总体 X 有密度函数 $p(x)$，那么样本 $(X_1,X_2,\cdots,X_n)$ 的密度函数为

$$p(x_1,x_2,\cdots,x_n)=\prod_{i=1}^{n}p(x_i). \tag{6.1.2}$$

例 6.1.1　某企业为加强质量管理，需要对其生产的螺栓直径进行研究. 设螺栓直径 X 服从正态分布 $N(\mu,\sigma^2)$，其概率密度函数为

$$p(x)=\frac{1}{\sqrt{2\pi}\sigma}\mathrm{e}^{-\frac{(x-\mu)^2}{2\sigma^2}},\quad -\infty<x<\infty.$$

现随机测量 n 个螺栓的直径，记为 $X_1,X_2,\cdots,X_n$. 由于 X_i 来自总体 X，与总体 X 同分布，即 $X_i\sim N(\mu,\sigma^2)$，$i=1,2,\cdots,n$，且相互独立，所以由式(6.1.2)知 $X_1,X_2,\cdots,X_n$ 的联合密度函数为

$$\begin{aligned}p(x_1,x_2,\cdots,x_n)&=\prod_{i=1}^{n}\frac{1}{\sqrt{2\pi}\sigma}\mathrm{e}^{-\frac{(x_i-\mu)^2}{2\sigma^2}}\\&=\frac{1}{(2\pi)^{\frac{n}{2}}\sigma^n}\mathrm{e}^{-\frac{\sum\limits_{i=1}^{n}(x_i-\mu)^2}{2\sigma^2}}\\&=\frac{1}{(2\pi)^{\frac{n}{2}}\sigma^n}\mathrm{e}^{-\frac{\sum\limits_{i=1}^{n}x_i^2-2\mu\sum\limits_{i=1}^{n}x_i+n\mu^2}{2\sigma^2}},\quad -\infty<x_1,x_2,\cdots,x_n<\infty.\end{aligned}$$

6.2　经验分布与频率直方图

6.2.1　经验分布函数

怎样用样本$(X_1, X_2, \cdots, X_n)$估计总体X的分布函数$F(x)$呢？对任给实数x，

$$F(x) = P(X \leqslant x).$$

根据概率的统计定义，我们可以用事件$\{X \leqslant x\}$发生的频率作为$F(x)$的估计，即用样本中不超过x的数据出现的频率估计$F(x)$. 这就引出了下面所谓经验分布函数的概念.

定义 6.2.1　设$(x_1, x_2, \cdots, x_n)$是来自总体X的样本观测值，定义实函数$F_n(x)$如下：

$$\begin{aligned} F_n(x) &= \frac{x_1, x_2, \cdots, x_n\text{中小于等于}x\text{的数据的个数}}{n} \\ &= \frac{1}{n}\sum_{k=1}^{n} I_{(-\infty, x]}(x_k), \quad x \in \mathbf{R}. \end{aligned} \tag{6.2.1}$$

称为该样本的**经验分布函数**. 其中

$$I_{(-\infty, x]}(x_k) = I_{\{x_k \leqslant x\}} = \begin{cases} 1, & x_k \leqslant x, \\ 0, & x_k > x, \end{cases} \quad k = 1, 2, \cdots, n.$$

例 6.2.1　样本为$(5, 3, 6, 4, 4, 2)$，求经验分布函数.

解　由式(6.2.1)，

$$F_6(x) = \frac{1}{6}\sum_{k=1}^{6} I_{(-\infty, x]}(x_k) = \begin{cases} 0, & x < 2, \\ \dfrac{1}{6}, & 2 \leqslant x < 3, \\ \dfrac{1}{3}, & 3 \leqslant x < 4, \\ \dfrac{2}{3}, & 4 \leqslant x < 5, \\ \dfrac{5}{6}, & 5 \leqslant x < 6, \\ 1, & x \geqslant 6. \end{cases}$$

$F_6(x)$的图像如图 6-1 所示.

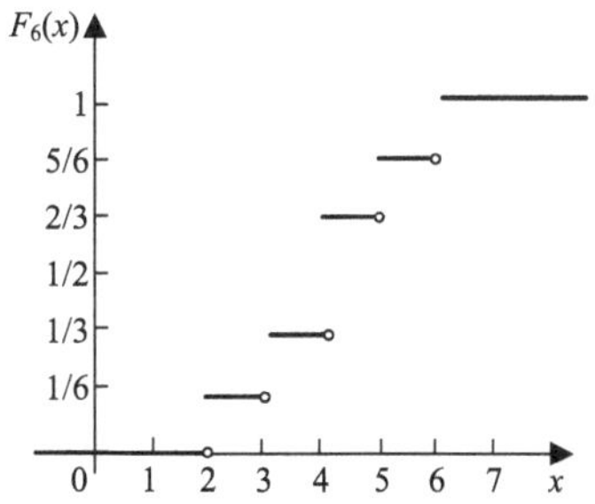

图 6-1

关于经验分布函数，我们要注意以下三点：

(1) 经验分布函数是利用样本得到的，而样本是随机向量，所以经验分布函数也是随机的. 同一个总体，即使是在相同的样本容量之下，不同的样本观测值也会给出不同的经验分布函数；

(2) 对于给定的x，$F_n(x)$是一个随机变量，是事件$\{X \leqslant x\}$在n重伯努利试验中发生的频率；

(3) 给定样本值后，经验分布函数就成为一个普通的跳跃函数，而且恰好是如下离散型随机变量的分布函数：

X	x_1	x_2	$\cdots$	x_n
p_i	$\frac{1}{n}$	$\frac{1}{n}$	$\cdots$	$\frac{1}{n}$

这体现了样本中每个个体地位均等的原则.

6.2.2　频率直方图

如果总体 X 的分布函数 $F(x)$ 有密度函数 $p(x)$，怎样利用样本 $(X_1,X_2,\cdots,X_n)$ 来估计这个密度函数呢？任意给定自变量 $x\in(a,b]$，则当 $(a,b]$ 区间比较短，而且 $p(x)$ 在 $(a,b]$ 区间变化不大时，有

$$P(X\in(a,b])=\int_a^b p(u)\mathrm{d}u\approx p(x)(b-a),$$

再次利用频率近似概率的思想，用 $R_n(a,b)$ 表示样本 $(X_1,X_2,\cdots,X_n)$ 落在 $(a,b]$ 中的个体的个数，那么

$$p(x)\approx\frac{P(X\in(a,b])}{b-a}\approx\frac{R_n(a,b)}{n(b-a)}.$$

这就引出了下面频率直方图的概念.

依次给定 m 个实数 $t_0<t_1<\cdots<t_m$，其中

$$t_2-t_1=t_3-t_2=\cdots=t_m-t_{m-1}=h>0.$$

令

$$f_n(x)=\begin{cases}\dfrac{R_n(t_i,t_{i+1})}{nh}, & x\in(t_i,t_{i+1}],\ i=0,1,2,\cdots,m-1;\\ 0, & x\notin(t_0,t_m].\end{cases}$$

则称 $f_n(x)$ 为密度函数 $p(x)$ 的**频率直方图估计**.

设 $(x_1,x_2,\cdots,x_n)$ 是样本观测值，在实际使用时，我们往往用以下步骤具体给出频率直方图：

(1) 求 $x_1,x_2,\cdots,x_n$ 中的最小值 $x_{(1)}$ 和最大值 $x_{(n)}$，取 a 略小于 $x_{(1)}$，取 b 略大于 $x_{(n)}$ (例如，将 $x_{(1)}$ 的最后一位数缩小半个单位作为 a，将 $x_{(n)}$ 的最后一位数扩大半个单位作为 b)，将区间 $[a,b]$ 分成 m 等份，分点为

$$t_j=a+jh,\quad j=0,1,\cdots,m.$$

其中 $h=\dfrac{b-a}{m}$ 称为**组距**或**步长**. 这样就得到了如下 m 个小区间：

$$(t_0,t_1],\ (t_1,t_2],\ \cdots,\ (t_{m-1},t_m].$$

而每个数据都落在了相应的某个区间里.

(2) 统计落在每个小区间里的样本观测值个数 $\nu_j = R_n(t_j, t_{j+1})$, $j = 0,1,\cdots,m-1$，称为**组频数**. 计算每个小区间上的**组频率** ν_j / n，并以**组频率/组距**作为密度函数的近似值：

$$f_n(x) = \begin{cases} \dfrac{\nu_j}{nh}, & 若 x \in (t_j, t_{j+1}],\quad j = 0,1,\cdots,m-1; \\ 0, & 若 x \notin (t_0, t_m]. \end{cases}$$

(3) 作图. 在平面直角坐标系上分别以 $(t_0,t_1]$, $(t_1,t_2]$, $\cdots$, $(t_{m-1},t_m]$ 为底，相应的 $\dfrac{\nu_0}{nh}, \dfrac{\nu_1}{nh}, \cdots, \dfrac{\nu_{m-1}}{nh}$ 为高作矩形.

例 6.2.2　表 6-1 为我国大陆各省、直辖市某年人均国民生产总值(单位：万元). 作频率直方图.

表 6-1

北 京	25523	安 徽	5221	四 川	5250
天 津	20154	福 建	12362	贵 州	2895
河 北	8362	江 西	5221	云 南	4866
山 西	5460	山 东	10465	西 藏	5307
内蒙古	6463	河 南	5924	陕 西	5024
辽 宁	12041	湖 北	7813	甘 肃	4163
吉 林	7640	湖 南	6054	青 海	5735
黑龙江	9349	广 东	13730	宁 夏	5340
上 海	37382	广 西	4668	新 疆	7913
江 苏	12922	海 南	7135		
浙 江	14655	重 庆	5654		

解　最小值为 2895，最大值为 37382，取 $a = 2894.5$, $b=37382.5$，将区间 $[a, b]$ 分成 6 等份，统计频数，计算频率，得下表.

分组	组频数	组频率	组频率/组距
(2894.5,8642.5]	21	0.677419	0.000118
(8642.5,14390.5]	6	0.193548	0.0000337
(14390.5,20138.5]	1	0.032258	0.00000516
(20138.5,25886.5]	2	0.064516	0.0000112
(25886.5,31634.5]	0	0	0
(31634.5,37382.5]	1	0.032258	0.00000561

频率分布直方图如图 6-2 所示.

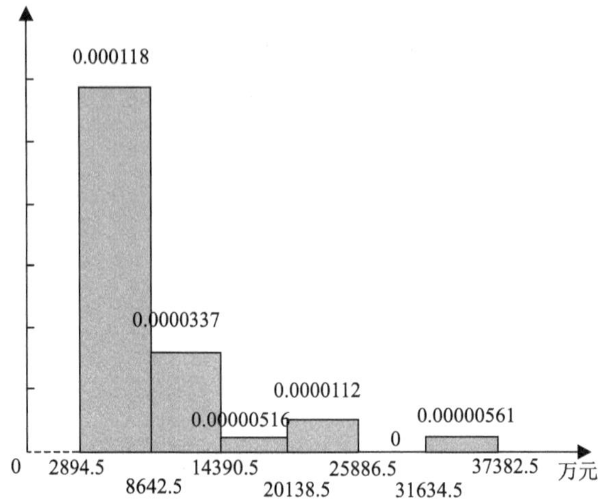

图 6-2

6.3　统　计　量

6.3.1　统计量

样本来自总体，包含了总体分布的信息. 但是我们有时候只对总体某方面的信息感兴趣，这就需要对样本进行加工处理，从样本提取出我们感兴趣的总体信息. 一个重要的方法就是构造统计量.

定义 6.3.1　设 $(X_1, X_2, \cdots, X_n)$ 是来自总体 X 的样本，若 $T(X_1, X_2, \cdots, X_n)$ 是不含有任何未知参数的样本的函数，则称它为**统计量**. 设样本观测值为 $(x_1, x_2, \cdots, x_n)$，则称 $T(x_1, x_2, \cdots, x_n)$ 为统计量 $T(X_1, X_2, \cdots, X_n)$ 的一个**观测值**. 一般地，统计量用大写字母表示，如 $T = T(X_1, X_2, \cdots, X_n)$，统计量的观测值用相应的小写字母表示，如 $t = T(x_1, x_2, \cdots, x_n)$.

例如，设 $(X_1, X_2, \cdots, X_n)$ 是来自总体 X 的样本，则

$$T_1 = X_1, \quad T_2 = \pi(X_1 + X_n), \quad T_3 = \sum_{i=1}^{n} X_i^2, \quad T_4 = \min\{X_1, \cdots, X_n\}$$

等都是统计量，但 $T_5 = X_1 - \alpha$, $T_6 = \dfrac{T_3}{\sigma^2}$ 等都不是统计量，除非其中的 α 和 σ^2 都是已知的. 所以给定一个样本，可以构造无数多个统计量. 一般地，统计量仍是随机变量. 下面介绍几个常用的统计量.

6.3.2　常用统计量

设 $(X_1, X_2, \cdots, X_n)$ 为来自总体 X 的样本.

1. 样本均值和样本方差

样本均值　$\bar{X} = \dfrac{1}{n}\sum_{i=1}^{n} X_i$；　　(6.3.1)

样本方差　$S_0^2=\frac{1}{n}\sum_{i=1}^{n}(X_i-\overline{X})^2$；　(6.3.2)

样本标准差　$S_0=\sqrt{S_0^2}$.　(6.3.3)

例 6.3.1　设总体 X 的数学期望和方差分别为 μ 和 σ^2，$(X_1,X_2,\cdots,X_n)$ 是简单随机样本. 求样本均值 $\overline{X}$ 的数学期望和方差.

解　$X_1,X_2,\cdots,X_n$ 是相互独立且与 X 同分布的随机变量，所以样本均值 $\overline{X}$ 的数学期望和方差分别为

$$E\overline{X}=E\left(\frac{1}{n}\sum_{i=1}^{n}X_i\right)=\frac{1}{n}\sum_{i=1}^{n}EX_i=\mu, \tag{6.3.4}$$

$$D\overline{X}=D\left(\frac{1}{n}\sum_{i=1}^{n}X_i\right)=\frac{1}{n^2}\sum_{i=1}^{n}DX_i=\frac{\sigma^2}{n}. \tag{6.3.5}$$

例 6.3.1 表明，样本均值 $\overline{X}$ 有这样的性质：其观测值以总体期望 μ 为中心波动，方差是 $\frac{\sigma^2}{n}$. 也就是说，样本容量越大，$\overline{X}$ 的方差就越小，就越向总体期望 μ 集中，$\overline{X}$ 把样本中关于 μ 的信息提取出来了. 所以，我们可以用 $\overline{X}$ 的观测值来估计总体期望 μ，而且样本容量越大，估计效果越好.

例 6.3.2　条件同例 6.3.1，求 $\overline{X}$ 的分布.

解　由独立同分布中心极限定理知 $n\to\infty$ 时

$$\frac{\sum_{i=1}^{n}X_i-n\mu}{\sqrt{n\sigma^2}}\xrightarrow{d}N(0,1).$$

所以当 n 较大时，$\sum_{i=1}^{n}X_i$ 近似地服从 $N(n\mu,n\sigma^2)$，从而 $\overline{X}$ 近似地服从 $N\left(\mu,\frac{\sigma^2}{n}\right)$. 当 n 较小时，可以根据总体的分布和卷积公式计算出 $\overline{X}$ 的分布. 例如，若总体服从二项分布 $B(m,p)$，则由二项分布的可加性知

$$\sum_{i=1}^{n}X_i\sim B(mn,\ p),$$

所以 $\overline{X}$ 只能取 $0,\frac{1}{n},\frac{2}{n},\cdots,\frac{mn-1}{n},m$，其分布列为

$$P(\overline{X}=l)=P\left(\sum_{i=1}^{n}X_i=nl\right)=\mathrm{C}_{mn}^{nl}p^{nl}(1-p)^{mn-nl},\quad l=0,\frac{1}{n},\frac{2}{n},\cdots,\frac{mn-1}{n},m.$$

例 6.3.3　设总体 X 的数学期望和方差分别为 μ 和 σ^2，$(X_1,X_2,\cdots,X_n)$ 是简单随机样本，

求样本方差的数学期望.

解

$$S_0^2=\frac{1}{n}\sum_{i=1}^{n}(X_i-\overline{X})^2=\frac{1}{n}\sum_{i=1}^{n}X_i^{\ 2}-2\overline{X}\frac{1}{n}\sum_{i=1}^{n}X_i+\frac{1}{n}\sum_{i=1}^{n}(\overline{X})^2$$
$$=\frac{1}{n}\sum_{i=1}^{n}X_i^{\ 2}-2\overline{X}^2+\overline{X}^2=\frac{1}{n}\sum_{i=1}^{n}X_i^{\ 2}-\overline{X}^2. \tag{6.3.6}$$

由于对 $i=1,2,\cdots,n$，

$$EX_i^2=EX^2=DX+E^2X=\sigma^2+\mu^2,$$

$$E\overline{X}^2=D\overline{X}+E^2\overline{X}=\frac{\sigma^2}{n}+\mu^2,$$

所以

$$ES_0^2=\frac{1}{n}\sum_{i=1}^{n}EX_i^{\ 2}-E\overline{X}^2=\sigma^2+\mu^2-\frac{\sigma^2}{n}-\mu^2=\frac{n-1}{n}\sigma^2. \tag{6.3.7}$$

我们知道，样本均值的数学期望恰好为总体的数学期望. 但是样本方差的数学期望却不是总体的方差. 从上面的计算可以看出来，如果用样本方差的观测值作为总体方差的估计，则有偏小的倾向. 所以我们对样本方差作修正，引入如下统计量来对总体方差进行估计：

修正样本方差　$S^2=\dfrac{1}{n-1}\displaystyle\sum_{i=1}^{n}(X_i-\overline{X})^2$.　(6.3.8)

修正样本标准差　$S=\sqrt{S^2}$.　(6.3.9)

显然，有 $ES^2=\sigma^2$.

除上面关于数学期望和方差的统计量外，我们还可以构造如下一般的**矩统计量**.

样本 k 阶原点矩　$A_k=\dfrac{1}{n}\displaystyle\sum_{i=1}^{n}X_i^k$，$k=1,2,\cdots$.　(6.3.10)

样本 k 阶中心矩　$B_k=\dfrac{1}{n}\displaystyle\sum_{i=1}^{n}(X_i-\overline{X})^k$，$k=2,3,\cdots$.　(6.3.11)

例 6.3.4　$(X_1,X_2,\cdots,X_n)$ 是简单随机样本，如果总体 X 的 k 阶原点矩 $\alpha_k=EX^k$ 存在，则 $n\to\infty$ 时，$A_k\xrightarrow{p}\alpha_k$.

证明　$X_1^k,X_2^k,\cdots,X_n^k$ 独立同分布，$EX_i^k=EX^k=\alpha_k$，由辛钦大数定律知 $n\to\infty$ 时

$$A_k=\frac{1}{n}\sum_{i=1}^{n}X_i^k\xrightarrow{p}EX^k=\alpha_k.$$

此例表明样本容量较大时，用样本原点矩作为总体原点矩的估计是合理的.

2. *次序统计量*

定义样本 $(X_1,X_2,\cdots,X_n)$ 的 n 个函数，依次记为 $X_{(1)},X_{(2)},\cdots,X_{(n)}$：当样本观测值为

$(x_1,x_2,\cdots,x_n)$ 时，将 $x_1,x_2,\cdots,x_n$ 从小到大依次排列得

$$x_{(1)} \leqslant x_{(2)} \leqslant \cdots \leqslant x_{(n)} ,$$

取 $X_{(k)} = x_{(k)}$，$k=1,2,\cdots,n$. 这样定义出的 n 个样本函数 $X_{(1)},X_{(2)},\cdots,X_{(n)}$ 都是统计量，统称为**次序统计量**. 由定义可以看出，

$$X_{(1)} \leqslant X_{(2)} \leqslant \cdots \leqslant X_{(n)} .$$

其中 $X_{(1)}=\min\{X_1,\cdots,X_n\}$ 称为**最小次序统计量**，$X_{(n)}=\max\{X_1,\cdots,X_n\}$ 称为**最大次序统计量**. 我们有时会用到统计量

$$R_n = X_{(n)} - X_{(1)} , \tag{6.3.12}$$

称为**样本极差**，简称**极差**，用来刻画样本分散程度.

设总体 X 的分布函数为 $F(x)$，有密度函数 $p(x)$，则由

$$Fx_{(1)}(x) = 1-(1-F(x))^n \tag{6.3.13}$$

知 $X_{(1)}$ 的密度函数 $p_{n,1}(x)$ 为

$$p_{n,1}(x) = np(x)(1-F(x))^{n-1} . \tag{6.3.14}$$

类似地可求出 $X_{(n)}$ 的密度函数 $p_{n,n}(x)$ 为

$$p_{n,n}(x) = np(x)[F(x)]^{n-1} . \tag{6.3.15}$$

一般地，第 k 个次序统计量 $X_{(k)}$ 的密度函数 $p_{n,k}(x)$ 为

$$p_{n,k}(x) = \frac{n!}{(k-1)!(n-k)!} p(x)[F(x)]^{k-1}[1-F(x)]^{n-k}, \quad k=1,2,\cdots,n . \tag{6.3.16}$$

3. 样本相关系数

设 $(X_1,Y_1),(X_2,Y_2),\cdots,(X_n,Y_n)$ 是来自二元总体 (X,Y) 的样本，X 和 Y 的协方差为 $\mathrm{Cov}(X,Y)=E(X-EX)(Y-EY)$，$X$ 和 Y 的相关系数为 $\rho=\dfrac{\mathrm{Cov}(X,Y)}{\sqrt{DXDY}}$. 有时我们要用样本对它们进行估计，所以引入如下样本方差和样本相关系数的概念，记

$$\bar{X}=\frac{1}{n}\sum_{i=1}^{n}X_i,\quad S_{01}^2=\frac{1}{n}\sum_{i=1}^{n}(X_i-\bar{X})^2,\quad S_{01}=\sqrt{S_{01}^2};$$

$$\bar{Y}=\frac{1}{n}\sum_{i=1}^{n}Y_i,\quad S_{02}^2=\frac{1}{n}\sum_{i=1}^{n}(Y_i-\bar{Y})^2,\quad S_{02}=\sqrt{S_{02}^2}.$$

样本协方差　$S_{1,2}=\dfrac{1}{n}\displaystyle\sum_{i=1}^{n}(X_i-\bar{X})(Y_i-\bar{Y}).$　(6.3.17)

样本相关系数　$r_{1,2}=\dfrac{S_{1,2}}{S_{01}\cdot S_{02}}$.　(6.3.18)

6.4　正态总体抽样分布定理

6.4.1　χ^2 - 分布、t - 分布和 F - 分布

在数理统计学中，除了正态分布，还有三个分布占有十分重要的地位.

1. χ^2 - 分布

定义 6.4.1　若 $X_1,X_2,\cdots,X_n$ 是独立同分布的标准正态随机变量，则称

$$Y=X_1^2+X_2^2+\cdots+X_n^2 \tag{6.4.1}$$

所服从的分布是自由度为 n 的 χ^2- 分布，记为 $Y\sim\chi^2(n)$.

$\chi^2(n)$ 的密度函数如下：

$$p(x)=\begin{cases}\dfrac{\left(\dfrac{1}{2}\right)^{\frac{n}{2}}}{\Gamma(n/2)}x^{\frac{n}{2}-1}\mathrm{e}^{-\frac{x}{2}}, & x>0,\\ 0, & x\leqslant 0.\end{cases} \tag{6.4.2}$$

图像如图 6-3 所示. 不难看出，$\chi^2(n)$ 分布即为 $\Gamma\left(\dfrac{n}{2},\dfrac{1}{2}\right)$ 分布，它的数学期望和方差分别为 n 和 $2n$. 根据 Γ 分布的可加性知 χ^2- 分布具有可加性.

在数理统计的研究及实际应用中常用到随机变量或分布的分位数的概念.

设 X 为一随变量，对于给定的正数 $\alpha(0<\alpha<1)$，称满足条件

$$P(X>\lambda_\alpha)=\alpha \tag{6.4.3}$$

的实数 λ_α 为随机变量 X 的**上侧 α 分位数(点)**.

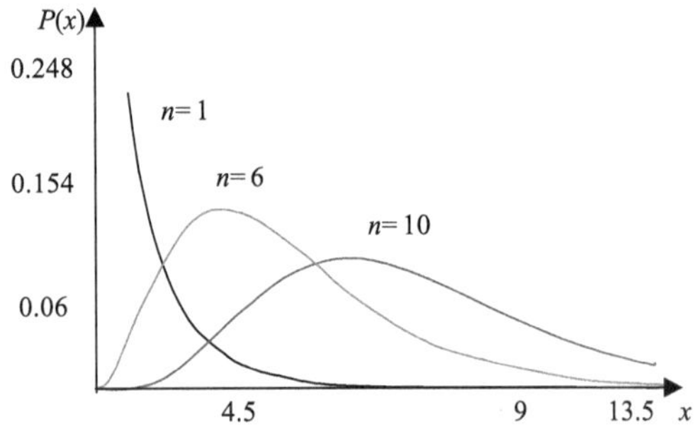

图 6-3

对于随机变量 $X\sim\chi^2(n)$，其上侧 α 分位数记为 $\chi_\alpha^2(n)$，即

$$P(X>\chi_\alpha^2(n))=\alpha.$$

显然，对于给定的正数 $\beta(0<\beta<1)$，有

$$P(X<\chi_{1-\beta}^2(n))=\beta,$$

其中 $\chi_{1-\beta}^2(n)$ 为 $\chi^2(n)$ 分布的上侧 $1-\beta$ 分位数，有时也称 $\chi_{1-\beta}^2(n)$ 为**下侧 β 分位数(点)**. 如图 6-4 所示，上侧 α 分位数的几何意义在于，$\chi_\alpha^2(n)$ 右侧由 $\chi^2(n)$ 分布密度函数与 x 轴所围图形的面积等于 α；下侧 β 分位数有类似的几何意义.

已知 α 和 β 的情况下，可查附表 3 得 $\chi^2_{1-\beta}(n)$ 和 $\chi^2_{\alpha}(n)$ 的值. 例如，

$$\chi^2_{1-0.05}(10)=\chi^2_{0.95}(10)=3.940,\quad \chi^2_{0.05}(10)=18.31.$$

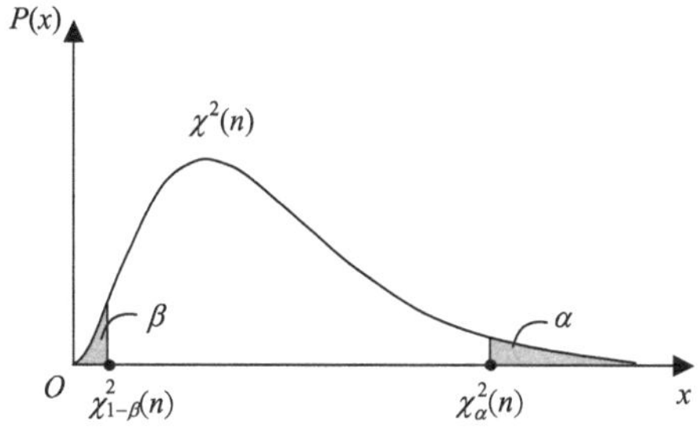

图 6-4

2. t-分布

定义 6.4.2　若随机变量 $X\sim N(0,1)$，$Y\sim\chi^2(n)$，且两者相互独立，则称随机变量

$$T=\frac{X}{\sqrt{Y/n}} \tag{6.4.4}$$

所服从的分布是自由度为 n 的 t-分布，记为 $T\sim t(n)$.

t-分布又叫学生氏分布，是英国统计学家 W. S. Gosset 于 1908 年凭经验发现的，以笔名 Student 发表. 用商的密度函数计算公式不难导出 $t(n)$ 的密度函数为

$$p(x)=\frac{\Gamma\left(\dfrac{n+1}{2}\right)}{\sqrt{n\pi}\Gamma\left(\dfrac{n}{2}\right)}\left(1+\frac{x^2}{n}\right)^{-\frac{n+1}{2}}. \tag{6.4.5}$$

图像如图 6-5 所示. 可以看到，随着自由度的增大，$t(n)$ 的密度函数越来越接近于标准正态分布密度函数.

给定 $0<\alpha<1$，$X\sim t(n)$ 分布的上侧 α 分位数记为 $t_\alpha(n)$，即

$$P(X>t_\alpha(n))=\alpha:$$

由 t-分布的对称性，显然有 $t_{1-\alpha}(n)=-t_\alpha(n)$，如图 6-6 所示. 并且，对于 $t(n)$ 分布的上侧 $\dfrac{\alpha}{2}$ 分位数 $t_{\frac{\alpha}{2}}(n)$，有

$$P(|X|>t_{\frac{\alpha}{2}}(n))=\alpha,$$

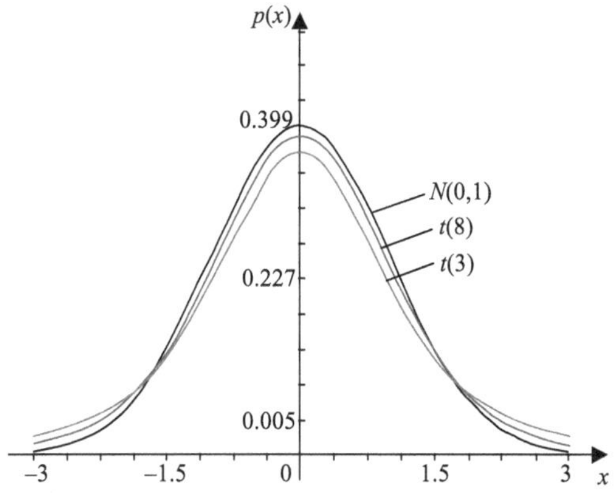

图 6-5

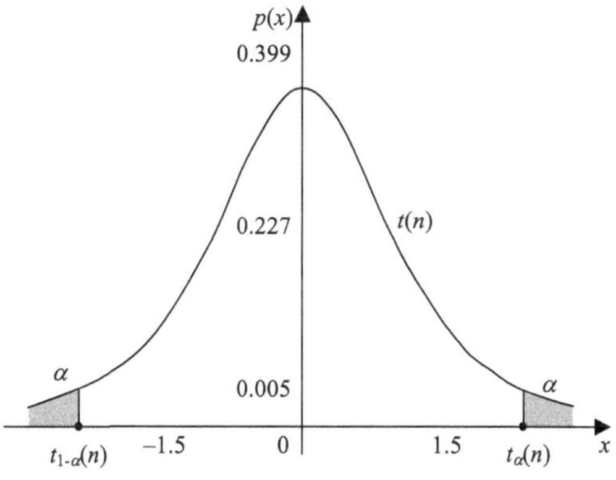

图 6-6

此时，也称 $t_{\frac{\alpha}{2}}(n)$ 为 $t(n)$ 分布的**双侧 α 分位数(点)**.

已知 α 的情况下，可查附表 4 得 $t_\alpha(n)$ 的值. 例如，$t_{0.05}(8)=1.86$，$t_{1-0.05}(8)=t_{0.95}(8)=-1.86$，$t_{\frac{0.05}{2}}(8)=t_{0.025}(8)=2.31$.

当 $n\to\infty$ 时，$t(n)$ 的密度函数以标准正态分布密度函数为其极限. 当 n 比较大时（$n\geqslant 45$），可以用标准正态分布近似 $t(n)$ 分布. 但是当 n 比较小时，这两个分布的差别还是比较明显的. 一个显著的不同点是，$t(n)$ 分布的"尾部"比正态分布的"重"(或"厚"). 与正态分布随机变量相比，$t(n)$ 分布随机变量绝对值取到比较大的值的可能性更大一些(图 6-5).

由于标准正态分布的密度函数也具有对称性，其分位数与 t- 分布的分位数有类似的情形. 给定 $\alpha(0<\alpha<1)$，$X\sim N(0,1)$ 的上侧 α 分位数记为 U_α，即

$$P(X>U_\alpha)=\alpha.$$

显然，$U_{1-\alpha}=-U_\alpha$，$U_{\frac{\alpha}{2}}$ 是 $X\sim N(0,1)$ 的双侧 α 分位数，即

$$P\left(|X|>U_{\frac{\alpha}{2}}\right)=\alpha.$$

标准正态分布的分位数可直接通过查标准正态分布表得到，例如

$$U_{0.05}=1.65,\quad U_{1-0.05}=U_{0.95}=-U_{0.05}=-1.65,\ U_{\frac{0.1}{2}}=U_{0.05}=1.65.$$

3. F - 分布

定义 6.4.3 若随机变量 $X\sim\chi^2(m)$，$Y\sim\chi^2(n)$，且两者相互独立，则称随机变量

$$F=\frac{X/m}{Y/n} \tag{6.4.6}$$

所服从的分布是自由度为 (m,n) 的 F- 分布，记为 $F\sim F(m,n)$. 显然有

$$\frac{1}{F}\sim F(n,m).$$

用商的密度函数计算公式不难导出 $F(m,n)$ 的密度函数为

$$p(x)=\begin{cases}\dfrac{\Gamma\left(\dfrac{m+n}{2}\right)}{\Gamma\left(\dfrac{m}{2}\right)\Gamma\left(\dfrac{n}{2}\right)}m^{\frac{m}{2}}n^{\frac{n}{2}}x^{\frac{m}{2}-1}(mx+n)^{-\frac{m+n}{2}}, & x\geqslant 0,\\ 0, & x<0.\end{cases} \tag{6.4.7}$$

图像如图 6-7 所示.

给定 $\alpha,\beta\in(0,1)$，$X\sim F(m,n)$ 分布的上侧 α 分位数记为 $F_{\alpha}(m,n)$，下侧 β 分位数记为 $F_{1-\beta}(m,n)$，即

$$P(X<F_{1-\beta}(m,n))=\beta,\quad P(X>F_{\alpha}(m,n))=\alpha.$$

显然 $F_{1-\beta}(m,n)=1/F_{\beta}(n,m)$，所以只要有上侧 α 分位数，就可以求出下侧 $1-\alpha$ 分位数，如图 6-8 所示.

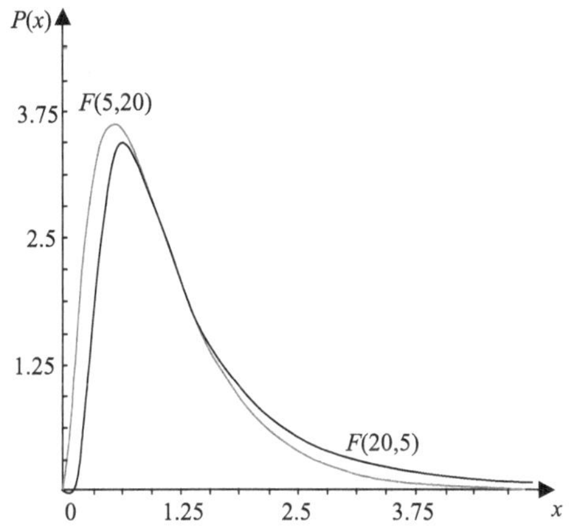

图 6-7

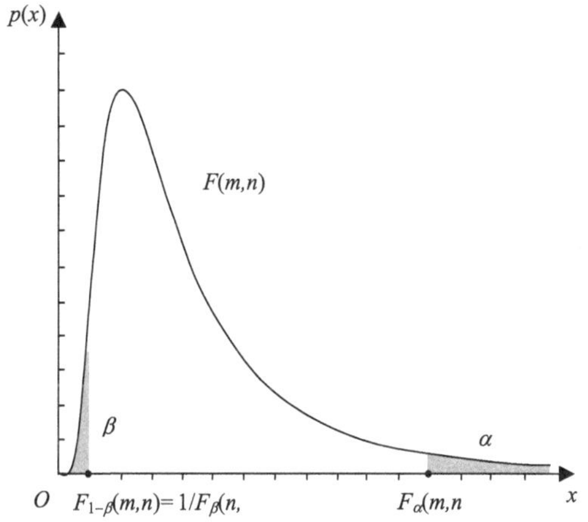

图 6-8

已知 α 和 β 的情况下，可查附表 5 得到所需的分位数，例如，

$$F_{0.05}(5,20)=2.71,$$

$$F_{1-0.05}(5,20)=1/F_{0.05}(20,5)=\frac{1}{4.56}\approx 0.22.$$

6.4.2　正态总体抽样分布基本定理

定理 6.4.1　设 $(X_1,X_2,\cdots,X_n)$ 是来自正态总体 $N(\mu,\sigma^2)$ 的简单随机样本，$\bar{X}$ 和 S^2 分别为样本均值和修正样本方差，则有

(1) $\bar{X}\sim N\left(\mu,\dfrac{\sigma^2}{n}\right)$；　(6.4.8)

(2) $\dfrac{(n-1)S^2}{\sigma^2}\sim\chi^2(n-1)$；　(6.4.9)

(3) $\bar{X}$ 和 S^2 相互独立.

(1) 的证明可利用正态分布的性质得到，(2) 和 (3) 的证明在这里略去，有兴趣的读者可以参看有关书籍. 定理 6.4.1 是数理统计中的一个基本定理，在以后有重要应用. 下面先讨论几个重要推论.

推论 6.4.1 设$(X_1,X_2,\cdots,X_n)$是来自正态总体$N(\mu,\sigma^2)$的简单随机样本，$\overline{X}$和S^2分别为样本均值和修正样本方差，则

$$T=\frac{\sqrt{n}\left(\overline{X}-\mu\right)}{S}\sim t(n-1)\cdot \tag{6.4.10}$$

证明 由t-分布的定义和定理6.4.1有

$$T=\frac{\sqrt{n}\left(\overline{X}-\mu\right)}{S}=\frac{\dfrac{\overline{X}-\mu}{\sqrt{\sigma^2/n}}}{\sqrt{\dfrac{(n-1)S^2}{\sigma^2}\Big/(n-1)}}\sim t(n-1).$$

证毕

推论 6.4.2 设$(X_1,X_2,\cdots,X_m)$和$(Y_1,Y_2,\cdots,Y_n)$分别是来自正态总体$N(\mu_1,\sigma^2)$和$N(\mu_2,\sigma^2)$的简单随机样本，且两个样本相互独立. $\overline{X},\overline{Y}$和$S_1^2,S_2^2$分别为两个样本的样本均值和修正样本方差，则

(1) $T=\sqrt{\dfrac{mn(m+n-2)}{m+n}}\dfrac{\left(\overline{X}-\overline{Y}\right)-(\mu_1-\mu_2)}{\sqrt{(m-1)S_1^2+(n-1)S_2^2}}\sim t(m+n-2);$ (6.4.11)

(2) $\dfrac{S_1^2}{S_2^2}\sim F(m-1,n-1).$ (6.4.12)

只要注意到以下事实，结论显然.

$$\overline{X}\sim N\left(\mu_1,\frac{\sigma^2}{m}\right),\quad \overline{Y}\sim N\left(\mu_2,\frac{\sigma^2}{n}\right),$$

$$\frac{(m-1)S_1^2}{\sigma^2}\sim\chi^2(m-1),\quad \frac{(n-1)S_2^2}{\sigma^2}\sim\chi^2(n-1),$$

且$\overline{X},\ \overline{Y},\ \dfrac{(m-1)S_1^2}{\sigma^2},\ \dfrac{(n-1)S_2^2}{\sigma^2}$四者相互独立. 证明请读者自己完成.

定理 6.4.2(Cochran 定理) 设$X_1,X_2,\cdots,X_n$是独立同分布的标准正态随机变量，

$$Q=\sum_{i=1}^{n}X_i^2=\sum_{l=1}^{k}Q_l\ , \tag{6.4.13}$$

其中Q_l是秩为n_l的$X_1,X_2,\cdots,X_n$的非负定二次型，$l=1,2,\cdots,k$，则$\sum\limits_{l=1}^{k}n_l=n$当且仅当以下两条成立：

(1) $Q_1,Q_2\cdots,Q_k$相互独立；

(2) $Q_l\sim\chi^2(n_l),\ l=1,2,\cdots,k$.

习　题　六

A　组

1. 设总体 $X \sim N\left(\mu,\sigma^2\right)$，其中 μ 未知，σ^2 已知，$X_1,X_2,\cdots,X_n$ 为取自 X 的样本，$\bar{X}$ 为样本均值.

(1) 指出

$$X_1,\quad \frac{1}{\sigma^2}\sum_{i=1}^{n}(X_i-\mu)^2,\quad \frac{1}{\sigma^2}\sum_{i=1}^{n}(X_i-\bar{X})^2,\quad \sum_{i=1}^{n}\left(\frac{X_i}{\sigma}\right)^2,\quad \frac{\sqrt{n}(\bar{X}-\mu)}{\sigma}$$

之中哪些是统计量，哪些不是统计量，为什么？

(2) 写出样本 $X_1,X_2,\cdots,X_n$ 的联合密度函数.

2. 从装有 2 个白球 3 个黑球的盒子中有放回取球，每次任取 1 个，取到白球时令 $X=1$，取到黑球时令 $X=0$，$X_1,X_2,\cdots,X_5$ 为 X 的样本，$\bar{X}$，S^2 分别为样本均值和样本方差. 求 $E\bar{X}$，$D\bar{X}$，ES_0^2.

3. 设总体 $X \sim N\left(\mu,\sigma^2\right)$，$X_1,X_2,\cdots,X_n$ 为取自 X 的样本. 试求

$$U=\sum_{i=1}^{k}X_i,\qquad V=\sum_{i=r+1}^{n}X_i\left(0<k<r<n\right)$$

的联合分布.

4. 设总体 $X \sim e(\lambda)$，$X_1,X_2,\cdots,X_n$ 为取自 X 的样本，对固定的 $x>0$，试求 $X_1,X_2,\cdots,X_n$ 中恰有一个大于 x 的概率.

5. 设总体 $X \sim P(1)$，$X_1,X_2,\cdots,X_n$ 为取自 X 的样本，$F_n(x)$ 为经验分布函数. 试求 $F_n(1)$ 不超过 $1/n$ 的概率.

6. 为了解某校初三毕业班学生数学成绩的分布，随机地抽查 50 名初三学生进行测试，得到分数如下：

58	92	69	67	84	94	57	74	74	83	51	62	64	62	67	72	68	92
84	82	70	87	78	75	60	78	81	67	77	85	76	66	72	78	82	63
74	98	68	73	72	80	86	73	79	66	87	77	88	78				

(1) 取 $a=49.5,b=99.5$，将 $[a,b]$ 分成 10 等份小区间，作频率直方图，并画出近似密度曲线；

(2) 计算样本均值 $\bar{x}$；

(3) 以组中值 d_i (第 i 组的组中值) 为代表，计算平均值 $\tilde{x}=\sum_{i=1}^{10}n_i d_i/50$ (在实际工作中，常用 $\tilde{x}$ 作为 $\bar{x}$ 的近似值).

7. 设总体 $X \sim N(12,4)$，$X_1,X_2,\cdots,X_5$ 为取自 X 的样本. 试求

(1) $\bar{X}$ 大于 13 的概率；

(2) $X_{(1)}<10$ 的概率；

(3) $X_{(5)}>15$ 的概率.

8. 设总体 $X \sim N(20,3)$，今从中抽取样本容量分别为 10 及 15 的两个独立样本. 试求这两个样本的样本均值之差的绝对值大于 0.3 的概率.

9. 设总体 $X \sim N(\mu,4)$，$X_1,X_2,\cdots,X_n$ 为取自 X 的样本. 试问样本容量 n 应取多大才能使

(1) $E(\bar{X}-\mu)^2 \leqslant 0.1$；

(2) $P(|\bar{X}-\mu| \leqslant 0.1) \geqslant 0.95$.

10. 设 $X_1,X_2,\cdots,X_n$ 为来自总体 $N(0,1)$ 的一个样本，$\bar{X}$ 为样本均值，S^2 为修正样本方差. 记 $T=\bar{X}^2-\frac{1}{n}S^2$. 求 $D(T)$.

11. 设总体 $X\sim N(\mu,\sigma^2)$， $X_1,X_2,\cdots,X_n$ 为取自 X 的一个样本， $\bar{X}$和S^2 分别为样本均值和修正的样本方差，又设 $X_{n+1}\sim N(\mu,\sigma^2)$ 且与 $X_1,X_2,\cdots,X_n$ 相互独立. 试证

$$\frac{X_{n+1}-\bar{X}}{S}\sqrt{\frac{n}{n+1}}\sim t(n-1).$$

12. 设总体 $X\sim N(0,\sigma^2),X_1,X_2,X_3,X_4$ 为取自 X 的样本，试求 $\frac{(X_1+X_2)^2}{(X_3-X_4)^2}$ 的分布.

B 组

1. 设总体 $X\sim P(\lambda)$， $X_1,X_2,\cdots,X_n$ 为取自 X 的样本， $\bar{X}$ 为样本均值. 试求概率 $P(\bar{X}=1)$.

2. 设总体 $X\sim e(\lambda)$， $X_1,X_2,\cdots,X_n$ 为取自 X 的样本， $\bar{X}$ 为样本均值.

(1) 证明 $2n\lambda\bar{X}\sim\chi^2(2n)$；

(2) 求 $\frac{X_1}{X_2}$ 的分布.

3. 设总体 $X\sim U[0,1]$， $X_1,X_2,\cdots,X_n$ 为取自 X 的样本. 证明

$$Y=-2\sum_{i=1}^{n}\ln X_i\sim\chi^2(2n).$$

4. 设二元总体 $(X,Y)\sim N\left(\mu_1,\mu_2,\sigma_1{}^2,\sigma_2{}^2,\rho\right)$，$(X_1,Y_1)$，$(X_2,Y_2)$，…，$(X_n,Y_n)$ 为取自 (X,Y) 的样本，$\bar{X}$，$\bar{Y}$， S_1^2， S_2^2， S_{12} 分别为 X ， Y 的样本均值、样本方和样本协方差. 证明

$$\frac{\sqrt{n-1}(\bar{X}-\bar{Y}-(\mu_1-\mu_2))}{\sqrt{S_1^2+S_2^2-2S_{12}}}\sim t(n-1).$$

5. 设 $X_i\sim N(\mu,\sigma_i{}^2)$， $i=1,2,\cdots,n$ 且相互独立，令

$$U=\sum_{i=1}^{n}\left(\frac{X_i-V}{\sigma_i}\right)^2,\qquad V=\sum_{i=1}^{n}\frac{X_i}{\sigma_i^2}\Big/\sum_{i=1}^{n}\frac{1}{\sigma_i^2}.$$

证明 U 与 V 相互独立，且 $U\sim\chi^2(n-1)$.

6. 设总体 $X\sim e(\lambda)$， X_1,X_2 为 X 的样本，试求 $X_{(1)},X_{(2)}$ 及样本极差 R 的密度函数.

7. 设总体 $X\sim U[0,1]$， $X_1,X_2,\cdots,X_n$ 为取自 X 的样本，试求

(1) 第 k 个顺序统计量 $X_{(k)}$ 的密度函数;

(2) 样本极差 $R=X_{(n)}-X_{(1)}$ 的密度函数.

第7章　参数估计

参数估计是统计推断中的核心内容之一. 在很多情形下，总体的分布类型已知，而其中某些参数有待确定. 为了研究总体的性质，就必须先估计出这些未知参数. 此外，有时我们并不需要知道总体的确切分布，只要了解其某些数字特征即可. 这时，就只需对总体的数字特征作出估计. 这些问题都可归结为参数估计问题. 参数估计又可分为点估计和区间估计. 本章首先介绍求解参数点估计量的两个常用方法——矩估计法和极大似然估计法. 其次介绍估计量的三个评价标准——无偏性、有效性以及一致性. 最后给出求解参数区间估计的常用方法，并重点讨论正态总体参数的区间估计问题.

7.1　点　估　计

在数理统计中，为突出分布中的参数θ，我们常将随机变量X的分布函数改记为$F(x;\theta)$，连续型随机变量的密度函数改记为$p(x;\theta)$，离散型随机变量的分布列也改记为$p(x;\theta)$，并称为**概率函数**. 设总体X的分布函数为$F(x;\theta)$，其中θ是未知参数，$\theta\in\Theta$，Θ为参数θ的取值范围，称为**参数空间**. 设$X_1,X_2,\cdots,X_n$为来自总体X的一个样本，$x_1,x_2,\cdots,x_n$为样本观察值. 构造统计量$T=T(X_1,X_2,\cdots,X_n)$，若以T的观察值$t=T(x_1,x_2,\cdots,x_n)$作为θ的估计值，则称这个统计量T为参数θ的一个**点估计量**，并记为$\hat{\theta}$. 如果参数$\theta=(\theta_1,\cdots,\theta_k)$为$k$维向量，统计量$\hat{\theta}_1,\cdots,\hat{\theta}_k$分别作为$\theta_1,\cdots,\theta_k$的点估计量，则参数向量$\theta$的点估计量为$\hat{\theta}=(\hat{\theta}_1,\cdots,\hat{\theta}_k)$. 寻求点估计量的方法有很多种，本节主要介绍两种常用的点估计方法：矩估计法和极大似然估计法.

7.1.1　矩估计法

根据辛钦大数定律，我们知道样本矩依概率收敛于总体矩，并且样本矩的连续函数依概率收敛于总体矩相应的连续函数. 因此，我们可以考虑用样本矩来作为总体矩的估计量. 也就是说，如果未知参数可以表示为总体矩的连续函数，那么可以用样本矩相应的连续函数来作为该参数的估计量，这种估计方法称为**矩估计法**，所求得的估计量称为**矩估计量**.

具体地，设参数θ可表示为$\theta=h(\alpha_1,\cdots,\alpha_m)$，其中$h$为已知的连续函数，$\alpha_j=EX^j$为总体$X$的$j$阶原点矩，以样本$j$阶原点矩$A_j=\frac{1}{n}\sum_{i=1}^{n}X_i^j$替换$h$中的总体原点矩$\alpha_j(j=1,\cdots,m)$得到统计量$\hat{\theta}=h(A_1,\cdots,A_m)$，$\hat{\theta}$就称为$\theta$的**矩估计量**. 由此可见，求$\theta=(\theta_1,\cdots,\theta_k)$的矩估计量的步骤如下：

(1) 求总体的各阶原点矩$\alpha_j=g_j(\theta),\ j=1,\cdots,m$（除非有的$\alpha_j$与参数$\theta$无关，一般$m$等于$\theta$的维数$k$）；

(2) 从方程(组) $\alpha_j=g_j(\theta),\ j=1,\cdots,m$中解出$\theta_i=h_i(\alpha_1,\cdots,\alpha_m),\ i=1,\cdots,k$；

(3) 在$\theta_i=h_i(\alpha_1,\cdots,\alpha_m),\ i=1,\cdots,k$中以$A_j$替换$\alpha_j\ (j=1,\cdots,m)$，即得$\theta_i$的矩估计量

$\hat{\theta}_i = h_i(A_1,\cdots,A_m)$, $i=1,\cdots,k$，从而得到参数向量 θ 的矩估计量 $\hat{\theta}=(\hat{\theta}_1,\cdots,\hat{\theta}_k)$.

若要估计 θ 的连续函数 $g(\theta)$，则可用 $g(\hat{\theta})$ 作为 $g(\theta)$ 的估计量，即 $\widehat{g(\theta)}=g(\hat{\theta})$，其中 $\hat{\theta}$ 为 θ 的矩估计量，称 $g(\hat{\theta})$ 为 $g(\theta)$ 的矩估计量.

根据矩估计量的定义，如果总体 X 的均值和方差存在，则总体均值 EX 的矩估计量为样本均值 $\bar{X}$，即 $\widehat{EX}=\bar{X}$．由于总体方差 $DX=EX^2-(EX)^2=\alpha_2-\alpha_1^2$，故 DX 的矩估计量为 $\widehat{DX}=A_2-A_1^2=\frac{1}{n}\sum_{i=1}^{n}X_i^2-\bar{X}^2=S_0^2$.

例 7.1.1　设总体 X 的密度函数为 $p(x;\lambda)=\lambda x^{\lambda-1}$, $0<x<1$，$\lambda>0$ 为未知参数，$X_1,X_2,\cdots,X_n$ 为总体 X 的一个样本，求 λ 的矩估计量.

解　因为

$$EX=\int_0^1 x\lambda x^{\lambda-1}\mathrm{d}x=\frac{\lambda}{\lambda+1},$$

所以 $\lambda=\frac{EX}{1-EX}$，用 $\bar{X}$ 代替 EX，便得 λ 的矩估计量为

$$\hat{\lambda}=\frac{\bar{X}}{1-\bar{X}}.$$

例 7.1.2　设总体 X 的密度函数为 $p(x;\theta)=\frac{1}{2\theta}\mathrm{e}^{-\frac{|x|}{\theta}}$, $-\infty<x<\infty$, $\theta>0$ 为未知参数，$X_1,X_2,\cdots,X_n$ 为 X 的一个样本，求 θ 的矩估计量.

解　因为 $\alpha_1=EX=0$ 与 θ 无关，故还要求 X 的二阶矩 $\alpha_2=EX^2$.

$$\alpha_2=EX^2=\int_{-\infty}^{\infty}x^2\frac{1}{2\theta}\mathrm{e}^{-\frac{|x|}{\theta}}\mathrm{d}x=\int_0^{\infty}x^2\frac{1}{\theta}\mathrm{e}^{-\frac{x}{\theta}}\mathrm{d}x=2\theta^2.$$

从方程 $\alpha_2=2\theta^2$ 中解出 θ 得 $\theta=\sqrt{\frac{1}{2}\alpha_2}$，在此式中以 $A_2=\frac{1}{n}\sum_{i=1}^{n}X_i^2$ 代替 α_2，并将 θ 改为 $\hat{\theta}$ 即得 θ 的矩估计量为

$$\hat{\theta}=\sqrt{\frac{1}{2}A_2}=\sqrt{\frac{1}{2n}\sum_{i=1}^{n}X_i^2}.$$

例 7.1.3　设总体 $X\sim N(\mu,\sigma^2)$，其中 μ,σ^2 是未知参数，$X_1,X_2,\cdots,X_n$ 是 X 的一个样本. 试求 μ,σ^2,σ 的矩估计量.

解　因为 $EX=\mu$, $DX=\sigma^2$, $\sigma=\sqrt{DX}$，所以

$$\hat{\mu}=\bar{X},\hat{\sigma}^2=S_0^2=\frac{1}{n}\sum_{i=1}^{n}(X_i-\bar{X})^2,\hat{\sigma}=\sqrt{\hat{\sigma}^2}=S_0.$$

例 7.1.4　设总体 X 服从 $[a,b]$ 上的均匀分布，其中 a,b 为未知参数，$X_1,X_2,\cdots,X_n$ 是 X 的一个样本. 试求 a,b 的矩估计量.

解　因有两个未知参数，故要求出总体 X 的一阶、二阶原点矩：

$$\begin{cases}\alpha_1 = EX = \dfrac{1}{2}(a+b),\\ \alpha_2 = EX^2 = \dfrac{1}{3}(a^2+ab+b^2).\end{cases}$$

解方程组得

$$\begin{cases}a = \alpha_1 - \sqrt{3(\alpha_2-\alpha_1^2)},\\ b = \alpha_1 + \sqrt{3(\alpha_2-\alpha_1^2)}.\end{cases}$$

在以上两式中，分别以 A_1,A_2 代替 α_1,α_2（或以 $A_1=\bar{X}$ 及 S_0^2 分别代替 α_1 及 $DX=\alpha_2-\alpha_1^2$）即得 a,b 的矩估计量：

$$\begin{cases}\hat{a} = \bar{X} - \sqrt{3S_0^2},\\ \hat{b} = \bar{X} + \sqrt{3S_0^2}.\end{cases}$$

矩估计法是一种直观而又简单的点估计方法，它并不需要知道总体 X 的具体分布，只要知道某些总体矩即可. 但也正因为如此，由于矩估计并没有充分利用到总体分布函数所提供的信息，因此可能存在一些缺憾. 为此，我们来介绍另一种运用广泛的点估计方法　　极大似然估计法.

7.1.2　极大似然估计法

当总体 X 的分布类型已知，只是其中某些参数未知时，可用极大似然估计法来估计参数. 先通过一个经典的事例来说明极大似然估计法的思想.

例 7.1.5　假设盒子里有许多红球和白球，已知它们的数量之比为 3 : 1，但不知道是红球多还是白球多. 从盒子里有放回地随机取出 3 个球，根据取出的红球数来估计红球所占的比例是 $\dfrac{1}{4}$ 还是 $\dfrac{3}{4}$.

解　设取出的 3 个球中红球数为 X，则 $X\sim B(3,p)$，其中 $p=\dfrac{1}{4}$ 或 $\dfrac{3}{4}$. 若取出的红球数为 0，则应取 $p=\dfrac{1}{4}$. 这是因为

$$P\left(X=0;p=\frac{1}{4}\right)=\mathrm{C}_3^0\cdot\left(\frac{1}{4}\right)^0\cdot\left(\frac{3}{4}\right)^3=\frac{27}{64},$$

$$P\left(X=0;p=\frac{3}{4}\right)=\mathrm{C}_3^0\cdot\left(\frac{3}{4}\right)^0\cdot\left(\frac{1}{4}\right)^3=\frac{1}{64}.$$

概率大的事件在一次试验中发生的机会更大，因此取 $p=\frac{1}{4}$ 比取 $p=\frac{3}{4}$ 更加合理.

同理，若取出的红球数为 2，则应取 $p=\frac{3}{4}$. 这是因为

$$P\left(X=2;p=\frac{1}{4}\right)=\mathrm{C}_3^2\cdot\left(\frac{1}{4}\right)^2\cdot\left(\frac{3}{4}\right)^1=\frac{9}{64},$$

$$P\left(X=2;p=\frac{3}{4}\right)=\mathrm{C}_3^2\cdot\left(\frac{3}{4}\right)^2\cdot\left(\frac{1}{4}\right)^1=\frac{27}{64}.$$

由例 7.1.5 可见，要根据一次抽样的结果去估计参数，就要使得在此估计值下该试验结果发生的可能性达到最大，这就是极大似然估计法的基本思想，有时称为**极大似然原理.** 这种思想方法可应用于一般的参数点估计中，我们按总体的不同分布类型来分别叙述.

若总体 X 为离散型，其概率函数为

$$p(x;\theta)=P(X=x),\quad \theta\in\Theta,$$

其中 $\theta=(\theta_1,\cdots,\theta_k)$ 是待估参数，Θ 是参数空间. 设 $X_1,X_2,\cdots,X_n$ 是来自 X 的样本，则其联合概率函数为

$$\prod_{i=1}^{n}p(x_i;\theta)=\prod_{i=1}^{n}P(X_i=x_i),\quad \theta\in\Theta.$$

若 $x_1,x_2,\cdots,x_n$ 是 $X_1,X_2,\cdots,X_n$ 的样本观察值，即试验结果为 $\{X_1=x_1,X_2=x_2,\cdots,X_n=x_n\}$，我们要选使其发生的概率

$$L(\theta;x_1,x_2,\cdots,x_n)=\prod_{i=1}^{n}p(x_i;\theta)=\prod_{i=1}^{n}P(X_i=x_i),\quad \theta\in\Theta \tag{7.1.1}$$

达到最大的 $\hat{\theta}$ 作为 θ 的估计值.

若总体 X 为连续型，其概率密度为

$$p(x;\theta),\quad \theta\in\Theta,$$

其中 $\theta=(\theta_1,\cdots,\theta_k)$ 是待估参数，Θ 是参数空间. 设 $X_1,X_2,\cdots,X_n$ 是来自 X 的样本，则其联合密度为 $\prod_{i=1}^{n}p(x_i;\theta)$. 若 $x_1,x_2,\cdots,x_n$ 是 $X_1,X_2,\cdots,X_n$ 的样本观察值，则样本点 $(X_1,X_2,\cdots,X_n)$ 落在点 $(x_1,x_2,\cdots,x_n)$ 的邻域内的概率近似为 $\prod_{i=1}^{n}p(x_i;\theta)\mathrm{d}x_i$，我们要取使得该概率达到最大的 $\hat{\theta}$ 作为 θ 的估计值，这等价于要取使得函数

$$L(\theta;x_1,x_2,\cdots,x_n)=\prod_{i=1}^{n}p(x_i;\theta),\quad \theta\in\Theta \tag{7.1.2}$$

达到最大值的 $\hat{\theta}$ 作为 θ 的估计值.

显然，当样本值取定后，式(7.1.1)和式(7.1.2)中的$L(\theta;x_1,x_2,\cdots,x_2)$是关于$\theta$的函数，称之为**似然函数.** 而对给定的$\theta$，$L(\theta;x_1,x_2,\cdots,x_2)$作为$x_1,x_2,\cdots,x_n$的函数，则为$X_1,X_2,\cdots,X_n$的联合分布列或联合密度函数. 为方便，常将$L(\theta;x_1,x_2,\cdots,x_n)$简记为$L(\theta)$.

定义 7.1.1 对给定的样本值$x_1,x_2,\cdots,x_n$，若$\hat{\theta}=\hat{\theta}(x_1,x_2,\cdots,x_n)$满足

$$L(\hat{\theta};x_1,x_2,\cdots,x_n)=\max_{\theta\in\Theta}L(\theta;x_1,x_2,\cdots,x_n), \tag{7.1.3}$$

则称$\hat{\theta}(x_1,x_2,\cdots,x_n)$为$\theta$的**极大似然估计值**，而称其相应的统计量$\hat{\theta}(X_1,X_2,\cdots,X_n)$为$\theta$的**极大似然估计量**，记为$\hat{\theta}_L$. 这种求参数点估计的方法称为**极大似然估计法**.

因此，求极大似然估计量的问题就转化为求解似然函数$L(\theta)$的最大值点的问题. 而$L(\theta)$是连乘积的形式，求最大值点并不是很方便. 注意到$\ln L(\theta)$与$L(\theta)$的最大值点相同，所以我们常常对似然函数取自然对数，将连乘积转化为和的形式，得到对数似然函数，这样就可方便地利用微积分中求极值点的方法来解决问题了.

综上所述，求解极大似然估计量的一般步骤如下：

(1) 写出似然函数$L(\theta)$；

(2) 对似然函数$L(\theta)$取自然对数得到对数似然函数$\ln L(\theta)$；

(3) 对θ求偏导数，并令其为零得方程(组)：

$$\frac{\partial}{\partial\theta_i}\ln L(\theta)=0,\quad i=1,2,\cdots,k,$$

称为**似然方程(组)**；

(4) 解似然方程(组)，得θ的极大似然估计量$\hat{\theta}_L$.

若要估计θ的连续函数$g(\theta)$，当$g(\theta)$有单值反函数时，则可用$g(\hat{\theta}_L)$作为$g(\theta)$的估计量，即$\widehat{g(\theta)}=g(\hat{\theta}_L)$，其中$\hat{\theta}_L$为$\theta$的极大似然估计，则$\widehat{g(\theta_L)}$为$g(\theta)$的极大似然估计.

例 7.1.6 设总体X的密度函数为$p(x,\lambda)=\lambda x^{\lambda-1}$，$0<x<1$，$\lambda>0$为未知参数，$X_1,X_2,\cdots,X_n$为来自总体$X$的样本，求$\lambda$的极大似然估计量.

解 似然函数为

$$L(\lambda)=\prod_{i=1}^{n}\lambda x_i^{\lambda-1}=\lambda^n\left(\prod_{i=1}^{n}x_i\right)^{\lambda-1},$$

取对数得对数似然函数

$$\ln L(\lambda)=n\ln\lambda+(\lambda-1)\sum_{i=1}^{n}\ln x_i,$$

再对λ求偏导数，并令其为零得似然方程

$$\frac{\partial\ln L(\lambda)}{\partial\lambda}=\frac{n}{\lambda}+\sum_{i=1}^{n}\ln x_i=0.$$

解得

$$\lambda = -\frac{n}{\sum_{i=1}^{n} \ln x_i},$$

验证

$$\frac{\partial^2 \ln L(\lambda)}{\partial \lambda^2} = -\frac{n}{\lambda^2} < 0,$$

因此，$\hat{\lambda}_L = -\dfrac{n}{\sum_{i=1}^{n} \ln X_i}$ 为 λ 的极大似然估计量.

与例 7.1.1 比较，可知此分布中参数 λ 的矩估计量和极大似然估计量是不同的.

例 7.1.7　设总体 X 服从两点分布 $\begin{pmatrix} 1 & 2 \\ p & 1-p \end{pmatrix}$，$X_1, X_2, \cdots, X_n$ 为来自总体 X 的样本，求 p 的极大似然估计量.

解　由题意，当 X 取值为 x 时，相应的概率

$$P(X = x) = p^{-(x-2)}(1-p)^{(x-1)}, \quad x = 1, 2.$$

所以似然函数为

$$L(p) = \prod_{i=1}^{n} p^{-(x_i-2)}(1-p)^{x_i-1} = p^{-\sum_{i=1}^{n} x_i + 2n}(1-p)^{\sum_{i=1}^{n} x_i - n},$$

取对数得对数似然函数

$$\ln L(p) = \left(-\sum_{i=1}^{n} x_i + 2n\right)\ln p + \left(\sum_{i=1}^{n} x_i - n\right)\ln(1-p).$$

再对 p 求偏导数，并令其为零得似然方程

$$\left(-\sum_{i=1}^{n} x_i + 2n\right)\frac{1}{p} - \left(\sum_{i=1}^{n} x_i - n\right)\frac{1}{1-p} = 0,$$

解得

$$p = 2 - \frac{1}{n}\sum_{i=1}^{n} x_i.$$

容易验证，$\hat{p}_L = 2 - \dfrac{1}{n}\sum_{i=1}^{n} X_i = 2 - \overline{X}$ 为 p 的极大似然估计量.

不难计算，此例中 p 的矩估计量与极大似然估计量相同.

例 7.1.8　设总体 $X \sim N(\mu, \sigma^2)$，其中 μ, σ^2 是未知参数，$X_1, X_2, \cdots, X_n$ 为来自 X 的样本，

试求μ和σ^2的极大似然估计量.

解 似然函数为

$$L(\mu,\sigma^2)=\prod_{i=1}^{n}\frac{1}{\sqrt{2\pi}\sigma}\mathrm{e}^{-\frac{1}{2\sigma^2}(x_i-\mu)^2}$$
$$=\left(\frac{1}{2\pi\sigma^2}\right)^{\frac{n}{2}}\mathrm{e}^{-\frac{1}{2\sigma^2}\sum\limits_{i=1}^{n}(x_i-\mu)^2},$$

取对数得对数似然函数

$$\ln L=-\frac{n}{2}\ln(2\pi)-\frac{n}{2}\ln\sigma^2-\frac{1}{2\sigma^2}\sum_{i=1}^{n}(x_i-\mu)^2.$$

分别对μ和σ^2求偏导数(其中将σ^2看作一个整体变量)得

$$\frac{\partial\ln L}{\partial\mu}=\frac{1}{\sigma^2}\sum_{i=1}^{n}(x_i-\mu),$$
$$\frac{\partial\ln L}{\partial\sigma^2}=-\frac{n}{2\sigma^2}+\frac{1}{2\sigma^4}\sum_{i=1}^{n}(x_i-\mu)^2.$$

再令偏导数为零，得似然方程组

$$\begin{cases}\dfrac{1}{\sigma^2}\sum\limits_{i=1}^{n}(x_i-\mu)=0,\\-\dfrac{n}{2\sigma^2}+\dfrac{1}{2\sigma^4}\sum\limits_{i-1}^{n}(x_i-\mu)^2=0.\end{cases}$$

解得

$$\begin{cases}\mu=\dfrac{1}{n}\sum\limits_{i=1}^{n}x_i=\overline{x},\\\sigma^2=\dfrac{1}{n}\sum\limits_{i=1}^{n}(x_i-\overline{x})^2=s_0^2.\end{cases}$$

容易验证 $\hat{\mu}=\overline{X}$ 和 $\hat{\sigma}^2=S_0^2$ 分别是μ和σ^2的极大似然估计量.

正态分布的参数μ和σ^2的矩估计量和极大似然估计量是一致的，分别是样本均值和样本方差.

例 7.1.9 设总体$X\sim U[a,b]$，其中a,b是未知参数，$X_1,X_2,\cdots,X_n$为来自X的样本，试求a,b的极大似然估计量.

解 因为总体$X\sim U[a,b]$，密度函数为

$$p(x;a,b)=\begin{cases}\dfrac{1}{b-a}, & a\leqslant x\leqslant b,\\0, & \text{其他}.\end{cases}$$

所以似然函数为

$$L(a,b)=\prod_{i=1}^{n}p(x_i;a,b)$$
$$=\begin{cases}\dfrac{1}{(b-a)^n}, & a\leqslant x_i\leqslant b,\ i=1,2,\cdots,n,\\ 0, & \text{其他},\end{cases}$$
$$=\begin{cases}\dfrac{1}{(b-a)^n}, & a\leqslant x_{(1)},\ b\geqslant x_{(n)},\\ 0, & \text{其他}.\end{cases}$$

显然我们只能根据似然函数直接寻找其极大值点，当 $a=x_{(1)}$，$b=x_{(n)}$ 时，$L(a,b)$ 取到最大值. 所以 a,b 的极大似然估计量分别为

$$\hat{a}_L=X_{(1)},\quad \hat{b}_L=X_{(n)}.$$

例 7.1.9 说明，均匀分布的矩估计量和极大似然估计量也不相同.

极大似然估计法由费希尔(R.A.Fisher)于 1912 年提出，从大样本的观点来看，由于考虑到了总体的概率分布，因此它比矩估计法更加优良. 但同时，也必须事先掌握有关总体的更多信息. 除了矩估计法和极大似然估计法，还有其他点估计的方法，那么在众多估计量中我们究竟该如何选择呢？

7.2 估计量的评价标准

由 7.1 节内容可以看出，我们可以采取不同的方法来估计未知参数，对于同一个未知参数可以构造出许多不同的估计量，应该采用哪一个统计量作为未知参数的估计量并没有一定的限制. 那么在某一个具体的问题中，究竟哪一个估计量更好呢？这就牵涉到我们要用什么样的评价标准来选择估计量的问题. 在不同的场合和背景下，我们的评价标准有可能是不一样的. 最常见的评价标准有无偏性、有效性和一致性.

7.2.1 无偏性

作为一个好的估计量，我们当然希望它不存在系统误差，因此有如下定义.

定义 7.2.1 设 $\hat{\theta}$ 为 θ 的一个估计量，若对于任意的 $\theta\in\Theta$ 有

$$E\hat{\theta}=\theta,\tag{7.2.1}$$

则称 $\hat{\theta}$ 为参数 θ 的**无偏估计量**. 若有 $\lim\limits_{n\to\infty}E\hat{\theta}=\theta$，则称 $\hat{\theta}$ 为参数 θ 的**渐近无偏估计量**.

例 7.2.1 设 $X_1,X_2,\cdots,X_n$ 为来自总体 X 的样本，样本的 k 阶原点矩 A_k 是总体 k 阶原点矩 α_k 的无偏估计. 特别地，样本均值 $\bar{X}$ 是 EX 的无偏估计. 事实上

$EA_k=E\left(\dfrac{1}{n}\sum\limits_{i=1}^{n}X_i^k\right)=\dfrac{1}{n}\sum\limits_{i=1}^{n}EX_i^k=EX^k=\alpha_k$，故 A_k 是总体 k 阶原点矩 α_k 的无偏估计. 当

$k=1$时，结论即为样本均值 $\bar{X}$ 是 EX 的无偏估计.

例 7.2.2　设 $X_1,X_2,\cdots,X_n$ 为来自总体 X 的样本，$DX=\sigma^2<\infty$，S_0^2，S^2 分别为样本方差和修正样本方差. 由 6.3 节知，

$$ES_0^2=\frac{n-1}{n}\sigma^2，ES^2=\sigma^2,$$

故 S^2 是 σ^2 的无偏估计，S_0^2 不是 σ^2 的无偏估计，但它是 σ^2 的渐近无偏估计.

例 7.2.3　设 $X_1,X_2,\cdots,X_n$ 为来自正态总体 $N(\mu,\sigma^2)$ 的样本，常数 c 为何值时，$Y^2=c\sum\limits_{i=1}^{n-1}(X_{i+1}-X_i)^2$ 为 σ^2 的无偏估计？

解　因为 $X_i\sim N(\mu,\sigma^2)$，$i=1,\cdots,n$ 且相互独立，故

$$X_{i+1}-X_i\sim N(0,2\sigma^2),$$

所以　$E(X_{i+1}-X_i)^2=D(X_{i+1}-X_i)=2\sigma^2$，$i=1,\cdots,n-1$. 于是

$$\begin{aligned}EY^2&=c\sum_{i=1}^{n-1}E(X_{i+1}-X_i)^2\\&=c\sum_{i=1}^{n-1}2\sigma^2\\&=2c(n-1)\sigma^2.\end{aligned}$$

所以当 $c=\frac{1}{2(n\quad 1)}$ 时，$Y^2=c\sum\limits_{i=1}^{n-1}(X_{i+1}-X_i)^2$ 为 σ^2 的无偏估计.

例 7.2.4　设总体 $X\sim U[0,\theta]$，$X_1,X_2,\cdots,X_n$ 为来自总体 X 的样本. 试证：$\hat{\theta}=\frac{n+1}{n}X_{(n)}$ 是 θ 的无偏估计量.

证明　因为 $X\sim U[0,\theta]$，所以

$$F(x)=\begin{cases}0, & x<0,\\ \dfrac{x}{\theta}, & 0\leqslant x<\theta,\\ 1, & x\geqslant\theta.\end{cases}$$

由 6.3 节知，$X_{(n)}$ 的密度函数为

$$p(x;\theta)=n[F(x)]^{n-1}F'(x)=\begin{cases}n\left(\dfrac{x}{\theta}\right)^{n-1}\dfrac{1}{\theta}, & 0<x<\theta,\\ 0, & 其他.\end{cases}$$

故

$$\begin{aligned}E\hat{\theta} &= \frac{n+1}{n}E(X_{(n)}) \\ &= \frac{n+1}{n}\int_0^{\theta}\frac{nx^n}{\theta^n}\mathrm{d}x \\ &= \theta.\end{aligned}$$

所以，$\hat{\theta}=\dfrac{n+1}{n}X_{(n)}$ 是 θ 的无偏估计量.　　证毕

例 7.2.5　设 $X_1,X_2,\cdots,X_n$ 是来自参数为 λ 的泊松分布的样本. 试证样本均值 $\bar{X}$ 和修正样本方差 S^2 都是 λ 的无偏估计. 并且对任意值 α，$0\leqslant\alpha\leqslant1$，$\alpha\bar{X}+(1-\alpha)S^2$ 都是 λ 的无偏估计.

证明　由例 7.2.1 和例 7.2.2 易知，样本均值和修正样本方差分别是总体均值和总体方差的无偏估计. 而在参数为 λ 的泊松分布中，$EX=\lambda$，$DX=\lambda$，因此样本均值 $\bar{X}$ 和修正样本方差 S^2 都是 λ 的无偏估计，即

$$E\bar{X}=EX=\lambda,\quad ES^2=DX=\lambda.$$

所以

$$E[\alpha\bar{X}+(1-\alpha)S^2]=\alpha\lambda+(1-\alpha)\lambda=\lambda.$$

从而，对任意值 α，$0\leqslant\alpha\leqslant1$，$\alpha\bar{X}+(1-\alpha)S^2$ 都是 λ 的无偏估计.　　证毕

由此可见，一个未知参数的无偏估计并不是唯一的. 事实上，只要有两个无偏估计存在，我们就能仿照例 7.2.5 构造出无数个无偏估计出来. 那么在这些无偏估计中究竟哪一个更好一些呢？由此引出估计量的第二个评价标准——有效性.

7.2.2　有效性

定义 7.2.2　设 $\hat{\theta}_1$，$\hat{\theta}_2$ 都是 θ 的无偏估计量，若对任意 $\theta\in\Theta$ 有

$$D\hat{\theta}_1\leqslant D\hat{\theta}_2,\tag{7.2.2}$$

且存在 $\theta_0\in\Theta$ 使式(7.2.2)中严格不等号成立，则称 $\hat{\theta}_1$ **比** $\hat{\theta}_2$ **有效**.

例 7.2.6　设 θ 为总体 X 的未知参数，且 $EX=\theta$，$DX>0$ 存在. $X_1,X_2,\cdots,X_n$ $(n\geqslant2)$ 是取自该总体的一个样本，$T_1=\dfrac{1}{3}X_1+\dfrac{2}{3}X_2$，$T_2=\bar{X}$ 是 θ 的两个估计量. 试比较估计量 T_1,T_2 的有效性.

解　根据有效性的定义，首先要验证估计量 T_1,T_2 是无偏估计. 事实上，

$$ET_1=E\left(\frac{1}{3}X_1+\frac{2}{3}X_2\right)=\frac{1}{3}EX_1+\frac{2}{3}EX_2=\theta,$$

$$ET_2=E\bar{X}=EX=\theta,$$

所以，估计量 T_1,T_2 都是无偏的. 下面再进行方差的比较. 因为

$$DT_1 = D\left(\frac{1}{3}X_1 + \frac{2}{3}X_2\right) = \frac{1}{3^2}DX_1 + \left(\frac{2}{3}\right)^2 DX_2 = \frac{5}{9}DX,$$

$$DT_2 = D\overline{X} = \frac{1}{n}DX.$$

当 $n \geqslant 2$ 时，$DT_1 > DT_2$，所以估计量 T_2 比 T_1 有效.

例 7.2.7　设总体 $X \sim U[0,\theta]$，$X_1, X_2, \cdots, X_n$ 是取自该总体的一个样本. θ 的两个无偏估计量 $\hat{\theta}_1 = 2\overline{X}$ 和 $\hat{\theta}_2 = \frac{n+1}{n}X_{(n)}$ 哪一个更有效?

解

$$\begin{aligned} D\hat{\theta}_1 &= D(2\overline{X}) = 4D\overline{X} \\ &= \frac{4}{n}DX = \frac{\theta^2}{3n}. \end{aligned}$$

又由例 7.2.4 知 $EX_{(n)} = \frac{n}{n+1}\theta$，而

$$\begin{aligned} EX_{(n)}^2 &= \int_0^\theta n\left(\frac{x}{\theta}\right)^{n-1} \cdot \frac{1}{\theta}x^2 \mathrm{d}x \\ &= \frac{n\theta^2}{n+2}\left(\frac{x}{\theta}\right)^{n+2}\Bigg|_0^\theta \\ &= \frac{n}{n+2}\theta^2, \end{aligned}$$

于是

$$\begin{aligned} D\hat{\theta}_2 &= \left(\frac{n+1}{n}\right)^2 DX_{(n)} \\ &= \left(\frac{n+1}{n}\right)^2 [EX_{(n)}^2 - E^2X_{(n)}] \\ &= \left(\frac{n+1}{n}\right)^2 \left[\frac{n}{n+2}\theta^2 - \left(\frac{n}{n+1}\right)^2\theta^2\right] \\ &= \frac{\theta^2}{n(n+2)}. \end{aligned}$$

$$D\hat{\theta}_1 = \frac{\theta^2}{3n} \geqslant \frac{\theta^2}{n(n+2)} = D\hat{\theta}_2.$$

所以 $\hat{\theta}_2$ 比 $\hat{\theta}_1$ 更有效.

7.2.3 一致性

无偏性和有效性一般都不考虑样本容量n变化时估计量的性质(渐近无偏估计除外)，但有时我们需要考虑当样本容量$n\to\infty$时估计量的性质. 我们知道，对未知参数进行估计时，主要信息来自样本，故从直观上看，样本容量n越大，从样本中获得的有关总体的信息越多，得到的估计也应越准确. 随着$n\to\infty$，估计量的值应越来越接近于参数真值，最终应与参数真值一致，这就是一致性的概念. 设$\hat{\theta}_n$为未知参数θ的一个估计量，若对任意真值$\theta\in\Theta$有

$$\hat{\theta}_n \xrightarrow{P} \theta, \tag{7.2.3}$$

则称$\hat{\theta}_n$为θ的**一致估计量**.

一致性是在样本容量n趋于无穷大时对估计量提出的要求，因此是估计量的大样本性质. 它保证了$\hat{\theta}_n-\theta$的值随着n的增大依概率收敛到0. 但是,要证明一个估计量是一致估计量并不容易. 一般地，由独立同分布大数定律和依概率收敛的概念，我们有结论：矩估计量是一致估计量；在某些条件下，极大似然估计量也是一致估计量.

7.3 区间估计

7.3.1 基本概念

在 7.1 节和 7.2 节我们讨论了参数估计中的点估计问题，如果给出了未知参数θ的一个点估计$\hat{\theta}$，那么只要有了样本观察值$x_1,x_2,\cdots,x_n$，就能求出估计值$\hat{\theta}_1(x_1,x_2,\cdots,x_n)$，这样就能有一个很明确的数量概念. 但是点估计值只是θ的一种近似值，而近似的可靠程度和精确程度却不能由点估计本身反映出来. 甚至，我们无法知道这种近似的误差范围究竟有多大. 为此，著名统计学家奈曼(Neyman)在 20 世纪 30 年代建立了参数的区间估计理论，很好地解决了点估计遗留下的问题.

为了保证估计的可靠度，我们可以构造一个区间$[\hat{\theta}_1,\hat{\theta}_2]$来估计参数$\theta$的范围，其中$\hat{\theta}_1$和$\hat{\theta}_2$都是样本的函数，因此区间$[\hat{\theta}_1,\hat{\theta}_2]$是随机区间. 随机区间包含参数$\theta$的概率就是以该区间作为$\theta$的估计时的可靠程度. 估计的精确程度则可用区间的长度来刻画，也可用某种能体现这个要求的其他标准来表示.

事实上，估计的可靠程度和精确程度二者之间是相互矛盾的. 在样本容量n固定时，不可能同时提高可靠程度和精确程度. 给出的随机区间的长度越大，可靠程度就越高，但同时就会降低精确程度. 反之，给出的随机区间的长度越小，精确程度就越高，与此同时可靠程度就会降低. 相对地，人们更重视估计的可靠程度，因此通常首先保证可靠程度，在此前提下再尽量提高精确程度.

定义 7.3.1 设$\hat{\theta}_1,\hat{\theta}_2$为两个统计量，其中$\hat{\theta}_1\leqslant\hat{\theta}_2$. 用区间$[\hat{\theta}_1,\hat{\theta}_2]$估计参数$\theta$，则称$[\hat{\theta}_1,\hat{\theta}_2]$为$\theta$的一个**区间估计**. 设$[\hat{\theta}_1,\hat{\theta}_2]$为$\theta$的一个区间估计，$\alpha(0<\alpha<1)$为一给定常数，如果对任意$\theta\in\Theta$都有

$$P(\hat{\theta}_1 \leqslant \theta \leqslant \hat{\theta}_2) = 1-\alpha, \tag{7.3.1}$$

那么称$[\hat{\theta}_1, \hat{\theta}_2]$为$\theta$的**置信度为$1-\alpha$的置信区间**. 称$1-\alpha$为**置信度**或**置信系数**，$\hat{\theta}_2$，$\hat{\theta}_1$分别为**上、下置信限**.

我们可以这样理解定义7.3.1：置信区间是随机区间，上下置信限都是样本的函数，只要有了一次样本观察值$x_1, x_2, \cdots, x_n$，就能相应地得到一个确定区间$[\hat{\theta}_1(x_1, x_2, \cdots, x_n), \hat{\theta}_2(x_1, x_2, \cdots, x_n)]$. 如果对样本作$N$次观察，每次的观察值记为$x_{1_k}, x_{2_k}, \cdots, x_{n_k}$，$k=1,2,\cdots,N$，就能相应地得到$N$个区间

$$[\hat{\theta}_1(x_{1_k}, x_{2_k}, \cdots, x_{n_k}),\ \hat{\theta}_2(x_{1_k}, x_{2_k}, \cdots, x_{n_k})], \quad k=1,2,\cdots,N.$$

这N个区间未必都包含参数θ的真实值，有些区间包含，而有些区间并不包含. 当式(7.3.1)成立时，N个区间中包含参数θ的真实值的频率大约为$1-\alpha$. 也就是说，随机区间以$1-\alpha$的概率包含着参数θ.

在有些情况下，我们会对参数的一端界限更感兴趣. 有时候，我们关心的是θ的上限，有时是θ的下限，由此就有了下面的单侧置信区间和单侧置信限的概念.

定义 7.3.2　设$\underline{\theta}$和$\overline{\theta}$都是统计量，给定一个常数$\alpha(0<\alpha<1)$. 如果对任意$\theta \in \Theta$都有

$$P(\theta \geqslant \underline{\theta}) = 1-\alpha, \tag{7.3.2}$$

那么称$[\underline{\theta}, \infty)$为$\theta$的**置信度为$1-\alpha$的单侧置信区间**，称$\underline{\theta}$为$\theta$的**置信度为$1-\alpha$的单侧置信下限.** 如果对任意$\theta \in \Theta$都有

$$P(\theta \leqslant \overline{\theta}) = 1-\alpha, \tag{7.3.3}$$

那么称$(-\infty, \overline{\theta}]$为$\theta$的**置信度为$1-\alpha$的单侧置信区间**，称$\overline{\theta}$为$\theta$的**置信度为$1-\alpha$的单侧置信上限**.

7.3.2　区间估计的常用方法——主元法

如何寻求参数的区间估计呢?我们先来看一个例子.

例 7.3.1　随机地从一批螺栓中抽取16枚，测得其平均直径$\bar{x}$为2.125cm. 设螺栓的直径服从正态分布$N(\mu, 0.01^2)$，求螺栓平均直径μ的置信度为95%的置信区间.

解　易知样本均值$\bar{X}$是总体均值μ的点估计，由此构造一个样本函数

$$U = \frac{\bar{X}-\mu}{\sigma/\sqrt{n}}$$

其中$\sigma = 0.01$已知. 函数U含有待估计的未知参数μ，但不含有其他未知参数. 根据正态总体的抽样分布定理可知$U \sim N(0,1)$，所以对于给定的置信度$1-\alpha$，可以查表得到相应的标准正态分布的双侧分位数$u_{\frac{\alpha}{2}}$，使得

$$P\left(|U| \leqslant u_{\frac{\alpha}{2}}\right) = 1-\alpha.$$

由于事件

$$\left\{|U|\leqslant u_{\frac{\alpha}{2}}\right\}=\left\{-u_{\frac{\alpha}{2}}\leqslant U\leqslant u_{\frac{\alpha}{2}}\right\}$$
$$=\left\{\bar{X}-\frac{\sigma}{\sqrt{n}}u_{\frac{\alpha}{2}}\leqslant\mu\leqslant\bar{X}+\frac{\sigma}{\sqrt{n}}u_{\frac{\alpha}{2}}\right\},$$

因此

$$P\left(\bar{X}-\frac{\sigma}{\sqrt{n}}u_{\frac{\alpha}{2}}\leqslant\mu\leqslant\bar{X}+\frac{\sigma}{\sqrt{n}}u_{\frac{\alpha}{2}}\right)=1-\alpha .$$

由定义 7.3.1，我们就求得了 μ 的一个置信度为 $1-\alpha$ 的置信区间：

$$\left[\bar{X}-\frac{\sigma}{\sqrt{n}}u_{\frac{\alpha}{2}},\bar{X}+\frac{\sigma}{\sqrt{n}}u_{\frac{\alpha}{2}}\right].$$

将 $1-\alpha=95\%$，$u_{\frac{\alpha}{2}}=u_{0.025}=1.96$，$\bar{x}=2.125,\ \sigma=0.01,\ n=16$ 代入，得

$$\bar{x}-\frac{\sigma}{\sqrt{n}}u_{\frac{\alpha}{2}}=2.125-\frac{0.01}{\sqrt{16}}\times1.96=2.1201,$$
$$\bar{x}+\frac{\sigma}{\sqrt{n}}u_{\frac{\alpha}{2}}=2.125+\frac{0.01}{\sqrt{16}}\times1.96=2.1299.$$

所以 μ 的一个置信度为 95%的置信区间为 $[2.1201,2.1299]$.

注 将给定的样本观察值代入置信区间，得到一个非随机区间. 但我们习惯上仍称为置信区间.

由例 7.3.1 可以看出，我们要寻求的随机区间 $[\hat{\mu}_1,\hat{\mu}_2]$ 必须满足 $P(\hat{\mu}_1\leqslant\mu\leqslant\hat{\mu}_2)=1-\alpha$. 由于我们对事件 $\{\hat{\mu}_1\leqslant\mu\leqslant\hat{\mu}_2\}$ 并不了解，因此无法直接找到 $[\hat{\mu}_1,\hat{\mu}_2]$. 但是，由于函数 U 服从某个已知的分布，所以可由 $P(\lambda_1\leqslant U\leqslant\lambda_2)=1-\alpha$ 来确定常数 λ_1,λ_2. 而 U 和未知参数 μ 有关，因此我们就可以通过不等式变形找到 $[\hat{\mu}_1,\hat{\mu}_2]$.

于是，我们可以总结出求未知参数的置信区间的一般方法，具体步骤如下.

(1) 寻找一个样本的函数 $Z=Z(X_1,X_2,\cdots,X_n;\theta)$，它只含有待估参数 θ，而不含有其他任何未知参数，并且 Z 的分布已知且不依赖于参数 θ. 这样的函数称为**主元**或**枢轴变量**(注：因 Z 中包含未知参数，故它不是统计量).

(2) 对于给定的置信度 $1-\alpha$，根据 Z 的分布找到两个常数 λ_1,λ_2，使得 $P(\lambda_1\leqslant Z\leqslant\lambda_2)=1-\alpha$.

(3) 由不等式 $\lambda_1\leqslant Z(X_1,X_2,\cdots,X_n;\theta)\leqslant\lambda_2$ 解出 $\hat{\theta}_1\leqslant\theta\leqslant\hat{\theta}_2$，则 $[\hat{\theta}_1,\hat{\theta}_2]$ 就是 θ 的置信度为 $1-\alpha$ 的置信区间.

这种求置信区间的方法称为**主元法**或**枢轴变量法.** 用主元法求参数的置信区间，可以很好地控制估计的可靠度，但是估计的精确程度则要依赖于主元 Z 和常数 λ_1,λ_2 的选择. 要提高估计的精确程度，就要使置信区间的长度尽可能短. 一般来说，当 Z 的分布为单峰且对称于 y 轴时，可取 λ 使得 $P(|Z|\leqslant\lambda)=1-\alpha$，此时 $\lambda_2=\lambda,\ \lambda_1=-\lambda$ (如正态分布和 t- 分布)，如此得到的置

信区间的长度最短. 当 Z 的分布不对称时，可采取等概率原则选取 λ_1,λ_2，使得 $P(Z<\lambda_1)=P(Z>\lambda_2)=\dfrac{\alpha}{2}$，如此得到的置信区间的长度虽非最短，但也相差不多.

7.3.3　正态总体的区间估计

下面我们就利用正态总体的抽样分布定理来构造主元，寻求正态总体各参数的置信区间.

1. 一个正态总体参数的区间估计

设总体 $X\sim N(\mu,\sigma^2)$，$X_1,X_2,\cdots,X_n$ 为来自 X 的一个样本，$\alpha(0<\alpha<1)$ 为给定的常数.

(1) σ^2 已知，求 μ 的置信区间.

例如，例 7.3.1，取

$$Z=\frac{\bar{X}-\mu}{\sigma/\sqrt{n}}\sim N(0,1)$$

作主元. 由 $P(|Z|\leqslant\lambda)=1-\alpha$ 查标准正态分布表得 $\lambda=u_{\frac{\alpha}{2}}$，再通过不等式变形解得

$$\bar{X}-\frac{\sigma}{\sqrt{n}}u_{\frac{\alpha}{2}}\leqslant\mu\leqslant\bar{X}+\frac{\sigma}{\sqrt{n}}u_{\frac{\alpha}{2}}.$$

于是，σ^2 已知时 μ 的置信度为$1-\alpha$ 的置信区间为

$$\left[\bar{X}-\frac{\sigma}{\sqrt{n}}u_{\frac{\alpha}{2}},\ \bar{X}+\frac{\sigma}{\sqrt{n}}u_{\frac{\alpha}{2}}\right].\tag{7.3.4}$$

(2) σ^2 未知，求 μ 的置信区间.

由推论 6.4.1 知，可取

$$Z=\frac{\bar{X}-\mu}{S/\sqrt{n}}\sim t(n-1)$$

作主元. 由 $P(|Z|\leqslant\lambda)=1-\alpha$ 查 t 分布分位数表得 $\lambda=t_{\frac{\alpha}{2}}(n-1)$，再通过不等式变形解得

$$\bar{X}-\frac{S}{\sqrt{n}}t_{\frac{\alpha}{2}}(n-1)\leqslant\mu\leqslant\bar{X}+\frac{S}{\sqrt{n}}t_{\frac{\alpha}{2}}(n-1).$$

于是，σ^2 未知时 μ 的置信度为$1-\alpha$ 的置信区间为

$$\left[\bar{X}-\frac{S}{\sqrt{n}}t_{\frac{\alpha}{2}}(n-1),\ \bar{X}+\frac{S}{\sqrt{n}}t_{\frac{\alpha}{2}}(n-1)\right].\tag{7.3.5}$$

例 7.3.2　包糖机某日开工包糖，抽取 12 包糖，称得质量(单位：kg)为

9.9　10.1　10.3　10.4　10.5　10.2　9.7　9.8　10.1　10.0　9.8　10.3

假定质量服从正态分布，试由此数据求该机器所包糖的平均质量的置信度为 95%的置信区间.

解 取

$$Z=\frac{\overline{X}-\mu}{S/\sqrt{n}}\sim t(12-1)$$

作主元. 由 $P(|Z|\leqslant\lambda)=95\%$，查 t 分布分位数表得

$$\lambda=t_{0.025}(11)=2.20.$$

由样本观察值算得 $\overline{x}=10.092,\ s=0.2575$，代入式(7.3.5)

$$\overline{x}-\frac{s}{\sqrt{n}}t_{\frac{\alpha}{2}}(n-1)=10.092-\frac{0.2575}{\sqrt{12}}\times 2.20=9.9284,$$
$$\overline{x}+\frac{s}{\sqrt{n}}t_{\frac{\alpha}{2}}(n-1)=10.092+\frac{0.2575}{\sqrt{12}}\times 2.20=10.2555.$$

所以该机器所包糖的平均质量的一个置信度为 95%的置信区间为 $[9.9284,10.2556]$.

(3) μ 未知，求 σ^2 的置信区间.

由定理 6.4.1 知，可取

$$Z=\frac{(n-1)S^2}{\sigma^2}\sim\chi^2(n-1)$$

作主元. 由 $P(\lambda_1\leqslant Z\leqslant\lambda_2)=1-\alpha$ 查 χ^2 分布分位数表得 $\lambda_1=\chi^2_{1-\frac{\alpha}{2}}(n-1)$，$\lambda_2=\chi^2_{\frac{\alpha}{2}}(n-1)$. 再通过不等式变形解得

$$\frac{(n-1)S^2}{\chi^2_{\frac{\alpha}{2}}(n-1)}\leqslant\sigma^2\leqslant\frac{(n-1)S^2}{\chi^2_{1-\frac{\alpha}{2}}(n-1)}.$$

于是，σ^2 的置信度为 $1-\alpha$ 的置信区间为

$$\left[\frac{(n-1)S^2}{\chi^2_{\frac{\alpha}{2}}(n-1)},\ \frac{(n-1)S^2}{\chi^2_{1-\frac{\alpha}{2}}(n-1)}\right]. \tag{7.3.6}$$

例 7.3.3 随机地取某种炮弹 9 发做试验，得炮口速度的方差的无偏估计 $s^2=11(\mathrm{m/s})^2$. 设炮口速度服从正态分布 $N(\mu,\sigma^2)$. 求方差 σ^2 的置信度为 90%的置信区间.

解 取

$$Z=\frac{(n-1)S^2}{\sigma^2}\sim\chi^2(9-1)$$

作主元. 由 $P(\lambda_1\leqslant Z\leqslant\lambda_2)=90\%$ 查 χ^2 分布分位数表得

$$\lambda_1=\chi^2_{0.95}(8)=2.733,\quad \lambda_2=\chi^2_{0.05}(8)=15.51.$$

将$s^2=11$代入式(7.3.6)，得

$$\frac{(n-1)s^2}{\chi^2_{0.05}(n-1)}=\frac{8\times 11}{15.51}=5.6738,$$

$$\frac{(n-1)s^2}{\chi^2_{0.95}(n-1)}=\frac{8\times 11}{2.733}=32.1990.$$

所以方差σ^2的一个置信度为90%的置信区间为$[5.6738,32.1990]$.

注 附录一例2介绍了使用SPSS软件求置信区间的方法.

2. 两个正态总体参数的区间估计

设总体$X\sim N(\mu_1,\sigma_1^2)$，$X_1,X_2,\cdots,X_{n_1}$为来自$X$的样本，总体$Y\sim N(\mu_2,\sigma_2^2)$，$Y_1,Y_2,\cdots,Y_{n_2}$为来自$Y$的样本，两个样本互相独立. 对于给定的常数$\alpha$，求两总体均值之差$\mu_1-\mu_2$的置信区间. 记

$$\bar{X}=\frac{1}{n_1}\sum_{i=1}^{n_1}X_i,\quad S_1^2=\frac{1}{n_1-1}\sum_{i=1}^{n_1}(X_i-\bar{X})^2;$$

$$\bar{Y}=\frac{1}{n_2}\sum_{i=1}^{n_2}Y_i,\quad S_2^2=\frac{1}{n_2-1}\sum_{i=1}^{n_2}(Y_i-\bar{Y})^2.$$

(1) σ_1^2,σ_2^2已知，求两总体均值之差$\mu_1 \quad \mu_2$的置信区间.

取

$$Z=\frac{(\bar{X}-\bar{Y})-(\mu_1-\mu_2)}{\sqrt{\dfrac{\sigma_1^2}{n_1}+\dfrac{\sigma_2^2}{n_2}}}\sim N(0,1)$$

作主元. 由$P(|Z|\leqslant\lambda)=1-\alpha$查标准正态分布表得$\lambda=u_{\frac{\alpha}{2}}$. 再通过不等式变形解得

$$\bar{X}-\bar{Y}-\sqrt{\frac{\sigma_1^2}{n_1}+\frac{\sigma_2^2}{n_2}}u_{\frac{\alpha}{2}}\leqslant\mu_1-\mu_2\leqslant\bar{X}-\bar{Y}+\sqrt{\frac{\sigma_1^2}{n_1}+\frac{\sigma_2^2}{n_2}}u_{\frac{\alpha}{2}}.$$

于是，$\mu_1-\mu_2$的置信度为$1-\alpha$的置信区间为

$$\left[\bar{X}-\bar{Y}-\sqrt{\frac{\sigma_1^2}{n_1}+\frac{\sigma_2^2}{n_2}}u_{\frac{\alpha}{2}},\ \bar{X}-\bar{Y}+\sqrt{\frac{\sigma_1^2}{n_1}+\frac{\sigma_2^2}{n_2}}u_{\frac{\alpha}{2}}\right].\tag{7.3.7}$$

(2) $\sigma_1^2=\sigma_2^2=\sigma^2$未知，求两总体均值之差$\mu_1-\mu_2$的置信区间.

由推论6.4.2知，可取

$$Z=\sqrt{\frac{n_1n_2(n_1+n_2-2)}{n_1+n_2}}\cdot\frac{(\bar{X}-\bar{Y})-(\mu_1-\mu_2)}{\sqrt{(n_1-1)S_1^2+(n_2-1)S_2^2}}\sim t(n_1+n_2-2)$$

作主元. 由 $P(|Z|\leqslant\lambda)=1-\alpha$ 查 t- 分布分位数表得 $\lambda=t_{\frac{\alpha}{2}}(n_1+n_2-2)$. 再通过不等式变形解得

$$\bar{X}-\bar{Y}-\sqrt{\frac{(n_1+n_2)[(n_1-1)S_1^2+(n_2-1)S_2^2]}{n_1n_2(n_1+n_2-2)}}t_{\frac{\alpha}{2}}(n_1+n_2-2)\leqslant\mu_1-\mu_2$$
$$\leqslant\bar{X}-\bar{Y}+\sqrt{\frac{(n_1+n_2)[(n_1-1)S_1^2+(n_2-1)S_2^2]}{n_1n_2(n_1+n_2-2)}}t_{\frac{\alpha}{2}}(n_1+n_2-2).$$

于是，$\sigma_1^2=\sigma_2^2=\sigma^2$ 未知时 $\mu_1-\mu_2$ 的置信度为 $1-\alpha$ 的置信区间为

$$\left[\bar{X}-\bar{Y}-\sqrt{\frac{(n_1+n_2)[(n_1-1)S_1^2+(n_2-1)S_2^2]}{n_1n_2(n_1+n_2-2)}}t_{\frac{\alpha}{2}}(n_1+n_2-2),\right.$$
$$\left.\bar{X}-\bar{Y}+\sqrt{\frac{(n_1+n_2)[(n_1-1)S_1^2+(n_2-1)S_2^2]}{n_1n_2(n_1+n_2-2)}}t_{\frac{\alpha}{2}}(n_1+n_2-2)\right].\tag{7.3.8}$$

当 $n_1=n_2=n$ 时，

$$Z=[(\bar{X}-\bar{Y})-(\mu_1-\mu_2)]\cdot\sqrt{\frac{n}{S_1^2+S_2^2}}\sim t(2n-2).$$

此时 $\mu_1-\mu_2$ 的置信度为 $1-\alpha$ 的置信区间为

$$\left[\bar{X}-\bar{Y}-\sqrt{\frac{S_1^2+S_2^2}{n}}t_{\frac{\alpha}{2}}(2n-2),\ \bar{X}-\bar{Y}+\sqrt{\frac{S_1^2+S_2^2}{n}}t_{\frac{\alpha}{2}}(2n-2)\right].\tag{7.3.9}$$

例 7.3.4　为了在正常条件下检验一种杂交作物的两种新处理方案,在同一地区随机地挑选条件相同的八块地，在每块试验地上按两种方案种植作物，这八块地的单位面积产量(单位：kg)分别是

一号方案产量：	86	87	56	93	84	93	75	79
二号方案产量：	80	79	58	91	77	82	74	66

假设这两种方案的产量都服从正态分布. 试求这两种方案的平均产量之差的置信度为95%的一个置信区间.

解　首先可以判定两个正态总体的方差是相等的，具体方法见第 8 章假设检验. 将 $\bar{x}=81.625,\ s_1^2=145.696,\ \bar{y}=75.875,\ s_2^2=102.125,\ t_{0.025}(14)=2.15$ 代入式(7.3.9)，得

$$\bar{x}-\bar{y}-\sqrt{\frac{s_1^2+s_2^2}{n}}t_{\frac{\alpha}{2}}(2n-2),$$
$$=81.625-75.875-\sqrt{\frac{145.696+102.125}{8}}\times 2.15$$
$$=-6.216,$$

$$\bar{x}-\bar{y}-\sqrt{\frac{s_1^2+s_2^2}{n}}t_{\frac{\alpha}{2}}(2n-2),$$
$$=81.625-75.875+\sqrt{\frac{145.696+102.125}{8}}\times 2.15$$
$$=17.716,$$

所以这两种方案的平均产量之差的一个置信度为 95%的置信区间为$[-6.216, 17.716]$.

7.3.4　非正态总体均值的区间估计(大样本法)

当总体分布非正态时，除指数分布等极少数几个分布外，一般很难找到适合的主元. 当样本容量n较大时($n\geqslant 50$)，则可利用中心极限定理来构造主元. 这种方法称为**区间估计的大样本方法.** 大样本方法要受到样本较大这一条件的限制，而且只能得到主元的近似分布.

设总体X的均值为μ，方差$0<\sigma^2<\infty$，$X_1, X_2, \cdots, X_n$为来自X的样本，α为给定的常数$(0<\alpha<1)$. 求均值μ的置信度为$1-\alpha$的置信区间.

由中心极限定理可知$n\to\infty$时，

$$\frac{\bar{X}-\mu}{\sigma/\sqrt{n}}\xrightarrow{d}N(0,1),$$

$$\frac{\bar{X}-\mu}{S_0/\sqrt{n}}\xrightarrow{d}N(0,1).$$

所以当σ已知而n较大时，可取

$$\frac{\bar{X}-\mu}{\sigma/\sqrt{n}}$$

作主元，得μ的置信度为$1-\alpha$的近似置信区间为

$$\left[\bar{X}-\frac{\sigma}{\sqrt{n}}u_{\frac{\alpha}{2}},\ \bar{X}+\frac{\sigma}{\sqrt{n}}u_{\frac{\alpha}{2}}\right]. \tag{7.3.10}$$

当σ未知时，可取

$$\frac{\bar{X}-\mu}{S_0/\sqrt{n}}$$

作主元，则 μ 的置信度为$1-\alpha$ 的近似置信区间为

$$\left[\bar{X}-\frac{S_0}{\sqrt{n}}u_{\frac{\alpha}{2}},\ \bar{X}+\frac{S_0}{\sqrt{n}}u_{\frac{\alpha}{2}}\right]. \tag{7.3.11}$$

由于主元是近似服从正态分布，因此得到的置信区间都是近似的. 至于近似的程度如何，则要取决于样本容量n的大小和总体自身的分布.

例 7.3.5　设总体 X 服从0-1分布，$X_1,X_2,\cdots,X_n$ 是来自总体的样本. 求 p 的置信度为$1-\alpha$ 的置信区间.

解　因为$X\sim B(1,p)$，所以$EX=p,\ DX=p(1-p)$，但DX未知. 而

$$S_0^2=\frac{1}{n}\sum_{i=1}^{n}(X_i-\bar{X})^2=\bar{X}(1-\bar{X}),$$

由式(7.3.11)知 p 的置信度为$1-\alpha$ 的置信区间近似为

$$\left[\bar{X}-\sqrt{\frac{\bar{X}(1-\bar{X})}{n}}u_{\frac{\alpha}{2}},\ \bar{X}+\sqrt{\frac{\bar{X}(1-\bar{X})}{n}}u_{\frac{\alpha}{2}}\right].$$

习　题　七

A　组

1. 设 $X_1,X_2,\cdots,X_n$ 是来自服从 0-1 分布的总体 X 的一个样本. 试求成功概率 p 的矩估计量.

2. 设 $X_1,X_2,\cdots,X_n$ 是来自两点分布 $X\sim\begin{pmatrix}-1 & 1\\ 1-p & p\end{pmatrix}$的一个样本. 试求未知参数 p 的极大似然估计量.

3. 设总体 X 服从泊松分布 $P(\lambda)$, $\lambda>0$ 是未知参数. $X_1,X_2,\cdots,X_n$ 是来自 X 的一个样本. 试求未知参数 λ 的矩估计量和极大似然估计量.

4. 设总体 X 具有分布密度

$$p(x;\alpha)=(\alpha+1)x^{\alpha},\quad 0<x<1,$$

其中 $\alpha>-1$ 是未知参数. $X_1,X_2,\cdots,X_n$ 是来自 X 的一个样本. 试求参数 α 的矩估计量和极大似然估计量.

5. 设总体 X 具有分布密度

$$p(x,\lambda)=\begin{cases}\alpha\lambda x^{\alpha-1}\mathrm{e}^{-\lambda x^{\alpha}}, & x>0,\\ 0, & x\leqslant 0,\end{cases}$$

其中 $\lambda>0$ 是未知参数，$\alpha>0$ 是已知常数，$X_1,X_2,\cdots,X_n$ 是来自 X 的一个样本. 试求 $\frac{1}{\lambda}$ 的极大似然估计量.

6. 设总体 X 具有分布密度

$$p(x;\alpha,\beta)=\begin{cases}\frac{1}{\beta}\mathrm{e}^{-\frac{x-\alpha}{\beta}}, & x\geqslant\alpha,\\ 0, & x<\alpha,\end{cases}$$

其中 $\beta>0$，$X_1,X_2,\cdots,X_n$ 是来自 X 的一个样本. 试求参数 α,β 的矩估计量和极大似然估计量.

7. 设总体 X 服从对数正态分布，其分布密度是

$$p(x;\mu,\sigma^2)=(2\pi\sigma^2)^{-\frac{1}{2}}x^{-1}\exp\left\{-\frac{1}{2\sigma^2}(\ln x-\mu)^2\right\},\quad x>0,$$

其中 $-\infty<\mu<\infty$，$\sigma^2>0$ 是未知参数，$X_1,X_2,\cdots,X_n$ 是来自 X 的一个样本. 试求 μ 和 σ^2 的矩估计量和极大似然估计量.

8. 设 $X_1,X_2,\cdots,X_n$ 是来自均匀分布 $U[\theta,\theta+1]$，$\theta>0$ 的样本. 试求 θ 的矩估计量和极大似然估计量.

9. 设总体 X 服从正态 $N(\mu,1)$ 分布，$-\infty<\mu<\infty$ 是未知参数. X_1,X_2 是来自该总体的一个样本. 试验证下面三个估计量：

(1) $\hat{\mu}_1=\frac{2}{3}X_1+\frac{1}{3}X_2$，　　(2) $\hat{\mu}_2=\frac{1}{4}X_1+\frac{3}{4}X_2$，

(3) $\hat{\mu}_3=\frac{1}{2}X_1+\frac{1}{2}X_2$

都是 μ 的无偏估计.

10. 设总体 $X\sim U\left[\theta-\frac{1}{2},\theta+\frac{1}{2}\right]$，$X_1,X_2,\cdots,X_n$ 是来自该总体的样本. 试证：

$$\hat{\theta}_1=\frac{1}{n}\sum_{i=1}^{n}X_i,\quad \hat{\theta}_2=\frac{1}{2}(X_{(n)}+X_{(1)})$$

都是 θ 的无偏估计.

11. 设 $X_1,X_2,\cdots,X_n$ $(n>2)$ 为来自总体 $N(0,\sigma^2)$ 的样本，$\bar{X}$ 为样本均值，记 $Y_i=X_i-\bar{X},i=1,2,\cdots,n$. 若 $c(Y_1+Y_2)^2$ 是 σ^2 的无偏估计，求常数 c.

12. 设 $\hat{\theta}_1=\hat{\theta}_1(X_1,X_2,\cdots,X_n)$ 和 $\hat{\theta}_2=\hat{\theta}_2(X_1,X_2,\cdots,X_n)$ 是参数 θ 的两个相互独立的无偏估计，且方差 $D(\hat{\theta}_1)=2D(\hat{\theta}_2)$. 试求常数 k_1 和 k_2，使得 $k_1\hat{\theta}_1+k_2\hat{\theta}_2$ 是 θ 的无偏估计，且在这样的估计类中方差最小.

13. 对于方差 σ^2 已知的正态总体，问需要抽取容量 n 为多大的样本，才能使总体均值 μ 的置信度为 $1-\alpha$ 的置信区间的长度不大于 L？

14. 若例 7.3.1 中螺栓的直径(单位：厘米)服从正态分布 $N(\mu,\sigma^2)$，其中 μ 和 σ^2 都是未知参数. s=0.0171 厘米. 求螺栓平均直径的置信度为 95%的置信区间.

15. 测量钢筋的直径 X（单位：厘米），得到一组数据如下：

5.35　5.41　5.32　5.33　5.44　5.36　5.37　5.38

设 X 服从正态分布，试求 X 的标准差 σ 的置信度为 95%的置信区间.

16. 设总体 X 服从指数分布，其密度函数为

$$P(x,\lambda)=\begin{cases}\lambda e^{-\lambda x}, & x\geqslant 0\\ 0, & x<0\end{cases}\ (\lambda>0).$$

求参数 λ 的置信度为 $1-\alpha$ 的置信区间.

17. 设总体 X 和 Y 分别服从正态分布 $N(\mu_1,\sigma^2)$ 和 $N(\mu_2,\sigma^2)$，从总体 X 中抽取的样本观察值为 6.92, 7.34, 7.26, 6.88; 从总体 Y 中抽取的样本观察值为 7.33, 7.93, 7.65, 7.49, 7.10. 试求 $\mu_1-\mu_2$ 的置信度为 90%的置信区间.

B　组

1. 设随机变量 X 的分布函数为

$$F(x)=\begin{cases}1-\left(\dfrac{\alpha}{x}\right)^{\beta}, & x>\alpha,\\ 0, & x\leqslant\alpha,\end{cases}$$

其中参数 $\alpha>0,\beta>1$. $X_1,X_2,\cdots,X_n$ 为来自总体 X 一组样本.

(1) 当 $\alpha=1$ 时，求 β 的矩估计；

(2) 当 $\alpha=2$ 时，求 β 的极大似然估计；

(3) 当 $\beta=2$ 时，求 α 的极大似然估计.

2. 设总体 $X\sim\begin{pmatrix}0 & 1 & 2\\ 1-2\theta & \theta & \theta\end{pmatrix}$，$0<\theta<\dfrac{1}{2}$ 未知. $X_1,X_2,\cdots,X_n$ 是来自该总体的一个样本. 求参数 θ 的矩估计和极大似然估计.

3. 设总体 X 的密度函数为

$$p(x,\theta)=\begin{cases}\theta, & 0<x<1,\\ 1-\theta, & 1\leqslant x<2,\\ 0, & \text{其他},\end{cases}$$

其中 $\theta(0<\theta<1)$ 为未知参数，$X_1,X_2,\cdots,X_n$ 为来自该总体的一组样本，其观测值 $x_1,x_2,\cdots,x_n$ 中有 N 个小于 1. 求：

(1) θ 的矩估计；

(2) θ 的极大似然估计；

(3) 研究 $\bar{X}^2$ 作为 θ^2 的估计的无偏性.

4. 设 $X_1,X_2,\cdots,X_n$ 是来自正态总体 $N(\mu,\sigma^2)$ 的一个样本，其中 μ 为已知. 证明

(1) $S_0^2=\dfrac{1}{n}\sum\limits_{i=1}^{n}(X_i-\mu)^2$ 是 σ^2 的无偏估计；

(2) $\hat{\sigma}=\dfrac{1}{n}\sqrt{\dfrac{\pi}{2}}\sum\limits_{i=1}^{n}|X_i-\mu|$ 是 σ 的无偏估计.

5. 设 $X_1,X_2,\cdots,X_n$ 是来自具有下列指数分布的总体的一个样本

$$p(x,\lambda)=\begin{cases}\dfrac{1}{\lambda}e^{-\frac{x}{\lambda}}, & x\geqslant 0,\\ 0, & \text{其他}.\end{cases}$$

证明 $\bar{X}=\dfrac{1}{n}\sum\limits_{i=1}^{n}X_i$ 是 λ 的无偏估计、一致估计.

6. 医学研究认为，母亲在怀孕期间吸烟会影响到婴儿以后的健康，甚至有人认为会影响到婴儿的外观. 护士对 1500 例新生儿进行独立观测，判断其母亲是否吸烟，结果有 910 例判断正确. 给出护士判断的准确率的置信度为 95%的置信区间.

7. 设 X 和 Y 为两个独立总体且 $X\sim N(\mu_1,\sigma_1^2)$，$Y\sim N(\mu_2,\sigma_2^2)$. $X_1,X_2,\cdots,X_{n_1}$ 及 $Y_1,Y_2,\cdots,Y_{n_2}$ 分别为它们的两个样本. 求两个总体方差之比 $\dfrac{\sigma_1^2}{\sigma_2^2}$ 的置信度为 $1-\alpha$ 的置信区间.

第 8 章　假 设 检 验

假设检验是统计推断的又一主要形式. 在日常生活、科学研究和生产实践中，我们常要对一些问题作出某种推断或猜测，这就是假设，然后根据实际情况或实验结果对所作的这种假设作出判断，这就是检验. 具体地说，假设检验就是在总体分布完全未知或只知其形式但不知其参数的情况下，为了推断总体的某些性质，提出了某些关于总体的假设，然后通过抽取样本，对假设的正确性进行判断. 本章主要介绍有关均值、方差及分布函数等假设的检验方法.

8.1　假设检验的基本概念

8.1.1　问题的提出

我们先考察两个实际例子.

例 8.1.1　某厂生产一种保健食品. 已知在正常情况下，每瓶保健食品的质量(单位：g)服从均值为25.0,均方差为0.1的正态分布. 某日开工后,随机抽取20瓶,测得其平均质量为24.94. 试问该日生产是否正常?

若用 X 表示该日生产的一瓶保健食品的质量，由实际经验表明标准差比较稳定，所以我们可将随机变量 X 看成服从正态分布 $N(\mu,0.1^2)$，那么判断该日生产是否正常等价于判断总体的均值 μ 是否等于 25，若经判断得到 $\mu - 25$，则可认为该日生产正常，否则认为不正常. 我们把“$\mu = 25$”称为一个假设，记为 $H_0: \mu = 25$.

例 8.1.2　某厂生产一批产品，按质量要求规定，其次品率不超过 5%才能出厂. 今从这批产品中随机地抽取 50 件检验，发现有 4 件次品，试问这批产品能否出厂?

用 p 表示这批产品的次品率，若能判定 $p \leqslant 0.05$，则可认为这批产品符合标准，可以出厂，否则不可出厂. 那么现在的问题就是要根据样本判断“$p \leqslant 0.05$”能否成立. 我们把“$p \leqslant 0.05$”称为一个假设，记为 $H_0: p \leqslant 0.05$.

从上述例子中可以看出，数理统计中的假设实际上是根据问题的要求而事先提出的有关总体的某个假设 H_0. 提出了假设 H_0 后，接下来要作的是根据样本来判断 H_0 是否成立. 我们把这个过程称为**检验**. 若经检验得到“H_0 不成立”的结论，则称**拒绝**或**否定** H_0，反之则称**接受** H_0. 如果检验的假设仅涉及总体分布中的参数，则称这种形式的检验为**参数的假设检验**，除此之外的其他形式的检验称为**非参数的假设检验**.

对于假设 $H_0: \mu = \mu_0$，经检验如果拒绝 H_0，则等价于接受 $\mu \neq \mu_0$. “$\mu \neq \mu_0$”也可看成一个假设，记作 $H_1: \mu \neq \mu_0$，称为**备择假设**或**对立假设**. 把原来的假设 H_0 称为**原假设**或**零假设**. 此时，我们常把假设写成 $H_0: \mu = \mu_0$； $H_1: \mu \neq \mu_0$. 在实际问题中，有时还会提出这样的原假设和备择假设 $H_0: \mu \leqslant \mu_0$ (或 $\mu \geqslant \mu_0$)； $H_1: \mu > \mu_0$ (或 $\mu < \mu_0$)，如例 8.1.2. 这类假设检验问题称为**单边检验**(原假设与备择假设各居一边)，而称前述问题 $H_0: \mu = \mu_0$； $H_1: \mu \neq \mu_0$ 的检验为**双边检验**(备择假设分居原假设的两边).

8.1.2 假设检验的基本思想

由大数定律可知，在大量的重复试验中，某事件 A 出现的频率接近于事件 A 的概率. 因而若某事件 A 发生的概率很小，则在大量的重复试验中，它出现的频率也很小. 例如，$P(A)=0.0001$，则在大约 10000 次的试验中，事件 A 大约出现一次. 因此概率很小的事件在一次试验中几乎是不可能发生，这就是所谓的**小概率原理**，这样的事件称为**实际不可能事件**. 在实际操作中，人们总是根据所研究的具体问题，规定一个很小的正数 α（一般不超过 0.1），把概率不超过 α 的事件认为是实际不可能事件，即认为这样的事件在一次试验中是不会发生的，我们称这个 α 为**显著性水平**. 对于各种不同的问题，显著性水平可以选择不同的数，为查表方便，常选取 $\alpha=0.1, 0.05, 0.01$ 等.

假设检验的基本思想就是以小概率原理作为拒绝假设 H_0 的依据. 具体一点说，设有某个假设 H_0 要检验，我们先假定 H_0 是正确的，在此条件下，构造一个概率不超过 $\alpha(0<\alpha<1)$ 的小概率事件 A. 如果在一次试验中，事件 A 发生了，这与小概率原理相矛盾，因此我们有理由怀疑假设 H_0 的正确性，从而否定 H_0. 如果事件 A 不发生，没有得出矛盾，我们就接受 H_0. 这种检验方式称为**显著性检验**.

8.1.3 假设检验的步骤

我们用例 8.1.1 来说明假设检验方法的具体步骤.

首先由题意提出检验假设

$$H_0:\ \mu=\mu_0=25;\quad H_1:\mu\neq\mu_0=25.$$

其次选一个在 H_0 为真时的小概率事件 A，这是假设检验的关键之处. 因要检验的假设涉及总体均值 μ，而样本均值 $\bar{X}$ 是 μ 的无偏估计，故 $\bar{X}$ 的大小在一定程度上反应了 μ 的大小. 因此，当假设 H_0 为真时，$\left|\bar{X}-\mu_0\right|$ 一般不会太大或等价于统计量 $U=\dfrac{|\bar{X}-\mu_0|}{\sigma/\sqrt{n}}$ 的绝对值不会太大. 如果 $|U|$ 过分大，则我们应怀疑假设 H_0 的正确性而拒绝 H_0. 于是我们可选择适当大的常数 λ，以 $\{|U|>\lambda\}$ 作为小概率事件 A. 由于在 H_0 为真时，$U\sim N(0,1)$，因此对给定的显著性水平 α，由 $P(|U|>\lambda)=\alpha$ 可确定 $\lambda=u_{\frac{\alpha}{2}}$. 这样我们就找到了 H_0 为真时，在一次试验中几乎不可能发生的小概率事件

$$A=\left\{|U|>u_{\frac{\alpha}{2}}\right\}.$$

在假设检验中我们把这种用来构造小概率事件的统计量称为**检验统计量.** 例如，上面提到的

$$U=\frac{\bar{X}-\mu_0}{\sigma/\sqrt{n}}.$$

然后，我们要根据小概率事件发生与否来进行判断. 抽取一次样本，就是作一次随机试验，若 U

的观察值u满足$|u|>u_{\alpha/2}$，则认为小概率事件A发生了，于是拒绝H_0；反之，若$|u|\leqslant u_{\alpha/2}$，则 接受$H_0$. 称$u_{\alpha/2}$为**临界值**，集合$W=\{u:|u|>u_{\alpha/2}\}$为检验的**拒绝域**. 为方便常将$W$记为$W=\{|U|>u_{\alpha/2}\}$. 这样拒绝域$W$与小概率事件$A$虽然在概念上有所不同，但在形式上完全一致，便于记忆. 同时，称集合$\{|U|\leqslant u_{\alpha/2}\}$为检验的**接受域**.

例 8.1.1 中若取$\alpha=0.05$，则$\lambda=u_{0.025}=1.96$，则检验的拒绝域为

$$W=\left\{|U|=\frac{\left|\bar{X}-\mu_0\right|}{\sigma/\sqrt{n}}>1.96\right\},$$

由样本观察值算得$\bar{x}$=24.94，$|u|=\dfrac{|24.94-25|}{0.1/\sqrt{20}}\approx 2.68>1.96$，这说明小概率事件在一次试验中发生了，因此我们有充分的理由认为原假设不真，所以在显著性水平$\alpha=0.05$下拒绝H_0，即认为该日的生产不正常.

通过以上的分析，可以将假设检验的基本步骤归纳为：

(1) 根据实际问题提出原假设H_0和备择假设H_1；

(2) 根据H_0构造一个合适的检验统计量，例如U，注意它必须满足：对H_0为真时的某个参数，U的分布已知且与未知参数无关；

(3) 根据给定或选定的显著性水平α，确定临界值和拒绝域W；

(4) 根据样本观察值，计算统计量U的值u；

(5) 作判断：若$u\in W$，则拒绝H_0；若$u\notin W$，则不否定H_0，这里我们也称接受H_0.

8.1.4 假设检验中的两类错误

从上面的讨论可以看出，假设检验的检验过程类似于数学中的反证法，但这里又区别于数学中的反证法. 因为我们作出拒绝H_0的结论时，所依据的矛盾并不是形式逻辑的绝对矛盾，而是基于小概率原理，即认为在一次试验中小概率事件几乎不可能发生，但不是说它绝对不发生. 而我们对假设H_0作出判断的依据是一次抽样中这个小概率事件是否发生，因抽样的随机性，我们无论是推翻原假设，还是接受原假设，都不会是百分之百的正确. 我们有可能犯以下两类错误：**第一类错误**是拒绝了真实的原假设，即H_0本来是正确的，但由于统计量观察值落在拒绝域中而误认为H_0不正确，这类错误也称为**弃真错误**；**第二类错误**是接受了不真的原假设，即H_0本来是不正确的，但由于统计量观察值不在拒绝域中而误认为H_0正确，这类错误也称**存伪错误**.

犯这两类错误的概率依赖于参数的真值. 显然犯第一类错误的概率不大于显著性水平α，即

$$P(\text{拒绝}H_0\mid H_0\text{为真})=P(U\in W\mid H_0\text{为真})\leqslant\alpha. \tag{8.1.1}$$

一般就称α为犯第一类错误的概率. 犯第二类错误的概率我们习惯把它记为β，即

$$P(\text{接受}H_0\mid H_0\text{为不真})=P(U\notin W\mid H_1\text{为真})=\beta. \tag{8.1.2}$$

在进行假设检验时，当然希望犯两类错误的概率都越小越好. 然而当样本容量n固定时，犯这两类错误的概率不可能同时被控制，减少其中一个，另一个往往会增大. 要使犯两类错误

的概率都减小，必须增加样本容量. 但由于各种条件的限制，增加样本容量也是不容易办到的事. 所以在实际问题中，通常采用的方法是：控制犯第一类错误的概率不超过预先指定的显著性水平 α，而使犯第二类错误的概率 β 尽可能小. 在这类检验法中我们把使犯第二类错误的概率 β 达到最小的检验法称为**最优检验法**. 本书中我们所介绍的检验大都是在上述意义下的最优或近似最优检验.

关于假设检验还要说明两点：

(1) 在假设检验中，原假设与备择假设的地位不是对等的. 只有在证据充足时，才否定原假设 H_0，所以检验推断往往“偏袒”或“保护”原假设 H_0.

(2) 由于拒绝原假设 H_0 时，理由是充分的，但接受 H_0 只不过是没有找到拒绝 H_0 的足够证据，因此在实际应用中，一般不应将接受 H_0 与 H_0 成立等同起来. 如有必要，可继续进行抽样试验作进一步的检验.

8.2 正态总体均值的假设检验

8.2.1 单个正态总体均值的检验

设总体 $X \sim N(\mu,\sigma^2)$，$X_1,X_2,\cdots,X_n$ 为来自总体 X 的一个样本.

1. *方差 $\sigma^2=\sigma_0^2$ 已知，检验 H_0: $\mu=\mu_0; H_1: \mu\neq\mu_0$*

这种情况我们已在 8.1 节中作了详细的讨论，可选择

$$U=\frac{\bar{X}-\mu_0}{\sigma_0/\sqrt{n}} \tag{8.2.1}$$

为检验统计量，当 H_0 成立时，$U\sim N(0,1)$，对给定的显著性水平 α，检验的拒绝域(图 8-1)为

$$W=\left\{|U|=\frac{|\bar{X}-\mu_0|}{\sigma_0/\sqrt{n}}>u_{\alpha/2}\right\}. \tag{8.2.2}$$

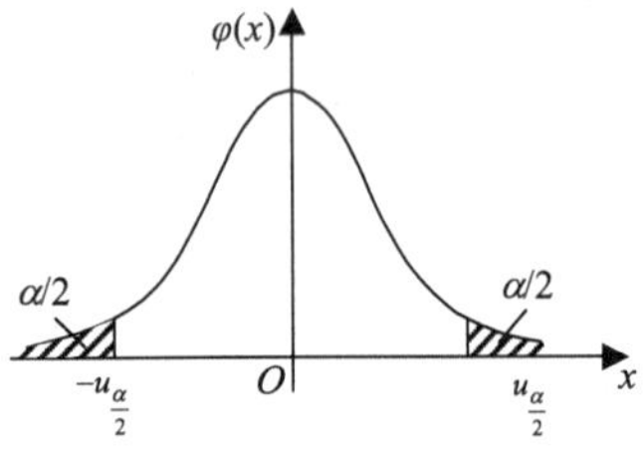

图 8-1

因统计量 U 服从正态分布，故称这种检验方法为 U **检验法**.

例 8.2.1 已知某零件的长度(单位：mm) 服从 $N(\mu,1.1^2)$，其标准长度即 μ 应为 32.05. 现从中抽查 6 件，测得它们的长度为 32.56　29.66　31.64　30.00　31.87　31.03，试问这批零件的长度是否符合产品的要求（$\alpha=0.05$）?

解 第一步. 根据题意提出假设

$$H_0:\mu=32.05;\quad H_1:\mu\neq 32.05;$$

第二步. 选择检验统计量，取其为

$$U=\frac{\bar{X}-\mu_0}{\sigma_0/\sqrt{n}};$$

第三步. 由 $P(|U|>\lambda)=0.05$，查标准正态分布表得临界值 $\lambda=u_{0.05/2}=u_{0.025}=1.96$，拒绝域为

$$W=\{|U|>1.96\};$$

第四步. 计算 U 的数值，由样本观察值计算得 $\bar{x}=31.13$，U 的观察值为

$$u=\frac{\bar{x}-\mu_0}{\sigma_0/\sqrt{n}}=\frac{31.13-32.05}{1.1/\sqrt{6}}=-2.05;$$

第五步. 判断，由于 $|u|=2.05>1.96$，可见小概率事件发生了，应拒绝 H_0，即认为这批零件的长度与标准的长度有显著差异，从而认为这批零件不符合要求.

2. *方差已知时的单边假设检验*

在实际生产中，因使用了新工艺，新技术，新方法，我们关心的是产量是否提高，成本是否降低等. 对于这些问题的检验涉及单边检验问题.

(1) 已知 $\sigma^2=\sigma_0^2$，检验 H_0：$\mu\leqslant\mu_0$；$H_1:\mu>\mu_0$；

(2) 已知 $\sigma^2=\sigma_0^2$，检验 $H_0:\mu\geqslant\mu_0$：$H_1:\mu<\mu_0$.

对于单边检验(1)，与双边检验推理相类似，如果 H_0 成立，则 $\bar{X}$ 的值不应比 μ_0 大许多. 如果 $\bar{X}-\mu_0$ 很大，则我们有理由怀疑 H_0 的正确性. 而在 H_0 成立时，$\widetilde{U}=\dfrac{\bar{X}-\mu}{\sigma_0/\sqrt{n}}\sim N(0,1)$，对于给定的显著性水平 α ($0<\alpha<1$)，则 $P(\widetilde{U}>u_\alpha)=\alpha$，查正态分布表得 u_α 的值. 又因在 H_0 成立时，事件 $\left\{U=\dfrac{\bar{X}-\mu_0}{\sigma_0/\sqrt{n}}>u_\alpha\right\}\subseteq\left\{\widetilde{U}=\dfrac{\bar{X}-\mu}{\sigma_0/\sqrt{n}}>u_\alpha\right\}$，则 $P(U>u_\alpha)\leqslant P(\widetilde{U}>u_\alpha)=\alpha$，这说明事件 $\{U>u_\alpha\}$ 是 H_0 成立时的一个小概率事件，所以如果在一次抽样中小概率事件 $\{U>u_\alpha\}$ 发生了，则我们有理由否定 H_0，从而拒绝域(图 8-2)为

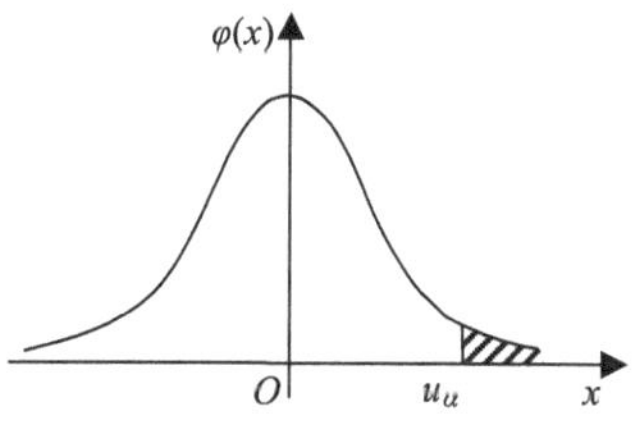

图 8-2

$$W=\{U>u_\alpha\}. \tag{8.2.3}$$

同理在单边检验(2)中的拒绝域为

$$W=\{U<-u_\alpha\}. \tag{8.2.4}$$

从上述讨论中可以看出，无论是双边检验还是单边检验，所选用的检验统计量相同，只是拒绝域的形式不同，而且对于单边检验，拒绝域中不等号的方向与其备择假设 H_1 中的不等号方向一致. 因此在以后的各种检验问题中，一般不再对单边检验作详细介绍.

例 8.2.2 已知铁水中碳的百分含量为 $X\sim N(4.55,0.108^2)$. 现测定 5 炉，其含碳的百分含量分别为 4.28　4.40　4.42　4.35　4.37，如果方差不变，问均值 μ 是否明显下降 ($\alpha=0.05$)？

解 本例是一个单边检验问题. 检验假设为

$$H_0:\ \mu\geqslant 4.55;\quad H_1:\ \mu<4.55,$$

检验统计量为

$$U=\frac{\bar{X}-\mu_0}{\sigma_0/\sqrt{n}},$$

拒绝域为

$$W=\{U<-u_\alpha=-1.645\}.$$

由样本观察值计算得 $\bar{x}=4.364$，U 的观察值为

$$u=\frac{\bar{x}-\mu_0}{\sigma_0/\sqrt{n}}=\frac{4.364-4.55}{0.108/\sqrt{5}}=-3.851.$$

由于 $u=-3.851<-1.645$，故拒绝 H_0，即认为这批铁水的含碳量有了明显下降.

3. *方差 σ^2 未知，检验 H_0：$\mu=\mu_0$；$H_1:\mu\neq\mu_0$*

由于方差 σ^2 未知，$U=\dfrac{\bar{X}-\mu_0}{\sigma/\sqrt{n}}$ 已不是统计量，不能用来进行假设检验. 因样本方差 $S^2=\dfrac{1}{n-1}\sum\limits_{i=1}^{n}(X_i-\bar{X})^2$ 是方差 σ^2 的无偏估计，S^2 的值与 σ^2 相差不大，故可用 S 代替 σ 得检验统计量

$$T=\frac{\bar{X}-\mu_0}{S/\sqrt{n}},\tag{8.2.5}$$

在 $|T|$ 的值较大时拒绝 H_0. 因当 H_0 为真时，$T\sim t(n-1)$，故对给定的 α，有

$$P(|T|>t_{\alpha/2}(n-1))=\alpha,$$

查 t 分布表得 $t_{\alpha/2}(n-1)$，拒绝域(图 8-3)为

$$W=\{|T|>t_{\alpha/2}(n-1)\}.\tag{8.2.6}$$

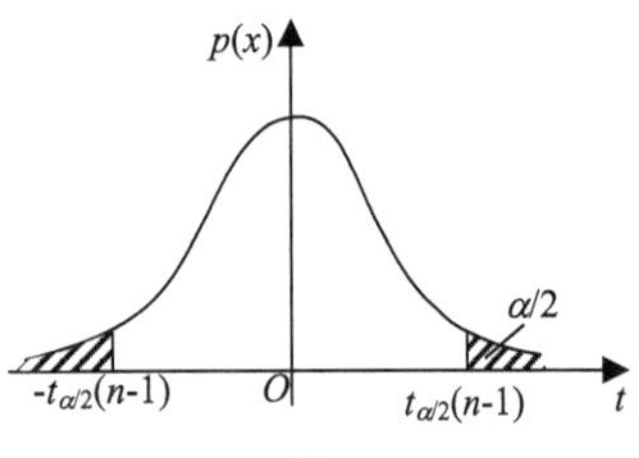

图 8-3

由于这个检验法所用的统计量服从 t 分布，所以称其为 **t 检验法**. 类似地可写出 t 检验法的单边检验的拒绝域，如表 8-1 所示.

例 8.2.3 设某厂生产的灯泡寿命 X (单位：h)服从正态分布 $N(\mu,\sigma^2)$，$\mu_0=1000$ 为 μ 的标准值，方差 σ^2 为未知参数. 现从中随机抽取 16 只灯泡，测得样本均值 $\bar{x}=946$，样本方差 $s^2=120^2$，试在显著性水平 $\alpha=0.05$ 下，检验这批灯泡的寿命与 1000 h 是否有显著性差异？

解 本题要考察寿命均值与标准值之间有无显著差异，属双边检验. 假设

$$H_0:\mu=1000;\quad H_1:\mu\neq1000.$$

检验统计量为

$$T=\frac{\overline{X}-\mu_0}{S/\sqrt{n}},$$

拒绝域为

$$W=\{|T|>t_{0.025}(15)=2.13\}.$$

由已知条件，统计量T的观察值$t=\frac{\overline{x}-\mu_0}{s/\sqrt{n}}=\frac{946-1000}{120/\sqrt{16}}=-1.8$. 因$|t|=1.8<2.13$，故考虑接受$H_0$，从而认为这批灯泡的平均寿命与标准值的差异不明显.

例 8.2.4 某厂生产的乐器用合金弦线的抗拉强度(单位：kg/cm^2)服从均值为10560的正态分布. 今改进工艺生产一批合金线，从中抽出10根，测得其抗拉强度(单位：kg/cm^2)为：

10512	10623	10668	10554	10776
10707	10557	10581	10666	10670

问改进工艺后生产的合金弦是否较过去的合金弦抗拉强度要高(取$\alpha=0.05$)?

解 本题问的是在新工艺下生产的合金弦抗拉强度是否提高，所以属于单边检验问题. 检验假设为

$$H_0:\ \mu\leqslant 10560;\quad H_1:\mu>10560,$$

检验统计量为

$$T=\frac{\overline{X}-\mu_0}{S/\sqrt{n}},$$

拒绝域为

$$W=\{T>t_{0.05}(9)\}=\{T>1.833\},$$

由样本观察值得

$$\overline{x}=10631.4,\quad s^2=\frac{59044}{9},$$

$$t=\frac{\overline{x}-\mu_0}{s/\sqrt{n}}=\frac{10631.4-10560}{\sqrt{\frac{59044}{9\times 10}}}=2.788>1.833,$$

故拒绝H_0，即认为改进工艺后合金弦的抗拉强度有明显提高.

8.2.2 两个正态总体均值的假设检验

设有两个相互独立的总体X和Y，总体$X\sim N(\mu_1,\sigma_1^2)$，总体$Y\sim N(\mu_2,\sigma_2^2)$. $X_1,\cdots,X_{n_1}$是

来自总体 X 的容量为 n_1 的样本，$\bar{X}$和S_1^2 分别为它的样本均值和样本方差；$Y_1,\cdots,Y_{n_2}$ 是来自总体 Y 的容量为 n_2 的样本，$\bar{Y}$和S_2^2 分别为它的样本均值和样本方差. 考虑以下各种假设检验.

1. 当 σ_1^2,σ_2^2 已知时，检验假设 $H_0:\mu_1=\mu_2$；H_1：$\mu_1\neq\mu_2$

在 H_0 成立时，统计量

$$U=\frac{\bar{X}-\bar{Y}}{\sqrt{\dfrac{\sigma_1^2}{n_1}+\dfrac{\sigma_2^2}{n_2}}}\sim N(0,1), \tag{8.2.7}$$

且在 H_0 成立时，$\bar{X}$与$\bar{Y}$ 不应相差太大，则对固定的 n_1,n_2，统计量 U 的绝对值不应太大. 对给定的显著性水平 α，则 $P(|U|>u_{\alpha/2})=\alpha$，查标准正态分布表可得 $u_{\alpha/2}$ 的值，即事件 $\{|U|>u_{\alpha/2}\}$ 是 H_0 成立时的一个小概率事件，从而拒绝域为

$$W=\{|U|>u_{\alpha/2}\}. \tag{8.2.8}$$

例 8.2.5　设甲乙两台机床生产同一种产品，今从甲机床生产的产品中抽取 30 件，测得平均质量为 130 克，从乙机床生产的产品中抽取 40 件，测得其平均质量为 125 克. 假定两台机床生产的产品的质量都服从正态分布，方差分别为 $\sigma_1^2=60,\sigma_2^2=80$. 问在显著性水平 $\alpha=0.05$ 下，两台车床生产的产品质量是否有显著差异？

解　用 X 和 Y 分别表示甲、乙两台机床生产的产品的质量，则

$$X\sim N(\mu_1,\sigma_1^2),\quad Y\sim N(\mu_2,\sigma_2^2).$$

由实际情况知这两台车床可看成相互独立工作，即 X 与 Y 相互独立. 现要在 σ_1^2,σ_2^2 已知时，检验假设

$$H_0:\ \mu_1=\mu_2;\quad H_1:\ \mu_1\neq\mu_2.$$

已知 $\bar{x}=130, n_1=30, \sigma_1^2=60, \bar{y}=125, n_2=40, \sigma_2^2=80$，由此得检验统计量的值

$$u=\frac{\bar{x}-\bar{y}}{\sqrt{\dfrac{\sigma_1^2}{n_1}+\dfrac{\sigma_2^2}{n_2}}}=\frac{130-125}{\sqrt{\dfrac{60}{30}+\dfrac{80}{40}}}=2.5.$$

对 $\alpha=0.05$，查标准正态分布表得 $u_{\alpha/2}=u_{0.025}=1.96$，所以拒绝域为

$$W=\{|U|>u_{\alpha/2}=1.96\}.$$

因 $|u|=2.5\ \ >1.96$，故拒绝 H_0，即认为这两台车床生产的产品的平均质量有显著差异.

2. 当 σ_1^2,σ_2^2 未知但相等时，检验假设 H_0：$\mu_1=\mu_2$；H_1：$\mu_1\neq\mu_2$

根据推论 6.4.2，此时可选

$$T=\frac{\overline{X}-\overline{Y}}{\sqrt{\frac{(n_1-1)S_1^2+(n_2-1)S_2^2}{n_1+n_2-2}}\cdot\sqrt{\frac{1}{n_1}+\frac{1}{n_2}}},\tag{8.2.9}$$

为检验统计量. 当 H_0 成立时，$T\sim t(n_1+n_2-2)$，且 $\overline{X}$ 的值与 $\overline{Y}$ 的值不应相差太大，即对固定的样本容量，T 的值不应太大. 对给定的显著性水平 α，则

$$P(|T|>t_{\alpha/2}(n_1+n_2-2))=\alpha,$$

查 t- 分布表得 $t_{\alpha/2}(n_1+n_2-2)$ 的值，从而检验的拒绝域为

$$W=\{|T|>t_{\alpha/2}(n_1+n_2-2)\}.\tag{8.2.10}$$

这种检验法称为**两样本 t 检验法**.

例 8.2.6　对于某种羊毛，分别在处理前和处理后抽样，测得其含脂率为

处理前：0.19　0.18　0.21　0.30　0.66　0.42　0.08　0.12　0.30　0.27

处理后：0.15　0.13　0.00　0.07　0.24　0.19　0.04　0.08　0.20　0.12　0.24

假定处理前后的含脂率服从正态分布，且方差不变，试问处理后的平均含脂率是否有显著变化（$\alpha=0.05$）?

解　设羊毛处理前后的含脂率分别为 X,Y，则 $X\sim N(\mu_1,\sigma_1^2)$，$Y\sim N(\mu_2,\sigma_2^2)$，且 $\sigma_1^2=\sigma_2^2$ 未知. 检验假设为

$$H_0:\ \mu_1=\mu_2;\quad H_1:\ \mu_1\neq\mu_2,$$

检验统计量为

$$T=\frac{\overline{X}-\overline{Y}}{\sqrt{\frac{(n_1-1)S_1^2+(n_2-1)S_2^2}{n_1+n_2-2}}\cdot\sqrt{\frac{1}{n_1}+\frac{1}{n_2}}}.$$

由提供的样本值计算可得 $n_1=10, n_2=11, \overline{x}=0.273, \overline{y}=0.133$，$(n_1-1)s_1^2=0.2529$，$(n_2-1)s_2^2=0.0642$，

$$t=\frac{0.273-0.133}{\sqrt{\frac{0.2529+0.0642}{10+11-2}}\cdot\sqrt{\frac{1}{10}+\frac{1}{11}}}=2.48.$$

由 $\alpha=0.05$，查 t- 分布表得 $t_{\alpha/2}(n_1+n_2-2)=t_{0.025}(19)=2.093$，所以拒绝域为

$$W=\{|T|>2.093\}.$$

因统计量 T 的值在拒绝域中，故拒绝 H_0，即认为处理后的平均含脂率有了显著变化.

关于两总体均值的单边检验问题可类似于一个正态总体均值的单边检验方法得到其拒绝域，如表 8-1 所示.

表 8-1

名称	条　件	假设 H_0	拒　绝　域	统　计　量
U 检验	$X \sim N(\mu,\sigma^2)$ σ^2 已知	$\mu=\mu_0$	$\lvert U\rvert > u_{\alpha/2}$	$U=\frac{\overline{X}-\mu_0}{\sigma}\sqrt{n}$
		$\mu \leqslant \mu_0$	$U > u_\alpha$	
		$\mu \geqslant \mu_0$	$U < -u_\alpha$	
t 检验	$X \sim N(\mu,\sigma^2)$ σ^2 未知	$\mu=\mu_0$	$\lvert T\rvert > t_{\alpha/2}(n-1)$	$T=\frac{\overline{X}-\mu_0}{S}\sqrt{n}$
		$\mu \leqslant \mu_0$	$T > t_\alpha(n-1)$	
		$\mu \geqslant \mu_0$	$T < -t_\alpha(n-1)$	
	$X \sim N(\mu_1,\sigma^2)$ $Y \sim N(\mu_2,\sigma^2)$ σ^2 未知	$\mu_1=\mu_2$	$\lvert T\rvert > t_{\alpha/2}(n_1+n_2-2)$	$T=\frac{\overline{X}-\overline{Y}}{s_w\sqrt{\frac{1}{n_1}+\frac{1}{n_2}}}$
		$\mu_1 \leqslant \mu_2$	$T > t_\alpha(n_1+n_2-2)$	
		$\mu_1 \geqslant \mu_2$	$T < -t_\alpha(n_1+n_2-2)$	
χ^2 检验	$X \sim N(\mu,\sigma^2)$ μ 未知	$\sigma^2=\sigma_0^2$	$\chi^2 < \chi^2_{1-\alpha/2}(n-1)$ 或$\chi^2 > \chi^2_{\alpha/2}(n-1)$	$\chi^2=\frac{(n-1)S^2}{\sigma_0^2}$
		$\sigma^2 \leqslant \sigma_0^2$	$\chi^2 > \chi^2_\alpha(n-1)$	
		$\sigma^2 \geqslant \sigma_0^2$	$\chi^2 < \chi^2_{1-\alpha}(n-1)$	
F 检验	$X \sim N(\mu_1,\sigma_1^2)$ $Y \sim N(\mu_2,\sigma_2^2)$ μ_1,μ_2未知	$\sigma_1^2=\sigma_2^2$	$F < F_{1-\alpha/2}(n_1-1,n_2-1)$ 或$F > F_{\alpha/2}(n_1-1,n_2-1)$	$F=S_1^2/S_2^2$

注　表中 $S_w^2=[(n_1-1)S_1^2+(n_2-1)S_2^2]/(n_1+n_2-2)$

3. σ_1^2,σ_2^2 未知且不相等，但 $n_1=n_2=n$，检验假设 H_0: $\mu_1=\mu_2$;　H_1: $\mu_1\neq\mu_2$

令 $Z_i=X_i-Y_i$，$Z_i\sim N(\mu,\sigma^2), i=1,\cdots,n$ 且相互独立，其中 $\mu=\mu_1-\mu_2$，$\sigma^2=\sigma_1^2+\sigma_2^2$，故 $Z_1,\cdots,Z_n$ 可视为来自总体 $N(\mu,\sigma^2)$ 的一个样本，于是原检验问题等价于检验 $H_0:\mu=0;H_1:\mu\neq 0$. 此为一个正态总体的均值检验，可采用 t 检验法，选

$$T=\frac{\overline{Z}}{S/\sqrt{n}}, \tag{8.2.11}$$

为检验统计量，则拒绝域为

$$W=\{\lvert T\rvert > t_{\alpha/2}(n-1)\}, \tag{8.2.12}$$

其中 $\overline{Z},S$ 分别为样本 $Z_1,\cdots,Z_n$ 的样本均值和修正样本标准差，α 为显著性水平.

注　附录一中介绍了总体均值和方差的假设检验.

8.2.3 成对数据与两处理比较的检验

在实际工作中，经常遇到要对比两种设备，两种工艺，两种农作物种子的好坏这类实际问

题. 为了克服试验条件的不足，加速试验进程，往往在不同的试验条件下分别作对比试验，取得成对数据，进行对比分析.

设在 n 个不同的条件下做对比试验，取得 n 对数据，记为 $(X_1,Y_1),\cdots,(X_n,Y_n)$. 假定各对数据之间相互独立且有

$$(X_i,Y_i)\sim N(\alpha_1+\beta_i,\alpha_2+\beta_i,\sigma_1^2,\sigma_2^2,\rho),\quad i=1,2,\cdots,n, \tag{8.2.13}$$

其中 α_1,α_2 分别是两种处理方法的效应，β_i 为第 i 次试验条件的效应. 我们现在要判断的是 α_1,α_2 是否相等，即要检验

$$H_0:\alpha_1=\alpha_2;\quad H_1:\alpha_1\neq\alpha_2. \tag{8.2.14}$$

为消除试验条件效应 β_i 的影响，现令 $Z_i=X_i-Y_i, i=1,2,\cdots,n$，不管 X_i 与 Y_i 是否独立，都有 $Z_i\sim N(\mu,\sigma^2)$，其中 $\mu=\alpha_1-\alpha_2$，$\sigma^2=\sigma_1^2+\sigma_2^2-2\rho\sigma_1\sigma_2$. $Z_1,Z_2,\cdots,Z_n$ 独立同分布，可视为来自总体 $Z\sim N(\mu,\sigma^2)$ 的样本. 这样检验 $H_0:\alpha_1=\alpha_2;H_1:\alpha_1\neq\alpha_2$ 等价于检验

$$H_0:\mu=0;\quad H_1:\mu\neq 0, \tag{8.2.15}$$

这是一个正态总体均值的检验，故可采用 t 检验法，选 $T=\dfrac{\bar{Z}}{S/\sqrt{n}}$ 作检验统计量，其中 $\bar{Z},S$ 分别为样本 $Z_1,\cdots,Z_n$ 的样本均值和样本标准差. 对给定的显著性水平 α，拒绝域为式(8.2.12).

注 数据 $X_1,X_2,\cdots,X_n$ 不能认为是抽自同一总体的样本，因为它们的均值一般不相等. 实际上它们来自 n 个总体. 数据 $Y_1,\cdots,Y_n$ 也同样如此. 正是这一原因，即使在已知 $\sigma_1=\sigma_2$ 且 X_i 与 Y_i 相互独立(即 $\rho=0$)的情况下，我们也不能使用两样本 t 检验法，因为在 H_0 成立时，式(8.2.9)中的 T 一般不服从 $t(n_1+n_2-2)$ 分布.

例 8.2.7 现要比较甲，乙两种橡胶制成的轮胎的耐磨性. 今从甲，乙两种轮胎中各随机地抽取 8 个，各取一个组成一对，随机地搭配给 8 辆不同型号的汽车，作耐磨性试验，行驶了一定时间，测得轮胎的磨损量(单位：mg)数据如下：

甲：	4900	5220	5500	6020	6340	7660	8650	4870
乙：	4930	4900	5140	5700	6110	6880	7930	5010

设 X,Y 分别表示甲，乙两种轮胎的磨损量，并且假定(X,Y)服从二元正态分布. 试问这两种轮胎的耐磨性有无显著性差异($\alpha=0.05$)?

解 由于汽车质量、行驶道路等影响轮胎磨损量的因素未必完全相同，故应视为不同的试验条件下进行的对比试验. 记 $Z=X-Y$，则 $Z\sim N(\mu,\sigma^2)$，Z 的样本观察值为

$$-30，320，360，320，230，780，720，-140$$

这样要讨论的问题就化为检验 $H_0:\mu=0;\quad H_1:\mu\neq 0$.

选择检验统计量 $T=\dfrac{\bar{Z}}{S/\sqrt{n}}$，在 H_0 成立时，$T\sim t(n-1)$，拒绝域为

$$\{|T|>t_{0.025}(7)\}=\{|T|>2.365\}.$$

由样本观察值可得 $\bar{z}=320, s^2=102199.99, t=2.83$. 因 $|t|=2.83>2.365$，故拒绝 H_0，即认为这两种轮胎的耐磨性有显著差异.

8.2.4　非正态总体均值的大样本检验

一般来说，非正态总体的常用统计量的精确分布不容易求得(个别情况例外)，有的即使能求出精确的分布，也不一定能找到相应的分位数. 因此在样本容量 n 较大时，我们常采用**大样本检验方法**，即利用极限分布来作近似检验.

设 $EX=\mu, DX=\sigma^2<\infty$，$X_1,\cdots,X_n$ 是总体 X 的一个样本，要检验假设

$$H_0:\ \mu=\mu_0;\quad H_1:\ \mu\neq\mu_0.$$

由中心极限定理知，当 n 足够大($n\geq 50$)时，

$$\frac{\bar{X}-\mu}{\sigma/\sqrt{n}}\overset{\text{近似}}{\sim}N(0,1),\quad \frac{\bar{X}-\mu}{S/\sqrt{n}}\overset{\text{近似}}{\sim}N(0,1).$$

所以在 σ 已知时可选

$$U=\frac{\bar{X}-\mu_0}{\sigma/\sqrt{n}} \tag{8.2.16}$$

作检验统计量；当 σ 未知时可选

$$U=\frac{\bar{X}-\mu_0}{S/\sqrt{n}} \tag{8.2.17}$$

作检验统计量. 由于在 H_0 成立时检验统计量只是近似服从标准正态分布，因此检验的显著性水平近似等于 α. 在这种情况下检验的拒绝域为

$$W=\{|U|>u_{\alpha/2}\}.$$

类似地我们可求非正态总体均值的单边检验问题.

例 8.2.8　问题见例 8.1.2，取 $\alpha=0.05$.

解　令 $X_i=\begin{cases}1, & \text{取到的第}i\text{件产品是次品},\\ 0, & \text{取到的第}i\text{件产品是正品},\end{cases}$ $i=1,2,\cdots,50$，则 $X_i\sim B(1,p)$，其中 p 为这批产品的次品率，$EX_i=p, DX_i=p(1-p), i=1,\cdots,50$，由于产品的数量大，故可视 $X_1,\cdots,X_n$ 独立同分布. 现在问题要检验 $H_0: p\leqslant 0.05; H_1: p>0.05$. 检验统计量为

$$U=\sqrt{n}(\bar{X}-p_0)/\sqrt{p_0(1-p_0)}=\sqrt{50}(\bar{X}-0.05)/\sqrt{0.05\times 0.95}.$$

拒绝域为

$$W=\{|U|>u_{\alpha}\}=\{|U|>1.645\}.$$

由样本数据可得统计量U的观察值为$u=0.9733<1.645$，故接受H_0，即认为这批产品的次品率超过 5%的证据不足.

对于本例，假设一开始我们选定$H_0':p\geqslant 0.06$为原假设，那么检验结果就是接受H_0'(读者可以自己验证). 这得到了一个矛盾的结论：同一问题因不同的原假设得到不同的结果. 那么我们到底应选择哪一种原假设，接受哪一种结论才更合理、更符合实际呢？一般地，这要视具体问题的实际背景而定. 从假设检验的基本原理可以看到，原假设和备择假设并非是“平等”的，所有的检验方法都有“保护”原假设的倾向. 所以我们并非可以任意选择原假设，而是要根据问题的背景或提法上的倾向性来决定选择何种原假设. 如本例中，假定该厂产品的质量一贯很好，此时可选择$H_0:p\leqslant 0.05$为原假设，当检验结果接受H_0时，我们就可以说“这批产品的次品率超过 0.05”的证据不足，根据该厂的一贯表现，这批产品可以出厂. 反之，若据以往一段时期的记录，该厂产品质量不很好，此时可选择$H_0':p\geqslant 0.05$为原假设，当检验结果接受H_0'时，我们就可以说“这批产品达到质量要求”的证据不足，从而拒绝这批产品出厂. 这样做等于说一个一向表现不好的人，必须有较显著好的表现，才能相信他确有进步.

8.3 正态总体方差的假设检验

8.3.1 一个正态总体方差的假设检验

设总体$X\sim N(\mu,\sigma^2)$，μ,σ^2未知，$X_1,\cdots,X_n$为X的一个样本，给定显著性水平α，要检验

$$H_0:\ \sigma^2=\sigma_0^2;\qquad H_1:\ \sigma^2\neq\sigma_0^2. \tag{8.3.1}$$

由定理 6.4.1 知$(n-1)S^2/\sigma^2\sim\chi^2(n-1)$，其中$S^2$是样本方差，它是$\sigma^2$的无偏估计. 如果$H_0$为真，则统计量$S^2/\sigma_0^2$的观察值与 1 相差不应太大，故对固定的样本容量$n$，统计量

$$\chi^2=\frac{(n-1)S^2}{\sigma_0^2} \tag{8.3.2}$$

的观察值不应太大也不应太小. 又在H_0成立时，$\chi^2\sim\chi^2(n-1)$. 所以可选式(8.3.2)定义的χ^2作检验统计量，小概率事件的形式为$\left\{\chi^2<\lambda_1\text{或}\chi^2>\lambda_2\right\}$，其中$\lambda_1,\lambda_2$为临界值. 对给定的显著性水平$\alpha$，采用等概率原则，即要求$P\{\chi^2<\lambda_1\}=\alpha/2$且$P\{\chi^2>\lambda_2\}=\alpha/2$，查$\chi^2$-分布表得临界值$\chi^2_{\alpha/2}(n-1)$与$\chi^2_{1-\alpha/2}(n-1)$，则可使

$$P\left(\left\{\chi^2<\chi^2_{1-\alpha/2}(n-1)\right\}\cup\left\{\chi^2>\chi^2_{\alpha/2}(n-1)\right\}\right)=\alpha.$$

因此，检验的拒绝域(图 8-4)为

$$W=\{\chi^2<\chi^2_{1-\alpha/2}(n-1)\}\cup\{\chi^2>\chi^2_{\alpha/2}(n-1)\}. \tag{8.3.3}$$

由于这个检验法所用统计量服从 χ^2- 分布，所以称为 χ^2 **检验法**.

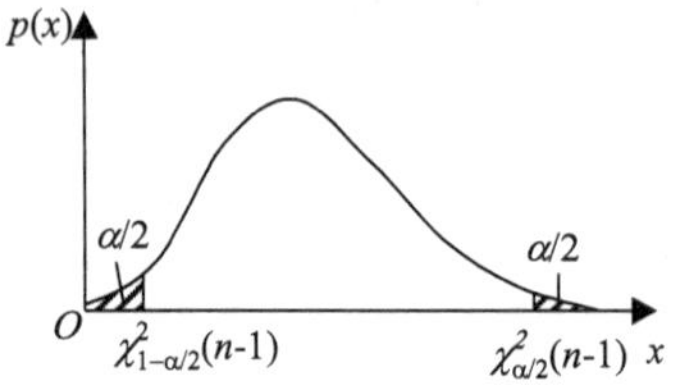

图 8-4

例 8.3.1 某厂生产的铜丝，质量一向比较稳定，今从中随机抽取 10 根检查其折断力，测得数据(单位：kg)如下：

575　576　570　569　572　582　577　580　572　585

设铜丝的折断力服从正态分布 $N(\mu,\sigma^2)$，试问在 $\alpha=0.05$ 下是否可以相信该厂生产的铜丝折断力的方差为 64？

解 由题意知要检验的假设 H_0：$\sigma^2=64$；H_1：$\sigma^2\neq 64$.

因 μ 未知，故检验统计量为

$$\chi^2=\frac{(n-1)S^2}{\sigma_0^2},$$

在 H_0 成立的条件下，$\chi^2\sim\chi^2(n-1)$. 这里 $n=10$，$\alpha=0.05$，$\chi^2_{\alpha/2}(n-1)=\chi^2_{0.025}(9)=19.02$，$\chi^2_{1-\alpha/2}(n-1)=\chi^2_{0.975}(9)=2.70$，由样本计算得 $\overline{x}=575.7$，$(n-1)s^2=\sum_{i=1}^{10}(x_i-\overline{x})^2=251.6$，由此得

$$\chi^2=\frac{(n-1)s^2}{\sigma_0^2}=\frac{251.6}{64}\approx 3.93,$$

因 2.70<3.93<19.02，故应接受 H_0，即认为这批铜丝的折断力的方差是 64.

类似于均值的单边检验的讨论，方差的两种单边检验为

$$H_0:\ \sigma^2\leqslant\sigma_0^2;\quad H_1:\ \sigma^2>\sigma_0^2 \tag{8.3.4}$$

和

$$H_0:\ \sigma^2\geqslant\sigma_0^2;\quad H_1:\ \sigma^2<\sigma_0^2, \tag{8.3.5}$$

仍可选式(8.3.2)定义的 χ^2 作检验统计量，对给定的显著性水平 α，检验的拒绝域分别为

$$W=\{\chi^2>\chi^2_\alpha(n-1)\} \tag{8.3.6}$$

和

$$W=\{\chi^2<\chi^2_{1-\alpha}(n-1)\}. \tag{8.3.7}$$

例 8.3.2 某种导线，要求其电阻的标准差不超过 0.005Ω. 今在生产的一批导线中取样品 9 根，测得样本均方差 $s=0.007\Omega$. 设总体服从正态分布，问在显著性水平 $\alpha=0.05$ 下能否认为这批导线的电阻的标准差显著地偏大？

解 设这批导线的电阻为 $X\sim N(\mu,\sigma^2)$，按题意要检验假设

$$H_0:\ \sigma^2 \leqslant (0.005)^2;\quad H_1:\ \sigma^2 > (0.005)^2.$$

检验统计量

$$\chi^2 = \frac{(n-1)s^2}{\sigma_0^2},$$

对于给定的 $\alpha = 0.05$，$n=9$，查附表 3 得临界值 $\chi_\alpha^2(n-1) = \chi_{0.05}^2(8) = 15.507$，故拒绝域为

$$W = \{\chi^2 > 15.507\}.$$

由题中提供的样本值计算 χ^2 的值

$$\chi^2 = \frac{(n-1)s^2}{\sigma_0^2} = \frac{8\times(0.007)^2}{(0.005)^2} = 15.68.$$

由于 15.68＞15.507，故拒绝 H_0，即认为这批导线的电阻标准差显著地偏大.

8.3.2　两个正态总体的方差检验

设总体 $X \sim N(\mu_1, \sigma_1^2)$, $X_1, \cdots, X_{n_1}$ 为 X 的一个样本，总体 $Y \sim N(\mu_2, \sigma_2^2)$, $Y_1, \cdots, Y_{n_2}$ 为 Y 的一个样本，$\bar{X}, S_1^2$ 与 $\bar{Y}, S_2^2$ 分别为两样本的样本均值和样本方差，又已知两样本相互独立，两总体参数均为未知. 给定显著性水平 α，要检验假设

$$H_0:\ \sigma_1^2 = \sigma_2^2;\quad H_1:\ \sigma_1^2 \neq \sigma_2^2. \tag{8.3.8}$$

由定理 6.4.1 可推知 $\dfrac{S_1^2/\sigma_1^2}{S_2^2/\sigma_2^2} \sim F(n_1-1, n_2-1)$. 因 S_1^2, S_2^2 分别是 σ_1^2, σ_2^2 的无偏估计，若 H_0 成立，则 S_1^2/S_2^2 的观察值与 1 相差不大. 于是我们可选择

$$F = S_1^2/S_2^2 \tag{8.3.9}$$

作为检验统计量. 当 H_0 成立时，$F \sim F(n_1-1, n_2-1)$. 对给定的显著性水平 α，利用等概率原则，查 F 分布表得临界值 $F_{1-\alpha/2}(n_1-1, n_2-1)$ 与 $F_{\alpha/2}(n_1-1, n_2-1)$，可使

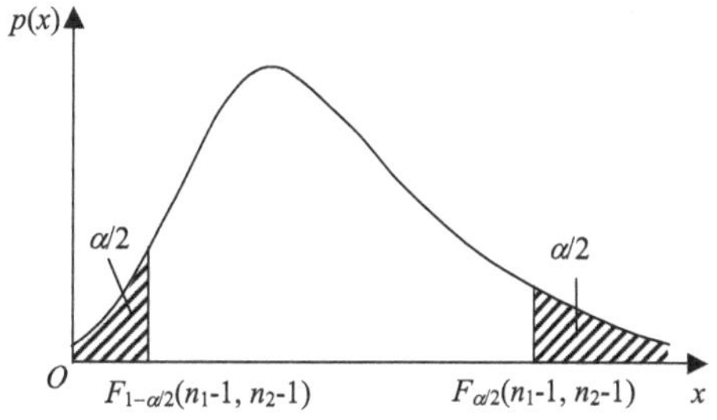

图 8-5

$$P(\{F < F_{1-\alpha/2}(n_1-1, n_2-1)\} \cup \{F > F_{\alpha/2}(n_1-1, n_2-1)\}) = \alpha,$$

从而得检验的拒绝域(图 8-5)为

$$W = \{F < F_{1-\alpha/2}(n_1-1, n_2-1)\} \cup \{F > F_{\alpha/2}(n_1-1, n_2-1)\}.$$

因 $F_{1-\alpha/2}(n_1-1, n_2-1) = \left(F_{\alpha/2}(n_2-1, n_1-1)\right)^{-1}$，故上式可改写为

$$W=\{F<(F_{\alpha/2}(n_2-1,n_1-1))^{-1}\}\cup\{F>F_{\alpha/2}(n_1-1,n_2-1)\}. \tag{8.3.10}$$

由于上述检验法所用的统计量服从 F 分布，所以称为 F **检验法**，对假设(8.3.8)的检验也被称为**方差齐性检验**.

关于两个正态总体方差的单边检验

$$H_0:\ \sigma_1^2\leqslant\sigma_2^2;\quad H_1:\ \sigma_1^2>\sigma_2^2 \tag{8.3.11}$$

和

$$H_0:\ \sigma_1^2\geqslant\sigma_2^2;\quad H_1:\ \sigma_1^2<\sigma_2^2 \tag{8.3.12}$$

仍可选式(8.3.9)定义的 F 为检验统计量，对给定的显著性水平 α，检验的拒绝域分别为

$$W=\{F>F_{\alpha}(n_1-1,n_2-1)\} \tag{8.3.13}$$

和

$$W=\{F<F_{1-\alpha}(n_1-1,n_2-1)\}. \tag{8.3.14}$$

例 8.3.3　甲乙两个农业试验区各分 10 个小区，各小区面积相等，做种植玉米的试验．甲区除施磷肥外，其他条件与乙区相同，试验结果玉米产量(单位：kg)如下：

甲：62　57　65　60　63　58　57　60　60　58

乙：56　59　56　57　58　57　60　55　57　55

设甲各小区的玉米产量 $X\sim N(\mu_1,\sigma_1^2)$，乙各小区的玉米产量 $Y\sim N(\mu_2,\sigma_2^2)$，对显著性水平 $\alpha=0.01$. 试判断:

(1) 两总体的方差是否显著差异？

(2) 施磷肥对玉米产量是否有显著提高？

解　(1) 检验假设 $H_0:\ \sigma_1^2=\sigma_2^2;\quad H_1:\ \sigma_1^2\neq\sigma_2^2$.

选择 $F=S_1^2/S_2^2$ 为检验统计量. $n_1=n_2=10$，由给定的样本值可算得

$$s_1^2=\frac{64}{9},\quad s_2^2=\frac{24}{9},\quad F=\frac{s_1^2}{s_2^2}=\frac{64}{24}=2.6667,$$

查分布表得

$$F_{\alpha/2}(n_1-1,n_2-1)=F_{0.005}(9,9)=6.54,$$

$$F_{1-\alpha/2}(n_1-1,n_2-1)=\frac{1}{F_{\alpha/2}(n_2-1,n_1-1)}=\frac{1}{F_{0.005}(9,9)}=\frac{1}{6.54}=0.1529.$$

故拒绝域为 $(0,0.1529)\cup(6.54,+\infty)$. 因统计量 F 的值不在拒绝域中，故应接受 H_0，即在水平 α=0.01 下认为两个总体的方差相等.

(2) 由(1)讨论可知两总体的方差可认为相同. 据题意要检验

$$H_0:\ \mu_1 \leqslant \mu_2;\quad H_1:\ \mu_1 > \mu_2 .$$

因为方差相等但未知，所以选择检验统计量为

$$T = \frac{\overline{X} - \overline{Y}}{\sqrt{\frac{(n_1-1)S_1^2 + (n_2-1)S_2^2}{n_1+n_2-2}} \cdot \sqrt{\frac{1}{n_1} + \frac{1}{n_2}}}.$$

由给定的样本值可得各统计量的值 $\overline{x} = 60, \overline{y} = 57$，

$$t = \frac{\overline{x} - \overline{y}}{\sqrt{\frac{(n_1-1)s_1^2 + (n_2-1)s_2^2}{n_1+n_2-2}} \cdot \sqrt{\frac{1}{n_1} + \frac{1}{n_2}}} = \frac{60-57}{\sqrt{\frac{64+24}{18}} \cdot \sqrt{\frac{1}{10} + \frac{1}{10}}} = 3.034.$$

对于给定的 α =0.01，由 t- 分布表查得 $t_\alpha(n_1+n_2-2) = t_{0.01}(18) = 2.5524$，故拒绝域为 $\{T > 2.5524\}$. 因统计量 T 的值 3.034>2.5524，故拒绝 H_0，即认为施磷肥能使玉米产量显著提高.

一般地，对于两个总体 X 和 Y，如果它们的方差未知但需要比较它们的均值时，首先应用 F 检验法检验它们的方差是否一致，如果经检验接受方差相等这一假设，我们才能再运用 t 检验法检验它们的均值.

表 8-1 列出了正态总体参数的显著性检验法.

8.4　皮尔逊的 χ^2 检验法

8.4.1　分布函数的拟合检验

前面讨论的一些检验都是在假定总体分布已知的前提下对分布中参数进行的检验，故这些检验都属于参数假设检验. 但在实际问题中我们常常不能预先知道分布的类型，这就需要根据经验和对观察值的粗略分析，对总体的分布提出假设

$$H_0:\ F(x) = F_0(x);\quad H_1:\ F(x) \neq F_0(x), \tag{8.4.1}$$

其中 $F(x)$ 为总体的分布函数，$F_0(x)$ 是需要检验的某个已知的分布函数(可含有未知参数)，称为**理论分布.** 然后对 H_0 作显著性检验，这就是**分布拟合检验**或称**分布拟合优度检验**.

如果总体是离散型随机变量，则上述假设 H_0 相当于

$$H_0:\ P\{X = x_i\} = p_i,\quad i = 1, 2, \cdots,$$

其中 $\{p_i\}$ 为一已知的分布列(可含有参数).

如果总体是一个连续型随机变量，密度为 $p(x)$ ，则上述的 H_0 相当于

$$H_0:\ p(x) = p_0(x),$$

其中 $p_0(x)$ 为某已知的分布密度函数(可含有未知参数).

从前面几节大家看到，检验的关键是构造一个检验统计量. 皮尔逊利用事件的频率与其概

率之间的偏差构造了一个所谓的 χ^2 检验统计量. 下面我们简要介绍一下它的基本思想及其具体的做法.

χ^2 拟合检验的基本想法是：把随机试验的样本空间 Ω 分成 k 个互不相容的事件 $A_1, A_2, \cdots, A_k$（实际操作时就是把随机变量的取值范围分成 k 个互不相交的区域），则在 H_0 为真且 $F_0(x)$ 不含未知参数时，可以算出理论概率 $p_i = P_0(A_i)$，在 $F_0(x)$ 含有未知参数 θ 时，先算出 θ 的极大似然估计量 $\hat{\theta}$，然后可以算出理论概率 $P_0(A_i)$ 的估计 $\hat{p}_i = \hat{P}_0(A_i)$, $i = 1, 2, \cdots, k$, 其中 $P_0(A_i)$ 为在理论分布 $F_0(x)$ 下事件 A_i 的概率.

显然在 n 次独立试验中，事件 A_i 出现的频率 $f_n(A_i) = \dfrac{n_i}{n}$（$n_i$ 为事件 A_i 在样本中出现的频数）与它的概率 p_i（或 $\hat{p}_i$）会有差异. 若 H_0 为不真，则这种差异就比较大；若 H_0 为真，则这种差异就比较小. 基于这种想法，皮尔逊构造了一个统计量

$$\chi^2 = \sum_{i=1}^{k} \frac{(n_i - np_i)^2}{np_i} \text{或} \chi^2 = \sum_{i=1}^{k} \frac{(n_i - n\hat{p}_i)^2}{n\hat{p}_i} \tag{8.4.2}$$

作为检验假设 H_0 的检验统计量，当其观察值较大时拒绝 H_0. 为了能确定临界值，皮尔逊和费希尔证明了如下的定理.

定理 8.4.1（皮尔逊-费希尔定理） 在 H_0 为真时，不论总体服从什么分布，由式(8.4.2)定义的统计量 χ^2 的极限分布是自由度为 $k-r-1$ 的 χ^2 分布，其中 r 是理论分布 $F_0(x)$ 中被估计参数的个数.

定理 8.4.1 的严格证明超出了本课程的范围. 下面仅对 k=2，理论分布完全已知(即不含未知参数)这一最简单情形进行证明. 此时因为 $n_2 = n - n_1, p_2 = 1 - p_1, n_1 \sim B(n, p_1)$，于是

$$\chi^2 = \frac{(n_1 - np_1)^2}{np_1} + \frac{(n_2 - np_2)^2}{np_2} = \left(\frac{n_1 - np_1}{\sqrt{np_1(1-p_1)}} \right)^2,$$

由中心极限定理知 $\dfrac{n_1 - np_1}{\sqrt{np_1(1-p_1)}}$ 的极限分布为 $N(0,1)$，因此统计量 χ^2 的极限分布为 $\chi^2(1)$.

根据定理 8.4.1，对给定的显著性水平 α，当样本容量充分大时，有 $P\left(\chi^2 > \chi^2_\alpha(k-r-1)\right) \approx \alpha$，这意味着皮尔逊的 χ^2 检验的拒绝域为

$$W = \{\chi^2 > \chi^2_\alpha(k-r-1)\}. \tag{8.4.3}$$

因此当统计量 χ^2 的观察值 $\chi^2 > \chi^2_\alpha(k-r-1)$ 时拒绝假设 H_0，即认为 $F(x)$ 与 $F_0(x)$ 有显著差异，否则认为 $F(x)$ 与 $F_0(x)$ 无显著差异.

需要说明的是：

(1) χ^2 拟合检验法只适合大样本情形，一般要求样本容量 $n \geqslant 50$.

(2) 每个 np_i 不应太小，一般要求不少于 5，否则应适当合并区间，使 np_i 满足这个要求. 同时 k 不宜太小或太大，一般为 $4 \sim 20$.

(3) 在用 χ^2 拟合检验法检验 H_0 时，若 $F_0(x)$ 中不含未知参数，则按式(8.4.2)中的前一式计算 χ^2；若 $F_0(x)$ 中含有未知参数，则需要先用极大似然估计法估计出参数值，然后计算出 $P_0(A_i)$ 的估计值 $\hat{p}_i=\hat{P}_0(A_i)$，再按式(8.4.2)中的后一式计算 χ^2.

例 8.4.1 某厂宣称自己的产品的合格率达到 99%，检验人员从该厂的一批产品中抽查了 100 件，发现有 2 件次品. 问在显著性水平 α=0.10 下，能否据此断定该厂谎报合格率.

解 这一问题可以用 8.2 节中的非正态总体参数的大样本检验法进行检验，读者可以自己试试. 在此我们将用非参数方法进行检验.

根据题意，实际上要检验总体的分布服从 p=0.01 的 0-1 分布. 于是我们提出假设

$$H_0:\ P(X=1)=0.01,\quad P(X=0)=0.99.$$

注意到样本空间 Ω 的一个划分：$A_1=\{X=1\}$，$A_2=\{X=0\}$，k=2. 理论分布中 p_1=0.01，p_2=0.99. 在样本中 A_1 的频数 n_1=2，A_2 的频数 n_2=98. 而 n=100，由此得统计量 χ^2 的数值

$$\chi^2=\frac{(n_1-np_1)^2}{np_1}+\frac{(n_2-np_2)^2}{np_2}=1+\frac{1}{99}\approx 1.01.$$

对 α=0.10，k=2，r=0，查表得到 $\chi^2_{0.10}(1)=2.706$. 因 1.01<2.706，所以不能拒绝 H_0，即不能说该厂谎报合格率.

例 8.4.2 在一实验中，每隔一定时间观察一次由某种铀所放射的到达计时器上的 α 粒子数，共观察了 100 次，得结果如下：

x_i	0	1	2	3	4	5	6	7	8	9	9	11	≥12
v_i	1	5	16	17	26	11	9	9	2	1	2	1	0

其中 v_i 是观察到有 x_i 个粒子的次数. 从理论上讲，到达计数器上的 α 粒子数 X 应服从泊松分布. 试在 α=0.05 下检验 H_0：X 服从泊松分布，即检验 $H_0: P(X=k)=\dfrac{\lambda^k e^{-\lambda}}{k!}\ (k=0,1,2,\cdots)$.

解 因为要检验的 H_0 中含有未知参数 λ，所以应先估计 λ. 由极大似然估计法得 $\hat{\lambda}=\bar{x}=\dfrac{1}{100}\sum_{i=0}^{11}v_i x_i=4.2$. 根据实际经验，每个 np_i 的值不应小于 5，故将样本空间 Ω 划分成 k=8 个互不相容的事件 A_i，分别为 $\{0\leqslant x\leqslant 1.5\}$，$\{1.5<x\leqslant 2.5\}$，$\{2.5<x\leqslant 3.5\}$，…，$\{6.5<x\leqslant 7.5\}$，$\{x>7.5\}$，各事件的理论概率估计值分别为

$$\hat{p}_1=\hat{P}_0(X\leqslant 1.5)=\hat{P}_0(X=0)+P(X=1)=e^{-4.2}+4.2e^{-4.2}=0.078,$$

$$\hat{p}_i=\hat{P}_0(X=i)=\frac{(4.2)^i}{i!}e^{-4.2},\quad i=2,3,\cdots,7,$$

$$\hat{p}_8=\hat{P}_0(X>7.5)=1-\sum_{i=1}^{7}\hat{p}_i.$$

而在样本中各事件的频数分别为 n_1=6，$n_i=v_i$，i=1,…,7，n_8=6，具体的计算如表 8-2 所示，

因在计算概率时，估计了一个参数，故统计量 χ^2 的自由度为 $8-1-1=6$，又因

$$\chi_{\alpha}^{2}(k-r-1)=\chi_{0.05}^{2}(6)=12.592>6.2815,$$

故在 $\alpha=0.05$ 下接受 H_0，即不能否定样本来自泊松分布总体，也就是说不能否认实际和理论相符.

表 8-2

i	A_i	n_i	$\hat{p}_i$	$n\hat{p}_i$	$n_i-n\hat{p}_i$	$(n_i-n\hat{p}_i)^2/n\hat{p}_i$
1	$0\leqslant x\leqslant 1.5$	6	0.078	7.8	−1.8	0.415
2	$1.5<x\leqslant 2.5$	16	0.132	13.2	2.8	0.594
3	$2.5<x\leqslant 3.5$	17	0.185	18.5	−1.5	0.122
4	$3.5<x\leqslant 4.5$	26	0.194	19.4	6.6	2.245
5	$4.5<x\leqslant 5.5$	11	0.163	16.3	−5.3	1.723
6	$5.5<x\leqslant 6.5$	9	0.114	11.4	−2.4	0.505
7	$6.5<x\leqslant 7.5$	9	0.069	6.9	2.1	0.639
8	$x>7.5$	6	0.065	6.5	−0.5	0.0385
			总和			6.2815

例 8.4.3 从某校的高数试卷中随机地抽取 60 份数学试卷，成绩记录如下：

93	75	83	95	91	85	84	82	77	76	77	92	99	89
55	86	86	83	96	81	79	97	78	75	67	68	69	89
83	81	75	66	87	82	94	84	83	89	91	78	74	53
76	74	86	76	90	89	71	66	86	74	80	92	79	78
72	64	73	91										

问能否认为该批学生的考试成绩服从正态分布？取显著性水平 $\alpha=0.05$.

解 设 X 为学生的考试成绩，其分布函数为 $F(x)$，由题意知检验假设为

$$H_0:\ F(x)\text{服从正态分布}.$$

我们先将实轴分成 5 个互不相交的区间 $(-\infty,60]$，$(60,70]$，$(70,80]$，$(80,90]$，$(90,+\infty)$，从而将样本空间 Ω 划分成五个互不相容的事件：$A_1=\{x\leqslant 60\}$，$A_2=\{60<x\leqslant 70\},\cdots,A_5=\{x>90\}$.

在 H_0 成立的条件下，参数 μ,σ^2 的极大似然估计为 $\hat{\mu}=\bar{x}=80,\hat{\sigma}^2=9.6^2$.

下面计算各 $\hat{p}_i(i=1,2,3,4,5)$.

$$\hat{p}_1=\hat{P}_0(x\leqslant 60)=\varPhi\left(\frac{60-80}{9.6}\right)$$
$$=\varPhi(-2.08)=1-\varPhi(2.08)=0.0188,$$
$$\hat{p}_2=\hat{P}_0(60<x\leqslant 70)=\varPhi\left(\frac{70-80}{9.6}\right)-0.0188$$
$$=\varPhi(-1.04)-0.0188=0.1304,$$

$$\hat{p}_3 = \hat{P}_0(70 < x \leqslant 80) = \Phi\left(\frac{80-80}{9.6}\right) - \Phi(-1.04)$$
$$= 0.3508,$$

$$\hat{p}_4 = \hat{P}_0(80 < x \leqslant 90) = \Phi\left(\frac{90-80}{9.6}\right) - \Phi(0)$$
$$= 0.8508 - 0.500 = 0.3508,$$

$$\hat{p}_5 = \hat{P}_0(x > 90) = 1 - 0.8508 = 0.1492.$$

因为 $n\hat{p}_1 = 60 \times 0.0188 = 1.128 < 5$，所以要把第一、二个区间合并成一个，这样共有 4 个互不相交的区间，相应的样本分成 4 组，列成表 8-3.

表 8-3

i	分组区间	n_i	$\hat{p}_i$	$n\hat{p}_i$	$(n_i - n\hat{p}_i)^2 / n\hat{p}_i$
1	$(-\infty, 70]$	8	0.1492	8.952	0.1012
2	$(70, 80]$	20	0.3508	21.048	0.0522
3	$(80, 90]$	21	0.3508	21.048	0.0001
4	$(90, +\infty)$	11	0.1492	8.952	0.4685
		总和			0.622

对 α=0.05，k=4，r=2，查表得到 $\chi^2_\alpha(k-r-1) = \chi^2_{0.05}(1) = 3.841$. 因 0.622<3.841，故我们接受 H_0，即不能否认学生的成绩符合正态分布.

由此可见 χ^2 拟合检验法的一般步骤为：

(1) 总体 X 的值域分成 k 个互不相交的区间 $(a_{i-1}, a_i]$，$i = 1, 2, \cdots, k$. 要注意必须满足 $np_i \geqslant 5$，否则应将区间作适当的调整或合并；

(2) 求出理论分布 $F_0(x)$ 中未知参数的极大似然估计值；

(3) 在 H_0 成立条件下，计算概率

$$\hat{p}_i = P_0(a_{i-1} < X \leqslant a_i) = \hat{F}_0(a_i) - \hat{F}_0(a_{i-1})$$

及理论频数 $n\hat{p}_i$，其中 P_0 表示在分布 $F_0(x)$ 下求概率；

(4) 计算出样本值落在区间 $(a_{i-1}, a_i]$ 中的个数 n_i，并计算统计量 $\chi^2 = \sum\limits_{i=1}^{k} \frac{(n_i - n\hat{p}_i)^2}{n\hat{p}_i}$ 的观察值；

(5) 对给定的 α，查 χ^2 分布表，找出临界值 $\chi^2_\alpha(k-r-1)$，其中 r 表示未知参数的个数. 若统计量的观察值 $\chi^2 > \chi^2_\alpha(k-r-1)$，则拒绝 H_0，否则接受 H_0.

8.4.2 独立性检验

在实际应用中我们常会提出：吸烟与患肺癌有关吗？对某一问题的看法与性别有关吗？诸如此类问题都是要讨论两种特征或两个变量之间有没有相互关联的问题，即独立性的问题. 为此我们就要收集数据即抽取样本然后进行分析判断.

例 8.4.4 为了考察高血压和冠心病两者之间是否有关系，随机抽调了 520 个人，得到以下数据表 8-4.

表 8-4

	患高血压	无高血压	合 计
患冠心病	48	36	84
无冠心病	88	348	436
合计	136	384	520

试据此表判定两者是否有关.

例 8.4.4 中，我们考察两个因素，一个因素是“高血压”，记为X，它有两个状态，统计学上称为水平：“患高血压”记为A_1和“无高血压”记为A_2. 另一个因素是“冠心病”，记为Y，它也有两个水平：“患冠心病”记为B_1和“无冠心病”记为B_2. 这种表格称为2×2列联表，要检验的是高血压和冠心病有无关系，故提出假设

$$H_0：X 与 Y 无关；\quad H_1：X 与 Y 有关.$$

一般地，设有X与Y两个因素，要检验假设

$$H_0：X 与 Y 独立；\quad H_1：X 与 Y 不独立. \tag{8.4.4}$$

首先获取来自总体(X,Y)的一个样本. 通常将X与Y的取值范围分别分割成r与s个互不相交的小区间$A_1,\cdots,A_r$与$B_1,\cdots,B_s$，即X，Y两个因素看成各有r个和s个状态. 用n_{ij}表示样本值中“X落入A_i且Y落入B_j”的个数，$i=1,2,\cdots,r$，$j=1,2,\cdots,s$. 记$n_{i\cdot}=\sum_{j=1}^{s}n_{ij},i=1,\cdots,r$，$n_{\cdot j}=\sum_{i=1}^{r}n_{ij},j=1,\cdots,s$. 显然，$n=\sum_{i=1}^{r}\sum_{j=1}^{s}n_{ij}=\sum_{i=1}^{r}n_{i\cdot}=\sum_{j=1}^{s}n_{\cdot j}$. 我们将全部观察结果列成下表 8-5，称此表为**列联表**. 记

$$\begin{aligned}
&p_{ij}=P(X\in A_i,Y\in B_j),\quad i=1,\cdots,r,\quad j=1,\cdots,s;\\
&p_{i\cdot}=P(X\in A_i),\quad i=1,\cdots,r;\\
&p_{\cdot j}=P(Y\in B_j),\quad j=1,\cdots,s.
\end{aligned}$$

显然有$p_{i\cdot}=\sum_{j=1}^{s}p_{ij},i=1,\cdots,r$，$p_{\cdot j}=\sum_{i=1}^{r}p_{ij},j=1,\cdots,s$，$\sum_{i=1}^{r}\sum_{j=1}^{s}p_{ij}=\sum_{i=1}^{r}p_{i\cdot}=\sum_{j=1}^{s}p_{\cdot j}=1$.

表 8-5

	B_1	$\cdots$	$\cdots$	B_s	Σ
A_1	n_{11}	$\cdots$	$\cdots$	n_{1s}	$n_{1\cdot}$
$\vdots$	……		……		$\vdots$
A_r	n_{r1}	$\cdots$	$\cdots$	n_{rs}	$n_{r\cdot}$

Σ	$n_{\cdot 1}$	…	…	$n_{\cdot s}$	n

于是 X 与 Y 的独立性检验问题可化成检验

$$H_0: p_{ij} = p_{i\cdot} * p_{\cdot j}, \quad i=1,\cdots,r, \quad j=1,\cdots,s. \tag{8.4.5}$$

这样就可以利用事件 $\{X \in A_i, Y \in B_j\}$，$\{X \in A_i\}$，$\{Y \in B_j\}$ 的理论概率与样本频率之间的差异来建立 χ^2 统计量.

由于 $p_{i\cdot}$ 和 $p_{\cdot j}$ 都是未知的，所以我们应先用极大似然估计法求出它们的估计. 因为 $p_{r\cdot} = 1 - \sum_{i=1}^{r-1} p_{i\cdot}, p_{\cdot s} = 1 - \sum_{j=1}^{s-1} p_{\cdot j}$，故有 $r+s-2$ 个参数需要估计. 当 H_0 成立时，似然函数为

$$\begin{aligned} L &= \prod_{i=1}^{r}\prod_{j=1}^{s} p_{ij}^{n_{ij}} = \prod_{i=1}^{r}\prod_{j=1}^{s} (p_{i\cdot} p_{\cdot j})^{n_{ij}} = \prod_{i=1}^{r} p_{i\cdot}^{n_{i\cdot}} \prod_{j=1}^{s} p_{\cdot j}^{n_{\cdot j}} \\ &= \left(1 - \sum_{i=1}^{r-1} p_{i\cdot}\right)^{n_{r\cdot}} \left(1 - \sum_{j=1}^{s-1} n_{\cdot j}\right)^{n_{\cdot s}} \prod_{i=1}^{r-1} p_{i\cdot}^{n_{i\cdot}} \prod_{j=1}^{s-1} p_{\cdot j}^{n_{\cdot j}}, \end{aligned}$$

两边取对数

$$\ln L = n_{r\cdot} \ln\left(1 - \sum_{i=1}^{r-1} p_{i\cdot}\right) + n_{\cdot s} \ln\left(1 - \sum_{j=1}^{s-1} p_{\cdot j}\right) + \sum_{i=1}^{r-1} n_{i\cdot} \ln p_{i\cdot} + \sum_{j=1}^{s-1} n_{\cdot j} \ln p_{\cdot j},$$

令

$$\begin{cases} \dfrac{\partial \ln L}{\partial p_{i\cdot}} = \dfrac{-n_{r\cdot}}{1 - \sum\limits_{i=1}^{r-1} p_{i\cdot}} + \dfrac{n_{i\cdot}}{p_{i\cdot}} - 0, \quad i=1,\cdots,r, \\ \dfrac{\partial \ln L}{\partial p_{\cdot j}} = \dfrac{-n_{\cdot s}}{1 - \sum\limits_{i=1}^{s-1} p_{\cdot j}} + \dfrac{n_{\cdot j}}{p_{\cdot j}} = 0, \quad j=1,\cdots,s, \end{cases}$$

即

$$\begin{cases} p_{i\cdot} = \dfrac{n_{i\cdot} p_{r\cdot}}{n_{r\cdot}}, \quad i=1,\cdots,r-1, \\ p_{\cdot j} = \dfrac{n_{\cdot j} p_{\cdot s}}{n_{\cdot s}}, \quad j=1,\cdots,s-1, \end{cases} \tag{8.4.6}$$

将方程组第一式中的 $r-1$ 个等式相加得 $p_{r\cdot} = n_{r\cdot}/n$，同理 $p_{\cdot s} = n_{\cdot s}/n$，从而方程组(8.4.6)的解为

$$\begin{cases} p_{i\cdot} = n_{i\cdot}/n, \quad i=1,\cdots,r-1, \\ p_{\cdot j} = n_{\cdot j}/n, \quad j=1,\cdots,s-1, \end{cases}$$

将它们代入皮尔逊构造的统计量得

$$\chi^2 = \sum_{i=1}^{r}\sum_{j=1}^{s}\frac{(n_{ij}-np_{i\cdot}p_{\cdot j})^2}{np_{i\cdot}p_{\cdot j}} = \sum_{i=1}^{r}\sum_{j=1}^{s}\frac{(n_{ij}-n_{i\cdot}n_{\cdot j}/n)^2}{n_{i\cdot}n_{\cdot j}/n}, \tag{8.4.7}$$

当 H_0 成立时，它的极限分布为 χ^2 分布. 由于有 $r+s-2$ 个被估参数，所以它的自由度为 $rs-(r+s-2)-1=(r-1)(s-1)$. 故 n 足够大时，χ^2 可作为假设(8.5.4)的检验统计量. 它的拒绝域为

$$W=\{\chi^2 > \chi^2_\alpha((r-1)(s-1))\}. \tag{8.4.8}$$

例 8.4.4 的解　根据题意提出假设

H_0：高血压与冠心病无关，H_1：高血压与冠心病有关.

这是一个独立性检验问题，故我们采用 χ^2 检验法检验 H_0. 已知 $r=s=2, n=520, n_{11}=48, n_{12}=36, n_{21}=88, n_{22}=348, n_{1\cdot}=84, n_{2\cdot}=436, n_{\cdot 1}=136, n_{\cdot 2}=384$，于是有

$$\begin{aligned}\chi^2 &= \frac{(520\times 48-84\times 136)^2}{520\times 84\times 136}+\frac{(520\times 36-84\times 384)^2}{520\times 84\times 384}\\ &\quad+\frac{(520\times 88-436\times 136)^2}{520\times 436\times 136}+\frac{(520\times 348-436\times 384)^2}{520\times 436\times 384}\\ &=30.84+10.92+5.94+2.10=49.8.\end{aligned}$$

查自由度为(2–1) (2–1)=1 的 χ^2 分布表得 $\chi^2_{0.05}(1)=3.84<49.8$，故拒绝 H_0，即认为高血压与冠心病有关.

例 8.4.5　观察 20 岁以上居民眼睛的晶体状混浊程度与年龄的关系，得数据如表 8-6 所示，试就此判断眼睛晶体状混浊程度是否与年龄有关 $(\alpha=0.01)$？

表 8-6

年龄(岁)	晶体状混浊程度			合计
	+	++	+++	
20~29	215	67	44	326
30~39	131	101	63	295
40~50	148	128	132	408
合计	494	296	239	1029

解　根据题意提出假设

H_0：眼睛晶体状混浊程度与年龄无关.

这是一个非正态的独立性检验问题，故我们采用 χ^2 检验法检验 H_0. 已知 $r=s=3$，

$n_{1.}=326,\ n_{2.}=295, n_{3.}=408, n_{.1}=494, n_{.2}=296, n_{.3}=293$，$n$=1029. 代入式(8.4.7)得统计量$\chi^2$的观测值$\chi^2$=74.40. 查自由度为(3–1)×(3–1)=4 的χ^2分布表得$\chi^2_{0.01}(4)=13.277$. 因 74.40>13.277，故拒绝H_0，即认为眼睛晶体状混浊程度与年龄有关.

注 附录一例 5 是利用 SPSS 软件进行独立性检验的例子.

8.5 假设检验与区间估计的关系及 p 值问题

8.5.1 利用区间估计进行的假设检验

由第 7 章讨论知，区间估计是对参数的取值估计出一个范围，并要求这个范围包含参数真值具有一定的可靠度，也就是区间估计得到的是以一定概率包含未知参数真值的范围. 而假设检验是先对实际问题提出某种假设，然后根据样本判断假设是否成立. 从表面上看，两者概念不同，解决的思想方法也不同，而实际上两者之间有着密切的联系. 下面我们就以正态总体中方差未知情况下关于期望的假设检验与区间估计为例来说明.

设总体$X\sim N(\mu,\sigma^2),\sigma^2$未知，对给定的显著性水平$\alpha$，要检验

$$H_0\text{: }\mu=\mu_0;\quad H_1\text{: }\mu\neq\mu_0 .$$

选

$$T=\frac{\bar{X}-\mu_0}{S/\sqrt{n}}$$

作为检验统计量，则当$\left|\dfrac{\bar{X}-\mu_0}{S/\sqrt{n}}\right|\leqslant t_{\alpha/2}$时接受$H_0$. 从接受域$\left|\dfrac{\bar{X}-\mu_0}{S/\sqrt{n}}\right|\leqslant t_{\alpha/2}$中解出$\mu_0$，可得

$$\bar{X}-\frac{S}{\sqrt{n}}t_{\alpha/2}\leqslant\mu_0\leqslant\bar{X}+\frac{S}{\sqrt{n}}t_{\alpha/2}.$$

随机区间

$$\left[\bar{X}-\frac{S}{\sqrt{n}}t_{\alpha/2},\bar{X}+\frac{S}{\sqrt{n}}t_{\alpha/2}\right]$$

正是参数μ的置信度为$1-\alpha$的置信区间. 这就是说，我们从水平为α的检验的接受域导出了参数μ的置信度为$1-\alpha$的置信区间.

反之，对于总体$X\sim N(\mu,\sigma^2),\sigma^2$未知，参数$\mu$的置信度为$1-\alpha$的置信区间为

$$\left[\bar{X}-\frac{S}{\sqrt{n}}t_{\alpha/2},\bar{X}+\frac{S}{\sqrt{n}}t_{\alpha/2}\right].$$

我们基于这个置信区间来构造对假设

$$H_0\text{：}\mu=\mu_0;\quad H_1\text{：}\mu\neq\mu_0$$

的检验. 若这个区间包含了 μ_0，则接受 H_0，否则拒绝 H_0. 很显然这个检验具有水平 α.

这说明参数的假设检验的接受域与其置信区间之间有着一种对应关系. 这种对应关系不只是形式上的，而且可以证明，某种准则下的最优检验往往导致相应准则下的最优区间估计，反之亦然. 因此我们可利用区间估计来进行假设检验.

8.5.2　p-值检验法

p-值被定义为基于样本观察值拒绝原假设的最小显著性水平. 当显著性水平大于 p 值时，我们拒绝原假设，否则接受原假设. 这种检验假设的方法称为 p **-值检验法**. p-值依赖于样本观察值，因此是一个统计量.

一般地，对于假设 $H_0: \theta \in \Theta_0$；$H_1: \theta \in \Theta_1$，若检验统计量为 $T=T(X_1,\cdots, X_n)$，小概率事件的形式为 $\{T > \lambda\}$，$x_1,\cdots,x_n$ 为样本观察值，T 的观察值为 $t = T(x_1,\cdots,x_n)$，则 p-**值**定义为

$$p = \sup_{\theta\in\Theta_0} P_\theta(T > t).$$

例 8.5.1　已知用精确方法测得某物体的温度真值为 1277，现用某台仪器间接测量该物体温度，测得 5 个数据(单位：℃)：1250，1265，1245，1260，1275，设测量值 X 服从正态分布，试用 p-值检验法判断在显著性水平 α=0.05 下，这台仪器是否存在系统误差?

解　因总体 X 服从方差未知的正态分布，由题意知要检验假设

$$H_0: \mu=1277;\quad H_1: \mu \neq 1277,$$

故选择检验统计量 $T = \dfrac{\bar{X} - 1277}{S/\sqrt{5}}$，在 H_0 成立时，$T \sim t(4)$.

由样本观察值得统计量 $\bar{X},S,T$ 的值分别为 $\bar{x} = 1259, s = 11.937, t \approx -3.3717$，则 p-值为

$$p = P(|T| > 3.3717) = 0.031.$$

在显著性水平 α=0.05 下，$\alpha > p$，故拒绝 H_0，即认为这台仪器间接测量温度有系统误差.

从例 8.5.1 中我们还看到，若取 $\alpha > p$，则拒绝 H_0；若取 $\alpha \leqslant p$，则接受 H_0. p-值给出的是拒绝或接受原假设的分界点，这是用 p-值进行假设检验的优点. p-值越小，我们拒绝原假设时的理由越充分.

皮尔逊在拟合优度检验中首先提出 p-值，他把 p-值作为基于观察数据拟合理论分布的“拟合优度”，p-值越大，样本与理论分布的拟合越好. 费希尔曾称 p-值为“表示反对原假设依据的强度”. p-值的计算一般不很容易(除 u 检验外)，因此多年来很少被统计学家所使用，在数理统计教材中也很少介绍. 但随着计算机的普及，p-值的计算变得十分的方便，因为在一些流行的统计软件(如 SAS, SPSS, MINITAB 等)的假设检验程序中都给出 p-值，因此近年来，p-值又逐渐为人们所重视. 目前，在统计教材中，大都将 p-值作为假设检验的方式之一来介绍. 如在本书后面的附录 1 中，读者可以看到在利用 SPSS 进行有关假设检验时，基本上都提供了 p-值，进而很容易得出结论.

至此，我们介绍了假设检验的三种方式：

(1) 将检验统计量的值与临界值相比较，当统计量的值落在拒绝域中时拒绝原假设；

(2)先求出被检验参数的置信区间，当被检验参数的假设值落在置信区间之外时拒绝原假设；

(3)将 p-值与显著性水平 α 相比较，若 α 大于 p-值，则拒绝原假设.

习　题　八

A　组

1. 设 α,β 分别是假设检验中犯的第一、第二类错误的概率且 H_0,H_1 分别为原假设和备择假设，则

(1) $P\{$接受 $H_0\mid H_0$ 不真$\}$=________；　(2) $P\{$拒绝 $H_0\mid H_0$ 真$\}$=________；

(3) $P\{$拒绝 $H_0\mid H_0$ 不真$\}$=________；　(4) $P\{$接受 $H_0\mid H_0$ 真$\}$=________.

2. 某测距仪在500米范围内，测距精度 $\sigma=10$ 米. 今对距离500米的目标测量9次，得到平均距离 $\bar{x}=510$ 米. 设测量的距离服从正态分布，问该测距仪是否存在系统误差($\alpha=0.05$)?

3. 某车间有一台包装机包装葡萄糖. 包得的袋装糖重是一个随机变量，它服从正态分布. 当机器正常时，其均值为0.5千克，标准差为0.015千克. 某日开工后为检查包装机是否正常，随机抽取它所包装的糖9袋，称得净重为(千克)：

0.497　0.506　0.518　0.524　0.498　0.511　0.520　0.515　0.512

问机器是否正常($\alpha=0.05$)?

4. 某厂生产的固体燃料推进器的燃烧率服从正态分布 $N(\mu,\sigma^2)$，$\mu=40$ 厘米/秒，$\sigma=2$ 厘米/秒. 现用新方法生产了一批推进器，从中随机抽取25只，测得燃烧率的样本均值为 $\bar{x}=41.25$ 厘米/秒. 设在新方法下总体标准差仍为2厘米/秒. 问这批推进器是否较以往生产的推进器的燃烧率有显著提高? 取显著水平 $\alpha=0.05$.

5. 某厂生产一种灯管，其寿命 $X\sim N(\mu,200^2)$，从过去的经验看 $\mu\leqslant 1500$ 小时. 今采用新工艺进行生产后，再从产品中随机抽取25只进行测试，得到平均寿命1675小时. 问采用新工艺后，灯管的质量是否有显著提高($\alpha=0.05$)?

6. 某药厂生产一种抗生素，已知在正常生产情况下，每瓶抗生素的某项指标服从均值为23.0的正态分布. 某日开工后随机抽取5瓶，测得数据如下：

22.3　21.5　22.0　21.8　21.4

问该日生产是否正常($\alpha=0.05$)?

7. 某种电子元件的寿命 X(单位：小时)服从正态分布. 现测得16只元件的寿命如下：

159，280，101，212，224，379，179，264，222，362，168，250，149，260，485，170.

问是否有理由认为元件的平均寿命大于225小时($\alpha=0.05$)?

8. 设木材的小头直径 $X\sim N(\mu,\sigma^2)$，$\mu\geqslant 12$ 厘米为合格，今抽出12根测得小头直径的样本均值为 $\bar{x}=11.2$ 厘米，样本方差为 $s^2=1.44$ 平方厘米. 问该批木材是否合格($\alpha=0.05$)?

9. 假设 $X_1,X_2,\cdots,X_{36}$ 是取自正态总体 $X\sim N(\mu,0.04)$ 的简单随机样本，其中 μ 为未知参数. 记 $\bar{X}=\dfrac{1}{36}\sum\limits_{i=1}^{36}X_i$，如果对检验问题 $H_0:\mu=0.5$;　$H_1:\mu=\mu_1>0.5$，取检验否定域 $W=\{\bar{X}>c\}$，检验的显著性水平 $\alpha=0.05$，求参数 c；在 $\alpha=0.05,\mu_1=0.65$ 时，求犯第二类错误的概率 β.

10. 某厂生产的某种型号的电池，其寿命长期以来服从方差 $\sigma^2=5000$ (小时^2)的正态分布. 现有一批这种电池，从它的生产情况看，寿命的波动性有所改变. 现随机抽取26只电池，测得其寿命的样本方差 $s^2=9200$ (小时^2). 问根据这一数据能否推断这批电池寿命的波动性较以往的有显著的变化($\alpha=0.02$)?

11. 已知维尼纶纤度在正常条件下服从正态分布 $N(1.405,0.048^2)$，某日抽取5根纤维，测得其纤度为1.32，1.55，1.36，1.40，1.44. 问这一天纤度的总体标准差是否正常($\alpha=0.05$)?

12. 某种导线，要求其电阻的确标准差不得超过 0.005(Ω). 今在生产的一批导线中取样品 9 根，测得 $s=0.007$ (Ω)，设总体服从正态分布. 问在水平 $\alpha=0.05$ 下能否认为这批导线的标准差显著地偏大?

13. 从一批保险丝中抽取 10 根试验其熔化时间，结果为 42，65，75，78，71，59，57，68，54，55，问是否可以认为这批保险丝的熔化时间的方差小于等于 80($\alpha=0.05$，熔化时间服从正态分布)?

14. 两台机床加工同一种零件，分别取 6 个和 9 个零件，量其长度得 $s_1^2=0.345, s_2^2=0.357$. 假定零件长度服从正态分布，问是否可以认为这两台机床加工的零件长度的方差无显著差异($\alpha=0.7$)?

15. 有甲、乙两台机床加工同一种产品，从这两台机床加工的产品中抽取若干产品，测得直径(单位：mm)为

机床甲：20.5，19.8，19.7，20.4，20.1，20.0，19.0，19.9；

机床乙：19.7，20.8，20.5，19.8，19.4，20.6，19.2.

假定产品直径均服从正态分布，试比较甲、乙两机床加工的精度有无显著差异($\alpha=0.1$)?

16. 对两种羊毛织品的强度进行试验所得结果如下(磅 / 平方英寸)

第一种：138，127，134，125；

第二种：134，137，135，140，130，134.

设两种羊毛织品的强度都服从方差相同的正态分布，问是否一种羊毛较另一种羊毛好($\alpha=0.05$)?

17. 从甲、乙两校的高考英语试卷中各抽 26 份和 23 份，其英语平均分分别为甲校 67 分，乙校 71 分，样本标准差分别为甲校 8 分，乙校 6 分. 假定学生的英语成绩均服从正态分布，试问两校英语成绩有无显著差异($\alpha=0.05$)?

18. 甲、乙两台机床生产同一型号的滚珠，从这两台机床生产的滚珠中分别抽取 8 个与 9 个测量其直径得到数据(单位：mm)如下：

甲：15.0，14.5，15.2，15.5，14.8，15.1，15.2，14.8；

乙：15.2，15.0，14.8，15.2，15.0，15.0，14.8，15.1，14.8.

假定两台机床生产的滚珠的直径均服从正态分布，问可否认为它们具有同一分布($\alpha=0.05$)?

19. 至 1984 年底，某市开办有奖储蓄以来，13 期对奖号码中各数码的频数汇总如下：

数码	0	1	2	3	4	5	6	7	8	9	总数
频数	21	28	37	36	31	45	30	37	33	52	350

试检验器械或操作方法是否有问题($\alpha=0.05$)?

20. 自 1965 年 1 月 1 日至 1971 年 2 月 9 日共 2231 天中，全世界记录到里氏震级 4 级和 4 级以上地震计 162 次，统计如下 ：

相继两次地震间隔天 X	1~4	5~9	10~14	15~19	20~24	25~29	30~34	35~39	≥40
出现的频数	50	31	26	17	10	8	6	6	8

注 表中两次地震间隔大于等于 40 天的 8 个数值为 40，43，44，49，58，60，81，109.

试检验两次地震间隔的天数 X 服从指数分布($\alpha=0.05$).

21. 对某汽车零件制造厂所生产的汽缸螺栓口径进行 100 次抽样检查，得 100 个数据，分组列表如下：

组限	频数	组限	频数
10.93~10.95	5	11.01~11.03	17
10.95~10.97	8	11.03~11.05	6
10.97~10.99	20	11.05~11.07	6
10.99~11.01	34	11.07~11.09	4

试检验螺栓口径是否服从正态分布($\alpha=0.05$).

22. 为募集社会福利基金，某地方政府发行福利彩票，中彩者用摇大转盘的方法确定最后中奖的金额. 大转盘均分为20份，其中金额为5万、10万、20万、30万、50万、100万的分别占2份、4份、6份、4份、2份、2份. 假定大转盘是均匀的，则每一点朝下是等可能的，于是摇出各个奖项的概率如下：

额度 X	5万	10万	20万	30万	50万	100万
概率	0.1	0.2	0.3	0.2	0.1	0.1

现20人参加摇奖，摇得5万、10万、20万、30万、50万、100万的人数分别为2，6，6，3，3，0，由于没有一个人摇到100万，于是有人怀疑大转盘是不均匀的，那么该怀疑是否成立呢（$\alpha=0.05$）？

23. 一种维生素被认为能够影响感冒的发生. 考虑在200人中做一个试验，将这200人随机地分成两组，每组100人，A组服用维生素，B组服用没有疗效的安慰剂，而所有200人均告知服用了维生素，其结果如下：

	感冒减少	感冒增加	没有变化
A组	51	20	29
B组	39	21	40

试在$\alpha=0.05$下检验H_0：感冒的发生与服用该维生素独立.

B 组

1. 设$x_1,\cdots,x_n$是来自$N(\mu,1)$的样本，考虑如下假设检验问题.

$$H_0:\mu=2;\quad H_1:\mu=3.$$

若检验由拒绝域为$W=\{\bar{x}\geqslant 2.6\}$确定.

(1) 当$n=20$时求检验犯两类错误的概率；

(2) 如果要使得检验犯第二类错误的概率$\beta\leqslant 0.01$，n最小应取多少？

2. 设$x_1,\cdots,x_{16}$是来自$N(\mu,4)$的样本，考虑如下假设检验问题.

$$H_0:\mu=6;\quad H_1:\mu\neq 6.$$

拒绝域取为$W=\{|\bar{x}-6|\geqslant c\}$. 试求$c$使得检验的显著性水平为0.05，并求该检验在$\mu=6.5$处犯第二类错误的概率.

3. 设总体$X\sim N(\mu_1,\sigma^2)$, $X_1,\cdots,X_{n_1}$为来自总体X的一个样本，总体$Y\sim N(\mu_2,\sigma^2)$, $Y_1,\cdots,Y_{n_2}$为来自总体Y的一个样本，两样本相互独立，参数均未知. 试构造出原假设$H_0:\mu_1=C\mu_2$的一个水平为α的检验，这里C为不为零的已知常数.

4. 甲乙两台车床生产同一规格的产品. 假定各自产品的直径分别服从$N(\mu_1,\sigma_1^2),N(\mu_2,\sigma_2^2)$，其中$\sigma_1^2=8,\sigma_2^2=6$. 今各抽样7件，测得它们的直径(单位：厘米)为

甲车床:	26	25	23	25	29	21	26
乙车床:	30	26	32	28	28	30	29

试用p-值检验法检验甲乙两车床生产的产品直径有无显著性差异（$\alpha=0.05$）.

5. 已知某炼铁厂的铁水含碳量X在正常情况下服从$N(4.55,0.168^2)$，现在测了5炉铁水，其含碳量分别为

$$4.28\quad 4.40\quad 4.42\quad 4.35\quad 4.37$$

如果方差没有改变，试求它的p-值，并在$\alpha=0.05$下判断总体的均值有无显著的变化?

第 9 章　方差分析与回归分析初步

方差分析和回归分析是统计推断中应用很广泛的两个分支. 本章主要介绍方差分析和回归分析的初步知识，包括单因素方差分析、一元线性回归分析及可化为一元线性回归的情形.

9.1　单因素方差分析

9.1.1　基本概念

在生产实践和科学研究中，影响一个结果的因素往往是多种多样的，而比较各种因素对结果产生的影响的大小，便是人们经常遇到的问题. 例如，一种化工产品的质量，取决于原料、反应温度、反应时间、机器设备以及操作人员的熟练程度等多个因素. 每个因素的变化都有可能影响产品的质量，但各个因素影响的大小又不尽相同. 对各因素进行分析，以找出其中影响较大的因素，便是实现优质、高产所需要解决的一个重要问题. 为此就需要进行抽样试验，并对试验结果进行必要的统计分析，以鉴别各种因素的效应.

方差分析就是根据试验的结果进行分析、鉴别各因素效应是否相同的统计分析方法. 由英国统计学家 R. A. Fisher 在 20 世纪 20 年代首先应用于农业试验数据的分析，随后在其他众多领域得到了广泛的应用。

在试验中，我们将要考察的数据或指标称为**试验指标**. 影响试验指标的条件称为**因素**或**因子**. 因素可分为两类，一类是人们可以控制的因素即可控因素；另一类则是不可控的. 如原料、反应温度、反应时间、机器设备、探测区域等是可以控制的，而测量误差、气象条件等则一般是不可控制的. 以下涉及的因素均指可控的，为方便起见，用 A,B,C 等字母表示. 因素在试验中所取的不同状态称为**水平**或**处理**，因素 A 的 r 个不同水平用 $A_1,A_2,\cdots,A_r$ 表示. 若试验中只有一个因素，这样的试验称为**单因素试验**，基于单因素试验的方差分析称为**单因素方差分析**. 若试验中有两个或多于两个因素，类似地，则可以分别定义**双因素试验**、**多因素试验**以及**双因素方差分析**、**多因素方差分析**的概念. 本书仅介绍单因素方差分析.

例 9.1.1　调查 5 个学生的 5 次测验成绩(百分制)，结果列成表 9-1.

表 9-1

测验序号	学生				
	Ⅰ	Ⅱ	Ⅲ	Ⅳ	Ⅴ
1	65	65	68	72	69
2	65	65	66	72	68
3	65	65	67	70	70
4	66	64	67	69	68
5	66	64	69	71	68

在例 9.1.1 中，试验指标为学生的成绩，只考虑“学生”这一因素，五个不同学生就是该因素的五个不同水平. 我们假定除学生这一因素外，每次所用试卷、考场、考试时间等其他条件都相同，从而这是单因素试验. 我们要研究的问题是各学生的成绩是否有显著差异，即考查学生这一因素对成绩是否有显著影响. 如果分析结果认为学生间的成绩有显著差异，则表明学生这一因素对成绩有显著影响.

例 9.1.2　某手机生产企业，用三部同型号的手机进行试验，测试手机发送短消息所需的时间，精确到千分之一秒. 结果列成表 9-2.

表 9-2

试验序号	手机		
	Ⅰ	Ⅱ	Ⅲ
1	0.987	0.923	0.998
2	0.965	0.957	0.987
3	1.011	0.914	1.015
4	0.992	0.906	1.033
5	1.023	0.980	0.994
6	1.052	0.988	0.948

在例 9.1.2 中，试验指标为手机发送短消息的时间，只考虑“手机”这一因素，三部手机就是该因素的三个不同水平. 我们假定除手机这一因素外，每次所发送短消息的内容、字节数、周边环境等其他条件都相同，从而这是单因素试验. 我们要研究的问题是各手机发送短消息的时间是否有显著差异，即考查手机这一因素对发送时间是否有显著影响. 如果分析结果认为不同手机发送短消息所需时间有显著差异，则表明同型号手机这一因素对发送短消息时间有显著影响，从而有理由怀疑生产质量存在一定的问题.

例 9.1.3　市场 B_1 有 A_1, A_2, A_3 三家商店，它们在市场 B_2 均有一家分店，都销售同一种商品. 观察它们 4 个月的销售情况，得到它们各月的销售额(单位：元)统计表如表 9-3 所示.

表 9-3

市场＼商店	A_1	A_2	A_3
B_1	23890	30886	26067
	25876	33777	28879
	21890	28970	25899
	23098	29988	28976
B_2	28098	31789	30321
	27890	26989	28870
	30187	29009	29200
	27010	30189	27990

在例 9.1.3 中，试验指标为销售额，这里考虑了“商店”和“市场”两个因素，且各自有三个水平和两个水平. 我们假定各商店在同一市场所处位置无差异、营业规模、营业时间等其

他条件都一样，从而这是一个双因素试验. 我们可研究的问题是各种因素在各水平下，销售额是否有显著差异，即商店和市场这两个因素对销售额是否有显著影响. 但这不在本书的讨论范围之内.

9.1.2　数学模型

下面就例 9.1.1 来说明单因素方差分析能解决什么问题，并建立相应的数学模型.

本例是单因素试验，因素为学生，有 5 个水平. 由于每一个学生(水平)的不同测试的成绩不同，我们可以认为一个学生的成绩就是一个总体，即他的各次成绩是来自同一总体的样本. 5 个学生(水平)的成绩相应于 5 个总体.

若记各总体的均值分别为 μ_i，$i=1$，2，3，4，5. 按题意，试验的目的就是要检验假设

$$\begin{cases} H_0: & \mu_1=\mu_2=\mu_3=\mu_4=\mu_5, \\ H_1: & \mu_1,\mu_2,\mu_3,\mu_4,\mu_5\text{不全相等}. \end{cases} \tag{9.1.1}$$

若拒绝 H_0，那么我们就认为这五个学生的平均成绩之间有显著差异；反之，就认为各学生间的成绩的不同是由随机因素引起的.

若再假定各总体相互独立且服从同方差的正态分布，即第 i 个学生的成绩是一个随机变量，它服从分布 $N(\mu_i,\sigma^2)$，$i=1$，2，3，4，5，各参数均未知. 那么，式(9.1.1)就是一个关于同方差正态分布的均值是否相等的假设检验问题.

实际上，方差分析就是判断同方差的若干独立正态总体的均值是否相等的一种统计分析方法. 本例的试验是单因素试验，因此，相应的方差分析便是单因素方差分析.

为一般地讨论单因素方差分析的原理和方法，设在某试验中，因素 A 有 r 个不同水平 $A_1,A_2,A_3,\cdots,A_r$，在 A_i 水平下的试验结果 X_i 服从 $N(\mu_i,\sigma^2), i=1,2,\cdots,r$，且 $X_1,X_2,\cdots,X_r$ 间相互独立. 现在 A_i 水平下做了 t 次试验，获得了 t 个试验结果 X_{ij}，$j=1,2,\cdots,t$ (表 9-4). 这可以看成是取自总体 X_i 的一个容量为 t 的样本，$i=1,2,\cdots,r$. 由于 $X_{ij}\sim N(\mu_i,\sigma^2)$，故 X_{ij} 与 μ_i 的差可以看成一个随机误差 ε_{ij}，$\varepsilon_{ij}\sim N(0,\sigma^2)$. 这样一来，可以假定 X_{ij} 具有如下数据结构式：

$$\begin{cases} X_{ij}=\mu_i+\varepsilon_{ij}, \\ \varepsilon_{ij}\sim N(0,\sigma^2)\text{且相互独立}, \quad i=1,2,\cdots,r; j=1,2,\cdots,t. \end{cases} \tag{9.1.2}$$

表 9-4

试验序号	因　素(A)			
	A_1	A_2	$\cdots$	A_r
1	X_{11}	X_{21}	$\cdots$	X_{r1}
2	X_{12}	X_{22}	$\cdots$	X_{r2}
$\vdots$	$\vdots$	$\vdots$	$\vdots$	$\vdots$
t	X_{1t}	X_{2t}	$\cdots$	X_{rt}

要检验的原假设是

$$H_0 : \mu_1 = \mu_2 = \cdots = \mu_r . \tag{9.1.3}$$

为今后方便起见，把参数的形式改变一下，记

$$\mu = \frac{1}{r}\sum_{i=1}^{r}\mu_i, \quad \alpha_i = \mu_i - \mu, \quad i = 1,2,\cdots,r,$$

称 μ 为**一般平均**，是理论上的总平均，称 α_i 为因素 A 的第 i 个水平的**效应.** 容易看出，r 个效应满足关系式

$$\sum_{i=1}^{r}\alpha_i = 0.$$

从而，数据结构式(9.1.2)可以写成

$$\begin{cases} X_{ij} = \mu + \alpha_i + \varepsilon_{ij}, \\ \varepsilon_{ij} \sim N(0,\sigma^2) \text{ 且相互独立，} \quad i = 1,2,\cdots,r; j = 1,2,\cdots,t, \\ \sum_{i=1}^{r}\alpha_i = 0. \end{cases} \tag{9.1.4}$$

所要检验的原假设(9.1.3)可以写成

$$H_0 : \alpha_1 = \alpha_2 = \cdots = \alpha_r = 0 . \tag{9.1.5}$$

这就得到了我们要找的单因素方差分析的数学模型. 它意味着：

(1) 方差具有齐性，即 σ^2 与水平序号 i 无关；

(2) 属线性模型，且效应具有可加性；

(3) 数据具有正态结构，$X_{ij} \sim N(\mu + \alpha_i, \sigma^2)$, 即除因素的效应外，其余均为大量独立，均匀微小的随机因素.

9.1.3　方差分析

为了导出检验假设(9.1.5)的统计量，我们首先分析一下引起诸 X_{ij} 波动的原因. 这里有两个原因，一个是假定(9.1.5)为真时，各个 X_{ij} 的波动纯粹是随机性引起的；另一个可能是假设(9.1.5)不真而引起的. 因而我们可用一个量来刻画各个 X_{ij} 之间的波动，并把引起波动的上述两个原因用另外两个量表示出来，这就是方差分析中常用的平方和分解的方法. 下面我们就从平方和分解入手来导出检验(9.1.5)的统计量.

通常我们可以用 X_{ij} 与样本总平均 $\bar{X}$ 之间的偏差平方和来反映 X_{ij} 之间的波动，令

$$S_T = \sum_{i=1}^{r}\sum_{j=1}^{t}(X_{ij} - \overline{X})^2, \tag{9.1.6}$$

其中 $\overline{X} = \frac{1}{n}\sum_{i=1}^{r}\sum_{j=1}^{t}X_{ij}, n = rt$，称 S_T 为**总离差平方和或总偏差平方和**. 若令

$$X_{i\cdot} = \sum_{j=1}^{t}X_{ij}, \quad \overline{X}_{i\cdot} = X_i / t, \quad i = 1, 2, \cdots, r,$$

则

$$\begin{aligned} S_T &= \sum_{i=1}^{r}\sum_{j=1}^{t}(X_{ij} - \overline{X})^2 \\ &= \sum_{i=1}^{r}\sum_{j=1}^{t}(X_{ij} - \overline{X}_{i\cdot} + \overline{X}_{i\cdot} - \overline{X})^2 \\ &= \sum_{i=1}^{r}\sum_{j=1}^{t}(X_{ij} - \overline{X}_{i\cdot})^2 + \sum_{i=1}^{r}t(\overline{X}_{i\cdot} - \overline{X})^2, \end{aligned}$$

其中交叉乘积项

$$\begin{aligned} &2\sum_{i=1}^{r}\sum_{j=1}^{t}(X_{ij} - \overline{X}_{i\cdot})(\overline{X}_{i\cdot} - \overline{X}) \\ &= 2\sum_{i=1}^{r}(X_{i\cdot} - \overline{X})\sum_{j=1}^{t}(X_{ij} - \overline{X}_{i\cdot}) \\ &= 2\sum_{i=1}^{r}(\overline{X}_{i\cdot} - \overline{X})(X_{i\cdot} - t\overline{X}_{i\cdot}) = 0. \end{aligned}$$

若记

$$S_e = \sum_{i=1}^{r}\sum_{j=1}^{t}(X_{ij} - \overline{X}_{i\cdot})^2, \tag{9.1.7}$$

$$S_A = \sum_{i=1}^{r}t(\overline{X}_{i\cdot} - \overline{X})^2, \tag{9.1.8}$$

则

$$S_T = S_e + S_A \tag{9.1.9}$$

为一个平方和分解式. 下面我们来考察 S_e和S_A 的意义. 由模型(9.1.4)有

$$\begin{aligned} \overline{X}_{i\cdot} &= \mu + \alpha_i + \overline{\varepsilon}_{i\cdot}, \\ \overline{X} &= \mu + \overline{\varepsilon}, \end{aligned}$$

其中 $\overline{\varepsilon}_{i\cdot}, \overline{\varepsilon}$ 的意义同 $\overline{X}_{i\cdot}, \overline{X}$，从而

$$S_e = \sum_{i=1}^{r}\sum_{j=i}^{t}(\varepsilon_{ij} - \bar{\varepsilon}_{i\cdot})^2 \tag{9.1.10}$$

反映了误差的波动，即度量随机误差的大小，称为**组内离差平方和**(或**误差平方和**)；而

$$S_A = \sum_{i=1}^{r} t(\alpha_i + \bar{\varepsilon}_{i\cdot} - \bar{\varepsilon})^2 \tag{9.1.11}$$

在假设(9.1.5)为真时，反映了组间误差的波动；在假设(9.1.5)不真时，它就反映因素 A 的不同水平效应间的差异(当然也包括误差)，称它为**组间离差平方和**(**或因素 A 的离差平方和**).

我们通过平方和分解式(9.1.9)把引起 X_{ij} 波动的两个原因在数量上刻画了出来. 那么，如何来构造检验统计量呢？直观上看，在假设(9.1.5)不真时，S_A 的值较大，而 S_e 与因素 A 的水平效应无关，因此可用 S_A 与 S_e 的比值或等价地用

$$F = \frac{S_A/(r-1)}{S_e/(n-r)} \tag{9.1.12}$$

作为检验统计量. 当 F 值过大时，可以认为假设(9.1.5)不真. 但要确定检验的临界值，还必须求出假设(9.1.5)为真时 F 的分布.

而在假设(9.1.5)为真时，一切 $X_{ij} \sim N(\mu, \sigma^2)$，且相互独立，故

$$S_T/\sigma^2 \sim \chi^2(n-1).$$

同时，由分解式(9.1.9)和定理 6.4.2，在假设(9.1.5)为真时，有

$$S_A/\sigma^2 \sim \chi^2(r-1), \quad S_e/\sigma^2 \sim \chi^2(n-r),$$

且 S_A 与 S_e 独立. 从而由第 6 章关于 F 分布的定义便知式(9.1.1)中检验统计量 $F \sim F(r-1, n-r)$.

按照显著性假设检验程序，对给定的显著性水平 α，当 $F > F_\alpha(r-1, n-r)$ 时拒绝 H_0，并认为在显著性水平 α 下各水平的效应间有显著差异.

在具体计算时，S_e, S_A 的计算可化简如下：

$$\begin{cases} S_e = \sum_{i=1}^{r}\sum_{j=1}^{t} X_{ij}^2 - \sum_{i=1}^{r}\frac{X_{i\cdot}^2}{t}, & f_e = n-r, \\ S_A = \sum_{i=1}^{r}\frac{X_{i\cdot}^2}{t} - \frac{X_{\cdot\cdot}^2}{n}, & f_A = r-1, \\ S_T = S_A + S_e, & f_T = f_e + f_A, \end{cases} \tag{9.1.13}$$

其中 f_e, f_A, f_T 分别为 S_e, S_A, S_T 的自由度，

$$X_{i\cdot} = \sum_{j=1}^{t} X_{ij}, \quad X_{\cdot\cdot} = \sum_{i=1}^{r}\sum_{j=1}^{t} X_{ij}.$$

若记

$$W = \sum_{i=1}^{r}\sum_{j=1}^{t} X_{ij}^2, \quad Q_A = \sum_{i=1}^{r}\frac{X_{i\cdot}^2}{t}, \quad C = \frac{X_{\cdot\cdot}^2}{n}, \tag{9.1.14}$$

则式(9.1.13)可写成

$$\begin{cases} S_e = W - Q_A, & f_e = n - r, \\ S_A = Q_A - C, & f_A = r - 1, \\ S_T = S_A + S_e, & f_T = n - 1. \end{cases} \tag{9.1.15}$$

将上述计算结果列成表 9-5，称为方差分析表.

表 9-5

变差来源	离差平方和	自由度	均方	F 值	显著值
因素 A (组间)	$S_A = Q_A - C$	$f_A = r-1$	$\frac{S_A}{r-1}$	$F = \frac{S_A/(r-1)}{S_e/(n-r)}$	
误差 e (组内)	$S_e = W - Q_A$	$f_e = n-r$	$\frac{S_e}{n-r}$		
总和	$S_T = S_e + S_A$	$f_T = n-1$			

为了列出方差分析表，可先在原数据表格基础上作如下的计算(表 9-6)，其中式(9.1.14)中的 $X_{i\cdot}$，$X_{i\cdot}^2$ 等的计算可以利用有统计计算功能的计算器进行，然后按(9.1.13)计算 W，Q_A，C，再利用式(9.1.15)计算 S_T, S_A, S_e，最后列出方差分析表.

表 9-6

试验序号	因　素(A)				
	1	2	…	r	
1	X_{11}	X_{21}	…	X_{r1}	
2	X_{12}	X_{22}	…	X_{r2}	
⋮	⋮	⋮	⋮	⋮	
t	X_{1t}	X_{2t}	…	X_{rt}	
$X_{i\cdot}$	$X_{1\cdot} = \sum_{j=1}^{t} X_{ij}$	$X_{2\cdot}$	…	$X_{r\cdot}$	$X_{\cdot\cdot} = \sum_{i=1}^{r} X_{i\cdot}$
$X_{i\cdot}^2$	$X_{1\cdot}^2$	$X_{2\cdot}^2$	…	$X_{r\cdot}^2$	$\sum_{i=1}^{r} X_{i\cdot}^2$

例 9.1.4　试问例 9.1.1 中学生的平均成绩在显著性水平 $\alpha = 0.01$ 下是否有显著差异?

解　计算表如表 9-7 所示. 这里，$r=5$，$t=5$，$n=r\cdot t=25$，

$$W=\sum_{i=1}^{r}\sum_{j=1}^{t}X_{ij}^2=113576,\quad Q_A=\sum_{i=1}^{r}\frac{X_{i\cdot}^2}{t}=113558.4,$$

$$C=\frac{X_{\cdot\cdot}^2}{n}=113434.24,$$

$$S_e=W-Q_A=113576-113558.4=17.6,$$

$$S_A=Q_A-C=113558.4-113434.24=124.16,$$

$$S_T=S_A+S_e=141.76.$$

表 9-7

测验序号	学 生(A)					
	Ⅰ	Ⅱ	Ⅲ	Ⅳ	Ⅴ	
1	65	65	68	72	69	
2	65	65	66	72	68	
3	65	65	67	70	70	
4	66	64	67	69	68	
5	66	64	69	71	68	
$X_{i\cdot}$	327	323	337	354	343	$X_{\cdot\cdot}=1684$
$X_{i\cdot}^2$	106929	104329	113569	125316	117649	$\sum_{i=1}^{r}X_{i\cdot}^2=56799$

然后列出方差分析表 9-8.

查附表 5 得，$F_{0.01}(4,20)=4.431$. 由于 $F=35.27>4.431=F_{0.01}(4,20)$，所以在 $\alpha=0.01$ 显著性水平下拒绝 H_0，即表明这五个学生成绩之间的差异非常明显.

表 9-8

变差来源	离差平方和	自由度	均方	F 值	显著值
因素 A (组间)	$S_A=124.16$	$f_A=4$	31.04	$F=35.27$	* *
误差 e (组内)	$S_e=17.6$	$f_e=20$	0.88		
总和	$S_T=141.76$	$f_T=24$			

在方差分析中，实际工作中常用的显著性水平有 0.05 和 0.01. 若在 $\alpha=0.05$ 下拒绝 H_0，则称差异显著，并在显著值一栏打上*号；若在 $\alpha=0.01$ 下拒绝 H_0，则称差异非常显著，并在显著值一栏打上**号.

若在因素的每一水平下所进行的试验次数不等，设在第 i 个水平下重复了 t_i 次，$i=1,2,\cdots r$，那么重复上述推导，可以得到完全类似的结论，在具体计算时，计算公式(9.1.14)可修改如下：

$$W=\sum_{i=1}^{r}\sum_{j=1}^{t_i}X_{ij}^{\ 2},\quad Q_A=\sum_{i=1}^{r}\frac{X_{i.}^{\ 2}}{t_i},\quad C=\frac{X_{..}^2}{n},\tag{9.1.16}$$

其中 $n=\sum_{i=1}^{r}t_i$，$X_{i\cdot}=\sum_{j=1}^{t_i}X_{ij}$，$X_{..}=\sum_{i=1}^{r}\sum_{j=1}^{t_i}X_{ij}$，其他符号的意义同上，方差分析表中的计算与前述类似.

例 9.1.5 灯泡厂用四种不同材料的灯丝生产了四批灯泡，除灯丝材料不同外，其他生产条件完全相同. 今由每批灯泡中随机地抽取若干个灯泡测得使用寿命(单位：小时)数据列于表 9-9 左上部. 试推断灯泡使用寿命是否因灯丝材料的不同而有显著差异.

表 9-9

		寿命								$X_{i\cdot}$	$X_{i\cdot}^2$
灯丝材料（A）	A_1	1600	1610	1650	1680	1700	1700	1780		11720	137358400
	A_2	1500	1640	1400	1700	1750				7990	63840100
	A_3	1640	1550	1600	1620	1640	1600	1740	1800	13190	173976100
	A_4	1510	1520	1530	1570	1640	1680			9450	89302500
										$X_{..}$=42350	

解 计算表如表 9-9 中所示. 这里 $r=4$，$t_1=7$，$t_2=5$，$t_3=8$，$t_4=6$，$n=\sum_{i=1}^{4}t_i=26$，

$$W=\sum_{i=1}^{4}\sum_{j=1}^{t_i}X_{ij}^2=69199500,\quad Q_A=\sum_{i=1}^{r}\frac{X_{i\cdot}^2}{t_i}=69021411.07,$$

$$C=\frac{X_{..}^2}{n}=68981634.61,\quad S_e=W-Q_A=178088.93,$$

$$S_A=Q_A-C=39776.46,\quad S_T=S_A+S_e=217865.38.$$

列出方差分析表 9-10.

表 9-10

变差来源	离差平方和	自由度	均方	F 值	显著值
因素 A（组间）	$S_A=39776.46$	$\mathrm{d}f_A=3$	13258.2	$F=1.638$	
误差 e（组内）	$S_e=178088.93$	$\mathrm{d}f_e=22$	8094.95		
总和	$S_T=217865.39$	$\mathrm{d}f_T=25$			

由于 $F=1.638<3.05=F_{0.05}(3,22)$，所以在 $\alpha=0.05$ 显著性水平下不能拒绝 H_0，即认为四种灯丝材料生产的灯泡的寿命无显著差异.

根据例 9.1.5 的方差分析的结论，作为生产厂家完全可以选择这四种灯丝材料中最便宜的一种，这样既能保证质量，又能使成本最低.

注　附录一例 6 是利用 SPSS 统计软件进行方差分析的例子.

9.2　一元线性回归分析

9.2.1　基本概念

回归分析是统计推断的一个重要组成部分，它的任务是研究变量之间的相互关系，建立变量之间的经验公式，以便达到预测和控制的目的. 在社会、经济、金融、生物、气象、地理和工程技术等众多领域中，回归分析已得到了广泛的应用.

在实际问题中我们常常会遇到多个变量同处于一个过程之中，它们互相联系，互相制约，变量之间如果不是毫无联系，那么它们之间的关系大致可以分为两种类型，即确定性关系和相关关系. 确定性关系是指某些变量确定后另一些变量的值就可以完全被确定的关系即函数关系. 例如，电压 V 与电阻 R 和电流强度 I 之间有关系式：$V=IR$. 在圆面积 S 与半径 R 之间有关系式：$S=\pi R^2$. **相关关系**是指一些变量之间虽有关系，但这种关系无法用确定的函数关系式表达出来，而其实这些变量是随机变量(或至少其中有一个是随机变量). 例如，人的身高与体重有一定的关系，而且一般地，一个人的身高越高，体重也越重，但身高与体重这两个变量之间并不是严格的函数关系. 然而，为了深入了解事物的本质，往往也需要我们去寻找这些变量间的数量关系. 回归分析就是寻找这类变量间的数学关系并进行统计推断的一种统计方法，其中最简单的是**线性回归**.

我们先看两个例子.

例 9.2.1　在某化学品的溶解度试验中，测得在不同温度 x(℃)下，溶解于 100 份水中的该化学品份数 y 的数据见表 9-11.

表 9-11

x_i	0	4	10	15	21	29	36	51	68
y_i	66.7	71.0	76.3	80.6	85.7	92.9	99.4	113.6	125.1

实验数据表明，温度是影响该化学品溶解份数的重要因素，并且温度越高溶解份数也越多. 若我们重复这些试验，在同一温度 x 下，所得的溶解份数 y 不完全一致. 这表明 x 与 y 之间不能用一个完全确定的函数关系式来表达. 为了形象地看出它们之间的关系，我们可以以 (x_i, y_i) 作为平面直角坐标系中的点来作出表 9-11 中的数据的散点图，如图 9-1 所示. 从图 9-1 上我们印证了先前的判断：随着温度 x 的增加，化学品的溶解份数 y 也增加，且这些点 $(x_i, y_i)(i=1,2,\cdots,9)$ 近似在

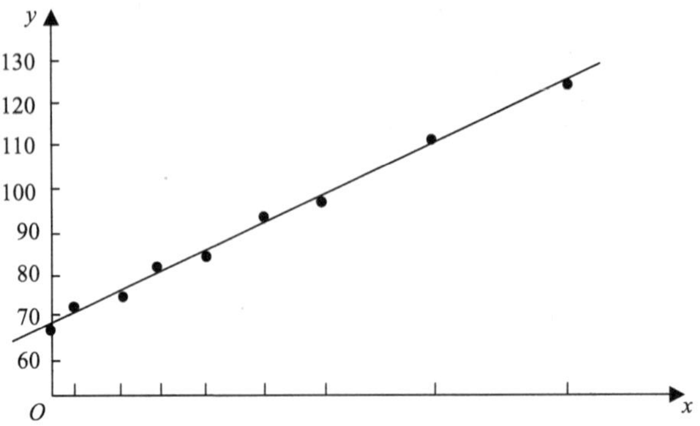

图 9-1

一条直线附近，但又不完全在一条直线上. 引起这些点(x_i, y_i)与直线偏离的原因是，在试验过程中还存在一些别的不可控制的因素，它们都在影响着试验结果y.

于是，我们可以假设变量x，y满足如下的关系式：

$$y = \beta_0 + \beta_1 x + \varepsilon, \tag{9.2.1}$$

即y是由两部分构成的：一部分是x的线性函数$\beta_0 + \beta_1 x$；另一部分ε是一随机变量，它是由随机扰动和测量误差引起的. 因此y是一随机变量(本章我们也用小写字母表示随机变量). 一般地，假定$\varepsilon \sim N(0, \sigma^2)$是合理的，于是有

$$y \sim N(\beta_0 + \beta_1 x, \sigma^2),$$

它的数学期望$E[y \mid x] = \beta_0 + \beta_1 x$是$x$的线性函数.

在式(9.2.1)中，x是一般变量，它可以精确测量或可以控制，随机变量y是可观测的，而ε是不可观测的随机误差，β_0，β_1，σ^2都是未知参数.

例 9.2.2　小麦的亩产量记为y，它与水(x_1)、肥料(x_2)、土质(x_3)、麦种(x_4)、栽培技术(x_5)及管理水平(x_6)等因素有关. 也就是说，小麦亩产量y与$x_1, \cdots, x_6$等都有一定的关系. 这时要通过作图来确定它们的关系是困难的，而通常是通过经验或专业知识作出假设. 其中最简单的一种假设是认为它们之间有如下的线性关系：

$$y = \beta_0 + \beta_1 x_1 + \beta_2 x_2 + \beta_3 x_3 + \beta_4 x_4 + \beta_5 x_5 + \beta_6 x_6 + \varepsilon, \tag{9.2.2}$$

式中，$x_1, \cdots, x_6$都是可以精确测量或可以控制的一般变量，y是可观测的随机变量，它的数学期望

$$E[y \mid x_1, \cdots, x_6] = \beta_0 + \beta_1 x_1 + \beta_2 x_2 + \beta_3 x_3 + \beta_4 x_4 + \beta_5 x_5 + \beta_6 x_6$$

是$x_1, \cdots, x_6$的线性函数，$\varepsilon \sim N(0, \sigma^2)$是不可观测的随机误差，其中$\beta_0, \beta_1, \cdots, \beta_6$，$\sigma^2$都是未知参数.

这里需要说明的是，例 9.2.2 中的有些因子是非数量化的，如栽培技术就是非数量化的因子，对此可以适当给予数量化，以便于数学上的处理. 如栽培技术有优、良、中三等，可规定

x_5(优) = 1, x_5(良) = 2, x_5(中) = 3. 具体可参阅有关线性回归分析的参考书.

9.2.2　数学模型

一般地，设影响结果 y 的因素有 $x_1,\cdots,x_p$，假定

$$y=\beta_0+\beta_1x_1+\cdots+\beta_px_p+\varepsilon, \tag{9.2.3}$$

式中，$x_1,\cdots,x_p$ 都是可以精确测量或可以控制的一般变量，y 是可观测的随机变量，它的数学期望

$$E[y\,|\,x_1,\cdots,x_p]=\beta_0+\beta_1x_1+\cdots+\beta_px_p$$

是 $x_1,\cdots,x_p$ 的线性函数，称为**理论回归函数**或**回归函数**，$\varepsilon\sim N(0,\sigma^2)$ 是不可观测的随机误差，其中 $\beta_0,\beta_1,\cdots,\beta_p$，$\sigma^2$ 都是未知参数. 此时，我们称模型(9.2.3)为**理论线性回归模型**，称 $x_1,\cdots,x_p$ 为**自变量**(或**回归因子**)，y 为**因变量**(或**响应变量**)，β_0 为**常数项**，$\beta_1,\cdots,\beta_p$ 为**回归系数.**

假定我们对 $(x_1,\cdots,x_p;y)$ 获得了 n 组独立观测值(样本)

$$(x_{i1},\cdots,x_{ip};y_i),\quad i=1,2,\cdots,n, \tag{9.2.4}$$

代入式(9.2.3)有

$$\begin{cases}y_i=\beta_0+\beta_1x_{i1}+\cdots+\beta_px_{ip}+\varepsilon_i,\\ \varepsilon_i\sim N(0,\sigma^2),\text{且相互独立},\end{cases}\quad i=1,2,\cdots,n. \tag{9.2.5}$$

称式(9.2.5)为 p **元线性回归模型**. $p=1$ 时称为**一元线性回归模型**，$p\geqslant 2$ 时统称为**多元线性回归模型**.

本书仅讨论一元线性回归分析. 对于一元线性回归模型我们将解决如下几个问题：

(1) 根据样本数据求出未知参数 β_0,β_1，σ^2 的估计，从而建立 y 与 x 之间的数量关系；

(2) 对由此得到的数量关系式的可信度进行检验，即对回归方程线性性进行显著性检验；

(3) 利用所得的回归方程进行预测或控制.

9.2.3　参数的最小二乘估计

为考虑一元线性理论回归模型

$$\begin{cases}y=\beta_0+\beta_1x+\varepsilon,\\ \varepsilon\sim N(0,\sigma^2)\end{cases} \tag{9.2.6}$$

中的参数估计问题，我们对 (x,y) 作 n 次独立观察，得 n 组数据

$$(x_i,y_i),\quad i=1,2,\cdots,n, \tag{9.2.7}$$

代入式(9.2.6)，则得一元线性回归模型

$$\begin{cases} y_i = \beta_0 + \beta_1 x_i + \varepsilon_i, \\ \varepsilon_i \sim N(0,\sigma^2), \text{且相互独立}, \end{cases} \quad i=1,2,\cdots,n. \tag{9.2.8}$$

1. β_0,β_1 的最小二乘估计

下面我们讨论如何根据模型(9.2.8)来估计未知参数 β_0,β_1. 设 β_0,β_1 的估计分别记为 $\hat{\beta}_0,\hat{\beta}_1$，称方程

$$\hat{y} = \hat{\beta}_0 + \hat{\beta}_1 x \tag{9.2.9}$$

为**一元线性经验回归方程**(简称为**回归方程**)，其中 $\hat{y}$ 是 $E[y\,|\,x]$ 的估计. 对式(9.2.7)的每一个样本点由式(9.2.9)可得

$$\hat{y}_i = \hat{\beta}_0 + \hat{\beta}_1 x_i, \quad i=1,2,\cdots,n. \tag{9.2.10}$$

称由式(9.2.10)求得的 $\hat{y}_i$ 为**回归值**(有时也称为**预测值**或**拟合值**). 回归值 $\hat{y}_i$ 与实测值 y_i 之间一般总有偏差，称 $e_i = y_i - \hat{y}_i$，$i=1,2,\cdots,n$ 为**样本残差**，简称**残差**. 显然，作为 β_0,β_1 的一个好的估计应使残差平方和达到最小，即所得估计 $\hat{\beta}_0,\hat{\beta}_1$ 应使得残差平方和

$$Q = Q(\beta_0,\beta_1) = \sum_{i=1}^{n}(y_i - \beta_0 - \beta_1 x_i)^2$$

达到最小. 并称这种估计未知参数 β_0和β_1 的方法为**最小二乘法**，称使 $Q(\beta_0,\beta_1)$ 达到最小的 β_0和β_1 为未知参数 β_0,β_1 的**最小二乘估计**，记为 $\hat{\beta}_0$和$\hat{\beta}_1$.

根据求极值的方法，令 Q 对 β_0,β_1 的一阶偏导数分别为 0，得方程组

$$\begin{cases} \dfrac{\partial Q}{\partial \beta_0} = -2\sum_{i=1}^{n}(y_i - \beta_0 - \beta_1 x_i) = 0, \\ \dfrac{\partial Q}{\partial \beta_1} = -2\sum_{i=1}^{n}(y_i - \beta_0 - \beta_1 x_i)x_i = 0. \end{cases}$$

整理得

$$\begin{cases} n\beta_0 + \sum_{i=1}^{n} x_i \beta_1 = \sum_{i=1}^{n} y_i, \\ \sum_{i=1}^{n} x_i \beta_0 + \sum_{i=1}^{n} x_i^2 \beta_1 = \sum_{i=1}^{n} x_i y_i. \end{cases} \tag{9.2.11}$$

称方程组(9.2.11)为**正规方程组**. 在 $x_i, i=1,\cdots,n$，不全相等时正规方程组有唯一解

$$\begin{cases} \hat{\beta}_1 = \dfrac{\sum\limits_{i=1}^{n} x_i y_i - n\overline{xy}}{\sum\limits_{i=1}^{n} x_i^2 - n\overline{x}^2}, \\ \hat{\beta}_0 = \overline{y} - \hat{\beta}_1 \overline{x}, \end{cases} \tag{9.2.12}$$

其中 $\overline{x} = \dfrac{1}{n}\sum\limits_{i=1}^{n} x_i$ ， $\overline{y} = \dfrac{1}{n}\sum\limits_{i=1}^{n} y_i$. 容易验证，式(9.2.12)中的 $\hat{\beta}_0, \hat{\beta}_1$ 的确能使 Q 达到最小，因此它们是 β_0, β_1 的最小二乘估计.

将式(9.2.12)代入回归方程式(9.2.9)得

$$\hat{y} = \overline{y} + \hat{\beta}_1 (x - \overline{x}) . \tag{9.2.13}$$

可见回归方程的图形是通过 $(\overline{x}, \overline{y})$，斜率为 $\hat{\beta}_1$ 的直线. 称此直线为**回归直线**.

2. 最小二乘估计的性质及 σ^2 的估计

若记

$$\begin{cases} L_{xy} = \sum\limits_{i=1}^{n} (x_i - x)(y_i - \overline{y}) = \sum\limits_{i=1}^{n} x_i y_i - n\overline{xy}, \\ L_{xx} = \sum\limits_{i=1}^{n} (x_i - \overline{x})^2 = \sum\limits_{i=1}^{n} x_i^2 - n\overline{x}^2, \\ L_{yy} = \sum\limits_{i=1}^{n} (y_i - \overline{y})^2 = \sum\limits_{i=1}^{n} y_i^2 - n\overline{y}^2, \end{cases} \tag{9.2.14}$$

则式(9.2.12)，式(9.2.13)可分别表示为

$$\begin{cases} \hat{\beta}_1 = \dfrac{L_{xy}}{L_{xx}}, \\ \hat{\beta}_0 = \overline{y} - \hat{\beta}_1 \overline{x}, \end{cases} \tag{9.2.15}$$

$$\hat{y} = \overline{y} + L_{xy} L_{xx}^{-1} (x - \overline{x}). \tag{9.2.16}$$

这时的残差平方和 $Q(\hat{\beta}_0, \hat{\beta}_1)$ 为最小，记为 S_e ，也称为**剩余平方和**. 即

$$S_e = Q(\hat{\beta}_0, \hat{\beta}_1) = \sum_{i=1}^{n} (y_i - \hat{y}_i)^2 . \tag{9.2.17}$$

由式(9.2.13)、式(9.2.14)及式(9.2.15)得

$$\begin{aligned} S_e &= \sum_{i=1}^{n}[y_i - \overline{y} - \hat{\beta}_1(x_i - \overline{x})]^2 \\ &= \sum_{i=1}^{n}(y_i - \hat{y})^2 + \hat{\beta}_1^2\sum_{i=1}^{n}(x_i - \overline{x})^2 - 2\hat{\beta}_1\sum_{i=1}^{n}(x_i - \overline{x})(y_i - \overline{y}) \\ &= L_{yy} + \hat{\beta}_1^2 L_{xx} - 2\hat{\beta}_1 L_{xy} \\ &= L_{yy} - \hat{\beta}_1 L_{xy}. \end{aligned} \tag{9.2.18}$$

很明显，$\hat{\beta}_0,\hat{\beta}_1,S_e$都是统计量，在$\varepsilon_i \sim N(0,\sigma^2), i=1,\cdots,n$且相互独立的假设下，我们不作证明地给出如下性质.

(1) $\hat{\beta}_0 \sim N\left(\beta_0,\left(\dfrac{1}{n}+\dfrac{\overline{x}^2}{L_{xx}}\right)\sigma^2\right)$；

(2) $\hat{\beta}_1 \sim N\left(\beta_1,\dfrac{\sigma^2}{L_{xx}}\right)$；

(3) $\hat{y}_0 = \hat{\beta}_0 + \hat{\beta}_1 x_0 \sim N\left(\beta_0 + \beta_1 x_0,\left(\dfrac{1}{n}+\dfrac{(x_0-\overline{x})^2}{L_{xx}})\sigma^2\right)\right)$；

(4) $\dfrac{S_e}{\sigma^2} \sim \chi^2(n-2)$，且与$(\hat{\beta}_0,\hat{\beta}_1)$相互独立，

其中x_0为给定的自变量x的值.

显然，$\hat{\beta}_0,\hat{\beta}_1$分别是参数$\beta_0,\beta_1$的无偏估计；又由性质(4)，只要对$S_e$作适当修正便可得参数$\sigma^2$的无偏估计

$$\hat{\sigma}^2 = \frac{S_e}{n-2} = \frac{L_{yy} - \hat{\beta}_1 L_{xx}}{n-2}. \tag{9.2.19}$$

以上性质还表明，估计量$\hat{\beta}_0,\hat{\beta}_1$的误差不仅与$\varepsilon$的方差$\sigma^2$有关，还与自变量$x$的各样本点取值的分散程度有关. 若诸$x_i$与$\overline{x}$比较接近，则$\hat{\beta}_0,\hat{\beta}_1$波动程度将会很大，从而使预测的误差很大，这是我们所不希望的. 所以在估计模型参数时，自变量的观测值应当尽量取得分散一些. 另外还可以看出，观测数据个数n增大时，$\hat{\beta}_0,\hat{\beta}_1$的方差都要减少. 这些对于我们试验的安排都有一定的指导意义.

例 9.2.3(续例 9.2.1)　求$\hat{\beta}_0,\hat{\beta}_1$的最小二乘估计及$\sigma^2$的无偏估计，并写出回归方程.

解　我们先求出$\overline{x},\overline{y},\sum x_i^2,\sum x_i y_i,\sum y_i^2$, 的值$\left(\text{为方便，以后我们都用“}\sum\text{”代表“}\sum_{i=1}^{n}\text{”}\right)$，然后由式(9.2.14)求出$L_{xx},L_{xy},L_{yy}$的值，再由式(9.2.15)求出$\hat{\beta}_0,\hat{\beta}_1$，最后由式(9.2.19)得到$\sigma^2$的估计. 通常这些计算也可列成表格形式(表 9-12).

所得回归方程为

$$\hat{y} = 67.5086 + 0.8706x,$$

且 σ^2 的估计为

$$\hat{\sigma}^2 = \frac{L_{yy} - \hat{\beta}_1 L_{xy}}{n-2} = 0.9498.$$

表 9-12

$\sum x_i = 234$	$\sum y_i = 811.2996$	$n = 9$
$\bar{x} = 26$	$\bar{y} = 90.1444$	
$\sum x_i^2 = 10144$	$\sum y_i^2 = 76218.17$	$\sum x_i y_i = 24628.6$
$\frac{1}{n}\left(\sum x_i\right)^2 = 1127.1111$	$\frac{1}{n}\left(\sum y_i\right)^2 = 8468.6856$	$\frac{1}{n}\left(\sum x_i\right)\left(\sum y_i\right) = 21093.7896$
$L_{xx} = 4060$	$L_{yy} = 3084.0543$	$L_{xy} = 3534.8104$
	$\hat{\beta}_1 = \frac{Lxy}{Lxx} = 0.8706$	
	$\hat{\beta}_0 = \bar{y} - \hat{\beta}_1 \bar{x} = 67.5086$	

若计算器具有回归分析功能，只要把计算器置于回归分析状态(一般为“LR”状态)便可直接得参数估计 $\hat{\beta}_0, \hat{\beta}_1$ $\left(\text{如果需要还可得到 } \bar{x}, \bar{y}, \sum x_i, \sum y_i, \sum x_i^2, \sum x_i y_i, \sum y_i^2 \text{ 的值}\right)$. 也可利用常用的统计软件，如 SPSS 来帮助计算，详见附录 1.

9.2.4　模型线性性的检验

从我们求回归方程的过程不难发现，两个变量 x, y 之间无论是否存在线性相关关系，一般都有可能依据数据 $(x_i, y_i)\ (i = 1, 2, \cdots, n)$，利用最小二乘法求出参数估计而得到回归方程. 如果 y 与 x 之间的线性关系不明显或根本不存在线性关系，这样得到的回归方程其实是没有意义的. 只有 y 与 x 之间真正存在良好的线性相关关系时，所得回归方程(9.2.13)才可以应用于实际的预测和控制.

为此，我们还是来考察线性回归模型(9.2.1). 若参数 $\beta_1 = 0$，则表明 y 不依赖于 x，从而认为 y 与 x 之间不存在线性相关关系；若 $\beta_1 \neq 0$，则 y 与 x 之间存在形如式(9.2.1)的线性相关关系. 因此，y 与 x 之间是否存在线性相关关系的检验问题便可以归结为检验假设

$$H_0\text{: } \beta_1 = 0; \quad H_1\text{: } \beta_1 \neq 0. \tag{9.2.20}$$

下面我们就来讨论如何检验假设(9.2.20). $y_1, \cdots, y_n$ 之所以有差异，一般是由下述两个原因引起的：一是当 y 与 x 之间确有线性关系时，由于 x 取值的不同而引起 $y_1, \cdots, y_n$ 取值的不同；另一个是除去 y 与 x 的线性关系以外的其他因素的影响，包括 x 对 y 的非线性影响以及其他一切未加控制的随机因素的影响. 记

$$S_T = \sum (y_i - \bar{y})^2 \tag{9.2.21}$$

称为**总离差平方和**(或**总偏差平方和**)，它可以用来描述数据 $y_1, \cdots, y_n$ 波动的大小. 因为

$$\begin{aligned} S_T &= \sum[y_i - \hat{y}_i + (\hat{y}_i - \overline{y})]^2 \\ &= \sum(y_i - \hat{y}_i)^2 + \sum(\hat{y}_i - \overline{y})^2 + 2\sum(y_i - \hat{y}_i)(\hat{y}_i - \overline{y}). \end{aligned}$$

利用正规方程组(9.2.11)可知

$$\sum(y_i - \hat{y}_i)(\hat{y}_i - \overline{y}) = 0,$$

从而得平方和分解式

$$\sum(y_i - \overline{y})^2 = \sum(y_i - \hat{y}_i)^2 + \sum(\hat{y}_i - \overline{y})^2,$$

或记为

$$S_T = S_e + S_R, \tag{9.2.22}$$

其中

$$S_e = \sum(y_i - \hat{y}_i)^2$$

是式(9.2.17)所示剩余平方和. 由本节性质(4)知，它的分布仅依赖于n和σ^2，与x的变化无关，因此它反映了除去y与x之间的线性关系以外其他因素引起的数据y_i间的波动. 而

$$\begin{aligned} S_R &= \sum(\hat{y}_i - \overline{y})^2 = \sum[\hat{\beta}_1(x_i - \overline{x})]^2 \\ &= \hat{\beta}_1^2 \sum(x_i - \overline{x})^2 \\ &= \hat{\beta}_1^2 L_{xx} = \hat{\beta}_1 L_{xy}, \end{aligned} \tag{9.2.23}$$

称为**回归平方和**. 它主要反映了由变量x的变化引起的y_i间的波动. 我们通过平方和分解式(9.2.22)将这两个原因在数值上基本分开了. 由于$\hat{\beta}_1$是β_1的无偏估计，因此当假设H_0为真时，S_R的值接近于0(注意S_R为非负)；而当H_0不真时，S_R的值一般比较大. 这样就可利用S_R与S_e的比值来构造检验统计量，当它的值较大时拒绝H_0. 为能确定临界值，我们必须知道在H_0为真时它的分布.

由本节性质(4)知

$$\frac{1}{\sigma^2} S_e \sim \chi^2(n-2),$$

且与S_R相互独立. 在H_0为真时，由性质(2)及式(9.2.23)

$$\frac{1}{\sigma^2} S_R \sim \chi^2(1).$$

因此，在H_0为真时，

$$F = \frac{S_R / 1}{S_e / (n-2)} = \frac{S_R}{S_e / (n-2)} \sim F(1, n-2). \tag{9.2.24}$$

于是可用式(9.2.24)定义的 F 来作为检验假设(9.2.20)的统计量. 按照一般显著性检验的程序，在给定的显著性水平 α 下，当 $F > F_\alpha(1, n-2)$ 时拒绝 H_0，即认为 x 与 y 之间确有线性相关关系. 由以上分析表明，在总离差平方和 S_T 一定时，若回归平方和 S_R 越大，则剩余平方和 S_e 越小，此时 F 值就越大，从而反映出 x, y 之间的线性相关程度就越高，模型(9.2.1)就越好；反之，若回归平方和 S_R 越小，则剩余平方和 S_e 越大，此时 F 值就越小，从而反映出 x, y 之间的线性相关程度就越低，模型(9.2.1)越差.

以上方法称为模型线性性检验(或回归方程显著性检验)的 F **检验法**. 类似于方差分析，我们也可以建立方差分析表，如表 9-13 所示. 所以模型线性性检验也称为线性模型的**方差分析**.

表 9-13

变差来源	平方和	自由度	值	显著值
回归 R	S_R	1	$F = \frac{S_R}{S_e/(n-2)}$	
剩余 e	S_e	$n-2$		
总和	S_T	$n-1$		

回归模型线性性不显著的原因可能有如下几种：

(1) 影响 y 的除 x 外，还可能有其他不可忽略因素；

(2) y 与 x 的关系不是线性的，而是存在着其他的关系；

(3) y 与 x 无关.

为此需要进一步查明原因，分别处理.

另外，我们也可用 t **检验法**检验 H_0，t 检验法本质上与 F 检验法是一致的. 事实上，由性质(2)，(4)及式(9.2.19)可知当 H_0 为真时

$$t = \frac{\dfrac{\hat{\beta}_1}{\sigma / \sqrt{L_{xx}}}}{\sqrt{\dfrac{S_e}{\sigma^2 (n-2)}}} = \frac{\hat{\beta}_1 \sqrt{L_{xx}}}{\hat{\sigma}} \sim t(n-2).$$

于是，按照一般显著性检验的程序，在给定的显著性水平 α 下，当 $t > t(n-2)$ 时拒绝 H_0，即认为自变量 x 对因变量 y 有显著影响，所以 y 与 x 之间确有线性相关关系. 而且由式(9.2.19)和式(9.2.23)我们还有

$$F = \frac{S_R}{S_e/(n-2)} = \frac{(\hat{\beta}_1)^2 L_{xx}}{\hat{\sigma}^2} = t^2.$$

因此，对于一元线性回归模型线性性的检验，在具体应用时两种方法任选一种即可.

例 9.2.4(续例 9.2.3)　试判断温度 x 和某化学品溶解份数 y 之间的线性关系是否显著?

解　我们选用方差分析法. 由例 9.2.3 计算结果，并利用式(9.2.18)和式(9.2.23)得

$$S_R=\hat{\beta}_1 L_{xy}=3077.5578,$$
$$S_e=L_{yy}-\hat{\beta}_1 L_{xy}=457.2526.$$

建立方差分析表 9-14.

表 9-14

变差来源	平方和	自由度	值	显著值
回归 R	S_R =3077.5578	1	F =47.11	* *
剩余 e	S_e =457.2526	7		
总和	S_T =3534.8104	8		

查附表 5 得，$F_{0.01}(1,7)=12.2$，由于 $F=47.11>12.2=F_{0.01}(1,7)$，表明温度 x 和硝酸钠溶解份数 y 之间的线性关系非常显著.

9.2.5　预测

回归方程的一个重要应用就是预测. 对于给定的点 $x=x_0$，我们常希望知道 x_0 所对应的 $y_0=\beta_0+\beta_1 x_0+\varepsilon_0$ 的**点预测**和**预测区间**. 此处 y_0 与各 $y_i(i=1,2,\cdots,n)$ 相互独立.

注　利用 SPSS 统计软件进行回归分析的例子参见附录一例 7.

y_0 的点预测 $\hat{y}_0$ 可由回归方程(9.2.9)直接得到

$$\hat{y}_0=\hat{\beta}_0+\hat{\beta}_1 x_0.$$

求 y_0 的预测区间的方法与求参数的置信区间的方法类似(因 y_0 是随机变量而不是常数，故不称置信区间而称预测区间). 显然

$$y_0\sim N(\beta_0+\beta_1 x_0,\sigma^2),\tag{9.2.25}$$

再由 y_0 与 $\hat{y}_0$ 相互独立及本节性质(3)可知

$$y_0-\hat{y}_0\sim N\left(0,\left(1+\frac{1}{n}+\frac{(x_0-\overline{x})^2}{L_{xx}}\right)\sigma^2\right).$$

标准化后，

$$U=\frac{y-\hat{y}_0}{\sigma\sqrt{1+\frac{1}{n}+\frac{(x-\overline{x}_0)^2}{L_{xx}}}}\sim N(0,1).$$

又由本节性质(4)及式(9.2.19)知

$$\frac{(n-2)\hat{\sigma}^2}{\sigma^2} \sim \chi^2(n-2),$$

因 S_e 与 y_0，$\hat{y}_0$ 相互独立，故 U 与 $(n-2)\hat{\sigma}^2/\sigma^2$ 也相互独立. 于是

$$\frac{y_0 - \hat{y}_0}{\hat{\sigma}\sqrt{1+\frac{1}{n}+\frac{(x_0-\overline{x}_0)^2}{L_{xx}}}} \sim t(n-2).$$

故 y_0 的置信度为 $1-\sigma$ 的预测区间为

$$\left[\hat{y}_0 - \hat{\sigma}t_{\frac{\alpha}{2}}(n-2)\sqrt{1+\frac{1}{n}+\frac{(x_0-\overline{x})^2}{L_{xx}}}, \hat{y}_0 + \hat{\sigma}t_{\frac{\alpha}{2}}(n-2)\sqrt{1+\frac{1}{n}+\frac{(x_0-\overline{x})^2}{L_{xx}}}\right], \tag{9.2.26}$$

其中 $\hat{\sigma} = \sqrt{\hat{\sigma}^2} = \sqrt{S_e/(n-2)}$. 若记

$$\delta(x) = \hat{\sigma}t_{\frac{\alpha}{2}}(n-2)\sqrt{1+\frac{1}{n}+\frac{(x_0-\overline{x})^2}{L_{xx}}},$$

则 y_0 的预测区间可记为

$$[\hat{y}_0 - \delta(x_0), \hat{y} + \delta(x_0)].$$

对于给定的样本观察值 x，作两条曲线

$$y_1(x) = \hat{y} - \delta(x) = \hat{\beta}_0 + \hat{\beta}_1 x - \delta(x),$$

$$y_2(x) = \hat{y} - \delta(x) = \hat{\beta}_0 + \hat{\beta}_1 x + \delta(x),$$

则这两条曲线形成一含回归直线 $\hat{y} = \beta_0 + \beta_1 x$ 的带域，两头呈喇叭形，在 $x = \overline{x}$ 处最窄. 如图 9-2 所示.

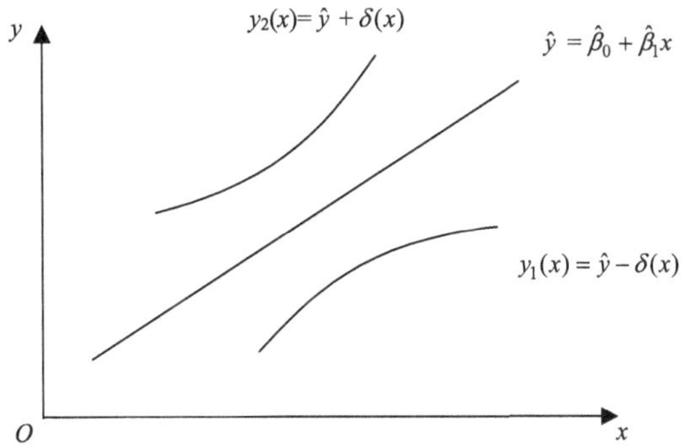

图 9-2

例 9.2.5(续例 9.2.4) 若取 $\alpha = 0.05$，求 y 的预测区间.

解 由回归方程

$$\hat{y} = 67.5078 + 0.8706x,$$

$t_{0.05/2}(7) = 2.3646$ 及由式(9.2.19)得 $\hat{\sigma} = 0.9804$，从而 y 的置信度为 $1 - 0.05 = 95\%$ 的预测区间为

$$\left[67.5078 + 0.8706x - 2.3183\sqrt{\frac{11}{9} + \frac{(x-26)^2}{4060}},\right.$$

$$\left.67.5078 + 0.8706x + 2.3183\sqrt{\frac{11}{9} + \frac{(x-26)^2}{4060}}\right].$$

例如，在 $x = 25$ 时，y 的 95% 的预测区间为

$$[86.7096，91.8360],$$

即在 25℃时，我们能够以 95%的置信度预测在 100 份水中可溶解 86.7~91.8 份化学品. 但此结果与表 9-11 中数据相比较，可以看到这样的区间过大了些，原因是样本容量太小(n 仅为 9)，这个预测区间起不了作用.

当 n 充分大时，因 $1 + 1/n + (x_0 - \overline{x})^2 / L_{xx} \approx 1$，而 $y_0 - \hat{y}_0$ 近似服从 $N(0, \sigma^2)$，这样我们可用 $u_{\frac{\alpha}{2}}$ 代替 $t_{\frac{\alpha}{2}}(n-2)$，于是预测区间(9.2.26)近似为

$$[\hat{y}_0 - \hat{\sigma}u_{\frac{\alpha}{2}}, \hat{y}_0 + \hat{\sigma}u_{\frac{\alpha}{2}}]. \tag{9.2.27}$$

很明显，如果给定的 $x = x_0$ 较为接近 $\overline{x}$，那么以上的近似将会更准确.

9.2.6 控制

控制是预测的反问题，即问自变量 x 应控制在什么范围之内，才能以一定的置信度保证因变量 y 落在某一给定的区间之内. 也就是说，对于给定的置信度 $1-\alpha$ 及区间 $[y_1, y_2]$，要寻找 x_1' 和 x_2'，使当 $x_1' < x < x_2'$ 时 x 所对应的 y 落在 $[y_1', y_2']$ 内的概率最大不超过 $1-\alpha$. 我们只讨论 n 很大的情形. 一种简单的方法是：利用式(9.2.27)，从不等式组

$$\begin{cases} y_1' \leqslant \hat{y} - \hat{\sigma}u_{\frac{\alpha}{2}} = \hat{\beta}_0 + \hat{\beta}_1 x - \hat{\sigma}u_{\frac{\alpha}{2}}, \\ y_2' \geqslant \hat{y} + \hat{\sigma}u_{\frac{\alpha}{2}} = \hat{\beta}_0 + \hat{\beta}_1 x + \hat{\sigma}u_{\frac{\alpha}{2}} \end{cases}$$

中解出 x 来即可得到控制 x 的上、下限. 但要注意的是：要实现控制，区间 $[y_1', y_2']$ 的长度必须大于 $2\hat{\sigma}u_{\frac{\alpha}{2}}$，即

$$y_2' - y_1' > 2\hat{\sigma}u_{\frac{\alpha}{2}}.$$

这从式(9.2.27)来看是明显的.

9.3　可化为一元线性回归分析简介

在有些实际问题中，y 与自变量 x 之间并不具有线性关系，这时如果假设它们服从线性回归模型，则检验时一定作出否定回答. 通常，它们的相关关系可假设具有如下形式

$$y=f(x)+\varepsilon, \tag{9.3.1}$$

其中 $f(x)$ 是一般变量 x 的普通函数，ε 是满足

$$\begin{cases} E(\varepsilon)=0, \\ D(\varepsilon)=\sigma^2 \end{cases} \tag{9.3.2}$$

的随机变量，y 是可观察的随机变量，在给定自变量 x 之值的条件下，y 的数学期望为

$$E(y\mid x)=f(x).$$

函数 $f(x)$ 称为 y 对 x 的**理论回归函数**，而方程

$$y=f(x)$$

称为 y 对 x 的**理论回归方程.** 若

$$f(x)=\beta_0+\beta_1 x,$$

则为线性回归模型. 否则，称式(9.3.1)为**非线性回归模型**.

非线性回归问题一般比较复杂，这里我们只介绍可转化为线性回归模型的情形. 其通常的做法是：先作散点图，根据它所呈现的形状与常见的已知函数图形相比较，然后配置一条较合适的曲线，而该函数可以通过适当的变量变换转化为线性函数，从而将非线性回归模型转化为线性回归模型，这样便可按最小二乘法估计其参数，最终可给出原回归方程中参数估计. 下面举几个例子予以说明.

例 9.3.1　y 关于自变量 x 的回归模型为

$$y=\beta_0+\beta_1 x^k+\varepsilon, \tag{9.3.3}$$

其中 $k>0$ 为已知整数. 试根据观测数据 $(x_i,y_i), i=1,2,\cdots,n$，求回归方程.

解　引进新自变量 $z=x^k$，则模型(9.3.3)可转化为一元线性回归模型

$$y=\beta_0+\beta_1 z+\varepsilon.$$

令 $z_i=x_i^k, i=1,2,\cdots,n$. 对这个新模型，在观测数据 (z_i,y_i)，$i=1,2,\cdots,n$ 下求得参数 β_0,β_1 的最小二乘估计 $\hat\beta_0,\hat\beta_1$. 从而模型(9.3.3)的回归方程为

$$\hat y=\hat\beta_0+\hat\beta_1 x^k.$$

例 9.3.2　设 y 关于自变量 x 的回归模型为

$$y = a\mathrm{e}^{-\frac{b}{x}} + \varepsilon. \tag{9.3.4}$$

试根据观测数据 $(x_i, y_i), i = 1, 2, \cdots, n$，求回归方程.

解　由题意，关键是要求出未知参数 a, b 的估计 $\hat{a}, \hat{b}$. 为此，我们先对模型中的变量作适当变换，以使模型转换成一元线性模型. 令 $y' = \ln y, x' = \dfrac{1}{x}, \beta_0 = \ln a, \beta_1 = -b$，则原模型转换成

$$y' = \beta_0 + \beta_1 x' + \varepsilon'. \tag{9.3.5}$$

令 $y_i' = \ln y_i, x_i' = \dfrac{1}{x_i}, i = 1, 2, \cdots, n$. 设线性回归模型式(9.3.5)在观测数据 $(x_i', y_i'), i = 1, 2, \cdots, n$ 下的最小二乘估计为 $\hat{\beta}_0, \hat{\beta}_1$，则 $\hat{a} = \mathrm{e}^{\hat{\beta}_0}$，$\hat{b} = -\hat{\beta}_1$. 所求的回归方程为

$$\hat{y} = \hat{a}\mathrm{e}^{-\frac{\hat{b}}{x}}.$$

注　对式(9.3.4)两边取对数，得到式(9.3.5)，其中应有 $\varepsilon' = \ln\left(1 + a^{-1}\mathrm{e}^{\frac{b}{x}}\right)$. 这样的随机误差 ε' 就与未知参数及自变量有关，这与线性回归模型中关于误差的假定不相符. 但若将模型式(9.3.4)改成

$$y = a\mathrm{e}^{-\frac{b}{x} + \varepsilon'}, \tag{9.3.6}$$

则两边取对数即得式(9.3.6)，其中 $\varepsilon' = \varepsilon$。由于误差 ε 在模型中的影响及性质仅是人们所作的一种假定，并非先天绝对无误，因此一开始就假定模型为式(9.3.6)也未尝不可.

例 9.3.3　炼钢厂盛钢水使用的钢包，由于钢液和矿渣对包衬材料的侵蚀，其容积不断增大. 经试验求得钢包的容积 y（因容积不易测量，故以钢包盛满钢水时的质量表示）与使用次数 x 之间的数据如表 9-15 所示，试求 y 与 x 之间的相关关系式.

表 9-15

序号	x	y	序号	x	y
1	2	106.42	8	11	110.59
2	3	108.20	9	14	110.60
3	4	109.58	10	15	110.90
4	5	109.50	11	16	110.76
5	7	110.00	12	18	111.00
6	8	109.93	13	19	111.20
7	10	110.49			

解　首先作关于 x，y 数据的散点图，如图 9-3 所示. 可以看到 y 的增加最初较快，以后

逐渐减慢并趋于稳定.

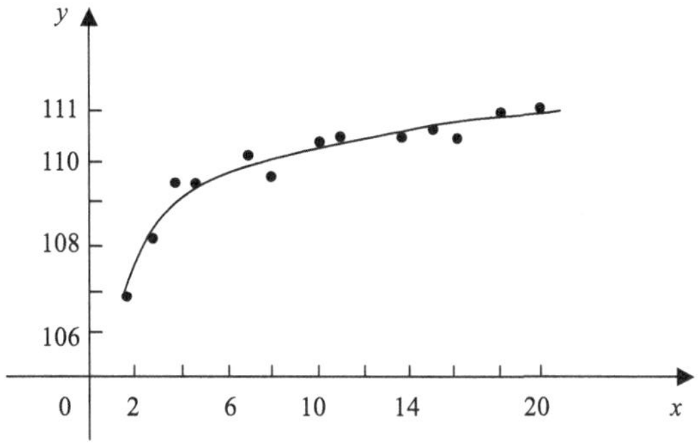

图 9-3

根据散点图的形状，我们选取双曲线作为回归曲线

$$\frac{1}{y}=a+\frac{b}{x}$$

来进行曲线拟合. 设

$$x'=\frac{1}{x},\quad y'=\frac{1}{y},$$

则原回归曲线可以转化为

$$y'=a+bx'.$$

于是，利用一元线性回归法便可以估计出参数 a ， b . 现将所给数据 (x_i,y_i) 变换为 (x_i',y_i') ，得数据计算表 9-16.

$$L_{xx}=0.213671,\quad L_{xy}=0.000177384,\quad L_{yy}=0.000000145,$$

$$\hat{b}=0.0008302,\quad \hat{a}=0.0089665,$$

得一元线性回归方程

$$y'=0.0089665+0.0008302\,x'.$$

将 $x'=\dfrac{1}{x}$， $y'=\dfrac{1}{y}$ 代入上式便得所求的回归方程

$$y=\frac{x}{0.0089665x+0.0008302}.$$

表 9-16

序号	$x_i'=\frac{1}{x_i}$	$y_i'=\frac{1}{y_i}$	$x_i'^2$	$y_i'^2$	$x_i'y_i'$

1	0.500000	0.00939673	0.00008830	0.00008830	0.00469837
2	0.333333	0.00924214	0.00008542	0.00008542	0.00308071
3	0.250000	0.00912575	0.00008328	0.00008328	0.00228144
4	0.200000	0.00913242	0.00008340	0.00008340	0.00182648
5	0.142857	0.00909091	0.00008264	0.00008264	0.00129870
6	0.125000	0.00909670	0.00008275	0.00008275	0.00113709
7	0.100000	0.00905059	0.00008191	0.00008191	0.00090506
8	0.090909	0.00904241	0.00008177	0.00008177	0.00082204
9	0.071429	0.00904159	0.00008175	0.00008175	0.00064583
10	0.066667	0.00901713	0.00008131	0.00008131	0.00060144
11	0.062500	0.00902853	0.00008151	0.00008151	0.00056428
12	0.055556	0.00900901	0.00008116	0.00008116	0.00050050
13	0.052632	0.00899281	0.00008087	0.00008087	0.00047353
	$\overline{x'} = 0.157760$	$\overline{y'} = 0.00909744$	$\sum x_i'^2 = 0.5372180$	$\sum y_i'^2 = 0.00107607$	$\sum x_i'y_i' = 0.01883517$

注 由于散点图与对数曲线和抛物线也比较类似，故利用对数曲线

$$y = a + b\ln x,$$

或抛物线

$$y = a + b\sqrt{x},$$

也能较好地拟合所给数据 (x_i, y_i)， $i = 1, 2, \cdots, 13$.

习 题 九

1. 对于某种作物采取五种不同的施肥量，进行产量试验，选择四块条件基本相近的试验田，每块试验田分成五小部分，并且每小部分采取不同的试肥量，试验结果如下表所示. 试问施肥量的不同对收获量有无显著影响？

实验序号	施肥水平				
	1	2	3	4	5
1	64	78	67	79	80
2	67	81	69	64	70
3	45	79	55	69	76
4	52	66	65	70	88

2. 某市场有 5 家商店销售同一种商品，观察它们 4 周的周销售情况，得销售统计表如下. 试分析各商店的周销售量是否有显著地差异（$\alpha = 0.01$）.

试验序号	商店

	Ⅰ	Ⅱ	Ⅲ	Ⅳ	Ⅴ
1	238	260	246	237	267
2	210	275	262	245	257
3	255	258	254	251	278
4	242	267	258	223	266

3. 一批由同种原料织成的布，用不同的染整工艺处理，每台进行缩水试验，目的是考察不同的工艺对布的缩水率是否有显著影响. 现采用 5 种不同的染整工艺，每种工艺处理 4 块同样的布样，测得缩水率的百分数如下表所示. 试问染整工艺对缩水率的影响是否显著（$\alpha=0.01$）?

布样号	染整工艺				
	1	2	3	4	5
1	4.3	6.1	6.5	9.3	9.5
2	7.8	7.3	8.3	8.7	8.8
3	3.2	4.2	8.6	7.2	11.4
4	6.5	4.2	8.2	10.1	7.8

4. 下表给出了小白鼠在接种 3 种不同菌型伤寒杆菌后的存活日数. 试问 3 种菌型的平均存活日数有无显著差异?

菌型	存活日数										
Ⅰ	2	4	3	2	4	7	7	2	2	5	4	
Ⅱ	5	6	8	5	10	7	12	12	6	6		
Ⅲ	7	11	6	6	7	9	5	5	10	6	3	10

5. 考察硫酸铜在水中的溶解度 y 与温度 x 的关系时，作了 9 组实验，其数据如下:

温度 x/(℃)	0	10	20	30	40	50	60	70	80
溶解度/y(g)	14.0	17.5	21.2	26.1	29.2	33.3	40.0	48.0	54.8

求线性回归方程 $\hat{y}=\hat{\beta}_0+\hat{\beta}_1 x$ 及误差平方和.

6. 某医院用光电比色计检尿汞时，获得尿汞含量（mg/L）与消光系数读数的数据如下:

尿汞含量 x	2	4	6	8	10
消光系数 y	64	138	205	285	360

假定它们之间服从线性回归模型 $y=\beta_0+\beta_1 x+\varepsilon, \varepsilon\sim N(0,\sigma^2)$. 试求 β_0 和 β_1 的最小二乘估计，并在 $\alpha=0.05$ 下检验 $H_0:\beta_1=0$.

7. 某病虫测报站为了能较准确地预报第三代棉铃虫的产卵期，以便能适时采取杀虫措施，保证棉花丰收.

他们统计了近 9 年的 6 月份平均气 x(℃)和 7 月份卵见期 y(日) 数据如下表所示. 试进行线性回归分析，并当 $x = x_0$ 及 23.4(℃)时，分别求 y 的置信度为 95%的预测区间.

年号	1	2	3	4	5	6	7	8	9
6 月份平均气温 x/(℃)	23.9	24.6	24.1	22.7	22.3	23.1	22.9	23.5	22.9
7 月份卵见期 y/日	20	14	18	27	26	18	24	16	24

8. 设 x_1 与 x_2 为独立的随机变量，期望分别为 θ 和 2θ，方差相等. 试求 θ 的最小二乘估计及误差平方和.

9. 今有 10 组观测数据如下

x：	0.5	−0.8	0.9	−2.8	6.5	2.3	1.6	5.1	−1.9	−1.5
y：	−0.3	−1.2	1.1	−3.5	4.6	1.8	0.5	3.8	−2.8	0.5

假定它们满足线性回归模型 $y = \beta_0 + \beta_1 x + \varepsilon, \varepsilon \sim N(0, \sigma^2)$.

(1) 求 β_0 及 β_1 的最小二乘估计;

(2) 在 $\alpha = 0.05$ 下检验假设 $H_0 : \beta_1 = 0$；

(3) 求 β_1 的置信度为 0.95 的置信区间;

(4) 对给定的 x_0，求 y_0 的置信度为 0.95 的预测区间.

10. 混凝土的抗压强度随养护时间的延长而增加. 现将一批混凝土选制了 12 个试块，记录养护时间 t (单位:天) 与抗压强度 y (单位：100 kPa) 的数据如下表.

t_i	2	3	4	5	7	9	12	14	17	21	28	56
y_i	35	42	47	53	59	65	68	73	76	82	86	99

试画出散点图并由此确定 y 和 t 的关系式.

11. 为了检验 X 射线的杀菌作用，用 200 千伏的 X 射线来照射细菌，每次照射 6 分钟，照射次数记为 t，共照射 15 次，各次照射后所剩细菌数 y 为如下表.

序号	1	2	3	4	5	6	7	8	9	10	11	12	13	14	15
t	1	2	3	4	5	6	7	8	9	10	11	12	13	14	15
y	355	211	197	160	142	106	104	60	56	38	36	32	21	19	15

根据以往经验知道，细菌数 y 的对数应是照射次数 t 的线性函数，即

$$\ln y = \beta_0 + \beta_1 t,$$

或

$$y = \alpha e^{\beta_1 t},$$

其中 $\alpha = e^{\beta_0}$. 使估计参数 β_0, β_1，并写出回归方程.

附录 1 SPSS 软件简介及其在概率统计中的应用

SPSS 是“Statistical Package for the Social Science”的英文缩写，即社会科学统计软件包，2000 年改为“Statistical Production and Service Solutions”，意为统计产品与服务方案. SPSS 是世界上流行的三大统计分析软件之一，它是一个组合式软件包，集数据整理、分析、输出等功能于一身. 读者只要掌握一定的 Windows 操作技能，粗略了解统计分析原理，就可以使用 SPSS 软件. 另外，SPSS 软件提供给用户图形界面的窗口环境，在窗口中清晰地显示各类分析选项，并具备完整的下拉菜单及对话框；使用 SPSS 软件时，一般不用撰写程序，只要找到相关命令菜单，即可完成相关数据分析工作. 下面简要介绍 SPSS 的有关内容，主要包括 SPSS 软件的安装、启动、SPSS 数据集的建立与编辑. 具体细节可参阅有关 SPSS 的书籍. 另外，在此基础上，结合本书，我们将介绍 SPSS 软件在概率与统计中的应用，具体包括正态分布的概率计算、区间估计、假设检验、单因素方差分析以及回归分析等.

F1.1 SPSS 概 述

1. 软件安装与运行

SPSS 软件安装可以按照下面步骤进行(以 SPSS13.0 版本为例)：

(1) 开机，启动 Windows，将 SPSS 系统安装光盘放入光盘驱动器.

(2) 启动 Windows 资源管理器，双击光盘驱动器图标，在目录窗口中找到安装程序图标. 双击其中任意一个图标启动 SPSS13.0，自动转入安装程序.

(3) 单击 Next 按钮，系统自动进行软件包的解压缩工作，安装开始以后就可以按照屏幕提示一步步地进行操作.

(4) 当出现 Finish 按钮时，则单机该按钮，结束安装.

当 SPSS 安装成功后，双击桌面上的 SPSS 图标，将出现版本 SPSS13.0 提示的画面. 在提示画面中出现 SPSS 文件选择对话框，共有 6 个功能选项和一个复选项(详细说明见相关书籍)，此时，一般单击对话框中 Cancel 按钮，跳过上述各项的选择，显示空数据编辑窗口，直接进入数据编辑状态.

若要退出 SPSS，则可以按下面方法之一操作即可：

(1) 双击主画面左上角的窗口控制菜单图标，或单击该图标，在展开的小菜单中，单击“关闭”菜单项.

(2) 单击主菜单的 File 菜单项，在展开的文件菜单中，单击 Exit 命令.

(3) 单击数据编辑窗口右上角的图标.

2. 主要窗口及其功能概述

根据前面叙述，SPSS 启动后，单击 Cancel 按钮，即可进入数据编辑窗口，未命名的数据编辑窗口最上方标有“Untitled-SPSS Data Editor”. 窗口主要由标题栏(标题栏显示该数据文件名)、主菜单、功能图标按钮、数据框(含序号和变量)、Data View\Variable View 切换栏、状态行(消息栏)，如图 1 所示. 其中当 Data View 高亮时，窗口显示的为数据编辑区，如图 1 所示；

当选择 Variable View 使其变成高亮时，窗口显示的为变量编辑区，二者可以切换.

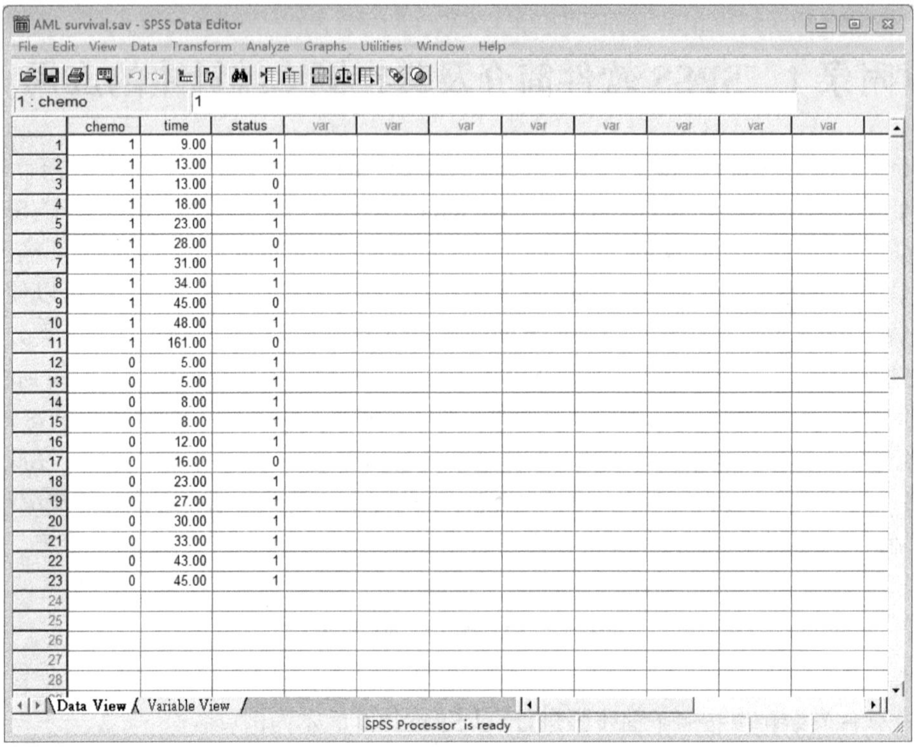

图 1

当我们对某数据使用菜单中 Analyze 或 Graphs 之后，将会自动激活输出窗口，显示在屏幕画面上. 若处理成功，则显示分析结果，如图 2 所示，否则给出错误信息. 另外，在菜单 File 中选择 New，在二级菜单中选择 Output 项也可打开输出窗口. 对于该窗口中出现的结果，我们可以如同在 Windows 中那样进行复制、删除、修改等操作.

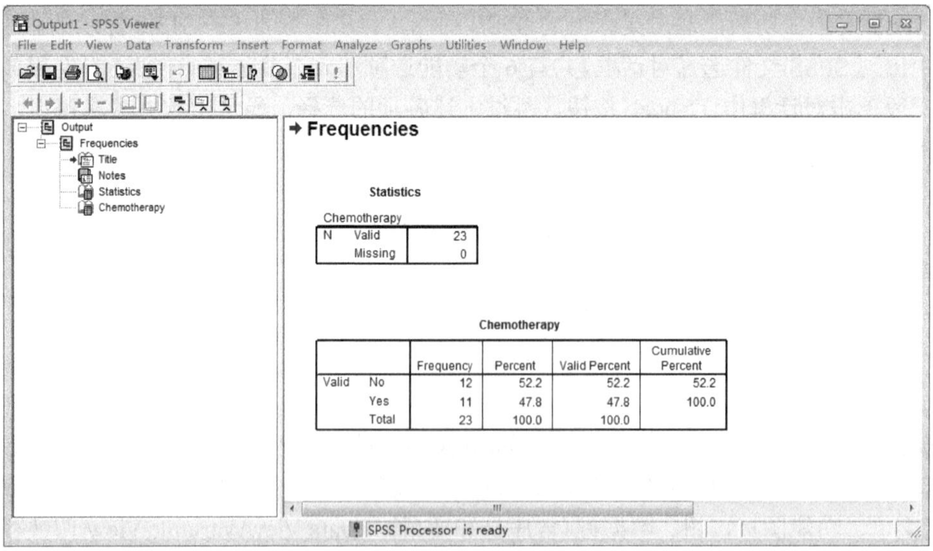

图 2

此外，主菜单中各项命令基本上是通过对话框中的选项、复选项、变量、参数、语句等操作来实现的，通过对话框中的各种功能按钮展开下拉菜单、执行命令或打开子对话框. 常见对话框类型有文件操作对话框、统计分析对话框、其他选项对话框. 而对话框主要借助于按钮和选项等构成. 常见的按钮有执行功能按钮，如图 3(a)所示；移动变量按钮，如图 3(b)所示；打开下一级对话框的按钮，如图 3(c)所示. 常见的选项有单选项，如图 3(d)所示；复选项，如图 3(e)所示.

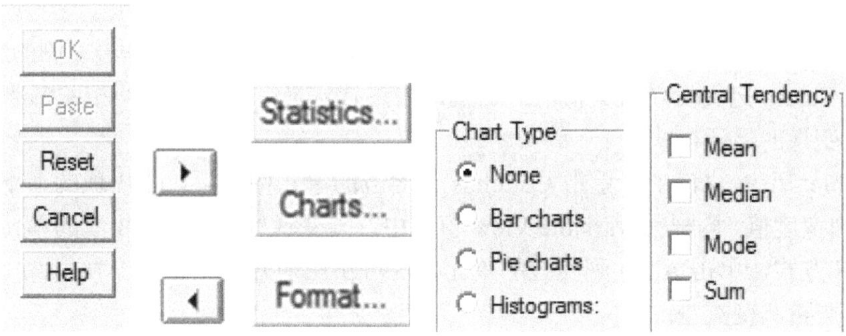

(a)　(b)　(c)　(d)　(e)

图 3

F1.2　建立 SPSS 数据集

1. 定义变量

定义变量即要定义变量名、变量类型、变量长度(小数位数)、变量标签(或值标签)和变量的格式(显示宽度、对齐方式、缺失值标记等)、缺失值和测度方式. 定义变量的步骤如下：

(1) 单击 Variable View 选项卡，使数据编辑窗口置于定义变量状态，每行定义一个变量.

(2) 定义变量名.

光标置于 Name 列的空单元格中，单击单元格后输入变量名. 关于变量名命名应该遵循的原则如下：

(a) SPSS 的变量名最多不超过 64 个字符.

(b) 首字符不能是数字，必须字母打头，其后可以为除“？”“-”“!”“*”“#”“$”和空格以外的数字或字符.

(c) 变量名不能与 SPSS 保留字相同.

(d) 系统不区分变量名中的大小写字符.

(3) 定义变量类型与宽度.

单击 Type 列的单元格，默认值 Numeric 旁出现删节号. 单击删节号，展开 Variable Type 对话框，单击选择的类型即可，细节可查阅相关书籍. 另外，Width 栏中的数值是变量的总宽度，Decimals 框中显示的是小数位数，这里可以选择其他宽度和小数位数.

(4) 定义变量标签.

在 Variable View 窗口中，双击 Labels 相应的单元格，输入注释即可，要尽量简单明了.

(5) 定义与修改值标签.

单击 Value 栏相应的单元格再单击单元格右侧出现的删节号，打开 Value Labels 对话框. 在 Value 框中输入变量值，在 Label 中输入对该值含义解释的标签，单击 Add 按钮，一个值标签就被加入到第三个框，即值标签清单中. 另外，若要修改值标签，可在值标签列表中选择要加以修改或删除的值标签表达式，单击加亮的 Remove 按钮，则被选定的值标签将被删除；在 Value 框中输入新的变量值，在 Label 框中输入新标签，单击 Change 按钮，则被选定的值标签将被修改.

(6) 定义缺失值.

在 Variable View 窗口中，单击变量与 Missing 对应的单元格，然后单击右侧的删节号按钮，展开 Missing Values 定义变量缺失值的对话框即可进行定义，细节可查阅相关书籍.

(7) 定义变量的显示格式.

在 Variable View 窗口中，单击 Columns 列对应的单元格，再单击出现的上下箭头按钮，增加或减少列宽度值. 同样在 Variable View 窗口中，与变量行 Align 列相应的单元格中显示的是默认的对齐方式，单击 Align 列相应的单元格，可从三种方式中任选一种.

(8) 定义变量测度类型.

在 Variable View 窗口中，与变量行 Measure 列相应的单元格中显示的是默认的变量测度方式 Scale(尺度变量)，除此之外，还可根据需要选择 Ordinal(次序变量)或 Nominal(标称变量).

2. 数据录入

定义好变量后，即可向数据管理窗口键入原始数据. 数据管理窗口的主要部分就是电子表格，横方向为电子表格的行，其行头以 1，2，3，…表示，即第 1，2，3，…行；纵方向为电子表格的列，其列头以 var00001,var00002,…表示变量名. 行列交叉处称为单元格，即保存数据的空格. 这时按鼠标左键可激活单元格，被激活的单元格以加粗的边框显示；用户也可以按方向键上下左右移动来激活单元格. 单元格被激活后，用户即可向其中输入新数据或修改已有的数据. 为方便起见，用户也可省略定义变量步骤，一启动 SPSS 即向数据管理窗口中键入原始数据，这时，变量名默认为 var00001,var00002,…，类型为首次输入的类型. 当数据输入后，我们可以对其作相应编辑工作，SPSS 软件提供了查找、替换、删除以及插入等一系列功能，细节见相关书籍.

F1.3　SPSS 软件在概率统计中的应用

下面，我们结合实际问题分别介绍如何利用 SPSS 软件进行有关概率统计的计算.

1. 正态分布概率的计算

例 1　在市场调查中，顾客对折扣优惠有不同看法和态度. 一项调查对使用和不使用折扣优惠券的某种品牌的饮料价格进行比较，得出平均差价为 5.5 角，标准差为 3.5 角. 假定差价 x 角服从正态分布. 求差价大于 10 角的概率、大于 5 角的概率以及小于 0 角的概率.

解　我们知道，大于 10 角的概率就是 1 减去差价小于等于 10 角的累积概率. 因此利用 SPSS 进行计算的步骤如下：

(1) 建立变量 x，数值型，分别输入数据 0，5，10.

(2) 选择 Transform→Compute Variable，打开计算变量对话框.

(a) 在 target variable 栏输入变量名 cp，单击 type&label 按钮，在打开的对话框中定义变量类型为数值型，变量标签为“累积概率”.

(b) 在 function group 栏选择 CDF&Noncentral CDF 类型，在 function and special variables 栏内选择 cdf.normal 函数，单击向上箭头，将其移到 numeric expression 栏中.

(c) 在函数自变量的三个问号处，分别输入 x，5.5, 3.5. 单击 OK.

在数据编辑窗口可得 X=10 时，cp=0.900729; x=5 时，cp=0.443202；x=0 时，cp=0.058042. 因此，差价大于 10 角的概率为 1–0.900729=9.9271%；差价大于 5 角的概率为 1–0.443202=55.678%；差价小于 0 的概率为 5.8042%.

2. 区间估计

例 2　见例 7.3.2.

解　操作步骤如下：

(1) 在数据编辑窗口中输入数据，建立变量“weight”.

(2) 选择 Analyze→Compare Means→One-Sample T Test.

(3) 在出现的对话框中将变量“weight”选中，移入右侧 test variable 框，在 Test Value 框中填入 0，选择 options，在出现的对话框中，将置信度改为 95%，单击 Continue，单击 OK. 于是可得该机器所包糖的平均质量的置信度为 95%的置信区间是[9.9281,10.2553].

3. 总体均值和方差的假设检验

例 3　某种电子元件的寿命(单位：h)服从正态分布. 现测得 16 只元件的寿命如下：159，280，101，212，224，379，179，264，222，362，168，250，149，260，485，170.

问：是否有理由认为元件的平均寿命等于 225 h？显著性水平取 0.05.

解　操作步骤如下：

(1) 在数据编辑窗口中输入数据，建立变量.

(2) 选择 Analyze→Compare Means→One-Sample T Test.

(3) 在出现的对话框中将变量选中，移入右侧 test variable 框，在下方的 Test Value 中填写 225，选择 options，在出现的对话框中，将置信度改为 95%，单击 Continue，单击 OK. 于是从运行结果中可知 p-值为 0.514，表明没有理由拒绝原假设，即可以认为元件平均寿命为 225 h.

例 4　有甲乙两台机床加工同一种产品，从这两台机床加工的产品中抽取若干，测得直径如下：

机床甲：20.5，19.8，19.7，20.4，20.1，20.0，19.0，19.9

机床乙：19.7，20.8，20.5，19.8，19.4，20.6，19.2

试比较这两台机床加工的产品的平均直径有无差异？

解　操作步骤如下：

(1) 在数据编辑窗口中输入数据，建立变量直径和一个分类变量 ind(当数据来自于机床甲，ind 取 1，否则 ind 取 2).

(2) 选择 Analyze→Compare Means→Independent Sample T Test.

(3) 在出现的对话框中，将变量直径移入右侧 test variable 框，变量 ind 移入下方的 Grouping Variable 中. 选择 Define Groups，在其对话框的 group1 中填入 1，group2 中填入 2. 选择 continue，选择 OK.

在所得结果中，levene's test for equality of variances 部分对应的是关于方差是否相等的检验结果，可以发现，此时 p-值=0.151>0.05，所以接受原假设，即两台机床加工的产品直径的方差相等. 于是，在同一行中，对应着 t-test for equality of means 部分，可得 p-值=0.795>0.05，所以接受原假设，可以认为这两台机床加工的产品的平均直径无差异.

4. 独立性检验

例 5　随机抽取某学校数学系和中文系学生各 100 名，对某一英语教学软件的效果进行评价，根据下表判断不同系学生与评价态度是否有关.

	好	中	差
数学系	40	40	20
中文系	60	20	20

解　首先将数据转换为 SPSS 用的数据，为此，分别定义三个变量“态度”、“人数”和“系别”. 变量“态度”的值标签为：1＝好，2＝中，3＝差；变量“系别”的值标签为：1＝数学系，2＝中文系. 转换后的结果如下表：

系别	1	1	1	2	2	2
态度	1	2	3	1	2	3
人数	40	40	20	60	20	20

SPSS 操作步骤如下：

(1) 根据转换后的表格，录入数据，并建立变量态度、人数和系别.

(2) 选择 Data→Weight Cases…命令，弹出“Weight Cases”对话框，激活“Weight Cases by”选项，并将变量人数选入 Frequency 框中.

(3) 单击 OK 按钮，完成对变量人数的加权操作.

(4) 选择 Analyze→Descriptive Statistics→Crosstabs 命令，弹出 Crosstabs 对话框，将变量系别指定为 Rows，将变量态度指定为 Columns.

(5) 单击对话框中的 Statistics…按钮，弹出 Crosstabs:Statistics 对话框，激活 Chi-square 选项.

(6) 单击对话框中的 Continue 按钮，单击 OK 按钮，提交运行.

从输出结果中可得利用 Pearson Chi-Square 统计量进行检验时，p-值=0.005<0.01，表明系别与态度之间不独立.

5. 单因素方差分析

例 6　续例 9.1.2.

解　操作步骤如下：

(1) 定义变量“寿命”和“材料”，将材料 A1，A2，A3，A4 分别以 1，2，3，4 表示，录入数据.

(2) 选择 Analyze→Compare Means→ANOVA.

(3) 在 dependent list 中选入变量“寿命”，在 factor 中选入“材料”.

(4) 单击 OK.

于是，从运行的主要结果方差分析表(ANOVA)中，得 p-值=0.209>0.05，因此有理由认为四种灯丝材料生产的灯泡寿命无显著差异.

6. 一元线性回归

例 7　考察硫酸铜在水中的溶解度 y(g) 与温度 x(℃) 的关系时，作了 9 组实验，其数据如下：

温度 x	0	10	20	30	40	50	60	70	80
溶解度 y	14.0	17.5	21.2	26.1	29.2	33.3	40.0	48.0	54.8

求变量 y 关于 x 的线性回归方程，并判断温度 x 和溶解度 y 之间的线性关系是否显著？(水平取为 0.05).

解　操作步骤如下：

(1) 录入数据，建立变量 x 和 y.

(2) 选择 Analyze→Regression→Linear.

(3) 将 y 移入 dependent 栏，将 x 移入 independent 栏.

(4) 单击 OK.

在运行结果中，从系数估计表(Coefficients)里可得常数项估计为 11.600，回归系数估计为 0.499，于是线性回归方程为 $\hat{y}=11.600+0.499x$；另外，从方差分析表中可得 p-值=0.000<0.05，表明温度 x 和溶解度 y 之间的线性关系非常显著.

附　录　2

F2.1　泊松分布 $\sum_{x=0}^{k} e^{-\lambda} \frac{\lambda^x}{x!}$ 的数值表

k \ λ	0.1	0.2	0.3	0.4	0.5	0.6	0.7	0.8	0.9	1.0
0	0.9048	0.8187	0.7408	0.6703	0.6065	0.5488	0.4966	0.4493	0.4066	0.3679
1	0.9953	0.9825	0.9631	0.9384	0.9098	0.8781	0.8442	0.8088	07725	0.7358
2	0.9998	0.9989	0.9964	0.9921	0.9856	0.9769	0.9659	0.9526	0.9371	0.9197
3	1	0.9999	0.9997	0.9992	0.9982	0.9966	0.9942	0.9909	0.9865	0.9810
4		1	1	0.9999	0.9998	0.9996	0.9992	0.9986	0.9977	0.9963
5				1	1	1	0.9999	0.9998	0.9997	0.9994
6							1	1	1	0.9999

k \ λ	1.2	1．4	1.6	1.8	2.0	2.5	3.0	3.5	4.0	4.5
0	0.3012	0.2466	0.2019	0.1653	0.1353	0.0820	0.0498	0.0302	0.0183	0.0111
1	0.6626	0.5918	0.5249	0.4628	0.4060	0.2873	0.1992	0.1359	0.0916	0.0611
2	0.8795	0.8335	0.7834	0.7306	0.6767	0.5438	0.4232	0.3209	0.2381	0.1736
3	0.9662	0.9463	0.9212	0.8913	0.8571	0.7576	0.6472	0.5366	0.4335	0.3523
4	0.9923	0.9858	0.9763	0.9636	0.9474	0.8912	0.8153	0.7254	0.6288	0.5421
5	0.9985	0.9968	0.9940	0.9896	0.9834	0.9580	0.9161	0.8576	0.7851	0.7029
6	0.9998	0.9994	0.9987	0.9974	0.9955	0.9858	0.9665	0.9347	0.8893	0.8311
7	1	0.9999	0.9997	0.9994	0.9989	0.9958	0.9881	0.9733	0.9489	0.9134
8	1	1	1	0.9999	0.9998	0.9989	0.9962	0.9901	0.9786	0.9597
9	1	1	1	1	1	0.9997	0.9989	0.9967	0.9919	0.9829
10	1	1	1	1	1	0.9999	0.9997	0.9990	0.9972	0.9933

F2.2　标准正态分布函数的数值表

$$\Phi(x)=\frac{1}{\sqrt{2\pi}}\int_{-\infty}^{x}\mathrm{e}^{-\frac{y^2}{2}}\mathrm{d}y$$

x	0.00	0.01	0.02	0.03	0.04	0.05	0.06	0.07	0.08	0.09
0.0	0.5000	0.5040	0.5080	0.5120	0.5160	0.5199	0.5239	0.5279	0.5319	0.5359
0.1	0.5398	0.5438	0.5478	0.5517	0.5557	0.5596	0.5636	0.5675	0.5714	0.5753
0.2	0.5739	0.5832	0.5871	0.5910	0.5948	0.5987	0.6026	0.6064	0.6103	0.6141
0.3	0.6179	0.6217	0.6255	0.6293	0.6331	0.6368	0.6406	0.6443	0.6480	0.6517
0.4	0.6554	0.6591	0.6628	0.6664	0.6700	0.6736	0.6772	0.6808	0.6844	0.6879
0.5	0.6915	0.6950	0.6985	0.7019	0.7054	0.7088	0.7123	0.7157	0.7190	0.7224
0.6	0.7257	0.7291	0.7324	0.7357	0.7389	0.7422	0.7454	0.7486	0.7517	0.7549
0.7	0.7580	0.7611	0.7642	0.7673	0.7703	0.7734	0.7764	0.7794	0.7823	0.7852
0.8	0.7881	0.7910	0.7939	0.7967	0.7995	0.8023	0.8051	0.8078	0.8106	0.8133
0.9	0.8159	0.8186	0.8212	0.8238	0.8264	0.8289	0.8315	0.8340	0.8365	0.8389
1.0	0.8413	0.8438	0.8461	0.8485	0.8508	0.8531	0.8554	0.8577	0.8599	0.8621
1.1	0.8643	0.8665	0.8686	0.8708	0.8729	0.8749	0.8770	0.8790	0.8810	0.8830
1.2	0.8849	0.8869	0.8888	0.8907	0.8925	0.8944	0.8962	0.8980	0.8997	0.9015
1.3	0.9032	0.9049	0.9066	0.9082	0.9099	0.9115	0.9131	0.9147	0.9162	0.9177
1.4	0.9192	0.9207	0.9222	0.9236	0.9251	0.9265	0.9278	0.9292	0.9306	0.9319
1.5	0.9332	0.9345	0.9357	0.9370	0.9382	0.9394	0.9406	0.9418	0.9430	0.9441
1.6	0.9452	0.9463	0.9474	0.9484	0.9495	0.9505	0.9515	0.9525	0.9535	0.9545
1.7	0.9554	0.9564	0.9573	0.9582	0.9591	0.9599	0.9608	0.9616	0.9625	0.9633
1.8	0.9641	0.9648	0.9656	0.9664	0.9671	0.9678	0.9686	0.9693	0.9700	0.9706
1.9	0.9713	0.9719	0.9726	0.9732	0.9738	0.9744	0.9750	0.9756	0.9762	0.9767
2.0	0.9772	0.9778	0.9783	0.9788	0.9793	0.9798	0.9803	0.9808	0.9812	0.9817
2.1	0.9821	0.9826	0.9830	0.9834	0.9838	0.9842	0.9846	0.9850	0.9854	0.9857
2.2	0.9861	0.9864	0.9868	0.9871	0.9874	0.9878	0.9881	0.9884	0.9887	0.9890
2.3	0.9893	0.9896	0.9898	0.9901	0.9904	0.9906	0.9909	0.9911	0.9913	0.9916
2.4	0.9918	0.9920	0.9922	0.9925	0.9927	0.9929	0.9931	0.9932	0.9934	0.9936
2.5	0.9938	0.9940	0.9941	0.9943	0.9945	0.9946	0.9948	0.9949	0.9951	0.9952
2.6	0.9953	0.9955	0.9956	0.9957	0.9959	0.9960	0.9961	0.9962	0.9963	0.9964
2.7	0.9965	0.9966	0.9967	0.9968	0.9969	0.9970	0.9971	0.9972	0.9973	0.9974
2.8	0.9974	0.9975	0.9976	0.9977	0.9977	0.9978	0.9979	0.9979	0.9980	0.9981
2.9	0.9981	0.9982	0.9982	0.9983	0.9984	0.9984	0.9985	0.9985	0.9986	0.9986
3.0	0.9987	0.9987	0.9987	0.9998	0.9998	0.9989	0.9989	0.9989	0.9990	0.9990
3.1	0.9990	0.9991	0.9991	0.9991	0.9992	0.9992	0.9992	0.9992	0.9993	0.9993
3.2	0.9993	0.9993	0.9994	0.9994	0.9994	0.9994	0.9995	0.9995	0.9995	0.9995

F2.3　χ^2-分布上侧α分位数表

$$P(\chi^2(n) > \chi_\alpha{}^2(n)) = \alpha$$

n \ α	0.990	0.975	0.950	0.900	0.1	0.05	0.025	0.01
1	—	0.001	0.004	0.016	2.706	3.841	5.024	6.635
2	0.020	0.051	0.103	0.211	4.605	5.991	7.378	9.210
3	0.115	0.216	0.352	0.584	6.251	7.815	9.348	11.35
4	0.297	0.484	0.711	1.064	7.779	9.488	11.14	13.28
5	0.554	0.831	1.145	1.160	9.236	11.07	12.83	15.09
6	0.872	1.237	1.635	2.204	10.65	12.59	14.45	16.81
7	1.239	1.690	2.167	2.833	12.02	14.67	16.01	18.48
8	1.646	2.180	2.733	3.490	13.36	15.51	17.54	20.09
9	2.088	2.700	3.325	4.168	14.68	16.92	19.02	21.67
10	2.558	3.247	3.940	4.865	15.99	18.31	20.48	23.21
11	3.053	3.816	4.575	5.578	17.28	19.68	21.92	24.73
12	3.571	4.404	5.226	6.304	18.55	21.03	23.34	26.22
13	4.107	5.009	5.892	7.042	19.81	22.36	24.74	27.69
14	4.660	5.629	6.571	7.790	21.06	23.69	26.12	29.14
15	5.229	6.262	7.261	8.547	22.31	25.00	27.49	30.58
16	5.812	6.908	7.962	9.312	23.54	26.30	28.85	32.00
17	6.408	7.564	8.672	10.09	24.77	27.59	30.19	33.41
18	7.015	8.231	9.390	10.87	25.59	28.87	31.53	34.81
19	7.633	8.907	10.12	11.65	27.20	30.14	32.85	36.19
20	8.260	9.591	10.85	12.44	28.41	31.14	34.17	37.57
21	8.897	10.28	11.59	13.24	29.62	32.67	36.48	38.93
22	9.542	10.98	12.34	14.04	30.81	33.92	36.78	40.29
23	10.20	11.69	13.09	14.85	32.01	35.17	38.08	41.64
24	10.86	12.40	13.85	15.66	33.20	36.42	39.36	42.98
25	11.52	13.12	14.61	16.47	34.38	37.65	40.65	44.31
26	12.20	13.84	15.38	17.29	35.56	38.89	41.92	45.64
27	12.88	14.57	16.15	18.11	36.74	40.11	43.19	46.96
28	13.57	15.31	16.93	18.94	37.92	41.34	44.46	48.28
29	14.26	16.05	17.71	19.77	39.09	42.56	45.72	49.59
30	14.95	16.79	18.49	20.60	40.26	43.77	46.98	50.89
35	18.51	20.57	22.47	24.80	46.06	49.80	53.20	57.34
40	22.16	24.43	26.51	29.05	51.81	55.76	59.34	63.69
45	25.90	28.37	30.61	33.35	57.51	61.66	65.41	69.96

F2.4　t-分布上侧α分位数表

$$P(t(n) > t_\alpha(n)) = \alpha$$

n \ α	0.05	0.025	0.01	0.005	0.0005
1	6.31	12.71	31.82	63.66	636.62
2	2.92	4.30	6.97	9.93	31.60
3	2.35	3.18	4.54	5.84	12.94
4	2.13	2.78	3.75	4.60	8.61
5	2.02	2.57	3.37	4.03	6.86
6	1.94	2.45	3.14	3.71	5.96
7	1.90	2.37	3.00	3.50	5.41
8	1.86	2.31	2.90	3.36	5.04
9	1.83	2.26	2.82	3.25	4.78
10	1.81	2.23	2.76	3.17	4.59
11	1.80	2.20	2.72	3.11	4.44
12	1.78	2.18	2.68	3.06	4.32
13	1.77	2.16	2.65	3.01	4.22
14	1.76	2.15	2.62	2.98	4.14
15	1.75	2.13	2.60	2.95	4.07
16	1.75	2.12	2.58	2.92	4.02
17	1.74	2.11	2.57	2.90	3.97
18	1.73	2.10	2.55	2.88	3.92
19	1.73	2.09	2.54	2.86	3.88
20	1.73	2.09	2.53	2.85	3.85
21	1.72	2.08	2.52	2.83	3.82
22	1.72	2.07	2.51	2.82	3.79
23	1.71	2.07	2.50	2.81	3.77
24	1.71	2.06	2.49	2.80	3.75
25	1.71	2.06	2.48	2.79	3.73
26	1.71	2.06	2.48	2.78	3.71
27	1.70	2.05	2.47	2.77	3.69
28	1.70	2.05	2.47	2.76	3.67
29	1.70	2.04	2.46	2.76	3.66
30	1.70	2.04	2.46	2.75	3.65
40	1.68	2.02	2.42	2.70	3.55
60	1.67	2.00	2.39	2.66	3.46
120	1.66	1.98	2.36	2.62	3.37
∞	1.65	1.96	2.33	2.58	3.29

F2.5　F 分布上侧 α 分位数表

$$P(F(n_1,n_2) > F_\alpha) = \alpha$$

（α =0.05）

n_2 \ n_1	1	2	3	4	5	6	7	8	9	10
1	161	199	216	225	230	234	237	239	241	242
2	18.5	19.0	19.2	19.2	19.3	19.3	19.4	19.4	19.4	19.4
3	10.1	9.55	9.28	9.12	9.01	8.94	8.89	8.85	8.81	8.79
4	7.71	6.94	6.59	6.39	6.26	6.16	6.09	6.04	6.00	5.96
5	6.61	5.79	5.41	5.19	5.05	4.95	4.88	4.82	4.77	4.74
6	5.99	5.14	4.76	4.53	4.39	4.28	4.21	4.15	4.10	4.06
7	5.59	4.74	4.35	4.12	3.97	3.87	3.79	3.73	3.68	3.64
8	5.32	4.46	4.07	3.84	3.69	3.58	3.50	3.44	3.39	3.35
9	5.12	4.26	3.86	3.63	3.48	3.37	3.29	3.23	3.18	3.14
10	4.96	4.10	3.71	3.48	3.33	3.22	3.14	3.07	3.02	2.98
11	4.84	3.98	3.59	3.36	3.20	3.09	3.01	2.95	2.90	2.85
12	4.75	3.89	3.49	3.26	3.11	3.00	2.91	2.85	2.80	2.75
13	4.67	3.81	3.41	3.18	3.03	2.92	2.83	2.77	2.71	2.67
14	4.60	3.74	3.34	3.11	2.96	2.85	2.76	2.70	2.65	2.60
15	4.54	3.68	3.29	3.06	2.90	2.79	2.71	2.64	2.59	2.54
16	4.49	3.63	3.24	3.01	2.85	2.74	2.66	2.59	2.54	2.49
17	4.45	3.59	3.20	2.96	2.81	2.70	2.61	2.55	2.49	2.45
18	4.41	3.55	3.16	2.93	2.77	2.66	2.58	2.51	2.46	2.41
19	4.38	3.52	3.13	2.90	2.74	2.63	2.54	2.48	2.42	2.38
20	4.35	3.49	3.10	2.87	2.71	2.60	2.51	2.45	2.39	2.35
21	4.32	3.47	3.07	2.84	2.68	2.57	2.49	2.42	2.37	2.32
22	4.30	3.44	3.05	2.82	2.66	2.55	2.46	2.40	2.34	2.30
23	4.28	3.42	3.03	2.80	2.64	2.53	2.44	2.37	2.32	2.27
24	4.26	3.40	3.01	2.78	2.62	2.51	2.42	2.36	2.30	2.25
25	4.24	3.39	2.99	2.76	2.60	2.49	2.40	2.34	2.28	2.24
30	4.17	3.32	2.92	2.69	2.53	2.42	2.33	2.27	2.21	2.16
40	4.08	3.23	2.84	2.61	2.45	2.34	2.25	2.18	2.12	2.08
120	3.92	3.07	2.68	2.45	2.29	2.18	2.09	2.02	1.96	1.91

续表

（α=0.05）

n_2 \ n_1	12	14	16	18	20	22	26	30	40	100
1	244	245	246	247	248	249	249	250	251	253
2	19.41	19.42	19.43	19.44	19.45	19.45	19.46	19.46	19.47	19.49
3	8.74	8.71	8.69	8.67	8.66	8.65	8.63	8.62	8.59	8.55
4	5.91	5.87	5.84	5.82	5.80	5.79	5.76	5.75	5.72	5.66
5	4.68	4.64	4.60	4.58	4.56	4.54	4.52	4.50	4.46	4.41
6	4.00	3.96	3.92	3.90	3.87	3.86	3.83	3.81	3.77	3.71
7	3.57	3.53	3.49	3.47	3.44	3.43	3.40	3.38	3.34	3.27
8	3.28	3.24	3.20	3.17	3.15	3.13	3.10	3.08	3.04	2.97
9	3.07	3.03	2.99	2.96	2.94	2.92	2.89	2.86	2.83	2.76
10	2.91	2.86	2.83	2.80	2.77	2.75	2.72	2.70	2.66	2.59
11	2.79	2.74	2.70	2.67	2.65	2.63	2.59	2.57	2.53	2.46
12	2.69	2.64	2.60	2.57	2.54	2.52	2.49	2.47	2.43	2.35
13	2.60	2.55	2.51	2.48	2.46	2.44	2.41	2.38	2.34	2.26
15	2.48	2.42	2.38	2.35	2.33	2.31	2.27	2.25	2.20	2.12
16	2.42	2.37	2.33	2.30	2.28	2.25	2.22	2.19	2.15	2.07
17	2.38	2.33	2.29	2.26	2.23	2.21	2.17	2.15	2.10	2.02
18	2.34	2.29	2.25	2.22	2.19	2.17	2.13	2.11	2.06	1.98
19	2.31	2.26	2.21	2.18	2.16	2.13	2.10	2.07	2.03	1.94
20	2.28	2.22	2.18	2.15	2.12	2.10	2.07	2.04	1.99	1.91
21	2.25	2.20	2.16	2.12	2.10	2.07	2.04	2.01	1.96	1.88
22	2.23	2.17	2.13	2.10	2.07	2.05	2.01	1.98	1.94	1.85
23	2.20	2.15	2.11	2.08	2.05	2.02	1.99	1.96	1.91	1.82
24	2.18	2.13	2.09	2.05	2.03	2.00	1.97	1.94	1.89	1.80
25	2.16	2.11	2.07	2.04	2.01	1.98	1.95	1.92	1.87	1.78
30	2.09	2.04	1.99	1.96	1.93	1.91	1.87	1.84	1.79	1.70
40	2.00	1.95	1.90	1.87	1.84	1.81	1.77	1.74	1.69	1.59
100	1.85	1.79	1.75	1.71	1.68	1.65	1.61	1.57	1.52	1.39

续表

(α =0.01)

n_2 \ n_1	1	2	3	4	5	6	7	8	9	10
1	4052	5000	5403	5625	5764	5859	5928	5981	6022	6056
2	98.5	99.0	99.2	99.2	99.3	99.3	99.4	99.4	99.4	99.4
3	34.1	30.8	29.5	28.7	28.2	27.9	27.7	27.5	27.3	27.2
4	21.2	18.0	16.7	16.0	15.5	15.2	15.0	14.8	14.7	14.5
5	16.26	13.3	12.1	11.4	11.0	10.7	10.5	10.3	10.2	10.1
6	13.7	10.9	9.78	9.15	8.75	8.47	8.26	8.10	7.98	7.87
7	12.25	9.55	8.45	7.85	7.46	7.19	6.99	6.84	6.72	6.62
8	11.26	8.65	7.59	7.01	6.63	6.37	6.18	6.03	5.91	5.81
9	10.56	8.02	6.99	6.42	6.06	5.80	5.61	5.47	5.35	5.26
10	10.04	7.56	6.55	5.99	5.64	5.39	5.20	5.06	4.94	4.85
11	9.65	7.21	6.22	5.67	5.32	5.07	4.89	4.74	4.63	4.54
12	9.33	6.93	5.95	5.41	5.06	4.82	4.64	4.50	4.39	4.30
13	9.07	6.70	5.74	5.21	4.86	4.62	4.44	4.30	4.19	4.10
14	8.86	6.51	5.56	5.04	4.69	4.46	4.28	4.14	4.03	3.94
15	8.68	6.36	5.42	4.89	4.56	4.32	4.14	4.00	3.89	3.80
16	8.53	6.23	5.29	4.77	4.44	4.20	4.03	3.89	3.78	3.69
17	8.40	6.11	5.18	4.67	4.34	4.10	3.93	3.79	3.68	3.59
18	8.29	6.01	5.09	4.58	4.25	4.01	3.84	3.71	3.60	3.51
19	8.18	5.93	5.01	4.50	4.17	3.94	3.77	3.63	3.52	3.43
20	8.10	5.85	4.94	4.43	4.10	3.87	3.70	3.56	3.46	3.37
21	8.02	5.78	4.87	4.37	4.04	3.81	3.64	3.51	3.40	3.31
22	7.95	5.72	4.82	4.31	3.99	3.76	3.59	3.45	3.35	3.26
23	7.88	5.66	4.76	4.26	3.94	3.71	3.54	3.41	3.30	3.21
24	7.82	5.61	4.72	4.22	3.90	3.67	3.50	3.36	3.26	3.17
25	7.77	5.57	4.68	4.18	3.85	3.63	3.46	3.32	3.22	3.13
30	7.56	5.39	4.51	4.02	3.70	3.47	3.30	3.17	3.07	2.98
40	7.31	5.18	4.31	3.83	3.51	3.29	3.12	2.99	2.89	2.80
100	6.90	4.82	3.98	3.51	3.21	2.99	2.82	2.69	2.59	2.50

续表

（α =0.01）

n_2 \ n_1	12	14	16	18	20	22	26	30	40	100
1	6106	6143	6170	6192	6209	6223	6245	6261	6287	6334
2	99.4	99.4	99.4	99.4	99.5	99.5	99.5	99.5	99.5	99.5
3	27.1	26.9	26.8	26.8	26.7	26.6	26.6	26.5	26.4	26.2
4	14.4	14.2	14.2	14.1	14.0	14.0	13.9	13.8	13.75	13.6
5	9.89	9.77	9.68	9.61	9.55	9.51	9.43	9.38	9.29	9.13
6	7.72	7.60	7.52	7.45	7.40	7.35	7.28	7.23	7.14	6.99
7	6.47	6.36	6.28	6.21	6.16	6.11	6.04	5.99	5.91	5.75
8	5.67	5.56	5.48	5.41	5.36	5.32	5.25	5.20	5.12	4.96
9	5.11	5.01	4.92	4.86	4.81	4.77	4.70	4.65	4.57	4.41
10	4.71	4.60	4.52	4.46	4.41	4.36	4.30	4.25	4.17	4.01
11	4.40	4.29	4.21	4.15	4.10	4.06	3.99	3.94	3.86	3.71
12	4.16	4.05	3.97	3.91	3.86	3.82	3.75	3.70	3.62	3.47
13	3.96	3.86	3.78	3.72	3.66	3.62	3.56	3.51	3.43	3.27
14	3.80	3.70	3.62	3.56	3.51	3.46	3.40	3.35	3.27	3.11
15	3.67	3.56	3.49	3.42	3.37	3.33	3.26	3.21	3.13	2.98
16	3.55	3.45	3.37	3.31	3.26	3.22	3.15	3.10	3.02	2.86
17	3.46	3.35	3.27	3.21	3.16	3.12	3.05	3.00	2.92	2.76
18	3.37	3.27	3.19	3.13	3.08	3.03	2.97	2.92	2.84	2.68
19	3.30	3.19	3.12	3.05	3.00	2.96	2.89	2.84	2.76	2.60
20	3.23	3.13	3.05	2.99	2.94	2.90	2.83	2.78	2.69	2.54
21	3.17	3.07	2.99	2.93	2.88	2.84	2.77	2.72	2.64	2.48
22	3.12	3.02	2.94	2.88	2.83	2.78	2.72	2.67	2.58	2.42
23	3.07	2.97	2.89	2.83	2.78	2.74	2.67	2.62	2.54	2.37
24	3.03	2.93	2.85	2.79	2.74	2.70	2.63	2.58	2.49	2.33
25	2.99	2.89	2.81	2.75	2.70	2.66	2.59	2.54	2.45	2.29
30	2.84	2.74	2.66	2.60	2.55	2.51	2.44	2.39	2.30	2.13
40	2.66	2.56	2.48	2.42	2.37	2.33	2.26	2.20	2.11	1.94
100	2.37	2.27	2.19	2.12	2.07	2.02	1.95	1.89	1.80	1.60

习题参考答案

习题一

A 组

1. (1) (i) $\Omega=\{ABC,ABD,ACD,BCD\}$；

(ii) $\Omega=\{AB,AC,AD,BC,BD,CD,BA,CA,DA,CB,DB,DC\}$.

(2) 设 3 个白球，2 个红球的编号依次为 A_1,A_2,A_3,B_1,B_2，

$$\Omega=\{(A_1,A_2),(A_1,A_3),(A_2,A_3),(B_1,B_2),(A_1,B_1),(A_1,B_2),(A_2,B_1),(A_2,B_2),(A_3,B_1),(A_3,B_2)\}.$$

(3) $\Omega=[0,+\infty)$.

2. (1) 该生是数学系三年级男生，不是运动员.

(2) 在数学系运动员都是三年级男生的条件下，$ABC=C$.

(3) 当数学系运动员全是三年级学生时，$C\subset B$ 成立.

(4) 当数学系三年级学生全是女生，而其他年级学生全是男生时，$\overline{A}=B$ 成立.

3. (1) $\overline{A}_1A_2\overline{A}_3\cdots\overline{A}_n$；(2) $A_1\overline{A}_2A_3\cdots A_n$；(3) $A_1\bigcup A_2\bigcup\cdots A_n$（或 $\Omega-\overline{A}_1\overline{A}_2\cdots\overline{A}_n$）；

(4) $\bigcup\limits_{i=1}^{n}\overline{A}_1\cdots\overline{A}_{i-1}A_i\overline{A}_{i+1}\cdots\overline{A}_n$；(5) $\overline{A}_1\overline{A}_2\cdots\overline{A}_n$（或 $\Omega-A_1\bigcup A_2\bigcup\cdots A_n$）；

(6) $\bigcup\limits_{1\leqslant i<j<k\leqslant n}\overline{A}_i\overline{A}_j$；(7) $\Omega-\bigcup\limits_{1\leqslant i<j<k\leqslant n}A_iA_jA_k$.

4. (1) $A_1\bigcup A_2A_3\bigcup A_4$；(2) $A_1A_5A_4\bigcup A_1A_2A_3A_4\bigcup A_6A_3A_4\bigcup A_6A_2A_5A_4$.

5. $\dfrac{48}{13!}$.　　6. $\dfrac{A_9^7}{9^7}$.

7. (1) $\dfrac{26^2\cdot10^5}{36^7}=0.000863$；(2) $\dfrac{C_7^2\cdot26^2\cdot10^5}{36^7}=0.018115$.

8. (1) $\dfrac{A_{365}^{20}}{365^{20}}$；(2) $\dfrac{334^{20}}{365^{20}}$；(3) $\dfrac{20!}{5!5!6!4!}\cdot\dfrac{31^5\cdot28^5\cdot30^6\cdot31^4}{365^{20}}$.

9. 0. 121.

10. $p+q-r$；$r-q$；$r-p$；$1-r$.

11. (1) 30%；(2) 7%；(3) 73%. (4) 14%；(5) 90%；(6) 10%.

12. 略.

13. $\dfrac{6}{7}$.　　14. 0. 9255.　　15. 0. 645.

16. $\dfrac{9}{22}$.　　17. $\dfrac{1}{2}$.　　18. $\dfrac{5}{6};\dfrac{2}{5};\dfrac{9}{10}$.

19. (1) 0.0168；(2) 0.1557；(3) $P=0.97^5$.

20. 0.84；至少要 6 门炮.

21. $2p-2p^3+p^4$；$2p^3+2p^4-5p^5+2p^6$.

B 组

1. (1) $\frac{1}{3}$；(2) $\frac{1}{2}$.

2. (1) $\frac{13}{24}$；(2) $\frac{1}{48}$

3. 当 b 为奇数时，

$$P_{甲}=\frac{a}{a+b}\left[1+\frac{b(b-1)}{(a+b-1)(a+b-2)}+\cdots+\frac{b!}{(a+b-1)(a+b-2)\cdots(a+1)}\right];$$

当 b 为偶数时，

$$P_{甲}=\frac{a}{a+b}\left[1+\frac{b(b-1)}{(a+b-1)(a+b-2)}+\cdots+\frac{b!}{(a+b-1)(a+b-2)\cdots a}\right].$$

4. 略.　5. 略.

6. $P=\begin{cases}1 & ,n<N \\ \sum\limits_{i=1}^{N-1}(-1)^{i-1}C_N^i\dfrac{(N-i)^n}{N^n} & ,n\geqslant N\end{cases}$.　7. 略.　8. 两两独立，但不相互独立.

9. (1) $\prod\limits_{i=1}^{n}(1-p_i)$；(2) $1-\prod\limits_{i=1}^{n}(1-p_i)$；(3) $\sum\limits_{i=1}^{n}p_i\prod\limits_{\substack{j=1\\j\neq i}}^{n}(1-p_j)$.

10. $C_{n-1}^{r-1}P^r(1-p)^{n-r}$.　11. 三局两胜对乙有利.

习题二

A 组

1. (1) $\frac{1}{5}$；　(2) $\frac{1}{5}$；　(3) $\frac{1}{5}$；　(4) $F(x)=\begin{cases}0, & x<1,\\ \frac{1}{15}, & 1\leqslant x<2,\\ \frac{1}{5}, & 2\leqslant x<3,\\ \frac{2}{5}, & 3\leqslant x<4,\\ \frac{2}{3}, & 4\leqslant x<5,\\ 1, & x\geqslant 5.\end{cases}$

2. (1) $c=\frac{27}{38}$；　(2) $F(x)=\begin{cases}0, & x<1,\\ \frac{9}{19}, & 1\leqslant x<2,\\ \frac{15}{19}, & 2\leqslant x<3,\\ 1, & x\geqslant 3.\end{cases}$

3. $P(X=k)=\left(\frac{1}{5}\right)^{k-1}\frac{4}{5}$， $k=1,2,\cdots$.

4. $Y\sim\begin{pmatrix}3 & 4 & 5\\ 0.1 & 0.3 & 0.6\end{pmatrix}$.

5. 提示：比较$\frac{P(X=k)}{P(X=k-1)}$， $0<p<1$.

6. $13\mathrm{e}^{-4}$.

7.（1）$a=1,b=-1$；（2）$1-\mathrm{e}^{-2}$；（3）$p(x)=\begin{cases}2\mathrm{e}^{-2x}, & x>0,\\ 0, & x\leqslant 0.\end{cases}$

8.（1）$A=\frac{1}{\pi}$；（2）$F(x)=\begin{cases}0, & x\leqslant -1,\\ \frac{1}{\pi}\arcsin x+\frac{1}{2}, & -1<x\leqslant 1,\\ 1, & x>1;\end{cases}$（3）$\frac{1}{3}$.

9. $\frac{3}{5}$.

10.（1）$P(X\leqslant 10)=0.9525$；（2）$P(2<X<11)=0.8185$.

11.（1）$a=9.66$；（2）$a=3.92$． 12. 0.682.

13. $Y\sim\begin{pmatrix}0 & 1 & 4 & 9\\ \frac{1}{5} & \frac{7}{30} & \frac{1}{5} & \frac{11}{30}\end{pmatrix}$.

14. $Y\sim\begin{pmatrix}2 & 2+\frac{\pi}{3} & 2+\frac{2\pi}{3}\\ \frac{1}{4} & \frac{1}{2} & \frac{1}{4}\end{pmatrix}$； $Z\sim\begin{pmatrix}1 & 0 & -1\\ \frac{1}{4} & \frac{1}{2} & \frac{1}{4}\end{pmatrix}$.

15. $Y\sim p_Y(y)=\begin{cases}\frac{1}{b-a}\cdot\frac{1}{\sqrt{\pi y}}, & \frac{\pi a^2}{4}\leqslant y\leqslant\frac{\pi b^2}{4},\\ 0, & 其他.\end{cases}$

16. $Y\sim p_Y(y)=\begin{cases}\frac{1}{3}, & 1\leqslant y\leqslant 4,\\ 0, & 其他.\end{cases}$

17. $Y\sim p_Y(y)=p_Y(y)=\begin{cases}\frac{1}{4\sqrt{y}}, & 0<y<4,\\ 0, & 其它.\end{cases}$.

18. $p_Y(y)=\begin{cases}\frac{1}{4\sqrt{y}}, & 0<y<4,\\ 0, & 其他.\end{cases}$

19. 略.

B 组

1.（1）$X\sim\begin{pmatrix}-1 & 1 & 3\\ 0.4 & 0.4 & 0.2\end{pmatrix}$；（2）$\frac{2}{3}$.

2. $P(X=k)=\dfrac{C_{n-k-1}^{n-m-1}}{C_n^m},k=0,1,\cdots,m.$

3. $P(X=k)=0.12^{k-1}0.88,k=1,2,\cdots$； $P(Y=k)=\begin{cases}0.6, & k=0,\\ 0.12^{k-1}0.352, & k=1,2,\cdots.\end{cases}$

4. $P(X=k)=p^{k-1}q+q^{k-1}p,k=2,3,\cdots.$

5. 0.6.　　6. 略.

7. (1) $\dfrac{1}{70}$；　(2)有区分能力.

8. 能被录取.

9. $Y\sim B(5,e^{-2})$；　$P(Y\geqslant 1)=0.5167$.

10. (1) $\dfrac{1}{4}$；　(2) $\dfrac{4}{9}$.

11. (1) $c=\dfrac{1}{2a}$；　(2) $F(x)=\begin{cases}\dfrac{1}{2}e^{\frac{x}{a}}, & x<0,\\ 1-\dfrac{1}{2}e^{-\frac{x}{a}}, & x\geqslant 0;\end{cases}$

(3) $1-e^{-\frac{2}{a}}$；　(4) $p_Y(y)=\begin{cases}\dfrac{1}{a\sqrt{y}}e^{-\frac{2\sqrt{y}}{a}}, & y>0,\\ 0, & y\leqslant 0.\end{cases}$

12. (1) $p_Y(y)=\begin{cases}\dfrac{1}{2\sqrt{\pi(y-1)}}e^{-\frac{y-1}{4}}, & y>1,\\ 0, & y\leqslant 1;\end{cases}$ (2) $p_Y(y)=\begin{cases}\dfrac{2}{\sqrt{2\pi}}e^{-\frac{y^2}{2}}, & y>0,\\ 0, & y\leqslant 0.\end{cases}$

13. $F(y)=\begin{cases}0, & y<0,\\ y, & 0\leqslant y\leqslant 1,\\ 1, & y>1.\end{cases}$

14. $F(y)=\begin{cases}1-e^{-\frac{y}{1000}}, & y<12,\\ 1, & y\geqslant 12.\end{cases}$

习题三

A 组

1. (1)

X \ Y	0	1
0	9/25	6/25
1	6/25	4/25

(2)

X \ Y	0	1
0	3/10	3/10
1	3/10	1/10

2. (1) 0.52; (2) 0.14; (3) 0.89.

3. (1) $\dfrac{3}{\pi R^3}$; (2) $\dfrac{3a^2}{R^3}\left(R-\dfrac{2a}{3}\right)$. 4. $\dfrac{5}{8}$.

5. (1) 12; (2) 0.9499;

(3) $F(x,y)=\begin{cases}\left(1-\mathrm{e}^{-3x}\right)\left(1-\mathrm{e}^{-4y}\right), & x>0, y>0;\\ 0, & \text{其他}.\end{cases}$

6.

Y \ X	1	3	$p_{i\cdot}$
0	0	1/8	1/8
1	3/8	0	3/8
2	3/8	0	3/8
3	0	1/8	1/8
$p_{\cdot j}$	3/4	1/4	1

7. (1) $c=\sqrt{2}+1$; (2) $P_Y(y)=\begin{cases}\left(\sqrt{2}+1\right)\left(\cos y-\cos\left(y+\dfrac{\pi}{4}\right)\right), & 0\leqslant y\leqslant\dfrac{\pi}{4},\\ 0, & \text{其他}.\end{cases}$

8. (1) $p(x,y)=\begin{cases}6, & (x,y)\in D,\\ 0, & \text{其他}.\end{cases}$

(2) $p_X(x)=\begin{cases}6(x-x^2), & 0\leqslant x\leqslant 1,\\ 0, & \text{其他}.\end{cases}$ $p_Y(y)=\begin{cases}6(\sqrt{y}-y), & 0\leqslant y\leqslant 1,\\ 0, & \text{其他}.\end{cases}$

9. (1) $p_X(x)=\begin{cases}\dfrac{2}{x^3}, & x\geqslant 1,\\ 0, & \text{其他}.\end{cases}$ $p_Y(y)=\begin{cases}\mathrm{e}^{-y+1}, & y\geqslant 1,\\ 0, & \text{其他};\end{cases}$

(2) $p_X(x)=\begin{cases}2x, & 0\leqslant x\leqslant 1,\\ 0, & \text{其他}.\end{cases}$ $p_Y(y)=\begin{cases}1-\dfrac{y}{2}, & 0\leqslant y\leqslant 2,\\ 0, & \text{其他}.\end{cases}$

10.

X	51	52	53	54	55
$P(X=k\|Y=51)$	6/28	7/28	5/28	5/28	5/28

11.

$X \backslash Y$	1	2	3
0	$\frac{1}{10}$	$\frac{1}{5}$	$\frac{1}{10}$
1	$\frac{3}{10}$	$\frac{1}{10}$	$\frac{1}{5}$

X	0	1
$P(X=k\mid Y\neq 1)$	$\frac{1}{2}$	$\frac{1}{2}$

12. $A=\dfrac{1}{\pi}$; $p(y\mid x)=\dfrac{1}{\sqrt{\pi}}e^{-x^2+2xy-y^2}$, $-\infty<x<\infty,-\infty<y<\infty$.

13. (1) 当 $0\leqslant y\leqslant 2$ 时, $p_{X|Y}(x\mid y)=\begin{cases}\dfrac{6x^2+2xy}{2+y}, & 0\leqslant x\leqslant 1,\\ 0, & 其他.\end{cases}$

(2) $P(X+Y>1)=\dfrac{65}{72}$; $P(Y<X)=\dfrac{7}{24}$;

(3) $P\left(Y<\frac{1}{2}\middle|X<\frac{1}{2}\right)-\dfrac{5}{32}$.

14. (1) $p_X(x)=\begin{cases}x, & 0\leqslant x\leqslant 1,\\ 2-x, & 1<x\leqslant 2,\\ 0, & 其他.\end{cases}$

(2) $p_{Y|X}(y\mid x)=\begin{cases}\dfrac{1}{x}, & 0\leqslant x\leqslant 1, 0\leqslant y\leqslant x,\\ \dfrac{1}{2-x}, & 1<x\leqslant 2, 0\leqslant y\leqslant 2-x,\\ 0, & 其他.\end{cases}$

15. $a=\dfrac{2}{9}, b=\dfrac{1}{9}$.

16. (1) 独立; (2) 独立; (3) 独立; (4) 不独立; (5) 不独立.

17.

$Y \backslash X$	-2	-1	0	$1/2$
$-1/2$	$\frac{1}{8}$	$\frac{1}{6}$	$\frac{1}{24}$	$\frac{1}{6}$
1	$\frac{1}{16}$	$\frac{1}{12}$	$\frac{1}{48}$	$\frac{1}{12}$
3	$\frac{1}{16}$	$\frac{1}{12}$	$\frac{1}{48}$	$\frac{1}{12}$

$P(X+Y=1)=\dfrac{1}{12}$; $P(X+Y\neq 0)=\dfrac{3}{4}$.

18. $Z_1 \sim \begin{pmatrix} -2 & -1 & 0 & 1 & 2 \\ 1/8 & 1/12 & 1/2 & 1/6 & 1/8 \end{pmatrix}$;　$Z_2 \sim \begin{pmatrix} -1 & 0 & 1 \\ 17/24 & 1/6 & 1/8 \end{pmatrix}$;

$Z_3 \sim \begin{pmatrix} -1 & 0 & 1 \\ 1/2 & 1/4 & 1/4 \end{pmatrix}$.

19.

$X+Y$	48	49	50	51	52
P	0.09	0.27	0.35	0.23	0.06

20. (1)

X \ Y	0	1
0	2/3	1/12
1	1/6	1/12

(2)

$Z=X^2+Y^2$	0	1	2
P	$\frac{2}{3}$	$\frac{1}{4}$	$\frac{1}{12}$

21. 略.

22. (1) $p_Z(z)=\begin{cases} z^2, & 0<z<1, \\ z(2-z), & 1\leqslant z<2, \\ 0, & 其他; \end{cases}$

(2) $p_Z(z)=\begin{cases} \lambda(\mathrm{e}^{-\lambda z/2}-\mathrm{e}^{-\lambda z}), & z>0, \\ 0, & 其他; \end{cases}$

(3) $p_Z(z)=\begin{cases} \dfrac{2}{3}z^3, & 0<z<1, \\ -\dfrac{2}{3}z^3+4z-\dfrac{8}{3}, & 1<z<2, \\ 0, & 其他; \end{cases}$

(4) $p_Z(z)=\begin{cases} \dfrac{1}{2}+z+\dfrac{1}{2}z^2, & -1<z<0, \\ \dfrac{1}{2}+z-z^2, & 0<z<1, \\ 2-2z+\dfrac{1}{2}z^2, & 1<z<2, \\ 0, & 其他; \end{cases}$

(5) $p_Z(z)=\begin{cases} \dfrac{1}{a^2}(a-|z|), & |z|<a, \\ 0, & 其他. \end{cases}$

23. $p_Z(z)=\dfrac{3}{2}\left(1-z^2\right)$,　$0<z<1$.

24. $p_Z(z)=1-\dfrac{1}{2}z$,　$0<z<2$.

25. (1) $p_Z(z)=\begin{cases}1+z, & -1\leqslant z<0,\\ 1-z, & 0\leqslant z\leqslant 1,\\ 0, & 其他;\end{cases}$

(2) $p_Z(z)=\dfrac{1}{3\sqrt{2\pi}}\mathrm{e}^{-\frac{(z-5)^2}{18}},-\infty<z<+\infty$

26. $F_Z(z)=\begin{cases}0, & z<0,\\ \dfrac{1}{2}(1-\mathrm{e}^{-z}), & 0\leqslant z<2,.\\ \dfrac{1}{2}(\mathrm{e}^2-1)\mathrm{e}^{-z}, & z\geqslant 2.\end{cases}$

27. $p_{X\cdot Y}(z)=\begin{cases}\mathrm{e}^{-z}, & z>0,\\ 0, & 其他.\end{cases}$

28. (1) $b=\dfrac{1}{1-\mathrm{e}^{-1}}$;

(2) $p_X(x)=\begin{cases}\dfrac{\mathrm{e}^{-x}}{1-\mathrm{e}^{-1}}, & 0<x<1,\\ 0, & 其他;\end{cases}$　　$p_Y(y)=\begin{cases}\mathrm{e}^{-y}, & y>0,\\ 0 & 其他;\end{cases}$

(3) $F_M(m)=\begin{cases}0, & m<0,\\ \dfrac{(1-\mathrm{e}^{-m})^2}{1-\mathrm{e}^{-1}}, & 0\leqslant m<1,\\ 1-\mathrm{e}^{-m}, & m\geqslant 1.\end{cases}$

29. (1) $p_{Z_1}(z)=\begin{cases}\dfrac{z^3}{3!}\mathrm{e}^{-z}, & z>0,\\ 0, & 其他;\end{cases}$　　(2) $p_{Z_2}(z)=\begin{cases}\dfrac{z^5\mathrm{e}^{-z}}{5!}, & z>0,\\ 0, & 其他.\end{cases}$

B 组

1. $1-\mathrm{e}^{-\frac{R^2}{2}}$.

2.

Y \ X	1	2	3	4	$P(X=i)$
1	$\frac{1}{4}$	$\frac{1}{8}$	$\frac{1}{12}$	$\frac{1}{16}$	$\frac{25}{48}$
2	0	$\frac{1}{8}$	$\frac{1}{12}$	$\frac{1}{16}$	$\frac{13}{48}$
3	0	0	$\frac{1}{12}$	$\frac{1}{16}$	$\frac{7}{48}$
4	0	0	0	$\frac{1}{16}$	$\frac{1}{16}$
$P(Y=j)$	$\frac{1}{4}$	$\frac{1}{4}$	$\frac{1}{4}$	$\frac{1}{4}$	1

3.

Y \ X	0	1	…	r	P(X = i)
0	$\dfrac{C_{n-n_1-n_2}^r}{C_n^r}$	$\dfrac{C_{n_2}^1 C_{n-n_1-n_2}^{r-1}}{C_n^r}$	…	$\dfrac{C_{n_2}^r}{C_n^r}$	
1	$\dfrac{C_{n_1}^1 C_{n-n_1-n_2}^{r-1}}{C_n^r}$	$\dfrac{C_{n_1}^1 C_{n_2}^1 C_{n-n_1-n_2}^{r-2}}{C_n^r}$	…	0	
⋮	⋮	⋮		⋮	⋮
r	$\dfrac{C_{n_1}^r}{C_n^r}$	0	…	0	
P(Y = j)			…		1

4. $P_X(x)=\dfrac{1}{2x}, 1<x<e^2$.

5. (1) $\dfrac{4}{9}$;

(2)

X \ Y	0	1	2
0	$\frac{1}{4}$	$\frac{1}{3}$	$\frac{1}{9}$
1	$\frac{1}{6}$	$\frac{1}{9}$	0
2	$\frac{1}{36}$	0	0

6. (1) $X \sim P(14)$, $Y \sim P(7.14)$;

(2) $P(Y=m \mid X=20)=C_{20}^m (0.51)^m (0.49)^{20-m}, \quad m=0,1,\cdots,20$.

7. (1) $C_n^m P^m (1-P)^{n-m}$, $0 \leqslant m \leqslant n$;

(2) $\dfrac{\lambda^n}{n!} e^{-\lambda} C_n^m P^m (1-P)^{n-m}, \quad 0 \leqslant m \leqslant n, \quad n=0,1,2,\cdots$.

8. (1) $p(x,y)=\dfrac{1}{9\pi}, \qquad (x-1)^2+(y+2)^2 \leqslant 9$;

(2) 当 $-2<x<4$ 时，

$$p(y \mid x)=\frac{1}{2\sqrt{9-(x-1)^2}}, \quad -2-\sqrt{9-(x-1)^2} \leqslant y \leqslant -2+\sqrt{9-(x-1)^2};$$

(3) $\dfrac{2-\sqrt{2}}{4}$.

9. (1) $\dfrac{1}{x}$; (2) $\dfrac{e-2}{e-1}$. 10. (B),(D). 11. $a=0.4$, $b=0.1$.

12. $p=\dfrac{1}{2}$.

13.

$Z_1 \backslash Z_2$	1	2	3
1	$\frac{1}{9}$	0	0
2	$\frac{2}{9}$	$\frac{1}{9}$	0
3	$\frac{2}{9}$	$\frac{2}{9}$	$\frac{1}{9}$

14. $\begin{pmatrix} 40 & 41 & 42 & 43 & 44 & 45 \\ 0.006 & 0.081 & 0.317 & 0.422 & 0.152 & 0.022 \end{pmatrix}$； 0； 0.006.

15. (1)

$X \backslash Y$	−1	0	1
0	0	$\frac{1}{3}$	0
1	$\frac{1}{3}$	0	$\frac{1}{3}$

(2) $Z \sim \begin{pmatrix} -1 & 0 & 1 \\ 1/3 & 1/3 & 1/3 \end{pmatrix}$.

16 (1)

$X \backslash Y$	0	1	2
0	$\frac{1}{4}$	0	$\frac{1}{4}$
1	0	$\frac{1}{3}$	0
2	$\frac{1}{12}$	0	$\frac{1}{12}$

(2) $P(X=2Y)=\dfrac{1}{4}$.

17. (1) $\dfrac{7}{24}$； (2) $-\dfrac{z^2}{2}+2z-\dfrac{5}{6}$.

18. $\displaystyle\int_{-\infty}^{+\infty}\frac{1}{2\pi\sqrt{2\pi}}\mathrm{e}^{-\frac{(z-y)^2}{2}}\mathrm{d}y$.

19. $p_{X-Y}(z)=\dfrac{1}{4a^2}(a+|z|)\mathrm{e}^{-|z|/a}$.

20. $p_Z(z)=\begin{cases}-\ln z, & 0<z<1, \\ 0, & \text{其他}.\end{cases}$

21. $p_Z(z)=\dfrac{z}{2}, \quad 0\leqslant z\leqslant 2$.

22. $\left(1-\int_0^t p_1(s)\mathrm{d}s\right)\left(1-\int_0^t p_2(s)\mathrm{d}s\right)p_3(t)+\left(1-\int_0^t p_3(s)\mathrm{d}s\right)\left(1-\int_0^t p_2(s)\mathrm{d}s\right)p_1(t)$

$$+\left(1-\int_0^t p_1(s)\mathrm{d}s\right)\left(1-\int_0^t p_3(s)\mathrm{d}s\right)p_2(t).$$

23. (1) $p_X(x)=2x,\quad 0<x<1$；$p_Y(y)=1-\dfrac{y}{2},\quad 0<y<2$；

(2) $p_Z(z)=1-z,\quad 0<z<2$；　(3) $\dfrac{7}{64}$.

24. $p_Z(z)=z\mathrm{e}^{-z},\quad 0<z<\infty$.

25. $p_Z(z)=\dfrac{4}{7}z\ln 2+\dfrac{2}{7}z^2\ln 2,\quad 0<z<2$.

26. $p_Z(z)=10z-\dfrac{96}{7}z^2,\quad 0\leqslant z\leqslant 1$.

27. (1) $\dfrac{1}{2}$；　(2) 1.

28. $0.4f(z-1)+0.6f(z-3)$.

29. $F_Z(z)=\begin{cases}\dfrac{1}{2}\Phi(z), z\leqslant 0,\\ \dfrac{1}{2}+\dfrac{1}{2}\Phi(z), z>0.\end{cases}$

习题四

A 组

1. $-\dfrac{1}{6}$；$7\dfrac{11}{12}$.

2. 0；　-2；　-2.

3. $\dfrac{1-(1-p^{10})}{1-p}$.

4. $EX=\dfrac{3}{10}$，　$DX=0.319$，　$\sqrt{DX}=0.565$.

5. 0.4；　0.5；　0.1.

6. $\dfrac{50}{6}$.

7. $\dfrac{1}{4}$；　1；　$-\dfrac{1}{4}$.

8. $\sqrt{\dfrac{2}{\pi\sigma}}$.

9. $EX=1, DX=1/6$，$E(2x+x^2)=\dfrac{19}{6}$.

10. $\dfrac{8}{15}$；　$\dfrac{11}{225}$；　$\dfrac{4}{9}$.

11. $EY=\lambda p$, $DY=\lambda p$.

12. 略.

13. -2；　16/3；　28；　28.

14. $E[\max(X,Y)]=\mu+\dfrac{\sigma}{\sqrt{\pi}}$，$\mu-\dfrac{\sigma}{\sqrt{\pi}}$.

15. $\rho_{XY}=0$.

16. $\mathrm{Cov}(X,Y)=-1/144$，$\rho_{XY}=-\frac{1}{11}$.

17. $\rho(X_1,Y_1)=\begin{cases}\rho, & ac>0,\\ -\rho, & ac<0.\end{cases}$

18. $\rho_{XY}=0$，X 与 Y 不独立.

B 组

1. $EX=2$.　2. $EX=\frac{1}{3}(n+2)$.　3. $\frac{n}{p}$.

4. np；　$np(1-p)$.

5. 若 $\frac{V_1p_1}{1-p_1}\geqslant\frac{V_2p_2}{1-p_2}$，应先猜谜 1，否则应先猜谜 2.

6. 当 n 为偶数时，$E|X-\mu|^n=1\cdot3\cdot5\cdots(n-3)(n-1)\sigma^n$，

当 n 为奇数时，$E|X-\mu|^n=2\cdot4\cdots(n-3)(n-1)\sigma^n\sqrt{\frac{2}{\pi}}$.

7. $b<\frac{ap}{1-p}$.　8. $\frac{227}{36}$.　9. $\rho_{X,Y}=\frac{1}{\sqrt{15}}$.

10. (1) $\frac{n-1}{n}\sigma^2$；(2) $\rho(Y_1,Y_n)=-\frac{1}{n-1}$.

习题五

A 组

1. 直接验证马尔可夫条件即可.

2. 直接计算方差即可验证.　3. 略.　4. 略.

5. 验证满足辛钦大数定律的条件即可.

6. (1) 0.18；(2) 443.　7. 至少 14 条外线.

8. 0.9525.　9. 0.1587.　10. 至少 107 次.

B 组

1~5. 略

习题六

A 组

1. $X_1,\frac{1}{\sigma^2}\sum_{i=1}^n(x_i-\overline{x}),\sum_{i=1}^n\left(\frac{x_i}{\sigma}\right)^2$ 是统计量；$\frac{1}{\sigma^2}\sum_{i=1}^n(x_i-\mu)^2,\ \frac{\sqrt{n}(\overline{x}-\mu)}{\sigma}$ 不是统计量.

2. $E\overline{X}=0.4$；$D\overline{X}=0.048$；$ES^2=0.192$.

3. $(U,V)\sim N(k\mu,(n-r)\mu,k\sigma^2,(n-r)\sigma^2,0)$.

4. $n\mathrm{e}^{-\lambda x}(1-\mathrm{e}^{-\lambda x})^{n-1}$.　5. $(1-\mathrm{e}^{-1})^n+n\mathrm{e}^{-1}(1-\mathrm{e}^{-1})^{n-1}$.

6. (1) 略；(2) $\overline{x}=75$；(3) $\tilde{x}=74.7$.　7. (1) 0.132；(2) 0.582；(3) 0.291.

8. 0.671.　9. (1) $n\geqslant40$；(2) $n\geqslant1537$.

10. $\frac{2}{n(n-1)}$.　11. 略.

12. $F(1,1)$.

B 组

1. $\frac{(n\lambda)^n}{n!}\mathrm{e}^{-n\lambda}$.

2. (1) 略; (2) $\frac{X_1}{X_2}=\frac{2\lambda X_1/2}{2\lambda X_2/2}\sim F(2,2)$.

3~5. 略.

习题七

A 组

1. $\hat{p}_{矩}=\overline{X}$. 2. $\hat{p}_{\mathrm{L}}=\frac{1}{n}\sum_{i=1}^{n}I_{(X_i=1)}$. 3. $\hat{\lambda}_{矩}=\hat{\lambda}_{\mathrm{L}}=\overline{X}$.

4. $\hat{\alpha}_{矩}=\frac{2\overline{X}-1}{1-\overline{X}}$, $\hat{\alpha}_{\mathrm{L}}=-\frac{n}{\sum_{i=1}^{n}\ln X_i}-1$.

5. $\frac{\sum_{i=1}^{n}x_i^{\alpha}}{n}$.

6. $\begin{cases}\hat{\alpha}_{矩}=\overline{X}-S_0,\\ \hat{\beta}_{矩}=S_0,\end{cases}$ $\begin{cases}\hat{\alpha}_{\mathrm{L}}=X_{(1)},\\ \hat{\beta}_{\mathrm{L}}=\overline{X}-X_{(1)}.\end{cases}$

7. $\begin{cases}\hat{\mu}_{矩}=2\ln\overline{X}-\frac{1}{2}\ln(S_0^2+\overline{X}^2),\\ \hat{\sigma}^2_{矩}=\ln(S_0^2+\overline{X}^2)-2\ln\overline{X},\end{cases}$ $\begin{cases}\hat{\mu}_{\mathrm{L}}=\frac{1}{n}\sum\ln X_i,\\ \hat{\sigma}^2_{\mathrm{L}}=\frac{1}{n}\sum\left(\ln X_i-\frac{1}{n}\sum\ln X_i\right)^2.\end{cases}$

8. $\hat{\theta}_{矩}=\overline{x}-\frac{1}{2}$; 对任意的 $0\leqslant k\leqslant 1$, $\hat{\theta}_{\mathrm{L}}=kX_{(1)}+(1-k)(X_{(n)}-1)$ 都是 θ 的极大似然估计.

9. $\hat{\mu}_3$ 的方差最小. 10. $D\hat{\theta}_2\leqslant D\hat{\theta}_1, \hat{\theta}_2$ 更有效.

11. $c=\frac{n}{2n-4}$. 12. $k_1=\frac{1}{3}$, $k_2=\frac{2}{3}$.

13. $n\geqslant\left[\frac{4\sigma^2}{L^2}u^2_{\frac{\alpha}{2}}\right]+1$. 14. [2.1159, 2.1341].

15. [0.026, 0.081].

16. λ 的 $1-\alpha$ 的置信区间为 $\left[\frac{\chi^2_{1-\alpha/2}(2n)}{2n\overline{X}},\frac{\chi^2_{\alpha/2}(2n)}{2n\overline{X}}\right]$.

17. [−0.76, −0.04].

B 组

1. (1) $\hat{\beta}_{矩}=\frac{\overline{X}}{\overline{X}-1}$; (2) $\hat{\beta}_{\mathrm{L}}=\frac{1}{\frac{1}{n}\sum_{i=1}^{n}\ln X_i-\ln 2}$; (3) $\hat{\alpha}_{\mathrm{L}}=X_{(1)}$.

2. $\hat{\theta}_{矩}=\frac{\overline{X}}{3}$; $\hat{\theta}_{\mathrm{L}}=\frac{n-\sum_{i=1}^{n}I(X_i=0)}{2n}$.

3. (1) $\hat{\theta}_{矩}=\frac{3}{2}-\bar{X}$； (2) $\hat{\theta}_{L}=\frac{N}{n}$； (3) 不是无偏估计.　　4，5. 略.

6. [0.5819，0.6314].

7. $\left[\frac{S_1^2}{S_2^2}\cdot\frac{1}{F_{\frac{\alpha}{2}}(n_1-1,\ n_2-1)},\ \frac{S_1^2}{S_2^2}\cdot\frac{1}{F_{1-\frac{\alpha}{2}}(n_1-1,\ n_2-1)}\right]$.

习题八

A 组

1. (1) β； (2) α； (3) $1-\beta$； (4) $1-\alpha$.
2. 存在系统误差.
3. 不正常.
4. 提高.
5. 提高.
6. 不正常.
7. 没有理由.
8. 不合格.
9. 0.5548,0.0021.
10. 显著.
11. 显著变化.
12. 偏大.
13. 可以.
14. 无显著差异.
15. 无显著差异.
16. 否.
17. 方差无显著差异，均值有显著差异.
18. 可认为分布相同.
19. 有问题.
20. 是.
21. 不服从正态.
22. 没有理由怀疑.
23. 略.

B 组

1. (1) 0.0037, 0.0367；　(2) 34.
2. 0.98,　0.83.
3. 略.
4. 有显著变化.
5. p=0.0134,　有显著变化.

习题九

1. $F=5.718>4.89=F_{0.01}(4,15)$，有非常显著作用.
2. $F=5.97>4.89=F_{0.01}(4,15)$，有显著差异.
3. $F=6.06>4.89=F_{0.01}(4,15)$，影响是非常显著的.
4. $F=8.483>3.32=F_{0.05}(2,30)$，故拒绝 H_0，表明小白鼠在接种 3 种不同菌型伤寒杆菌后的存活日数有显著差异.
5. 回归方程为 $\hat{y}=11.60+0.4992x$，误差平方和为 $Q(\hat{\beta}_0,\hat{\beta}_1)=S_e=L_{yy}-\hat{\beta}_1L_{xy}=38.375$.
6. $\hat{\beta}_0=-11.3, \hat{\beta}_1=36.95$，拒绝 H_0.
7. $\left[143.96-5.25x_0-6.18\sqrt{1.111+\frac{(x_0-23.33)^2}{L_{xx}}}，143.96-5.25x_0+6.18\sqrt{1.111+\frac{(x_0-23.33)^2}{L_{xx}}}\right]$，

   [13.89，26.93].
8. $\hat{\theta}=\frac{1}{5}(x_1+2x_2)$，$S_e=Q(\hat{\theta})=\frac{1}{5}(2x_1-x_2)^2$.

9. (1) $\hat{\beta}_1=0.81$，$\hat{\beta}_0=-0.35$; (2) 拒绝 H_0，表明线性性显著; (3) [0.58, 1.04];
(4) $\left[-0.35+0.81x_0-0.2541\delta(x_0), -0.35+0.81x_0+0.2541\delta(x_0)\right]$,

其中 $\delta(x_0)=\left(1+\dfrac{91.51}{817}-\dfrac{19.8}{817}x_0^2\right)^{\frac{1}{2}}$.

10. $y=21.00+19.53\ln t$.

11. $\hat{\beta}_1=-0.21843$, $\hat{\beta}_0=5.97316$，$\hat{y}=392.74568\mathrm{e}^{-0.21743t}$.

参 考 文 献

陈希孺. 2002. 数理统计学简史. 长沙: 湖南教育出版社.
复旦大学. 1979. 概率论(第一册 概率论基础). 北京: 人民教育出版社.
劳 C. R. 2004. 统计与真理: 怎样运用偶然性. 李竹渝译. 北京: 科学出版社.
梁之舜, 邓集贤, 杨维权等. 1988. 概率论及数理统计, 2 版. 北京: 高等教育出版社.
刘国祥, 何志芳, 杨纪龙. 2002. 概率论与数理统计. 兰州: 甘肃教育出版社.
盛骤, 谢式千, 潘承毅. 2008. 概率论与数理统计. 4 版. 北京: 高等教育出版社.
王松桂, 张占忠, 程维虎等. 2004. 概率论与数理统计. 2 版. 北京: 科学出版社.
王梓坤. 1979. 概率论基础及其应用. 北京: 科学出版社.
魏宗舒等. 1983. 概率论与数理统计教程. 北京: 高等教育出版社.
周概容. 1984. 概率论与数理统计. 北京: 高等教育出版社.